KB162866

희생되는 진리

희생되는 진리

오지훈 지음

르네 지라르와 무라카미 하루키,
기독교를 옹호하다

홍성사

1. 십자가의 사회학과 기독교의 진리

기독교 변증은 흔히 자연과학과 관련된 영역에서 이루어진다. 우주와 생명의 기원, 자연과 우주에 존재하는 어떤 법칙 이면을 관장하는 초월적 존재의 유무가 변증의 주된 주제다. 하지만 우주의 기원과 같은 형이상학적 질문이 그리스도의 속죄와 부활의 의미 같은 것과 직접적인 관계가 있을까? 기독교 변증이라는 것이 이렇게 창조주의 존재 문제에만 국한되면 기독교의 중심을 놓치는 것은 아닐까?(물론 이 책 역시 1부에서 자연과학과 관련된 논의를 하고 있긴 하다.) 예수의 십자가 사건과 부활이 과연 진실인가 하는 과학적·역사적 논의를 넘어 그 십자가의 중심에 있는 사랑이 기독교의 진리를 변증할 수는 없는 것일까?

그 일을 해낸 사람이 있다. 문화인류학자 르네 지라르(René Girard, 1923~2015)다. 지라르는 인간이 근본적으로 자신의 진정한 욕망을 지닌 게 아니라 타자의 욕망을 모방하여 내면화하는 존재라고 말한다. 이를 모방욕망이라고 하는데, 서로가 서로를 모방하여 같은 대상을 욕망하기 때문에 그 욕망은 경쟁과 갈등 그리고 증오를 낳는다. 이것이 홉스 식의 '만인의 만인에 대한 투쟁 상태'다. 하지만 증오도 모방을 낳기 때문에 사람들은 쉽게 획일화되어 '일인에 대한 만인의 반대 구도'를 만들어 낸다. 이 만장일치의 반대는 1인을 제외한 다수를 사이좋게 만들고, 그것을 통해 홉스 식의 무질서는 질서를 되찾게 된다. 그런데 그 단 한 사람은 죽어 마땅한 죄인이 아니라 '무질서의 폭력을 떠안아야 할 죄 없는 희생양'이다. 지라르는 신화와 인류학 연구를 통해 모든 사회의 기원에 이와 같은 희생양 메커니즘이 존재했고, 사회가 예방적 차원에서 이 메커니즘을 주기적인 의식으로 만들어 낸 것이 희생제의(sacrifice)이자 종교의 기원이라고 말한다. 그리고 신화(myth)는 이 무고한 희생양이 죽을 만한 정당한 이유가 있었다고 박해자들에 의해 왜곡된 거짓 이야기다.

그런데 지라르는 신화와 달리 그 집단폭력이 악하다고 꾸짖는 유일한 텍스트가 성경이며, 그런 메시지는 신구약을 관통하는 일관된 원리라고 말한다. 그 절정이 예수 그리스도의 십자가 사건이다. 그리스도 십자가 사건 이후 인류는 자신들이 무고한 희생양을 죽인 살인자였음을 깨닫기 시작했고, 복음이 전파되면서 대대적인 회심이 일어났다. 지라르에 의하면, 그러한 깨달음은 인간 스스로의 힘으로 되지 않는다. 그들은 스스로 만든 거짓에 속아 자신들이 옳다고 믿는 인지불능(認知不能) 상태에 있기 때문이다. 그 지혜는 하나님으로부터 오는 계시의 빛으로만 가능하다. 그래서 기독교 윤리의 중심에는 사랑이 있는 것이다.

기독교는 증오의 모방을 사랑의 모방으로 바꾸려 하는데, 그 첫째 모델이 예수 그리스도이고, 그리스도를 본받아(모방하여) 서로 사랑함으로써 세상나라의 질서(희생양 메커니즘)가 아니라 하나님 나라의 질서(사랑의 왕국)를 건설할 수 있는 것이다. 예컨대, 이웃사랑의 가르침에서 선한 사마리아인의 비유는 위험에 처한 희생양을 보호하는 용기를 낼 것을 요구하는 윤리인 것이다. 결국 이런 논의를 통해 지라르는 기독교의 진리를 제대로 변증하는 것은 무엇보다도 희생양을 보호하기 위해 위험을 무릅쓰는 기독교의 '사랑'임을 보여 준다.

2. '희생양 근심'의 단순화, 중대한 뭔가가 결여되어 있다.

지라르는 위의 논의에 이어 다원화된 현대사회가 단 하나 동의하는 도덕적 가치가 있는데, 그것은 '희생양에 대한 근심'이라고 말한다. 장애인, 아동, 노약자, 이주노동자 나아가 여성과 성소수자에 이르기까지 희생양이 되기 쉬운 이들에 대한 차별을 금지하고 이들의 인권을 보장해야 한다는 것은 오늘날 자명한 원칙이 되었다. 그런데 이런 상황을 환영할 것 같은 지라르는 의외로 다음과 같은 말을 한다.

> 거듭 말하지만, 우리는 스스로의 폭력을 끊임없이 전면적이고도 제의적으로 자책하는 세상에 살고 있다. 우리는 우리의 모든 갈등을 심지어는 전혀 적합하지 않은 것조차 무고한 희생양이라는 말로 떠넘길 준비가 되어 있다.
>
> -르네 지라르, 김진식 옮김 《나는 사탄이 번개처럼 떨어지는 것을 본다》, 문학과지성사, 2004, p.221

'희생양 근심'이 가장 중요한 도덕적 가치로 여겨지는 사회에서 지라르는 이처럼 어떤 불길한 느낌을 피력하고 있다. 실제로 민주주의와 개인주의가 가장 보편적인 가치로 권장되는 현대사회는 이제 그 누구도 희생되어서는 안 된다고 부르짖고 있다. 게다가 이 부르짖음에 다른 의견을 제기해서도 안 되고, 어떤 관습적인 도덕이나 금기도 이것을 제한해서는 안 된다. 이런 상황이 만들어 내는 모종의 불안이 존재하는데, 지라르의 주요 저서를 번역해 온 김진식 울산대 교수는 〈차이소멸의 의미 연구〉에서 프랑스 사회학자 메르메(Gerard Mermet)의 다음과 같은 언급을 소개한다.

> 생활방식과 규범의 다양한 가치에 대한 관용이 일반화된 것은 분명한 진보로 볼 수 있는데, 이것은 다문화사회의 통합과 이해를 위한 중요한 요소이다. 하지만 이런 태도는 때때로 타인에 대한 일종의 무관심의 결과이기도 하다. 그 결과 모두들 '자기 좋은 식으로' 행동하게 되어 지금까지 많은 사람의 귀감의 역할을 해왔던 '모델'도 사라지게 된다. 이처럼 도덕적 확신이 사라진 가운데 사람들은 모두 '자기 느낌대로 행동한다.' 요즘 들어 많이 느낄 수 있는 이 같은 기준소멸 현상은 오늘날 사회적 불안의 상당 부분을 설명해주고 있다.
>
> -김진식, 《르네 지라르에 의지한 경제논리 비판》, p.75에서 재인용, 울산대학교 출판부, 2005

자명한 도덕적 가치로 확립된 '관용'에 대한 메르메의 성찰은 하나의 예일 뿐, 그런 것은 도처에 널려 있다. 그런데 우리가 당연하게 옳다고 여기는 것들이 뭔가를 결여하고 있다는 느낌은 불안을 낳는다. 이미 사회적 합의를 통해서, 심지어 기독교적 가르침에 근거해서 도덕이나 시스템을 바꿔 왔는데 그것들이 중요한 어떤 것을 결여했다면 어떻게 할 것인가? 우리가 바람직하다고 믿었던 것들이 진정한 올바름에서 벗어나 있었다면?

3. 단순화된 논리 속에 희생되는 진리

무라카미 하루키는 논픽션《언더그라운드》에서 1995년 옴진리교의 사린가스 테러에 대한 일본 언론의 획일화된 반응을 언급하면서, 특정한 전제로부터 단순화된 논리의 한계와 그 위험성을 지적한다. 하루키가 볼 때 옴진리교는 뜬금없이 출현한 광신자 집단이 아니라 일본 사회 시스템이 낳은 변종이었던 것이다. 나는 이 책 곳곳에서 무라카미 하루키의 목소리를 담았는데, 그는 근본적으로 한정된 시스템 내에서 통용되는 논리적 완결성과 그것이 파악하지 못하는 뭔가에 대해, 자신의 작품을 통해 계속 말하려는 소설가다.

하루키가 기독교와 대체 무슨 상관이 있나 생각할 수 있지만, 그의 소설에서 그리스도와 기독교는 자주 등장하는 모티프다. 게다가《1Q84》에서는 일본 사회에 결여된 무언가를 치유할 수 있는 계기를 기독교의 사랑에서 발견하려는 듯하다. 그런 부분을 지라르의 논의와 함께 다뤄 보았다.

한편, 지라르나 하루키 외에도 자명한 원리에서 결여된 무언가를 예민하게 지각하는 사람들이 있다. 이 책에서 그러한 인물들의 논의와 그 근저의 신념 혹은 가치관에 대해 소개하려 했다. 루트비히 비트겐슈타인(L. Wittgenstein, 1889~1951), 쿠르트 괴델(K.Gödel, 1906~1978), 조너선 하이트(J. Haidt, 1963~) 등이 그들이다. 나는 이들의 논의를 통해 기독교에 대한 진부한 비판과 옹호를 넘어 단순한 흑백논리로 파악할 수 없는 현대사회의 복잡성의 문제를 제시하고, 새로운 시각으로 기독교의 복음을 재발견할 필요가 있음을 보이려 했다. 이 책 제목 '희생되는 진리'는 그런 의도를 담아낸 것이다. 그것은 우선 '희생양 근심'이 전혀 없던 인류 사회에 그 근심을 일깨우고자 스스로 희생된 예수 그리스도를 뜻하고, 다른 한편 보편적 가치로 등극한 '희생양 근심'이 낳는 단순화된 사고와 한정적인 논리에 의해 오늘날에도 여전히 진리가 희생되고 있음을 말하기 위해서다.

이 책은 3부로 구성된다. 1부에서는 자연과학 중심의 단순화된 논리구조와 그로부터 희생된 진리의 문제를 다룬다. 그런 논리를 전개한 대표적인 무신론자가 버트런드 러셀이다. 여기서는 그의 무신론의 철학적 기반을 짚어 보고, 러셀의 입장을 반박했던 비트겐슈타인의 철학과 괴델의 증명을 소개함으로써 그것이 지니는 신학적 의미를 이야기한다. 2부에서는 지라르의 희생양 이론과 성서에 대한 새로운 해석, 보다 급진적이고 정의로우면서도 정통 복음을 옹호하는 지라르의 내러티브를 소개한다. 그리고 지라르의 논의를 확장시켜 니체를 비판하고, 하루키의 소설《1Q84》와 나홍진 감독의 영화 〈곡성〉을 분석하여 그 기독교적 의미를 찾아본다. 마지막으로 3부에서는 한국 교회의 문제점을 진단하고, 교회를 향한 비판적인 의견에 동의하면서도 오해와 적대감에 기초한 비난, 엇나간 '희생양 근심'에 의해 희생되는 진리의 문제를 다루면서 기독교를 옹호하는 작업도 병행한다. 동시에 복음주의와 진보의 교집합과 둘 사이에 긴장을 불러일으키는 요소들에 대하여 바람직한 기독교적 입장을 제안한다.

책을 쓰면서 일관되게 유지한 것은 성경의 권위와 신앙 또는 신학에 기대지 않는 것이었다. 서로 반대되는 입장과 대화하려면 소통 가능한 언어와 논리를 사용해야 하기 때문이다. 그런 면에서 이 책은 '기독교 밖에서 기독교 진리 재발견하기'를 추구했다고 할 수 있다. 기독교인과 비기독교인 모두가 기독교에 대한 새로운 시각을 갖게 되고, 다른 입장에 있는 사람들이 서로 대화할 때 어떤 접점을 찾아 공감하면서 기독교에 대한 오해가 풀릴 수 있다면 이 책은 나름의 소임을 다했다고 할 수 있다.

끝으로, 책을 쓰는 모든 과정에서 신뢰와 격려로 기도해 준 아내와, 흔쾌히 표지 일러스트를 그려 준 김태균 형, 그리고 이름 없는 어느 덕후의 원고를 출간하기로 하고 멋진 책을 만들어 주신 홍성사 가족 여러분께 감사드린다.

2017년 초여름에

오지훈

차례

1부

버트런드 러셀의 무신론과 그 적들,
비트겐슈타인과 괴델

크리스천에게 무신론자라고 하면 가장 먼저 떠오르는 사람 중 한 사람이 영국의 철학자 버트런드 러셀(Bertrand Russel, 1872~1970)일 것이다. 그는 무엇보다 《나는 왜 기독교인이 아닌가?》(Why I'm not Christian?)라는 반기독교 에세이의 저자로 유명하다. 무신론의 계열은 편의상 크게 두 가지로 나눌 수 있다. 하나는 영미권의 경험론 철학과 계몽사상, 특히 진화생물학을 토대로 하는 증거주의 혹은 과학주의 무신론이며, 다른 하나는 역사학 혹은 사회학 이론을 토대로 하는 혐의론적 무신론이다. 전자는 흄(David Hume, 1711~1776)과 러셀이 대표적이고, 후자는 마르크스(K. Marx, 1818~1883), 니체(F. Nietzsche, 1844~1900), 프로이트(S. Freud, 1856~1939)가 대표적이다. 물론 엄밀히 말하면 이들은 불가지론자라고도 할 수 있지만 무신론적 경향에 강하게 기울었기 때문에 통상적으로 무신론자라고 칭하겠다.

오늘날 가장 호전적이면서도 기독교에 극히 적대적인 도킨스(R. Dawkins, 1941~)나 데닛(D. Dennett, 1942~) 같은 신(新)무신론자들은 대부분 전자, 즉 러셀의 계열에 속한다. 그런데 요즘 도킨스와 데닛은 신학자들만이 아니라 온건한 무신론자들에게서도 비판받고 있기에, 이들보다 앞서며 나름대로 사회적으로 존경받았던 버트런드 러셀의 무신론을 다시 짚어 보는 것이 의미가 있을 것이다.

물론 러셀 역시 신학자 혹은 기독교 변증가와의 토론도 마다하지 않던 인물이다. 많은 신학자가 러셀의 무신론을 반박하는 책을 쓰기도 했다. 그런데 이런 신학자들의 변증 내용은 논리적이고 내용도 풍성하지만 기독교를 믿지 않는 일반대중에게는 설득력이 높지 않은 것 같다. 그들은 '신학자'이니까 당연히 러셀의 무신론을 비판하리라고 생각할 수밖에 없기 때문이다.

그런데 러셀을 압도하고 그의 논리를 허물어 버려 학계에서 높이 평가받는 학자들이 알고 봤더니 신을 믿는 사람들이었다면? 이제 이야기가 조금 달라진다. 대표적인 두 사람이 있는데, 철학자 루트비히 비트겐슈타인(Ludwig Wittgenstein, 1889~1951)과 수학자 쿠르트 괴델(Kurt Gödel, 1906~1978)이다. 물론 이들 세 사람이 직접적으로 '신의 존재'의 문제를 두고 토론하거나 변증하지는 않는다. 이들의 대립은 주로 철학, 그것도 논리철학에 관한 것이었다. 하지만 이들의 근본적인 견해차의 심층기반을 파고들면 결국 그 차이는 '신의 존재'에 대한 믿음과 무관하지 않다는 사실을 알 수 있다.

오늘날 다수의 철학자들은 러셀의 사유와 학문적 업적을 그리 높이 평가하지 않는다. 반면, 비트겐슈타인과 괴델의 학문적 업적은 논쟁의 여지가 없으며 지금도 그들의 이론과 발견은 깊이 참고되어 연구되고 있다. 비트겐슈타인은 오늘날의 언어철학과 심리철학에 큰 영향을 주었고, 괴델의 정리는 순수수학 자체를 넘어 지금까지도 컴퓨터과학과 인공지능의 영역에까지 영향을 미친다.

그런데 러셀의 논리는 이 두 사람에 의해 결정적으로 무너졌다. 실제로 러셀은 비트겐슈타인으로부터 가혹한 비판을 받고 철학을 계속할 의욕을 상실했다. 게다가 수학자 쿠르트 괴델이 해낸 일련의 증명은 러셀 수리논리학 체계의 근간이라 할 수 있는 '논리주의'를 거의 궤멸시켰다. 그런데 공교롭게도 이 두 사람 모두 신을 믿었고, 경건하기까지 했다. 이런 역사가 있지만, 비트겐슈타인과 괴델의 이론을 러셀의 무신론과 관련해서 생각하는 사람은 별로 없는 듯하다.

따라서 러셀과 도킨스의 무신론을 근본적으로 비판하려면 한 가지 주제, 즉 '신의 존재'라는 문제에 국한된 논쟁의 차원이 아니라 이제는 시야를 넓혀서 20세기 철학사의 긴 시간축을 놓고 벌어지는 사유체계의 흐름과 대립을 보아야 한다. 러셀 철학이 퇴조하고 비트겐슈타인이 20세기 철학의 정상에 등극하는 장면, 수리논리학계의 지축을 흔든 괴델의 증명 사건 등을 배경으로 더 큰 틀에서 무신론과 유신론을 대비해 보는 작업이 '신의 존재' 문제로 제한된 논쟁을 살펴보는 것보다 더 많은 것을 알려줄 수 있다고 믿기 때문이다. 이제 그 드라마가 펼쳐지는 장면으로 들어가 보자.

버트런드 러셀의 연약한 무신론[1)]

버트런드 러셀의 초기 학문적 여정

1872년에 태어난 버트런드 러셀은 영국 수상을 두 번이나 역임한 휘그당의 존 러셀(John Russel, 1792~1878)의 손자다. 영국의 전통적인 명문가에서 태어났지만 일찍 부모를 잃었기에 그의 어린 시절은 불우하고 외로웠다(이는 이후 그의 끊임없는 연애행각의 심리적 원인으로 작용한다). 그는 할머니 품에서 자랐다. 할머니는 독실한 크리스천으로서 어린 러셀을 신앙으로 양육하려 했으나 러셀은 종교의 억압적 분위기에 종종 답답함을 느꼈다. 그러던 어느 날 어린 러셀은 우연히 할아버지의 서재에서 유클리드의 《기하학》을 발견한 후 수학의 논리와 이성, 증명의 아름다움에 매료되었고, 얼마 지나지 않아 논리적인 수학에 비해 신에 대한 믿음을 비논리적이고 매력이 없는 것으로 간주하게 된다. 이후 그는 케임브리지대학에 진학하여 수학과 논리학을 공부하고 졸업논문으로 〈기하학의 기초에 관한 에세이〉를 제출한다. 러셀 초기의 이러한 학문적 배경으로 말미암아, 그의 무신론 에세이는 신을 믿기 위해서는 신이 존재한다는 논리적이고 과학적인 증거가 필요하다는 '증거주의 무신론'(evidentialistic atheism)이 논의의 핵심을 이루게 된다.

한편, 대학원을 졸업한 러셀은 1900년 여름, 수학자 알프레드 노스 화이트헤드(Alfred North Whitehead, 1861~1947)와 함께 파리의 국제수학자대회에 참석한다. 여기서 러셀은 독일과 오스트리아 학자들의 수학기초론에 대한 왕성한 논의를 접하게 된다. 당시 수학자들은 수학의 확실성에 회의와 불안을 느꼈고, 이를 해결하기 위해 수학을 확고한 토대 위에 놓을 필요를 느끼고 있었다. 회의와 불안의 이유는 무엇일까? 예를 들면, 우리는 '1+1=2'가 참임을 안다. 이건 굳이 증명이 필요하지 않다. 즉, 우리는 직관적으로 그것이 참임을 안다. 수학은 이렇게 우리의 의식에 자명한 진리로 여겨지는 명제들을 근본적인 전제, 즉 공리(axiom)로 삼고, 그것을 토대로 일련의 정리(theorem)들을 증명해 낸다. 하지만 인간의 직관은 항상 참인가? 과연 우리가 대전제로 삼는 공리들은 정말 진리일까? 당시 수학자들은 이 점이 불안했다. 이는 유클리드 기하학과 다른 기하학의 체계가 확립되면서 시작되었다. 예컨대 유클리드 기하학에서 임의의 두 점을 지나는 직선은 반드시 하나다. 하지만 지구 표면에서 생각해 보자. 북극과 남극점을 잇는 직선이 오직 하나인가? 무수하다. 이렇듯 새로운 기하학의 발견은 그동안 우리가 자명하게 진리라 여겼던 모든 것을 근본적으로 회의하게 만들며 직관의 한계를 인식하게 한 것이다.

바로 이러한 인간의 인식과 직관의 불완전함 때문에 수학자들은 수학이라는 학문의 토대가 확실하지 않으면 수학적인 발견이나 그 응용을 신뢰하기 어렵다고 생각하기에 이른다. 그런데 당시 영국 수학계는 수학기초론에 대한 연구보다는 수학의 응용과 실제적 활용에 초점이 맞춰져 있었다. 하지만 러셀은 달랐다. 그는 수학이라는 학문의 근본적인 성격과 그 논리적 토대가 매우 중요한 문제라고 생각했다. 결국 이 수학자대회 참석 후 러셀은 수학의 확실한 토대를 구축하는 작업을 통해 의심의 안개를 걷어 내기로 결심했다.

러셀이 수학 기초에 관한 연구를 시작하던 시기에는 이미 앞선 수학자들에 의해 수학기초론에 대한 지적 작업이 어느 정도 진행되어 있었다. 게오르그 칸토어(Georg Cantor, 1841~1918)가 집합론을 통해 '무한'에 관한 일련의 증명을 끝낸 상태였고, 그 집합론을 토대로 고틀로프 프레게(F. Gottlob Frege, 1848~1925)는 아리스토텔레스의 3단 논법 이후 2,000년간 정체되어 있던 논리학을 새로운 단계로 발전시키고 있었다. 그런데 러셀은 칸토어의 집합론에서 중요한 역설을 발견한다. 당시 프레게는 러셀과 마찬가지로 이 집합론의 토대에서 수리논리학을 전개시키고 있었는데, 러셀은 자신이 발견한 역설을 프레게에게 편지로 전했고 프레게는 그 편지로 크게 낙담한다. 프레게는 역작 《산술의 기초》의 출간을 앞두고 있었는데, 러셀의 역설에 따르면 그의 작업은 근본부터 잘못된 것이었다. 그렇다면 그 역설이란 건 무엇일까? 그것은 다음과 같다.

> 자기 자신을 원소로 갖지 않는 집합을 A라고 한다면 그 A는 자기 자신의 원소인가 아닌가?

A가 자기 자신의 원소라고 가정할 경우, A를 정의한 집합의 속성(자기 자신을 원소로 갖지 않는다는 속성)을 가져야 하는데 이는 모

순된다. 반대로 A가 자기 자신의 원소가 아닌 경우, A 자신을 정의한 집합의 속성을 갖기 때문에, A는 자기 자신의 원소가 되어버린다. 이 또한 모순이다. 러셀은 이를 이발사의 역설로 표현했다. "어느 마을에 단 1명뿐인 이발사는 스스로 수염을 깎지 않는 모든 이의 수염을 깎고 그 외의 사람의 수염은 깎지 않는다. 이때 이 이발사의 수염은 누가 깎아야 되는가?" 하는 문제였다. 잘 따져 보면 이 이발사는 자신의 수염을 깎을 수도 없고 깎지 않을 수도 없는 모순된 상황에 처하게 된다. 이 역설의 발견으로 러셀은 수학계에 일약 유명한 인물이 되었지만, 그것은 역설적으로 수학이라는 학문 자체가 위기에 처했다는 인식을 확산시키는 계기가 되었다.

그러나 정작 러셀 본인은 자신이 발견한 역설이 갖는 파괴력을 잘 몰랐다. 절망에 빠진 프레게의 답신을 받고 나서야 상황이 심상치 않음을 인식하게 됐다. 그는 이 문제를 해결하고 수학을 안정된 토대 위에 놓아야 한다는 일종의 사명감을 갖게 되었고, 당대 수학자 화이트헤드와 집중적으로 문제를 파고들기 시작했다. 그렇게 10년의 전력적인 공동연구 결과가 1911년 발간된 《수학원리》(Principia Mathematica)라는 방대한 분량의 3권짜리 책이다. 하지만 사실상 그 책은 실패했다. 러셀과 화이트헤드는 이 역설을 근본적으로 해결할 방법을 찾지 못한 것이다. 러셀은 결국 '그 자체의 원소인 집합과 같은 것은 없다'는 임의적인(ad hoc) 공리를 도입하였다. 즉, 집합에 일종의 위계를 설정한 것이다. 이를 '유형론(theory of type)의 전략'이라고 부르는데, 사실 이는 만족스럽고 완전한 해결이 아니었다. 위와 같은 방법은 '논리적 필연'이 아니라 '임의의 명령'이었던 셈이다. 러셀 스스로도 이것이 불만족스러운 점임을 인정했는데, 기존 공리체계도 만족하지 못하는 마당에 임의적인 공리를 하나 더 도입한다는 것은 뭔가 석연치 않았던 것이다. 러셀과 화이트헤드는 결국 이 문제의 완전한 해결책을 독자들이 직접 찾아보라고 과제를 제시하며 책을 끝냈다. 그리고 이 과제는 훗날 비트겐슈타인(Ludwig Wittgenstein, 1889~1951)과 괴델(Kurt Gödel, 1906~1978)을 철학과 논리학에 관한 연구로 끌어들이는 계기가 되었다. 이후 비트겐슈타인은 일찌감치 논리주의의 한계를 파악하고 명저인 《논리철학논고》를 집필했으며, 괴델은 1931년에 '불완전성 정리'라는 유명한 증명을 통해 러셀의 논리주의를 궤멸시킨다.

비트겐슈타인의 일격에 무너지다

《수학원리》를 출간한 지 얼마 되지 않은 1911년 러셀은 드디어 비트겐슈타인을 운명적으로 만나게 된다. 맨체스터에서 항공공학을 공부하던 비트겐슈타인은 프레게와 러셀의 책을 읽으며 철학적인 문제에 관심을 갖게 되었고, 자신에게 철학에 소질이 있는지 알아보고자 러셀을 찾아오게 된다. 러셀은 곧바로 비트겐슈타인의 천재적인 재능을 알아보고 그가 자신의 연구를 이

어받을 수 있다고 확신했다. 비트겐슈타인은 그렇게 러셀의 제자로 출발했으나, 그 관계는 곧 뒤바뀌게 된다. 그래서 철학자들은 러셀과 비트겐슈타인을 흔히 세례요한과 예수의 관계로 비유하기도 한다.

어찌됐건 비트겐슈타인을 만난 후 러셀은 생애 처음으로 누군가에게 지적으로 압도당하는 경험을 하게 되었다. 그리고 이내 실의에 빠지게 된다. 먼저 1913년 봄, 러셀이 〈종교의 본질〉이라는 에세이를 《허버트저널》에 싣자 비트겐슈타인은 엄밀성을 갖추지 못한 글이라고 혹평한다. 또 당시 러셀은 미국 대학의 초청을 받아 인식론에 관한 강의를 준비하고 있었으나 이 강의원고는 비트겐슈타인에게 가차 없이 비판받았다. 러셀은 "철학의 문제들이 근본적으로 논리적인 문제라고 믿었는데, 이 믿음이 비트겐슈타인에게 논리적으로 반박당한 것이다."[2] 러셀은 당시 연인이던 오톨라인에게 보낸 편지에서 다음과 같이 심경을 토로했다.

> 나는 그가 옳았음을, 따라서 내가 철학에서 근본적인 연구를 재개하기를 바라는 것은 무리라는 것을 알았습니다. 나의 충동은 방파제에 부딪혀 부서지는 파도처럼 조각났습니다. 나는 완전히 절망에 빠져버렸습니다.[3]

비트겐슈타인의 비판으로 러셀은 자신의 능력이 '인식론'과 같은 근본적인 문제를 감당할 수 없다고 확신했고, 근본적인 종류의 철학에도 더 이상 기여할 수 없다고 생각했다. 이런 생각 때문에 그는 때로 자살충동을 동반하는 우울증에 빠지기도 했다.[4] 결국 이 사건 이후 러셀은 정통논리학자로서는 다시 일어서지 못했다. 비트겐슈타인으로부터 받은 일격이 러셀로 하여금 철학을 떠나게 한 결정적인 계기였던 것이다. 그렇지만 러셀은 비트겐슈타인의 천재적 재능을 알아보고 그를 인정했으며, 제자를 향한 질투심에 사로잡히지는 않았다.

그럼에도 훗날 두 사람의 관계는 멀어지는데, 그것은 학문에 대한 견해차라기보다 두 사람의 윤리관과 신앙 그리고 인간적인 기질의 차이 때문이었다. 러셀이 부드러운 영국신사였다면 비트겐슈타인은 괴팍한 오스트리아인이었다. 특히 비트겐슈타인은 러셀의 호전적인 무신론과 대중적인 에세이를 매우 싫어했다. 러셀은 대의를 위해 헌신하고 투쟁하는 진보적인 지식인으로 존경받기에 충분했으나, 개인적 삶은 조금 달랐다. 그는 바람기가 있었고, 자식들에게 차가웠으며, 적당히 사람들의 비위를 맞추며 약간의 거짓말이나 아첨도 마다하지 않았고, 인간관계에서 때로는 그런 게 필요하다고 생각했다.[5] 반면 비트겐슈타인은 자기 삶에 고강도의 진실성과 엄숙성을 요구하며 금욕과 경건함으로 일관한, 매우 고지식한 수도사 같은 사람이었다.

어쨌든 학자로서 자신감을 잃게 된 러셀은 결국 직업철학계를 떠나게 된다. 교양서를 쓰고, 진보적인 운동에 헌신하는 한편, 대중강연을 하고 세계를 돌아다니게 되면서 러셀은 인기와 명성을 얻었고, 노벨상 수상자, 베스트셀러 작가로서 남부러울 것 없는 영예를 누렸다. 그러나 학계에서는 더 이상 전과 같이 존경받지 못했다. 그가 떠난 사이 철학의 필드에서는 한때 제자였던 비트겐슈타인이 최고의 천재로 존경받고 있었고, 수학에서는 괴델이 그가 젊은 날 시도했던 초기의 논리주의적 기획을 모두 무너뜨렸다. 여기서 짚고 넘어갈 점이 한 가지 있다. 조금 뒤에 다룰 내용이기도 하지만, 러셀이 《나는 왜 기독교인이 아닌가》와 《종교와 과학》 같은 반기독교적인 에세이를 쓴 시기가 러셀 개인에게는 지적으로 절정기가 아니었다는 점이다.

러셀의 명성과 존경받을 만한 정치적 행동에도 불구하고 종교철학과 윤리학에 관한 그의 생각을 비판적으로 검토해야 하는 이유가 여기에 있다. 비록 학계를 떠났다 하더라도 어떤 문제를 바라보는 그의 관점은 기본적으로 자신의 철학적 입장과 인식론으로부터 자유로울 수 없기 때문이다. 비트겐슈타인과 괴델이 러셀의 논리주의적 인식의 기반을 무너뜨렸다면, 자신의 근본적인 인식을 토대로 개진한 러셀의 무신론의 내용도 재고될 필요가 있는 것이다.

앞서 말했듯이, 그의 무신론 에세이는 지적 절정기를 지났을 때 주로 씌었다. 도킨스(R. Dawkins, 1941~)에게서도 발견하는 사실이지만 학자들이 본격적으로 무신론에 천착하는 시기는, 보통 자신의 주된 연구에 헌신하는 지적 절정기를 지난 후다. 물론 오랜 기간의 연구를 통해 학자로서 갖게 되는 형이상학적 신념 같은 것이 있게 마련이다. 그리고 자신이 얻은 교훈과 깨달음을 종합적으로 풀어내고 싶은 욕망이 생기는 것은 자연스러운 일일 수 있다. 다만 이들의 문제는 자신들의 무신론이 논리적으로 도출된 결론이라고 판단하는 데 있다. 그 결론은 자신들의 직관이자 믿음일 뿐인데, 논리적 연구를 거듭하다 보니 자신의 인지체계에서 일종의 형이상학적 신념으로 작동하는 것조차 논리적인 결론으로 착각하는 것이다. 어쨌든 러셀 역시 그런 착각에서 자유롭지 못했다. 러셀이 기독교를 비판하는 내용을 살펴보자.

자신을 불행하게 했던 러셀의 도덕

러셀의 무신론은 다음 세 가지 명제가 기본축이다.

① 기독교는 비과학적이고 비논리적이다.
② 기독교는 역사 속에서 수많은 죄악을 저질러 왔다.
③ 신이 없어도 도덕은 가능하다. 오히려 기독교의 성도덕과 금기는 인간의 자유와 행복을 억압하고 왜곡된 결과를 야기했다.

우선 ②와 ③의 주장부터 간략히 살펴보자. 먼저 ②의 주장, 기독교가 역사 속에서 수많은 죄악을 저질러 왔다는 것은 부인할 수 없는 사실이다. 중세 십자군 전쟁, 유대인 증오와 학살, 온갖 마녀사냥과 종교적 억압 등 죄악의 리스트는 헤아릴 수 없다. 겸허하게 반성하고 회개해야 할 부분이다. 그러나 그런 죄악들이 기독교의 본질에서 파생된 것은 아니며, 기독교뿐만 아니라 무신론 사상도 권력화되면 그와 같은 폭력과 억압을 저지를 수 있다는 점, 그리고 실제로 저질러졌다는 점을 우리는 균형 있게 바라볼 필요가 있다. 마치 그런 폭력이 기독교의 전유물인 것처럼 여겨서는 안 된다는 것이다.

그럼 ③의 주장은 어떤가? 도덕에 관해서는 3부에서 자세하게 논의하고 있으니 여기서는 몇 가지만 짚어 보자. 러셀은 영국 특유의 공리주의적인 도덕과 개인주의적인 행복을 강조하는데, 그가 주장하는 프리섹스와 전통적인 결혼으로부터의 해방이 그 자신과 주변 사람들을 행복하게 하지는 못했다. 그는 두 번째 부인 도라와의 사이에 존과 캐서린, 두 자녀를 두었는데 이들은 정서적으로 안정되지 못했고, 아버지의 사랑을 충분히 받지도 못했다. 부인 도라 역시 러셀처럼 자유분방한 연애와 서로 구속하지 않는 결혼생활을 즐겼고, 그래서 러셀과 살면서도 다른 애인과 동거하며 아이를 낳았다. 러셀은 그런 상황을 매우 힘들어했고, 그 역시 다른 여자와 연애하면서 러셀과 도라 부부는 각각의 애인까지 함께 사는 공동생활을 하기도 했다.

러셀은 60세에 옥스퍼드의 여대생 파트리시아와 다시 사랑에 빠졌는데, 그녀는 당시 20세였다. 오랜 이혼소송 끝에 도라와 이혼하고 파트리시아와 세 번째로 결혼했지만, 결혼생활에 만족하지 못한 파트리시아는 수면제로 자살을 기도하기도 했으며 오랜 기간 요양을 해야 했다. 특히, 파트리시아는 러셀에 대한 깊은 증오감에 괴로워했다고 한다. 도라와의 사이에서 낳은 아들 존은 아버지 러셀에게 받은 외면과 상처로 정신병을 앓기도 했다. 결정적으로 그의 딸 캐서린 테이트(Katherine Tait)는 훗날 기독교로 회심하였고, 아버지 러셀을 믿음의 길로 이끌려고 애쓰기도 했지만, 형식적 종교인의 위선만을 보았던 러셀은 끝내 회심하지 않았다. 이에 대해 러셀의 딸 캐서린은 다음과 같이 말한다.

> 나는 아버지가 찾아다녔던 것, 아버지가 평생 갈망했던 '이루 말할 수 없는 그것'을 발견했다고 말하고 싶었다. 신에 대한 모색은 헛되게 끝날 필요가 없다고 아버지를 설득하고 싶었다. 그러나 가망 없는 일이었다. 아버지는 삶의 기쁨을 앗아가고 반대자를 박해하는 맹목적 기독교인들, 냉혹한 도덕주의자들을 너무 많이 보았다. 아버지는 그들이 가리고 있는 진리를 볼 수 없었을 것이다.[6]

러셀이 생각한 자유로운 성과 자유로운 도덕은 결국 주변 사람들을 불행하게 했으며, 본인에게도 여러 불행과 슬픔을 초래했다. 이는 러셀이 말하는 자유와 도덕이 실은 공허한 것임을 스스로 드러내는 게 아니었을까? 씁쓸함은 뒤로하고 이제 본격적으로 러셀의 과학주의적 무신론을 살펴보자.

러셀의 무신론 (1)
믿음에는 과학적 증거가 필요하다

러셀의 무신론은 대략 다음과 같은 내용을 중심으로 한다.

- 하나님과 영생이라는 기독교의 중심적 교리들은 과학에서는 아무 근거도 발견할 수 없다.
- 어떤 윤리적 주장의 전체적 효과는 그것의 과학적 부분에 달려 있다.
- 증거에 입각해 확신하는 습관, 증거가 확실하게 보장되는 정도까지만 확신하는 습관이 일반화된다면 현재 세계가 앓고 있는 질환의 대부분이 치유될 것이다.
- 하나님이 제1원인이라면 그 하나님은 누가 만들었는가?
- 르네상스가 얼마나 반지성적인 운동이었던가를 현대인은 모르는 것 같다. 중세는 사물을 증명하는 것이 습관이었다. 르네상스는 사물을 관찰하는 습관을 만들었다.
- 모든 원인 개념은 특수한 것을 관찰하는 데서 도출되는 것이다. 총체가 원인을 가진다고 가정할 근거는 없다. 모든 인간에게는 어머니가 있지만 인류에게는 어머니가 없다. 마찬가지로 우주의 존재에는 원인이 없다.
- 종교의 가장 중요한 근원이 두려움이라는 것은 의심의 여지가 없다.

- 만일 내가 "지구와 화성 사이에 도자기 찻주전자 하나가 타원 궤도로 태양 주위를 돌고 있다"고 주장하고, 이 찻주전자는 너무 작아서 아무리 성능이 뛰어난 망원경으로도 볼 수 없다고 덧붙인다면 아무도 내 주장을 반증하지 못할 것이다. 하지만 아무도 내 주장을 반박할 수 없기에, 이를 의심하는 것은 인간의 이성에 대한 참을 수 없는 억측이라고 주장한다면, 모두들 내가 헛소리를 한다고 여길 것이다. 하지만 이 찻주전자가 존재한다는 것이 고대의 책에도 나오며, 일요일마다 신성한 진리로서 가르치고 학교에서 아이들에게 주입한다면, 이 존재를 믿기를 망설이는 것은 기행(奇行)의 표지(標識)가 되고 이를 의심하는 자들은 현대의 정신과 의사나 옛날의 이단 재판관의 관심 대상이 될 것이다.

러셀이 위에서 열거한 내용은 사실 지극히 상식적이고 합리적으로 보여서 효과적으로 반박하기가 어렵게 느껴진다. 《만들어진 신》(The God Delusion)의 저자 도킨스도 기본적으로 위와 같은 러셀의 견해에서 크게 벗어나지 않는다. "신을 믿을 만한 과학적이고 합리적인 증거가 없다. 증거가 없는 것을 무조건 믿는다는 것, 이는 망상이나 광신(狂信) 아닌가?" 충분히 일리 있는 말이다. 그런데 이들이 뭔가 크게 착각하는 게 있다. 과연, 고대 기독교인들이라 해서 기독교의 중심적 교리가 과학적이라고 생각했을까?

천문학의 지동설과 생물학의 진화론은 자연과 우주, 생명에 대한 인간의 관점을 바꿔 놓긴 했다. 하지만 이런 과학적 발견까지 올 필요도 없이, 예수가 살던 당시의 사두개인들도 부활을 믿지 않았다. 제자들 역시 예수의 부활에 완전히 놀랐으며, 끝까지 의심했던 도마는 예수 몸의 못 자국을 만지고 나서야 믿었다. 죽은 사람이 살아나지 못한다는 것과 처녀 혼자 임신하는 것이 불가능하다는 생각은 과학의 발전이 전혀 없던 고대에도 상식이었다. 그렇다면 홍해가 갈라져서 길이 난다는 것은 가능한가? 엘리야가 바알 예언자들과 대결할 때 하늘에서 불이 떨어지는 것은? 다 불가능한 일이다. 고대와 중세의 기독교인들 역시 이러한 기적이 자연적으로, 즉 과학적으로 가능하지 않다는 것을 상식적으로 알고 있었다.

사실 과학적으로 가능한 것은 애써서 믿고 말고 할 필요가 없다. 그건 지식이고 상식이다. 하지만 전능하신 하나님은 초자연적인 능력이 있기에 그런 기적도 때로 일어날 수 있다는 것이 이들의 생각이었다. 즉, 기독교인은 과학으로 입증 가능한 것을 믿는 것이 아니라, 과학적으로 불가능한 초자연적인 일도 하나님은 하실 수 있다고 보는 것이다. 하나님은 전지전능한 분이니까.

한편, 코페르니쿠스가 지동설을 내놓은 이후 지구가 태양 주위를 돈다는 것을 다시 확인한 갈릴레이는 종교재판을 받았다. 사람들은 그 이전까지는 지구가 우주의 중심이라고 생각했고, 당연히 태양도 지구 주위를 도는 위성과 같은 것이라고 여겼다. 그런데 이러한 천동설이 과연 기독교에 근거했을까? 아니다. 그것은 고대 그리스 철학자들의 우주관이었다. 중세 기독교 신학이 그리스 철학을 받아들이면서 프톨레마이오스의 천동설을 기독교에 부합한 우주관이라고 사후에 구성한 것일 뿐, 태양이 지구 주위를 돈다는 학설이 본래 기독교에서 비롯한 것은 아니었다. 따라서 천동설을 신학적인 우주관으로 받아들인 사제들의 오류였을 뿐이었다. 그렇다고 지동설이 신을 부정하는 증거로 작용한 것도 아니다.

그럼 다윈의 진화론은 어떤가? 우선 찰스 다윈 본인은 신앙적으로 불가지론자였다. 그런데 그가 과연 자신의 발견 때문에 신앙을 버렸을까? 아니다. 다윈은 세상에 존재하는 고통과 악 때문에 신의 존재를 의심했고, 불신자는 지옥에 간다는 교리에 분노했다고 한다.[7] 하지만 다윈은 완고한 무신론자가 되지는 않았다. 그는 자서전에서 이렇게 썼다.

> 판단이 극도로 흔들릴 때도 나는 결코 무신론자인 적은 없었습니다. 항상 그렇다고 할 수는 없지만 대체로, (그리고 늙어감에 따라 점점 더) 불가지론자가 나의 마음 상태를 가장 올바로 표현해 주는 말이라는 생각이 듭니다.[8]

한편, 다윈은 유신론과 진화론이 양립 가능한지 질문을 받았을 때, 인간은 "열렬한 유신론자인 동시에 진화론자가 될 수 있다"고 대답했다.[9] 실제로 다윈이 《종의 기원》과 《인간의 유래》를 출간했을 당시 기독교 역시 그렇게 호들갑을 떨지 않았다. 다윈이 태어나기도 전에 사망한 경험론 철학자 데이비드 흄은 이미 무신론자였다. 다시 말해, 진화론이 유신론과 무신론의 방향을 결정짓지 않았다는 것이다. 또한 오늘날 진화생물학자 중에도 독실한 기독교 신자들은 많다. 따라서 과학의 발전으로 사람들이 신을 믿지 않게 되었다는 것은 신화적 주장이다.

과학의 발전은 자연의 질서를 물리적 인과관계와 수학적인 법칙으로 설명할 수 있게 했다. 이것은 사실이다. 사람들이 신비하게 생각했던 수수께끼 같던 것들이 하나둘 풀리기 시작한 것이다. 하지만 동시에 다른 신비가 출현하게 된다. 자연은 왜 설명 가능한 것일까? 자연은 왜 질서정연한가? 어떻게 우리는 이 자연의 질서를 이해하고 그것을 예측할 수 있는가? 아인슈타인도 이것 자체가 신비라고 했다. 과학은 자연의 질서가 물리·화학적 인과관계와 질서정연한 수학의 법칙으로 설명 가능하다는 것을 일러 주지만, 그것이 왜 존재하며 또 하필 왜 우리가 이해할 수 있도록 존재하는지에 대해서는 아무런 답을 주지 않는다.

따라서 조건은 달라진 것이 없다. 무신론자와의 두드러진 차이점은 하나다. 구약의 유대인들로부터 기독교의 역사가 진행되어 오늘날에 이르기까지 신을 믿는 사람들 역시 일상은 자연법칙에 따라 움직이며 초자연적인 일이 일어날 가능성은 매우 드물고 희박하다고 판단한다. 다만 하나님은 전능하기에 초자연적인 기적도 때로 일어날 수 있다고 생각한다. 반면, 과학적 무신론자들은 어떤 경우에도 초자연적인 일은 일어날 수 없다고 했다. 만일 그것이 초자연적인 일이라면 그것은 단지 환각이거나 언젠가 설명될 것을 기다리는 과학적인 현상이다. 다시 말해 과학적 무신론자들에 의하면 초자연적 현상은 절대 일어날 수 없다. 그런데 초자연적인 일이 절대 일어날 수 없다는 생각 그 자체는 사실(fact)인가? 아니면 믿음(faith)인가? 혹은 과학(science)인가? 아니면 또 다른 종교(religion)인가?

결국 과학적 증거가 없기에 믿을 수 없다는 빈약한 무신론으로는 상당수의 이론물리학자들과 진화생물학자들이 신을 믿는 이유를 납득할 수 없게 만든다. 무신론자로서 분자생물학을 연구하다 신학자가 된 앨리스터 맥그라스(Alister Mcgrath, 1953~), 폴 디랙(Paul Dirac, 1902~1984)의 제자로 양자역학을 전공한 이론물리학자였다가 성공회 사제가 된 존 폴킹혼(John Polkinghorne, 1930~), 역시 무신론자였다가 유신론자가 된 영문학자 C. S. 루이스(Clive Staples Lewis, 1898~1963). 이들의 회심(回心)은 어떻게 설명해야 하는가?

러셀이 과학을 무기로 종교를 해체하려 한다면 논리와 합리적인 상식을 지닌 사람들은 당연히 무신론이나 불가지론으로 돌아서야 한다. 천동설이 아니라 지동설이 상식이듯, 유신론이 아니라 무신론이 상식이 되어야 한다. 그런데 문제가 간단하지 않다. 왜 그럴까? 이제 충분히 과학으로 계몽이 된 것 같은데, 어느 정도 자연의 비밀은 풀리고 있는데 왜 여전히 사람들은 신을 믿고 있는 것일까? 비트겐슈타인은 이렇게 말했다. "러셀과 목사들이 무한한 해를 끼쳤다. 무한한 해악을."[10]

비트겐슈타인은 케임브리지대학에서 미학, 심리학, 종교적 믿음에 관한 강의를 했다. 거기서 그는 과학과 과학적 방법의 숭배가 우리 전 문화에 미쳤던 비참한 영향을 다루려 했다. 미학과 종교적 믿음은 과학적 방법으로 다룰 수 없고, 과학적으로 만들려 할 경우 왜곡되거나 혼란에 빠지게 된다는 것이다. 특히 종교적 믿음에 관한 강의에서 그는 믿음에 이유가 필요하다는 것을 부정하는 데 집중했다. 종교적 원리에 대한 아무런 증거도 발견하지 못했기 때문에 종교를 비난하는 무신론자나 신의 존재를 증명하려는 유신론자 모두 과학적 사고방식을 우상처럼 숭배하는 태도의 희생자였다.[11] 사람이 신앙을 갖게 만드는 경험은 실험에서 결론을 도출하거나 수집한 자료들로부터 사실을 추정하는 경험과 다르다. 누군가 신과 부활을 믿을 수 있다면, 그것은 그가 어떤 증거를 찾아냈기 때문이 아니라 구원을 받았기 때문이라는 것이 비트겐슈타인의 견해다.

반기독교의 선봉에 섰던 니체 역시, 과학적인 증거가 없는 점을 근거로 기독교를 비판한 적은 없다. 니체는 본래 문헌학자였는데, 성서문헌의 일부가 오류라거나 왜곡되었다는 점, 역사적 사실과 다르다는 점을 근거로 '신은 죽었다'고 외치지 않았다. 사실 니체도 과학을 잘 알고 있었다. 그의 초인사상에 다윈의 진화론이 상당한 영향을 미쳤고, 그가 활동한 19세기에도 과학은 계속 발전하고 있었기 때문이다. 그뿐만 아니라 니체 당대 지식인 상당수가 이미 무신론자였다. 하지만 니체는 기독교를 비판할 때 진화론을 근거로 삼거나 고문헌의 역사적 오류를 들어 자신의 반기독교적인 견해를 강조한 적이 없다. 니체는 그런 점으로 기독교를 비판하는 무신론자들을 오히려 비웃었다.

요약하면, 지식인일수록 과학을 근거로 무신론을 강변하지 않는다. 물론 그 영향이 전혀 없을 수는 없지만 그것이 무신론을 대변하기에 충분하거나, 신이 없다는 것을 반증하기에 충분하다는 생각은 결코 하지 않는다. 하지만 러셀의 언급을 '과학적 합리주의'와 '논리중심주의'적 발상이라고 일축해 버리는 것은 뭔가 불공정한 것처럼 느껴진다. 그렇다면 그가 그토록 강조했던 논리와 과학적 사고, 그것은 진정 논리적이고 과학적이었을까? 앞에서 살펴본 러셀의 언급 몇 가지를 더 살펴보자.

러셀의 무신론 (2)
진리는 증명되어야 한다. 증명 가능한 것만 믿을 수 있다

> 르네상스가 그 얼마나 반지성적인 운동이었던가를 현대인들은 모르는 것 같다. 중세는 사물을 증명하는 것이 습관이었다. 르네상스는 사물을 관찰하는 습관을 만들었다.[12]

러셀은 '증명'이 논리를 대변한다고 생각한다. 그리고 사물을 관찰하는 습관이 반지성적인 운동이라고 이야기한다. 그런데 "진리는 증명 가능하다"는 명제는 참인가? 이 명제가 참이라면 대우명제 "증명 불가능한 것은 진리가 아니다"가 참이어야 한다.

그런데 이 명제들은 모두 거짓이다. 그것을 증명한 사람이 바로 쿠르트 괴델이다. 괴델은 불완전성정리를 통해 "모순 없는 체계 안에는 증명할 수 없지만 참인 명제가 반드시 존재한다"는 것을 스스로 증명해 냈다. 즉, 분명히 참이지만 증명 불가능한 것도 있다는 것이다. 다시 말해 괴델의 정리는 '진리가 증명보다 크다'는 것을 의미한다. 바로 이 정리에 의해 러셀의 논리주의적 기획은 무너졌다.

한편, 비트겐슈타인 또한《수리철학에 관한 강의》에서 수학을 불문곡직 '증명'으로만 보는 견해를 비판하고, 수학은 발견이 아니라 발명의 다발로 이루어져 있다고 역설했다.[13] 괴델이 불완전성정리를 증명해 낸 때가 1931년이다. 러셀은 괴델의 증명 이전인 1927년에《나는 왜 기독교인이 아닌가》, 1925년에《나는 이렇게 믿는다》를 발간했으나 괴델의 정리를 접하고 난 뒤에도 자신의 기본적인 견해를 철회하지 않았다. 그는 종교가 과학적으로 입증되지 않은 것이라며 끝까지 반대했다. 그 같은 견해는 도킨스도 마찬가지다. 수학과 과학이 모든 진리를 진술하기에 불완전하다는 것을 그들은 여전히 믿지 못한 것이다.

하지만 러셀의 그 같은 고집은 학계에서도 더 이상 유의미하게 받아들여지지 않고 있다. 예컨대, 수학자 케이스 데블린(Keith J. Devlin)은《수학의 언어》에서 뉴턴(Issac Newton, 1643~1727)과 라이프니츠(Gottfried Wilhelm Leibniz, 1646~1716)의 미적분학의 탄생은 직관이 증명을 앞서나간 예라고 말한다.[14] 사실 뉴턴과 라이프니츠는 미적분법을 활용했지만, 그들은 그것을 증명하지 못했다. 당시 영국의 철학자 버클리 주교(George Berkeley, 1685~1753)는 미적분법이 증명되지 않았다며 미적분법에 의심을 거두지 않았다. 흥미롭게도 그는 성직자였다. 그러다가 1821년 프랑스의 수학자 코시(Augustin Louis Cauchy, 1789~1857)에 의해 '극한'이라는 핵심개념이 개발되었고, 얼마 후 독일 수학자 바이어슈트라스(Karl Weierstraβ , 1815~1897)가 극한 개념의 형식적 정의를 내놓아 미적분법을 증명할 수 있었다. 뉴턴과 라이프니츠는 그들의 발견을 증명하지 못했지만 효과적으로 사용했고, 그 증명은 한 세기가 지나서야 이루어진 것이다. 그렇기에 증명보다 직관이 앞서고 아직 증명되지 않았더라도 일정한 패턴을 식별했을 때, 그 식별된 패턴을 수학으로 인정하는 것이 관례가 되었다. 그러한 패턴 식별은 당연히 관찰과 직관에서 비롯된다. 케이스 데블린은 수학의 발견에서 가장 중요한 단계는 증명이 아니라 패턴을 식별하는 단계라는 사실을 오늘날의 수학자들이 널리 인정하고 있다고 말한다.

러셀의 무신론 (3)
우주가 존재하는 원인이 있다고 가정할 근거는 없다

하나 더 살펴보자. 러셀이 1948년 가톨릭 철학자 코플스톤(Frederick Copleston,1906~1994) 신부와 BBC방송에서 토론하면서 한 말이다.

> 모든 원인 개념은 특수한 것을 관찰하는 데서 도출되는 것이다. 총체가 원인을 가진다고 가정할 근거는 없다. 모든 인간에게는 어머니가 있지만 인류에게는 어머니가 없다. 마찬가지로 우주의 존재에는 원인이 없다. 우주는 그냥 거기 있을 뿐이다."[15]

러셀의 위와 같은 주장은 정상우주론에 해당한다. 정상우주론이란 우주가 그냥 거기 예전부터 존재했다는 것이다. 그런데 아인슈타인의 일반상대성이론 발견 이후, 러시아 수학자 알렉산드르 프리드먼(Alexandr A. Friedmann, 1888~1925)은 아인슈타인의 방정식에서 우주가 팽창하고 있음을 보이는 프리드먼 방정식을 도출한다. 이어 1924년 에드윈 허블(Edwin Powell Hubble, 1889~1953)은 관찰을 통해 적색편이(赤色偏移)를 발견했다. 적색편이란 물체가 내는 빛의 파장이 길수록 붉게 보이는 현상이다. 천문학적으로는 빛을 내는 천체가 관측자로부터 멀어질 때 빛의 파장이 길어짐에 따라 적색에 가까워지는 것을 말한다. 그런데 빛을 내는 천체가 관측자로부터 멀어진다는 것은 곧 우주가 팽창한다는 것을 의미하는데, 이때부터 우주가 고정되어 있다는 정상우주론은 도전받게 된다. 이에 벨기에의 물리학자이자 가톨릭 사제였던 조르주 르메트르(Georges Lemaître, 1894~1966) 신부는 1931년 프리드먼 방정식과 허블의 발견을 토대로 현재 우주가 팽창하고 있다면, 과거로 되돌아가면 우주는 수축해 한 점에 모일 거라고 예측했는데, 이것이 빅뱅이론이다. 그리고 1964년 우주 마이크로파 배경의 확인으로 빅뱅이론은 우주의 시작과 진화를 설명하는 가장 훌륭한 이론으로 과학자 사회에서 수용되기에 이른다. 이를 통해 우주의 나이가 137억 년이라는 것이 도출된다. 원래 거기에 우주가 존재했다면 우주는 '나이'라는 개념이 없을 것이다.

이러한 빅뱅이론은 러셀의 견해를 일축한다. 실제로 '빅뱅'이란 이름은 프레드 호일(Sir Fred Hoyle, 1915~2001)이 붙인 것으로, 우주가 한 점에서 시작되었다는 르메트르의 이론을 비웃기 위한 것이었다. 태초에 '빅뱅'이 있었다는 것은 완전한 무(無)에서 지금의 우주가 나타났다는 것이 되며, 당시 무신론 과학자들은 다시 창조자로서의 신을 소환할 수밖에 없게 된다고 생각했다. 그래서 우주 탄생과 빅뱅을 받아들이지 않으려는 것이 당시 과학자들의 기본적인 태도였다.

러셀과 코플스턴 신부의 토론이 1948년에 행해진 것으로 볼 때, 당시는 빅뱅이론이 아직 정설로 확립되기 전이었다. 하지만 이미 1931년부터 프리드먼 방정식과 허블의 발견으로 우주가 팽창하고 있다는 사실과 빅뱅이론이 하나의 유력한 가설로 대두하고 있었다.

러셀은 이런 상황을 눈여겨보지 않았다. 괴델에 의해 자신이 내세웠던 논리주의가 반박되었음에도, 러셀은 그것을 좀처럼 받아들이지 못했다. 즉, 러셀은 자신의 생각이 논리적으로 당연한 귀결이며 진리라고 믿은 것이다. 하지만 불행하게도 그의 그러한 논리와 사고방식은 계속 설득력을 잃고 있었다. 이를 단적으로 보여 주는 증언이 있다. 러셀은 1940년대 프린스턴 고등학술연구소 시절, 아인슈타인(A. Einstein, 1879~1955)의 집에서 물리학자 볼프강 파울리(Wolfgang Ernst Pauli, 1900~1958), 수학자 쿠르트 괴델과 토론할 기회가 있었는데, 러셀은 이 세 사람이 지나치게 시류에서 벗어난 철학에 매달려 있다고 생각하고 이 토론그룹에 비판적이었다.

《괴델과 아인슈타인》(A world without time)의 저자 펠레 유어그라우(Palle Yourgrau)는 아인슈타인과 괴델을 제대로 평가하지 못한 한 세기 동안의 실패가 여기서 시작되었다고 언급한다. 러셀은 훗날 이들 세 사람을 일컬어 '형이상학에 대한 독일인의 편견'을 지닌 사람들이라고 표현했는데,[16] 러셀 자신이야말로 편견과 착각으로부터 자유롭지 못했던 것이다.

신의 존재를 과학으로 입증하라는 말은 이제 지겹고 진부하다

마르크스주의 문학비평가 테리 이글턴은 다음과 같은 말을 했다.

> 잘 알다시피 어떤 신념체계를 가볍게 무시해 버리기는 상대적으로 쉽다. 니체가 푸코의 선구자였다고 제대로 이해하는 것보다 풋내

기 나치였다고 믿는 편이 더 쉽다. 마르크스주의를 깊이 파고드는 수고를 피하고 싶다면, 똑같이 가난한 평등의 세계를 꿈꾼다는 이유로 마르크스주의를 내팽개칠 수 있다."[17)]

기독교에 대한 러셀의 관념, 유신론자들에 대한 무신론자들의 생각은 위와 같은 경솔함에 기반한다. 그들은 성경이 비과학적이라고 일축해 버리고는 기독교인들은 비과학적인 성경을 진실로 받아들이고 자기의 두려움을 없애기 위해 신을 만들어 경배하는 어리석은 무리라고 말한다. 따라서 이들을 계몽해야 한다는 것이 그들의 사명감이다. 하지만 그들은 신학의 발전 과정을 제대로 통찰하지 않는다. 기독교의 죄악은 보지만, 기독교인들의 희생과 헌신은 보지 못한다. 그러기에 신화와 종교를 동일시하고, 찻주전자와 신을 동일시하며, 기독교인들의 신앙을 요정이나 산타클로스를 믿는 어린아이들의 순진한 환상과 같은 것으로 본다. 이런 수준 낮은 비판을 비판하는 어느 블로거는 다음과 같은 글을 남겼다.

과학적 무신론자들이 취하는 관점은 새로운 것이 아니다. 성경에 나오는 사두개인들조차 그들처럼 부활과 같이 믿기 어려운 것을 부정했다. 사도바울 역시 우리의 주장이 어리석은 것으로 취급될 것을 알았다. 기독교 교의에 대한 과학적 무신론자들의 공격은 기껏해야 지금까지 그래왔고 앞으로도 그럴 것인, 흔해 빠진 합리적 사고에 대한 종교적 믿음에 지나지 않는다. 지금까지 그런 관점이

기독교 교의에 타격을 주지 못했듯이 이 사람들도 기독교 교의에 타격을 주지 못할 것이다. 하면 이 사람들이 과학의 발전에 도움이 되었는가? 물론 이 사람들(도킨스를 비롯한 신무신론자들) 중 일부는 과학을 발전시켰다. 그러나 기독교 비판을 통해 과학을 발전시킨 것은 아니다. (사실 이 사람들이 기독교를 까기 위해 들인 노력을 세상을 풍요롭게 만드는 데 썼더라면 오히려 더 많은 기독교인들이 배교했을 것이다. 맘몬을 상대하는 일이 쉬운 줄 아나.)[18)]

나 역시 무신론자들이 기대는 지적 권위가 여전히 러셀이나 도킨스 정도에 불과하다는 것에 안쓰러움을 느낀다. 그런데 더 우스꽝스러운 것은, 무신론자들이 부끄러움도 모르고 그렇게 연약한 지적인 기반에 의지해서 공격적으로 자신들의 무신론을 설파하며 기독교를 공격한다는 것이다. 한마디로 '수준 높은 무신론'을 찾기가 어렵다. 무신론자들이여. 러셀의 논리적 기반은 이미 비트겐슈타인과 괴델에 의해 무너졌다. 힉스 입자로 유명한 이론물리학자 피터 힉스(Peter Ware Higgs, 1929~)와 미국의 진보 지식인 노암 촘스키(Avram Noam Chomsky, 1928~)도 도킨스를 비롯한 오늘날의 근본주의적 무신론자들의 단순화된 논리와 지나친 공격성을 비판하기도 했다.

이제는 러셀의 논리가 안고 있는 한계를 일찌감치 인식했던 사람, 러셀의 제자로 출발했으나 스승을 뛰어넘은 사유를 보여준 사람을 이야기하고자 한다. 시사주간지 〈타임〉이 선정한 20세기 100대 인물 중에 철학자로서는 유일하게 자신의 이름을 올린 철학자. 집요하고도 치밀한 논리를 전개하는 분석철학을 하면서도 자신에게는 가혹할 정도의 도덕적 기준을 적용하며 청빈하고 엄격한 삶을 살았던 수수께끼 같은 인물. 바로 루트비히 비트겐슈타인이다.

러셀을 압도했던 비트겐슈타인의
철학과 신앙과 삶

Think outside the box, 비트겐슈타인

비트겐슈타인은 명실 공히 20세기의 가장 뛰어난 철학자로 평가받는다. 하지만 본래 그의 삶을 사로잡았던 화두는 철학 그 자체가 아니었다. 오히려 한 인간으로서 어떻게 올바르며 진실하고 고결한 삶을 살 것인가 하는 것이 그의 주된 관심사였다. 비트겐슈타인은 논리철학자 혹은 언어철학자로 잘 알려져 있다. 그는 철학에서 혼란스러움이 생기는 이유는 잘못된 언어의 사용에 있다고 보았고, 그 언어의 사용에 일정한 한계선을 긋고자 했다.

비트겐슈타인의 철학은 크게 전기와 후기로 나뉘는데, 언어에 대한 위와 같은 문제의식은 전·후기를 관통한다. 그는 논리적인 수학과 과학의 언어가 '사실'의 영역을 넘어 '의미와 가치'의 영역에까지 말하려는 충동을 문제 삼았고, 불완전한 언어체계를 도구로 형이상학적 문제의식의 영역에까지 발언하려는 것을 막으려 했다. 그리하여 비트겐슈타인은 자신의 전기 철학의 대표적 저서인《논리철학논고》의 마지막에서 '말할 수 없는 것에 침묵해야 한다'고 강조했고, 후기 철학에서도 '언어의 의미는 그것이 사용되는 맥락에서만 봐야 한다'고 강조한 것이다. 그렇다면 비트겐슈타인의 철학은 어떤 것일까? 무라카미 하루키의 소설《태엽 감는 새》에는 이런 내용이 있다.

어떤 종류의 사고 시스템은 그 일면성, 단순성 때문에 반박불가능한 것이 되어버린다.

또한 하루키는 1995년 옴진리교 지하철 사린테러 사건을 계기로 옴진리교 신자들을 인터뷰하여 엮은 책, 《언더그라운드 2》에서 다음과 같이 말한다.

> 조유라는 사람이 있었다. 매우 교묘한 수사법을 구사해 논변을 펼치지만, 그의 말은 한정된 상자 안에서만 통용되는 말이자 논리다. 그 바깥으로는 연장이 안 된다. 당연히 사람 마음에 와 닿지 않는다. 그렇지만 상대가 그를 말로 무너뜨릴 수는 없다. 말하는 내용에 깊이가 없고 뭔가 이상하다는 건 알지만 효과적으로 반론할 수는 없다. 그 상자의 한계성을 증명하기가 매우 어렵다.[1]

그렇다. 그 상자의 한계성을 증명하기란 매우 어렵다. 하지만 일찍이 그것을 시도한 이가 있었다. 임마누엘 칸트(Immanuel Kant, 1724~1804)다. 칸트는 《순수이성비판》, 《실천이성비판》, 《판단력비판》을 통해 이성에 대한 면밀한 비판 작업을 했다. 그런데 여기서 비판이란 어떤 사람이나 대상을 분석해서 부정적으로 판단하는 일상적인 의미의 비판이 아니다. 칸트의 비판은 '대상의 외부에서 그에 대한 평가나 판단을 행하는 것이 아니라 그 대상의 내부에 특정한 금을 긋는 것', 즉 대상의 내부에서 이성으로 판단가능한 것과 판단불가능한 것의 경계를 명확히 하는 것을 의미한다.[2] 다시 말해 칸트는 인간의 주관적인 능력의 한계를 보여 주고자 했다. 그리고 형이상학은 그 범위를 넘어선 '월권'으로 보았다. 칸트는《순수이성비판》서문에서 "인간의 이성은 자신이 이해할 수 없는 문제를 이해하려 하기 때문에 고통을 느낀다"고 말한다.

그렇다면 형이상학이란 대체 무엇인가? 국어사전에는 "사물의 본질, 존재의 근본원리를 사유나 직관에 의하여 탐구하는 학문"이라고 되어 있다. 즉 '신', '존재'의 본질을 이야기하거나, 인간의 본성에 관하여 이야기하는 것이 형이상학이다. 칸트는 이와 같은 형이상학이 학문으로서의 지위를 갖는다는 점을 의심했다. 그러나 이성은 '경험의 영역'을 넘어서는 것에 대해서도 말하고자 한다. 영혼, 신, 존재와 같은 관념들이 실제로 존재하는 어떤 것들을 나타낸다고 근거 없이 가정해 버리는 것이다. 이것이 이성의 오류다. 하지만 그렇다고 이런 것들이 무의미한 것은 아니다. 칸트는 다만 그것에 대해 이성이 인식할 수 있다고 생각하는 것 자체가 오류라고 지적한다. 즉, 우리는 경험의 상자 안에 갇혀 있기 때문에 경험의 상자 바깥에 대해 이성적으로 사유하는 것이 근본적으로 불완전하다는 것이다. 이성의 불완전함을 수용하는 겸허함이 필요하다는 것이 칸트의 주장이다.

비트겐슈타인도 칸트와 유사한 면이 있다. 다른 점은 비트겐슈타인이 '언어'를 문제 삼았다는 것이다. 우리는 언어를 도구로 사유하는데, 그러한 언어체계가 형이상학적인 문제들을 사유하는 데 근본적으로 불완전하다는 것. 칸트는 이성의 불완전성을, 비트겐슈타인은 언어의 불완전성을 나타냄으로써 서양의 형이상학을 비판한다. 그런데 여기서 중요한 것은 칸트도 비트겐슈타인도 그러한 형이상학 자체가 쓸모없는 것이라고 하지는 않았다는 점이다. 형이상학적인 문제의식은 중요하지만 그것을 이성을 통해 사유해서 체계화하려 하거나, 언어로 그것들을 표현하려 할 때 불완전하다는 것이다.

그런데 20세기 초, 빈의 논리실증주의자들과 케임브리지의 분석철학자들은 비트겐슈타인의 이러한 의도를 오해했다. 그들은 언어로 표현가능하고, 논리적으로 분석가능하며 입증할 수 있는 것만이 참된 지식이고 유용한 사유라고 생각했다. 비트겐슈타인의 《논리철학논고》를 형이상학에 대한 일종의 사망선고라 여겼고, 이제 종교적인 문제나 형이상학적인 사유는 쓸데없는 것이므로 폐기해야 한다고 생각했다.

하루키의 표현을 빌리자면, 이들은 상자 안에 갇힌 셈이다. 논리와 경험, 실험과 증명, 이런 것들만이 유의미한 지식이라고 생각하는 경향, 그것 자체가 그들의 상자인 셈이다. 추종자들에게 철저히 오해받은 비트겐슈타인은 이러한 사유의 흐름과 대결하고자, 그들의 사고회로의 한계, 즉 상자의 한계를 보여 주고자 자신의 철학을 했다. 수학과 과학의 언어 앞에서 위기에 처한 종교와 미학, 형이상학을 오히려 옹호하고자 했던 것이다. 비트겐슈타인, 대체 그는 어떤 인물인가? 성자와도 같았던 그의 삶을 추적해 보자.

러셀과의 만남

비트겐슈타인은 1889년 오스트리아 빈에서 태어났다. 그의 부모는 모두 유대인으로 아버지 카를 비트겐슈타인(Karl Wittgenstein, 1847~1913)은 굴지의 철강재벌이었고, 어머니 레오폴디네(Leopoldine Wittgenstein, 1850~1926)는 음악적 소양이 있는 교양 있는 부인이었다. 비트겐슈타인의 저택에는 말러(Gustav Mahler, 1860~1911)나 브람스(Johannes Brahms, 1833~1897) 같은 당대의 유명한 음악가가 드나들었고, 화가 클림트(Gustav Klimt, 1862~1918)는 비트겐슈타인의 누나 마르가레테(Margaret Wittgenstein, 1882~1958)의 초상화를 그리기도 했다.

루트비히 비트겐슈타인은 5남 3녀 중 막내였는데, 어린 시절 그의 형과 누나들에 비하면 오히려 매우 평범했다고 한다. 심지어 비트겐슈타인은 네 살까지 말도 어눌했다고 한다. 아버지의 기대에 부응하여 공학을 공부하고 기술자가 되기 위해 소도시 린츠에 있는 실업학교에 들어갔으나 학교 공부에는 별 흥미가 없었다. 하지만 비트겐슈타인은 세기말 빈의 지적 분위기와 누이 마르가레테의 교양과 지성으로부터 영향을 받았다. 특히 그는 당대 물리학자들, 하인리히 헤르츠(Heinrich R. Hertz, 1857~1894)나 루트비히 불츠만(Ludwig Eduard Boltzmann, 1844~1906)의 과학철학에 흥미를 느끼고 있었다. 린츠 실업학교 졸업 후 영국 맨체스터에서 항공공학을 공부하며 프로펠러 개선에 관한 특허를 얻기도 했지만 그 시기 그의 마음은 철학에 있었다. 그는 당시 버트런드 러셀의 《수학원리》와 프레게(F. Gottlob Frege, 1848~1925)의 《산술학의 원리》를 자세하게 공부했다. 그리고 러셀이 《수학원리》 마지막 부분에서 자신의 연구의 한계와 함께 제시한 과제가 그의 생각을 사로잡았다. 비트겐슈타인은 그 문제를 생각하느라 병적으로 흥분된 상태였고, 그는 그 문제에 관한 철학책을 쓰기로 결심하고 케임브리지에 러셀을 만나러 간다. 여기서 러셀과 비트겐슈타인, 두 사람의 운명적 만남이 이루어진다.

두 사람의 관계의 양상을 단적으로 보여 주는 것이 있다. 레이 몽크(Ray Monk)의 《비트겐슈타인 평전》 3장 제목은 '러셀의 제자'다. 4장 제목은 '러셀의 선생'이다. 사자성어로 나타내면 청출어람이다. 비트겐슈타인은 자신에게 철학에 소질이 있는지 확인하고자 러셀을 찾아갔고, 러셀은 비트겐슈타인이 천재임을 단번에 알아본다. 이후 비트겐슈타인은 러셀에게서 열정적으로 강의를 듣고 그와 끈질기게 토론한다. 그 과정에서 그의 사유는 칼날처럼 날카로워졌다. 당시 러셀은 미국으로부터 강의 초청을 받고 '인식론'에 관한 강의를 준비하고 있었다. 러셀은 그 강의 원고를 비트겐슈타인에게 보여 주었고, 비트겐슈타인은 러셀의 원고를 가혹하게 비판한다. 비트겐슈타인은 스승 러셀을 존경했지만, 논쟁할 때나 자신의 주장을 펼 때는 매우 철저하고 단호했다. 러셀은 비트겐슈타인의 비판을 그대로 인정할 수밖에 없었고, 사실상 그 비판으로 인해 철학을 계속할 의욕조차 거의 잃게 된다.

한편, 러셀과 비트겐슈타인은 종교에 대한 태도가 사뭇 달랐다. 비트겐슈타인은 가장 근본적인 확신에 관해서는 논쟁하지 않았다.[3] 그는 그러한 확신을 공유할 때만 대화할 수 있었다. 따라서 러셀과 윤리적인 문제나 종교적인 문제에 관해 대화하는 것은 불가능했다. 그의 이런 경향 때문에 러셀은 걱정했다. 러셀은 "아무도 그가 말하려는 요점을 이해하지 못할까 봐 정말 두렵다. 그는 관점이 다른 사람들에게 논증을 제시해서 자신의 주장을 그럴듯하게 꾸미려 하지 않는다"고 말했다. 하지만 비트겐슈타인은 이러한 러셀의 견해에 대해 "논증이 아름다움을 훼손할 것이며, 이는 마치 진흙투성이 손으로 꽃을 더럽히는 것과 같다"고 답했다.[4] 이는 비트겐슈타인의 향후 철학적 태도나 방향을 복선처럼 암시하는 것이다.

말할 수 없는 것에 대해서는 침묵해야 한다

러셀에게서 더는 배울 것이 없었던 그는 이제 스스로 문제를 해결해야 했고, 그 문제 해결을 위해 1913년 가을 노르웨이로 여행을 떠났다. 그 즈음 비트겐슈타인의 부친 카를이 사망했는데, 비트겐슈타인은 자신에게 상속된 막대한 유산을 스스로 포기한다. 그리고 재산의 일부를 가난한 예술가들에게 기부하고, 나머지 모두를 가족에게 나눠 준다. 스스로 빈곤한 삶을 선택한 것이다. 이 또한 그의 기질과 성격을 잘 보여 준다. 비트겐슈타인은 자신의 노동으로 얻은 대가가 아니면 결코 받으려 하지 않았다. 비트겐슈타인은 자신에게 유산을 상속받게 하려는 변호사와 가족들의 어떠한 설득도 물리쳤다. 심지어 그는 그러한 일에 일체 간섭받기를 원하지 않아 가족과 일부러 멀리 떨어져 있고자 했다. 이런 가운데 1914년이 되었고, 1차 세계대전이 발발한다.

전쟁이 발발하자 비트겐슈타인은 자원하여 오스트리아 군에 입대한다. 그는 의학적 진단으로 병역 의무를 면제받았음에도 전장에 나가기를 원했다. 그것은 애국심이나 충성심의 발로가 아니었다. 그보다는 삶과 죽음의 경계, 전쟁터라는 특수한 상황에서 자신의 실존을 체험하기 위한 것이었다. 그는 후방에 있는 것조차 괴로워했다. 비트겐슈타인은 사령부에 전선 배치를 끈질기게 요청했고, 결국 최전방에서 위험한 임무에 투입되어 장교로 진급하는 한편, 은성무공훈장을 받기도 했다. 그런데 정작 전투에서 승리하거나 공을 세우는 데는 관심이 없었다. 다만 그는 생사의 경계에서 신과 존재의 실존에 대해 더욱 많이 사유했다. 비트겐슈타인은 전쟁 이전의 노르웨이 여행에서 《논리철학논고》의 주요 내용에 대한 구상을 이미 마쳤다. 원자명제, 진리함수표, 그림이론 등 논리학에 관한 정밀한 내용들을 대부분 구상한 것이다. 그러나 이 전선의 체험으로 《논고》의 신비주의적인 내용, 윤리학적인 내용이 추가된다. 그 내용은 "6.41" 로 시작한다.

6.41 세계의 의미는 세계 밖에 놓여 있지 않으면 안 된다.

(…)

6.4312 인간 영혼의 시간적 불멸성, 즉 죽음 이후에도 인간 영혼이 영원한 삶을 계속한다는 가정은 어떤 방식으로도 보증되어 있지 않다. 그뿐만 아니라 그 가정은 무엇보다도, 우리가 늘 그런 가정으로 달성하고자 한 것을 전혀 성취하지 못한다. 내가 영원히 산다는 것에 의해 도대체 수수께끼가 풀리는가? 도대체 이 영원한 삶이란 현재의 삶과 똑같이 수수께끼같지 않은가? 공간과 시간 속에 있는 삶의 수수께끼에 대한 해결은 공간과 시간 밖에 놓여 있다. (실로 자연과학의 문제들이 해결되어야 할 것이 아니다.)

6.432 세계가 어떻게 있느냐는 더 높은 존재에게는 완전히 아무래도 좋은 일이다. 신은 자신을 세계 속에서 드러내지 않는다.

(…)

6.44 세계가 어떻게 있느냐가 신비스러운 것이 아니라, 세계가 있다는 것이 신비스러운 것이다.

(…)

위와 같이 6.41에서 시작해 6.54에 이르기까지 비트겐슈타인은 '삶', '죽음', '윤리', '영혼', '불멸성', '영원', '수수께끼' 등 논리학 책에 등장하지 않을 법한 종교적이고 형이상학적인 내용들에 관해 말한다. 그리고 이어서 다음과 같은 정언명령으로 끝을 맺는다.

7 말할 수 없는 것에 대해서는 침묵해야 한다.

그렇다면 '말할 수 없는 것에 대한 침묵'은 무엇을 의미하는가? 그것은 그때까지의 형이상학을 비판한 것이다. '신', '존재' 등 형이상학 문제들은 비트겐슈타인이 보기에 말로 표현할 수 있는 것이 아니었다. 그것은 삶에서 구체적으로 드러나야 하는 것이다. 그것은 말하는 것이 아니라 보이게 하는 것이다. 비트겐슈타인이 보기에 형이상학은 '사랑', '아름다움', '존재', '신'과 같은 개념들을 불완전한 언어로 정의하고 다루려는 데 문제가 있었다. 즉, 언어로 표현하기 어려운 것을 언어의 틀에서 사유하려 할 때 오류에 빠질 수밖에 없다는 것, 그것이 비트겐슈타인의 주장이다. 따라서 그 문제에 대해선 '침묵'해야 한다. 그런데 실증주의자들은 이와 같은 비트겐슈타인의 '침묵'의 명령을 '형이상학의 용도 폐기 선언'으로 받아들였다. 말할 수 없는 것에는 입을 다물고 말할 수 있는 것들, 즉 객관적으로 관찰하고 실험하여 검증할 수 있는 지식을 추구하는 것만이 가치 있는 것이라고 이해했다. 그리고 그의 책은 형이상학을 무시하는 빈의 실증주의자들과 케임브리지의 젊은 철학자들 사이에 하나의 '바이블'이 된다.

하지만 앞에서도 언급했다시피, 비트겐슈타인의 진정한 의도는 그것이 아니었다. 비트겐슈타인에게 중요한 것은 그 책에서 말해진 것이 아니라 '말할 수 없는 것'이었다. 비트겐슈타인에게 그런 것들은 경외의 대상이었다. 따라서 침묵은 '경멸'을 뜻하는 것이 아니라 '경외와 겸허'를 뜻한다. 그런 것들을 언어로 개념화하여 사유하는 전통적 형이상학이 그것들의 진정한 가치를 훼손하는 것을 우려했지, 형이상학적 문제의식 자체를 무시한 것은 아니었다. 비트겐슈타인에게 논리학보다 중요한 것은 종교와 윤리였으며, 경계를 넘어서 말하고자 하는 논리적 언어의 충동에 일정한 한계를 설정하려던 것이 그의 진정한 의도였다. 그리고 그는 책에 쓴 대로, 말할 수 없는 그것을 스스로의 삶으로 드러내고자 했던 것이다.

빈 서클이 숭배한 은둔의 철학자 비트겐슈타인

그는 전쟁 중에 《논리철학논고》의 집필을 마쳤다. 비트겐슈타인은 그 책에서 자신이 철학의 문제를 완전히 해결했다고 선언했다. 실제로 그는 더 이상 철학적 문제에 매달릴 필요가 없다고 생각했고, 철학을 떠나려 했다. 비트겐슈타인의 이러한 생각은 자만심에서 비롯된 것이 아니다. 비트겐슈타인은 남을 의식하는 겸손이 없었다. 그에게 진실과 정직은 목숨만큼 중요한 것이었다. 그는 진심으로 철학의 문제들을 해결했다고 생각했기에 케임브리지에 돌아갈 필요를 느끼지 않았던 것이다. 그보다는 더 의미 있는 일을 하기 원했는데, 그것은 시골마을의 초등학교 선생님이 되는 것이었다. 비트겐슈타인은 실제로 교사 자격을 취득했고, 오스트리아의 시골마을에서 아이들을 가르쳤다.

비트겐슈타인은 실용적인 목적에서 아이들을 가르치려 하지 않았다. 그는 수학을 통해 아이들의 지능을 계발하고, 독일어

고전문학과 성경을 함께 읽음으로써 아이들이 고귀한 정신과 영혼을 지니게 하는 데 기여하고 싶었다. 비트겐슈타인의 이러한 교육 열정은 남달라서 그는 아이들을 위한 초등학생용 사전을 편찬하기도 했다. 하지만 비트겐슈타인은 아이들이 수학 문제를 잘 이해하지 못하면 종종 체벌을 하기도 했는데, 나중에 오테르탈의 한 초등학교에서 자신이 때린 아이가 실신하는 사건이 문제가 되어 교사를 그만두게 된다. 이후 그는 한동안 수도원 정원사로 일했다. 그리고 빈에 돌아온 비트겐슈타인은 누이 마르가레테의 집을 설계하고 건축한다.

한편, 비트겐슈타인이 시골마을 초등학교에서 교편을 잡고 있던 1920년대, 러셀의 도움으로 어렵사리 출판된《논리철학논고》는 학자들 사이에 엄청난 반향을 불러일으켰다. 한스 한(Hans Hahn, 1879~1934)[5], 모리츠 슐리크(Moritz Schlick, 1882~1936) 등 빈 실증주의자들은 정기적으로 모여《논고》를 강독해 갔다. 이 모임에는 훗날 '불완전성정리'로 수학계에 충격을 줄 쿠르트 괴델(Kurt Gödel, 1906~1978)도 있었다. 케임브리지의 영향력 있는 철학자들과 학생들 사이에서도 비트겐슈타인은 신화적 인물이 되어가고 있었다. 이는 1980년대 한국의 운동권 대학생들이 마르크스의《자본론》을 강독하는 분위기와 비슷했다. 그렇지만 비트겐슈타인은 자신을 숭배하며 열심히《논고》를 연구하는 빈 서클의 지식인들과 근본적으로 생각을 달리했고, 자신의 생각을 수정할 필요를 느끼게 된다.

비트겐슈타인의 후기 철학

그렇게 10년의 은둔생활을 거치고 난 1929년 1월, 비트겐슈타인은 결국 케임브리지로 다시 돌아오게 된다. 비트겐슈타인의 후기철학을 대표하는 저서는《철학적 탐구》다. 하지만 비트겐슈타인 생전에 이 책은 출판되지 못했다. 끝없이 연구하고 토론을 거듭하며 원고를 다듬었지만 출판해야겠다고 마음먹을 정도로 만족하진 못했다. 결국《논고》외에 다른 저서들은 그의 제자들이 사후 그의 강의 원고들을 편집하여 출판한 것이다.

비트겐슈타인은《논고》에서 세계는 사물의 총체가 아니라 사실들의 총체라고 선언했고, 언어는 그러한 사실들을 재현해 주는 그림과 같은 것이라고 생각했다. 그래서 비트겐슈타인 초기의 언어철학을 '그림이론'이라고 칭하기도 한다. 하지만 초등학교 교사 경험을 통해 어린이들의 언어습관을 지켜봤던 비트겐슈타인은 언어가 단순히 세계의 그림에 그치는 것이 아니라 세계에서 일할 수 있게 해주는 도구가 된다고 생각했다. 따라서 비트겐슈타인은 과거에 명료하지 못하다고 폄하했던 '일상언어'에 대한 생각을 바꾼다. 일상언어는 그 자체로 온전하며, 일상언어가 어떻게 오해되고 잘못 사용되는지를 밝히 드러내는 것이 철학의 과제라고 생각하기에 이른 것이다.

언어가 도구로 사용되는 예를 들어 보자. 가령 한 의사가 수술실에서 수술을 하고 있다. 그때 의사는 '메스', '석션' 따위의 한 단어만을 간호사에게 언급한다. 그 말을 듣고 간호사는 의사에게 신속하게 메스를 집어 주는 등 일정한 행동을 한다. 수술 행위가 이루어지는 현장에서 한 단어의 언급은, 단순히 그 단어에 해당하는 사물을 지칭하는 것이 아니다. 그 단어와 관련된 일정한 행동을 요구하는 것이다. 여기서 언어는 단순히 세계의 그림이 아니다. 언어는 세계에서 일할 수 있게 해주는 연장인 것이다. 따라서 이제 비트겐슈타인은 어떤 언어의 의미를 알려면 사용되는 맥락을 봐야 한다고 이야기한다.

한편, 형이상학을 위시한 철학은 어떤 단어 혹은 개념에서 공통점을 찾는다. 비트겐슈타인은 '게임'이라는 단어를 예로 들었다. 어떤 게임은 승패가 있다. 어떤 게임은 승패는 없지만 술래가 있다. 어떤 게임은 승패도 없고, 술래도 없다. 혼자 하는 게임도 있다. 우리는 이 모든 것을 통칭해 게임이라고 부른다. 이 게임에서 공통점을 찾으려는 것이 철학인데, 철학은 어떤 것이든 '일반화'하려는 갈망이 있기 때문이다. 비트겐슈타인은 이 '일반성을 향한 갈망'을 문제 삼는다.[6] 그리고 어떤 관념에 공통점이 있다고 상상하는 오류를 본질주의의 오류라고 지적한다.[7]

비트겐슈타인은 공통점 대신 '가족유사성'을 내세운다. 모든 게임에 공통되는 특정한 요소가 있기보다는 각각의 게임들은 한 가족의 구성원처럼 서로 유사할 뿐이다. 이처럼 한 단어의 의미는 그것이 지칭하는 특정한 종류의 대상에 한정되는 것이 아니라는 것, 비트겐슈타인은 이것을 말하고자 했다.

종합하면 비트겐슈타인은 후기 철학에서 《논고》에서 주장한 많은 내용을 스스로 폐기했다. 그렇다고 오해해서는 안 된다. 비트겐슈타인이 포기한 건, 《논고》가 명료화한 '세계에 대한 그림이론'으로서의 언어체계이지, 종교와 미학, 형이상학에 대한 경외의 태도를 폐기하는 것은 결코 아니다. 오히려 비트겐슈타인은 후기 철학에서 '말할 수 있는 영역'에서조차 기존의 명료하고 이상적인 언어체계보다 일상언어의 중요성, 발화 내용과 발화 맥락을 함께 고려하는 언어철학으로 나아감으로써 기존《논고》의 생각을 완화한 것이다. 따라서 비트겐슈타인이 후에《논고》의 내용을 스스로 부정했다 하더라도 그가 지니고 있는 윤리적·종교적 문제의식은 강화되면 강화됐지 결코 후퇴하지 않았다는 점을 기억해야 한다. 아이러니하게도 실증주의자들은 비트겐슈타인의 궁극적 입장과 상관없이 '철학적 문제'에 대한 비트겐슈타인의 반철학(反哲學)적 자세와 논리적으로 극도로 정밀한 분석에 매료된 나머지 비트겐슈타인을 그들의 메시아로 계속 숭배한 것이다.

어쨌든 비트겐슈타인은 철학의 문제에서 언어적인 혼동을 막고 모호함의 안개를 걷어 내는 것에 집중했다. 전기에 그것은 '그림이론'으로 대표되고 후기에는 '언어게임이론'으로 대표된다. 종합하면 비트겐슈타인 전·후기 철학을 통틀어 그의 주된 문제의식은 '이성'과 '논리' 중심의 언어의 적용, 나아가 그러한 언어의 폭력에 한계를 긋는 것이었다. 그것이 전기에는 "말할 수 없는 것에 대한 침묵"이라는 명령으로, 후기에는 일상언어를 존중함으로써 삶의 형식의 다양성을 인정하는 것으로 이어진 것이다.

바로 이 부분이 러셀의 철학적 경향과 근본적으로 대립하는 지점이다. 그런데 비트겐슈타인의 이러한 철학은 그의 종교적인 삶, 윤리적 태도와 깊은 관계가 있다.

"비트겐슈타인은 내가 기독교인이 아니라는 사실 때문에 아주 괴로워했다"

비트겐슈타인은 평생 바르고 진실한 삶, 거짓되지 않은 삶을 살려 애쓴 인물이다. 그는 철학자 이전에 인간이 되고자 했다. 직업철학자가 되는 것에는 아예 관심이 없었다. 근본적으로 그의 철학적인 문제는 삶에 대한 문제와 분리될 수 없었다. 1970년대에 《비트겐슈타인과 세기말 빈》이라는 비트겐슈타인 연구서를 쓴 스티븐 툴민(Stephen Toulmin, 1922~2009)과 앨런 재닉(Allan Janik, 1941~)은 비트겐슈타인의 독특한 삶이 영미 분석철학자들에 의해 천재의 특이한 성격쯤으로 피상적으로 이해되는 문제점을 지적한다. 그의 철학을 제대로 이해하려면 그의 삶을 더 깊이 관찰해야 한다는 것이다. 그중에서 먼저 눈여겨보아야 할 것은 러셀과의 관계다. 버트런드 러셀은 1921년, 비트겐슈타인의 《논고》에 관해 대화하기 위해 오스트리아의 인스부르크에서 만났다. 이 오랜만의 만남에 대해 러셀은 다음과 같이 회고한다.

비트겐슈타인은 내가 기독교인이 아니라는 사실 때문에 아주 괴로워했다.[8)]

그렇다. 훗날 러셀과 비트겐슈타인의 관계가 악화된 배경에는 러셀의 '무신론'도 한 자리를 차지한다. 과학이 발전하고 있기 때문에 종교는 더 이상 세계에 어떤 설명도 해줄 수 없고, 신이 존재한다는 것을 과학적으로 입증할 수도 없으므로 신을 믿을 필요가 없다는 러셀의 주장을 비트겐슈타인은 매우 싫어했다. 러셀도 1920년대 들어 초기의 부드러운 불가지론자로서의 면모는 잃어버렸다. 오히려 기독교를 조소하고 신랄하게 비난하는 강경한 무신론자가 되어 있었다.

그에 반해 비트겐슈타인은 1차 대전 경험 후 보통의 기독교인 이상으로 경건한 신앙인이 되어 있었다. 아이러니하게도 비트겐슈타인은 러셀이 당해 내지 못할 정도로 지독하게 치밀하고 압도적인 논리를 전개하는 철학자였던 것이다. 논리의 극단까지 밀어붙이면서 언어와 논리의 한계를 인식시키는 것이 비트겐슈타인의 1차 목표였고, 삶 전체에 걸쳐 그는 신의 문제와 윤리적 문제, 실존 문제를 생각했다. 결국 러셀과 비트겐슈타인은 서로의 격차를 느끼고 외면하기에 이른다.

비트겐슈타인 또한 1차 대전 당시 니체의 《안티크리스트》를 읽었다. 비트겐슈타인은 그 책에 깊이 공감했지만 그로 인해 신앙을 버리지는 않았다. 그는 니체의 텍스트를 기독교의 진리 여부를 따지는 문제로 보지 않았다. 오히려 무의미한 삶을 다루

는 데 도움이 될 심리적인 처방으로 이해했다. 비트겐슈타인은 다음과 같은 니체의 말에 동의했다.[9)]

> 의식 상태, 가령 어느 것을 참이라고 주장하는 의식 상태 또는 믿음은 어느 종류의 것이건 완전히 관심 밖의 문제이며 본능들의 가치와 비교해 보면 하류의 문제이다. … 기독교인이라는 것, 즉 기독교성을 어떤 것이 참이라는 주장으로 환원하고, 의식의 단순한 현상성으로 환원하는 것은 기독교를 부정하는 것을 의미한다.[10)]

니체의 위와 같은 말은 어떤 내용을 진리로 수용하는 것, 그것을 진리라고 믿는 의식 상태가 믿음이 아니라는 것을 강력하게 주장하고 있다. 예수가 하나님의 아들임을 아는 것, 그리고 그분을 믿음으로 구원에 이른다는 사실을 인정하는 일종의 현상학적 지식이 믿음이 아니라는 것이다. 니체는 현대 기독교가 믿음을 말할 때 필연적으로 빠지는 본질적인 문제점을 아주 정확하게 지적하고 있다. 니체는 그런 이론적인 내용을 인정하고 수용하는 것이 믿음이 아니라 기독교적인 삶을 살아 내는 것, 예수의 삶을 살아 내는 것만이 진정한 기독교적 믿음의 증거라고 일갈한다. 이것은 해묵은 '율법주의'를 강조하는 것이 아니다. 오히려 신앙인의 '존재양태' 자체를 문제 삼는 것이다. 비트겐슈타인은 니체의 이 지적을 가슴 깊이 받아들였다. 그에게 신앙은 현상학적 믿음이 아니었다. 그것은 존재하는 방식이자 실천 문제였다. 실제로 그는 평생 실천적인 신앙인으로 살고자 애썼다. 따라서 철저하고 엄밀한 사유를 단행한 비트겐슈타인이지만 그는 학문보다 '인간으로서 바르게 존재'하는 것을 훨씬 중시했다. 비트겐슈타인은 아끼던 제자들이 성직자나 철학자의 길을 걸으려 할 때 늘 말렸다. 예컨대, 제자 노먼 맬컴(Norman Malcolm, 1911~)에게 이렇게 말했다.

> 철학을 공부함으로써 얻는 효용이 그저 어떤 난해한 논리학의 문제들에 관해 어느 정도 그럴듯하게 말할 수 있게 하는 것이라면, 그리고 그것이 일상생활의 중요한 문제들에 관한 너의 생각을 개선시켜 주지 않는다면, 그것이 자기들의 목적을 위해 위험한 문구들을 사용하는 여느 … 언론인보다 너를 더 양심적으로 만들지 않는다면, 철학을 공부해서 무슨 소용이 있겠는가?"[11]

그런가 하면, 비트겐슈타인은 1차 대전 중에 톨스토이의 《복음서》를 늘 끼고 다녔고 틈만 나면 그 내용을 전우들에게, 주위의 장교들에게 이야기했다. 그는 《논리철학논고》의 전도사가 된 적은 없지만 《복음서》의 전도자였다. 또 비트겐슈타인은 도스토예프스키(P. Dostoevsky, 1821~1881)의 《카라마조프의 형제들》을 매우 좋아했으며, 등장인물 중 '조시마 신부'를 가장 흠모했다. 물론 비트겐슈타인은 윌리엄 제임스(William James, 1842~1910)의 심리학이나 프로이트의 정신분석이론에 깊이 공감했다. 하지만 현대 '심리과학'의 경험적 방법들보다 '조시마 신부'와 같은 사람들이 다른 사람들을 이해하고 공감하는 것에 관해 가르쳐 주는 것이 더 많다고 생각했다.[12] 따라서 비트겐슈타인은 과학이 하나의 우상이 되는 현상을 경계했다. 비트겐슈타인은 물론 과학을 존중했다. 그는 하인리히 헤르츠의 역학이나 루트비히 볼츠만의 과학철학을 섭렵하고 있었다. 항공기 프로펠러와 관련한 특허를 내기도 했다. 하지만 과학이 만능은 아니며, 과학이 답할 수 없는 부분이 있다고 생각했다.

따라서 위와 같은 성향을 지닌 비트겐슈타인이 편안한 대학 교수로서의 직업을 불편해했다는 것은 이상한 점이 아니다. 그는 틈만 나면 케임브리지를 벗어나려 했다. 그는 러시아에 가서 육체노동자로 살고 싶어 했다. 즉, 비트겐슈타인은 자신의 막대한 재산을 포기한 것과 마찬가지로 직업에 대한 사회적 시선을 아랑곳하지 않는 사람이었다. 그의 《논리철학논고》가 케임브리지와 빈의 철학자들 사이에서 일종의 바이블로 인정받고 있는 것과 상관없이 그는 그저 작은 시골마을의 초등학교 선생님으로 헌신하고자 했다. 교육 당국의 제지에도 불구하고 아이들과 종종 성경을 읽고 기도했다. 2차 대전이 발발하자 독일군의 공습이 빗발치는 런던의 한 야전병원 약국의 배달사원으로 일하기도 했다. 그리고 참전병사의 부상 쇼크를 연구하는 연구팀의 작업을 도왔으며, 맥박을 재는 기존 장치보다 더 정교한 기계를 고안하기도 했다.

그는 기독교 이상으로 기독교적인 인물이었다. 그랬기에 제도적 종교, 가톨릭이나 신교의 기존 교리는 그의 신앙을 소화해내기에 단순하고 협소했다. "러셀과 목사들이 힘을 합쳐 해악을 끼치고 있다"는 비트겐슈타인의 말을 새겨 보자. 과학으로 신의 존재를 반박하고자 하는 러셀이나 도킨스는 물론, 과학으로 신의 존재를 입증하려는 '창조과학'을 하는 사람들 모두 동일한 오류에 빠져 있는 것이다. 과학으로 그것을 가릴 수 있다고 보는 과학중심적 사고방식 그 자체가 문제인 것이다. 비트겐슈타인은 이것을 우려했다. 이러한 문제인식은 발화되는 언어와 그 사용 맥락을 동시에 살피고 복수의 삶의 형식을 인정해야 한다는 그의 후기철학과 밀접하게 연관된다. 그리고 그의 후기철학은 소쉬르의 언어학과 더불어 언어철학에서의 화용론(話用論)적 접근법[13]에 영향을 미쳤다. 그런데 비트겐슈타인의 철학이 오늘날 한국교회를 둘러싼 담론의 장에 적용되는 부분이 의외로 많다.

2014년 문창극 논란, '하나님의 뜻'이라는 말에 대하여

2014년 6월 문창극 전 중앙일보 주필이 국무총리 후보자로 지명되었다. 이때 KBS는 문창극의 2011년 당시 온누리교회 강연에서 발언했던 내용을 단독 보도했다. 내용은 대략 이랬다.

> "일제 식민지배에는 하나님의 뜻이 있다. 이조 500년을 허송세월했기 때문에 우리 민족은 시련을 겪어야 했다."
>
> "남북 분단에도 하나님의 뜻이 있다. 당시 한민족의 성향으로 봤

을 때 온전한 독립을 이루었다면 한반도는 공산화되었을 것이다."

"조선 민족은 게으르고 자립심이 없다. 일제로부터 해방된 것은 일본이 미국에 패망했기 때문이다. 하나님의 뜻이다."

이외에도 문 후보자는 친일 지식인 윤치호(1864~1945)를 높이 평가했고, 초대 대통령 이승만(1875~1965)을 훌륭한 사람이라고 치켜세웠다. 당시 온누리교회와 CGN TV는 문 후보자의 강연 영상을 악의적으로 왜곡하여 편집한 보도라며 KBS에 법적 대응도 불사하겠다는 방침을 비쳤다. 그리고 국무총리실에서는 국민의 오해를 불식시키기 위해 당시 문창극 후보자의 강연 전문과 전체 녹화분을 홈페이지에 공개했다. 그러나 오히려 이는 더 큰 반발을 불러왔다. 강연 전체를 들어 봐도 문창극의 발언에서 발견하는 것은 친일 기독교 지식인 윤치호의 논리였기 때문이다.

윤치호가 누구인가? 그는 구한말 개화지식인으로, 미국 선교사를 만나 기독교로 개종한 초기 개신교도였다. 그는 서구 문물을 접하면서 근대화와 부국강병을 이룩한 서구 국가들의 가치관과 정신적 구심점으로서의 기독교는 받아들였지만, '약한 자를 들어 강한 자를 부끄럽게 하는' 기독교의 본질에 입각해 서구 제국주의 논리를 비판적으로 보는 안목까지 나아가지는 못했다. 실제로 윤치호는 1890년대 초반 미국 체류 시에 사회진화론을 최고의 진리로 받아들여 동양인에 대한 서구의 인종차별적인 사고를 옹호하고 당연하게 여겼다. 1890년 5월 18일 일기에는 "조선이 지금의 야만적 상태에 머무느니 차라리 문명국의 식민지가 되는 게 낫겠다"고 말하고 있다.[14] 모국 조선의 비참한 상황에 대한 안타까움은 멸시의 감정으로 바뀌고, 일본을 더욱 동경하기에 이르렀다. 1893년 11월 1일 일기에는 "내가 마음대로 내 고국을 선택할 수 있다면, 나는 일본을 선택할 것이다. 오, 축복받은 일본이여! 동방의 낙원이여!"라고 적혀 있다. 결국 윤치호는 초기 독립운동에 어느 정도 뜻을 두기는 했지만, 일찌감치 전향하고 1920년대 이후 본격적인 친일의 길을 걷게 되었다.

그런데 위와 같은 윤치호의 행적과 초대 대통령 이승만에 대한 냉엄한 역사적 평가와 상반되는 방향으로 '하나님의 뜻'을 말할 때, 그것은 당연히 반발을 사게 되어 있다. 그리고 비기독교인의 관점으로는 저런 발언을 하는 사람을 초청해서 강연을 듣고, 그 발언에 '아멘' 하는 기독교인들에 대해서도 한심하다는 생각과 분노가 솟구칠 수밖에 없다.

그런데 함석헌 역시 우리 민족의 고난이 '하나님의 뜻'이라고 말한다. 그럼 함석헌도 친일 논리를 펴는 것일까? 아니다. 그 의미는 비슷하면서도 매우 다르다. 우리 민족이 고난받는 것은 단순히 우리의 게으름과 못남에 대한 하나님의 징계가 아니라, 인류 역사 자체가 고난의 역사인데, 그 고난의 십자가를 사명으로 지고 가는 민족이 바로 인(仁)을 지닌 우리 한민족이라는 것이다. 그래서 함석헌은 "고난을 받아야 한다. 우리가 지은 죄로 인하여 고난을 받아야 한다"[15]고 말하기도 했다. 하지만 함석헌은 뒤에서 이렇게 말했다.

고난의 짐을 지는 것은 우리가 잘못해서냐? 하나님이 그렇게 만든 것이냐? 그렇게 묻는 이가 있을지 모른다. 나는 이때까지 혹은 하나님의 뜻이라 하고, 혹은 우리들의 잘못이라고 하였다. 모순이라면 모순이다. 그러나 나는 그 이상 말할 수 없다. 사실이 그런 것을 어떻게 하나? 하나님이 그렇게 예정했다고 하면 그것은 미신이다. 반대로, 그것은 다 우리 잘못이라고 하면 독단이다. 비과학적이다. 하나님도 없고 우리 죄라는 것도 없다고 하면 그것은 억지다. 사람이 아니다. 설명할 수 없다. 그것을 설명하자는 것이 목적이 아니다. 우리가 말하는 것은 뜻이 있다는 말뿐이다.[16)]

함석헌은 '인류 역사는 고난의 역사'라고 보는 고난사관을 전개하면서 그것이 하나님의 뜻이라고 하기도 하고, 한편으로는 우리의 죄 때문이라고 하기도 한다. 이는 논리적으로 따지고 들면 모순되지만, 함석헌이 그 모순 너머의 진리를 역설하고 있다는 것을 이해할 수 있다. 문창극과 함석헌, 두 사람 모두 우리의 잘못과 죄가 있고, 고난에 하나님의 뜻이 있다고 말하지만 그 의미는 전혀 다르게 펼쳐지는 것이다. 이처럼 가장 미묘하고, 분노와 오해를 살 수 있는 것이 '하나님의 뜻'이라는 말이다. 지금까지 살펴본 비트겐슈타인의 언어철학으로 검토해 볼 말이 바로 '하나님의 뜻'인 것이다.

문창극과 함석헌 사이, 기독교인과 비기독교인 사이에서 '하나님의 뜻'이 갖는 의미는 분명 동일하지 않다. 그 의미가 동일하지 않기 때문에 오해와 갈등이 유발되는 것이다. 기독교인들이 말하는 '하나님의 뜻'은 여러 의미를 지닌다. 그것은 기본적으로 하나님의 선한 의지다.

구약성경에 보면 히브리 민족이 모세를 따라 이집트 노예 신분에서 해방되고 광야 생활을 겪는다. 그런데 아브라함의 자손이 이집트의 노예로 살아갈 것은 이미 예언된 일이었다.

> 여호와께서 아브람에게 이르시되 너는 반드시 알라 네 자손이 이방에서 객이 되어 그들을 섬기겠고 그들은 사백 년 동안 네 자손을 괴롭히리니 그들이 섬기는 나라를 내가 징벌할지며 그 후에 네 자손이 큰 재물을 이끌고 나오리라(창세기 15:13-14, 개역개정성경)

히브리 민족이 이집트에서 노예로 살아가는 것은 하나님이 아브라함에게 미리 예언하시며 계획한 일이었던 것이다. 실제로 400년이 지나 민족의 지도자 모세가 신탁을 받고 그들을 이끌고 나온다. 즉 하나님은 그들이 노예로 400년 동안 고통으로 신음할 것을 미리 알고 있었다는 것이다. 거칠게 말해서 400년 동안 여러 세대가 자유를 맛보지 못하고 노예로 고생하다 죽는 것이 하나님의 뜻이었던 것이다. 시간을 초월하면서 역사를 주관하시는 전능하신 하나님의 속성을 생각하면, 문창극의 발언의 취지와 의도를 떠나 그 발언의 팩트만 본다면, 조선이 일본의 식민지가 된 것 역시 하나님의 뜻이었다고도 할 수 있을 것이다. 이런 설명은 하나님을 믿지 않는 사람들에게 받아들여지기 쉽지 않은 내용이다. 저런 것이 하나님의 뜻이었다면 그 하나님은 과연 선하다고 할 수 있는가? 이런 질문이 제기될 법하다.

그런데 기독교인들은 이런 모든 고난의 과정에도 나름대로 하나님의 섭리가 있을 거라는 믿음이 있다. 또한 그것을 '하나님의 뜻'이라고 한다. 그렇다면 600만 유대인들이 히틀러에게 학살당한 것은 하나님의 뜻이었나? 북한 주민들이 독재자의 압제 속에서 궁핍한 생활을 하는 것은 하나님의 뜻인가? 사이코패스 범죄자에게 억울하게 납치당해 토막살해를 당한 여자들이나 아이들의 운명도 하나님의 뜻인가? 극심한 빈부격차를 낳은 자본주의 시스템은 하나님의 뜻인가? 빈곤한 삶을 견디지 못해 자살하는 많은 사람의 인생, 그것도 결국 하나님의 뜻인가?

사실 기독교인들도 '하나님의 뜻'을 이해하지 못한다. 하지만 기독교인들은 삶의 비극 가운데서, 어떤 어려움 가운데서도 하나님의 섭리가 그 안에 있으리라 믿는다. 거기에 우리가 알지 못하는 절대자의 섭리가 있을 거라고 믿는 것이다. 그것을 하나님의 뜻이라고 일컫는 것이다. 여기서 '고난받는 하나님'으로서의 신론(神論)이 전개된다. 즉, 인간의 비극적 고난에 대해 다 알고 있고 그것을 의도하고 계획하기만 하는 하나님이 아닌, 고난받는 인간의 슬픔에 함께하는 자비의 하나님, 동시에 그 고난마저도 '모든 것이 합력하여 선을 이루게 하는' 궁극적인 선이 되도록 이끌며 섭리하는 전능한 하나님이 기독교인들이 믿는 하나님인 것이다. 이는 함석헌의 생각이기도 하다.

하지만 그 '하나님의 뜻'이 갖는 깊은 의미를 언어로 납득할 수 있을 만큼 설명하기는 어렵다. 아무리 이야기해도 그 의미는 피상적으로 전달될 수밖에 없는 것이다. 따라서 비트겐슈타인의 《논고》에 따라 말하자면 그냥 그 문제에 침묵할 수밖에 없다. 아무리 말로 설명해도 듣는 이가 기독교 공동체의 언어게임에 참여하는 자가 아닌 이상 타자일 수밖에 없기 때문이다. 가라타니 고진(柄谷行人, 1941~)의 표현을 빌리면, 한국 교회는 하나의 닫혀 있는 언어게임의 공동체이다. 철학자 강신주는 《철학적 시 읽기의 즐거움》에서 가라타니 고진의 개념 '공동체'(community)와 '사회'(society)를 소개한다. 가라타니 고진에 따르면 공동체는 '하나의 언어게임으로 닫혀 있다.' 한편, 사회는 '최소한 두 가지 이상의 언어게임이 마주하고 있는 공간'이다. 그래서 공동체에서는 겉으로 대화가 있는 것처럼 보이지만 사실 독백(monologue)만이 이루어지는 곳이라고 한다. 동일한 삶과 언어의 규칙만이 통용되는 곳이기 때문이다. 사회는 그렇지 않다. 그것은 공동체와 공동체 사이의 교환(communication)관계에서만 말할 수 있는 것이라고 설명한다.[17)]

가라타니 고진, "공동체 내의 대화는 결국 독백(monologue)"

그렇다. 한국 교회는 자기대화밖에 없는 곳이다. 결국 공동체 내에서 통용되는 언어게임을 공동체 외부의 타자에게 무턱대고 들이댈 때 오해와 갈등이 생긴다. 한국 교회는 불행히도 이와 같은 실수를 자주 저질렀다. 물론 비기독교인들도 마찬가지다. 교회 내의 언어게임을 이해하려는 노력은 별로 없어 보인다. 하지만 그들을 탓할 수는 없다. 그들이 뭐가 아쉬워서 한국 교회라는 공동체의 '언어게임'을 이해하려 하겠는가? 그렇다면 사회적인 대화가 가능하도록 노력할 책임은 기독교 쪽에 있는 것이다. 문창극의 발언을 둘러싼 논란과 관련해서 말한다면 교회 측은 비기독교인들이 발언의 진의를 오해하는 것에 분노를 드러낼 것이 아니라 그 오해를 당연하게 여기고 겸허한 자세로 해명했어야 옳았다. 하지만 늘 그렇듯이 교회라는 언어게임 공동체는 영적 전쟁의 프레임으로 세상을 바라보기 때문에 그런 노력을 기울이려 하지 않는다. 이명박 전 대통령이 서울시장이었을 때, 서울을 하나님께 봉헌한다는 발언을 한 것에 보수 개신교가 환호했던 사건도 마찬가지다. 자기 공동체에서 행해지는 언어게임을 사회적인 장(場)에서 일방적으로 발언하는 행위가 얼마나 폭력적이고 불편한 행위인지 전혀 이해하지 못한 것이다.

어쨌든 개신교 언어공동체 내에는 '하나님의 뜻' 외에도 이와 같이 다른 의미를 지닌 말들이 많다. '형제', '자매', '열방', '민족', '땅밟기' 같은 단어들은 사전적 의미를 넘어 교회 내에선 더 특별한 의미로 통용된다. '믿음'이란 단어도 그렇다. 사전적인 '믿음'과 교회 안에서 통용되는 '믿음'이란 단어는 의미가 완전히 다르다. 따라서 '믿음'이 좋다는 것도 전혀 다른 의미다.

이처럼 교회라는 공동체는 하나의 닫혀 있는 언어게임의 집단이다. 다시 말하면 이곳 내부에서는 긴장이 없다. 가라타니 고

진은 이렇게 닫혀 있는 언어게임 공동체 내의 대화는 사실상 대화가 아니라 '독백'이라고 말한다. 결국 공동체 속 두 사람의 이야기는 의미 있는 대화라기보다는 '수다'라는 것. '수다'스러운 '독백'에는 긴장이 없다. 그저 '아멘'만 있을 따름이다. 이는 집단적 나르시시즘을 유발한다. 실제로 요즘 많은 목회자가 설교조의 포스트를 페이스북에 종종 올리는데, 거기에 달리는 댓글들을 보라. '아멘'의 행렬이다.

'세상'과 '시민사회'의 구별

그렇다면 한국 교회가 답답해 보이는 이유는 무엇인가? 단지 닫혀 있는 언어게임의 공동체이기 때문일까? 아니다. 어느 공동체든 일단 기본적으로는 닫혀 있는 언어게임의 집단이다. 문제는 한국 교회가 다른 공동체와 대화하는 방법을 잘 모른다는 것이다. 쉽게 말해 자폐적이다. 타자를 만날 준비가 전혀 되어 있지 않다. 일례로 진중권은 2007년 CBS의 한 토론 프로그램에서 자신의 다음과 같은 경험담을 이야기했다. 아프가니스탄 선교단체 피랍 사건 후 택시를 탄 적이 있는데, 그때 택시기사가 분통을 터뜨리더란다. 교회 다니는 한 아주머니가 택시를 탔는데, 탈레반에 잡혀 있던 인질들이 풀려난 것은 믿음이 좋아서 그런 거라며 하나님의 은혜라고 했다는 것이다. 이 에피소드를 전하면서 진중권은 '교회 내에서 사용하는 언어가 거의 사회방언 수준'으로 '소통 불가능한 지경에 이르렀다'고 언급했다.

사실 저 아주머니는 평범한 기독교인의 입장을 대변한다. 대략 이런 내러티브다. "죽을 각오를 하고 위험지역으로 선교를 간 사람들의 신앙적인 담력은 존경할 만한 것이며, 거기서 피랍되어 죽은 한 사람의 희생은 숭고한 순교다. 그리고 그들이 사회적인 비난을 받는 것은 이 시대가 악하기 때문이다. 기독교인은 이사야 6장에서와 같이 오늘날도 하나님은 '누가 우리를 위하여 갈꼬'라고 말씀하시고, '주님, 내가 여기 있사오니 나를 보내소서'라는 예언자 이사야와 같은 고백을 기뻐하신다고 말한다. 그리하여 많은 젊은이가 '아무도 예배하지 않는 그곳에서 주를 예배하리라'라는 찬양을 부르며 나름의 비장한 마음으로 선교를 나간다. 여기에 무슨 잘못이 있나? 논란이 많은 것은 세상이 우리를 이해하지 못하기 때문이다. 사탄은 복음을 싫어한다. 사탄에 사로잡힌 세상이 복음 전하는 이들을 핍박하고 싫어하는 것은 당연하다. 어둠이 어찌 빛을 이해하겠는가? 어둠과 빛은 공존할 수 없다. 그러니 사회적 비난을 두려워하지 말자. 우리는 우리의 사명을 감당하면 되는 것이다. 저 열방으로 주님이 우리를 부르신다. 가서 제자 삼고 복음을 전해야 한다."

이와 같은 기독교인들의 사고 전개는 외부에서 볼 때는 매우 특이하고 자폐적이기까지 하다. 그들 입장에서 보면 '하나님'이란 분은 퍽 잔인하시기만 한 것 같다. 그들의 눈으로는 이슬람이나 기독교나 크게 다르지 않은 것처럼 보인다. '신의 뜻'이란 이름으로 목숨을 걸고 자폭하는 테러리스트나, '신의 뜻'이란 이름으로 정부와 시민사회가 자제를 권함에도 위험지역으로 가서 목숨을 걸고 복음을 전하는 개신교의 선교 행위나 외부적 관점에서 보면 '동일하다.' 도킨스의 '만들어진 신'은 이러한 종교의 광기가 세계를 더욱 악하게 만든다고 비난하고, 무신론은 거기서 힘을 얻는다.

이처럼 심각한 인식의 괴리 앞에 기독교인들은 서 있다. 이 괴리 앞에서 우리는 어떠해야 할까? 기독교인들에게 성경 말씀과 찬양은 퍽이나 감동적인 것이다. 하지만 때로 우리는 그것을 오해하고 있지는 않을까? 로마서에서 언급되는 '세상이 악하다'는 명제가 '시민사회가 악하다'는 말과 등치될 수 있을까? 기독교는 '세상'과 '시민사회'를 구분하지 못하는 것은 아닐까? 추상적인 이미지로 그저 부패와 범죄와 우상숭배와 타락이 판치는 공간의 뜻을 담는 '세상'이란 말이 '시민사회'를 뜻하는 것은 아닐 것이다. 이사야 6장 말씀도 마찬가지다. 거기 나오는 이사야 예언자를 향한 하나님의 소환을 '복음전도적 버전'으로만 해석하는 것이 과연 옳을까? 이사야나 예레미야 같은 예언자들은 부패한 사회와 권력을 향한 하나님의 경고를 전달하는 사명이 있었다. 그들은 하나님의 정의를 부르짖었다. 그런데 과연 이사야 6장이 얼마만큼 그런 맥락에서 이해되고 있을까?

공동체 내부의 언어로 타자를 향한 선교를 지향하는 것에는 한계가 있다. 교회는 성도들의 신앙공동체이지만 그 공동체는 타자와 만나고 타자를 수용해야 한다. 그러자면 교회 내부의 언어가 아닌 타자의 언어로 접근해야 한다. 그것이 선교 아니겠는가? 그렇기에 나치에 저항하다 처형당한 독일의 신학자이자 목회자 디트리히 본회퍼(Dietrich Bonhoeffer, 1906~1945) 역시 교회론으로 '타자를 위한 교회'를 내세웠던 것이 아닐까? 타자의 관점을 이해하고 그들과 소통하는 기독교가 되는 것은 '변절'이나 '배교'가 아니다. 그것은 '배려'다. '복음을 부끄러워하지 않는다'는 바울의 말은 '종교적 언어'를 사회적 소통의 공간에서 마구잡이로 쓰라는 말은 아닐 것이다. 공공장소에서 종교적 행위를 하는 것이 중요한 게 아니라, 일상적 행위 자체가 스스로 신앙을 드러내야 한다. 하나님의 영광은 공공장소에서 자신의 신앙적인 형식(ritual)을 과감하게 드러내는 게 아니라 성품과 언행으로, 삶과 일에서의 태도와 존재방식으로 자연스럽게 드러나는 것이다. 비트겐슈타인이 강조하는 것이 바로 이런 것이다.

그렇다면 여기서 한 가지 방법을 발견한다. 위기에 처한 한국 교회가 부흥의 해법을 찾고자 고심하는 이 시점에서 필요한 전략 말이다. 그것은 먼저 우리 공동체의 언어게임을 타자의 관점에서 돌아보는 것이다. 우리 언어게임의 공동체 내에서의 대화가 실은 '수다'스러운 '독백'일 수 있음을, 열렬한 '아멘'의 행렬이 때로 집단적 나르시시즘일 수 있음을 자각하는 것이다. 그리고 사회적 장에서 타자와 대화하는 방법을 찾아야 한다. 공동체 내적으로 '복음의 본질', '뼈를 깎는 회개'라는 추상적이고 원론적인 말만 반복해서는 안 된다. 비트겐슈타인과 가라타니 고진은 각각의 언어게임을 그 상황적 맥락, 발화되는 공동체에 대한 총체적인 이해를 바탕으로 이해해야 한다고 말한다. 그렇다면 필요한 것은 에토스(ethos)다. 기독교라는 언어게임의 공동체가 지니는 삶의 형식이 공감을 얻을 수 있어야 한다. 세속국가와 시민사회의 틀을 좀더 심도 있게 이해해야 한다. 따라서 개인으로서의 기독교인이 도덕적·윤리적으로 올바르게 살 것을 강조하는 것만큼, 집단으로서 총체적인 공동체로서의 기독교와 교회가 사회적 장에서 도덕적·윤리적으로 우선 존경받아야 한다. 사회구조적인 악의 문제를 해결하는 데도 적극 앞장서야 한다. 그렇게 함으로써 존경받는 기독교, 존경받는 교회가 된다면 복음은 더욱 확장될 것이다. 이것이 비트겐슈타인과 가라타니 고진으로부터 차용할 수 있는 선교신학적 아이디어가 아닐까?

괴델의 불완전성정리와
그 신학적 함의

> 임의의 재귀적 형식시스템이 무모순일 때, 그 시스템은 자체의 무모순성을 증명할 수 없다. 즉, 산술을 포함하는 어떤 형식체계가 무모순일 때, 그 체계가 무모순임을 증명할 수 없다(불완전하다).
>
> -쿠르트 괴델, 《제2불완전성정리》

1995년 3월 20일 아침, 옴진리교 신도의 도쿄 지하철 사린 테러사건에 일본은 물론 전 세계가 충격에 빠졌다. 그 해는 일본의 거품경제가 무너지기 시작한 해였다. 일본 경제의 장기침체가 막 시작되던 그 시기에 일본을 뿌리째 뒤흔드는 상징적인 두 사건이 일어났다.[1] 하나는 고베의 대지진이고, 다른 하나는 옴진리교 신도의 지하철 사린 테러다. 옴진리교 신도들이 출근길 직장인과 학생으로 붐비는 지하철 안에서 사린가스를 살포하여 13명의 사망자와 6,000명 이상의 중상자를 낸 이 사건으로 일본열도는 충격에 빠졌다.

일본의 소설가 무라카미 하루키(村上春樹, 1949~)는 이 경악할 만한 사건의 심층적인 원인을 파헤치고자 피해자와 가해자를 인터뷰했다. 그 사건 피해자를 인터뷰한 결과가 《언더그라운드》이고, 가해자인 옴진리교 신도들을 인터뷰한 결과가 《언더그라운드 2: 약속된 장소에서》이다. 옴진리교는 불교의 이단쯤 되는 사이비 신흥종교로, 출가 후 명상과 수행을 통해 깨달음과 이상향을 추구하는 성격을 지니고 있었다. 그런데 특이한 것은 옴진리교 신도들 중 상당수가 엘리트였다는 점이다. 도쿄대 출신이 특히 많고, 상당수가 이공계 출신이다. 그런 엘리트들이 안정된 직장과 지위를 마다하고 그런 컬트종교에 빠져들었다는 것이 '논리적으로', 아니 '상식적으로' 잘 납득되지 않는 부분이다.

그런데 하루키는 이들을 인터뷰하는 가운데, 그들이 '엘리트임에도 불구하고'가 아니라 오히려 '엘리트이기 때문에' 쉽게 넘어간 게 아닐까 하는 생각이 들었다고 한다. 하루키는《태엽 감는 새》에서 '만주국'과 '중일전쟁'의 문제를 깊게 다룬 바 있는데, 그는 조심스럽게 옴진리교 교단이 '만주국'과 비슷한 성격을 띤다고 본다. 1932년 만주국이 건국되었을 때도 이공계의 젊은 학자들과 기술자, 테크노크라트들이 새로운 가능성의 대지를 찾아 대륙으로 건너갔다는 것이다. 그들 대부분은 젊고, 야심찬 비전이 있었으며, 지식과 재능을 겸비하고 있었다는 것. 그들은 일본이라는 강압적인 국가 내부에 있는 한, 자신들의 재능을 제대로 발휘하기 어렵다고 느꼈고, 따라서 좀더 융통성 있고 실험성 있는 새로운 세계를 추구했다는 것이다. 그들에게는 이상주의적 대의와 명분도 있었다.

하지만 하루키는 거기에 중대한 뭔가가 결여되어 있었다고 말한다. 만주국의 경우 그 뭔가는 올바르고 입체적인 역사인식이었다. 만주국의 이상이 그럴듯한 말과 표어들로 포장되어 있지만 실상은 일본의 잔혹한 군국주의와 제국주의였다는 것. 이상과 현실의 괴리와 그 공백을 뒤덮는 폭력 속에서 테크노크라트들은 역사의 소용돌이 속으로 힘없이 삼켜졌다는 것이다. 옴진리교 신도인 의사 하야시도 비슷한 면이 있었다. 그는 환자를 진심으로 생각하는 평판 좋은 외과의사였다. 그러나 그는 현행 의

료제도를 차츰 불신하게 되었고, 옴진리교가 제시하는 이상향에 끌렸다고 한다. 그는 옴진리교가 건설하는 '로터스 빌리지'에 위치할 이상적인 학교와 현세의 때가 묻지 않은 병원에서 좀더 가치 있게 자신의 의료행위를 실천하고 싶어 했다. 그런 그의 동기는 참으로 순수하고 선한 것이지만 결과적으로 그는 한 종교집단의 신도로서 지하철에서 사린가스로 사람을 죽이는 테러에 직접 관여한 범죄자가 되었다.

하루키는 '로터스 빌리지'로 상징되는 순진무구한 언설이 현실과 얼마나 심하게 괴리되어 있는지 잠시 물러나서 생각해 보면 알 수 있는 일이었다고 말한다. 그러나 아무리 가까운 친구였더라도 하야시 의사에게 그 괴리감을 효과적으로 증명하는 것은 대단히 어려운 작업이었을 것이 틀림없다며, 그런 맥락에서 하루키는 이렇게 말한다.

> 현실이란 본래 혼란과 모순을 내포하고 성립하는 것이며, 혼란이나 모순을 배제해 버리면 그것은 이미 현실이 아니다. 그리고 그것을 일견 정합적으로 들리는 말과 논리에 따라 교묘하게 현실의 일부를 배제했다고 믿어도 그 현실은 반드시 어딘가에 잠복해 있다가 당신에게 복수할 것이다.

하루키의 위와 같은 말은 괴델의 '제2불완전성정리'를 상기시킨다. 괴델이 증명한 불완전성정리는 두 가지다. 제1정리는 모순이 없는 산술의 형식체계에서 참이지만 증명불가능한 명제가 반드시 존재한다는 것이다. 그리고 제2정리는 형식체계가 무모순일 때, 그 형식체계 내에서 무모순성을 입증할 수 없다는 것이다. 다시 말하면 제1정리가 말하는 것은 진리가 증명보다 크다는 것이다. 제2정리는 어떠한 모순 없는 체계를 구성한다 하더라도 그 체계는 항상 불완전하다는 것이다. 체계는 시스템이다. 즉, 형식적으로 완전한 시스템은 없다. 하루키는 '옴진리교 사건'을 광적인 종교적 현상으로 단순하게 짚고 넘어가지 않고, 그러한 광기와 폭력이 일견 정합적으로 보이는 논리로부터 비롯될 수 있음을 경고하는 것이다. 괴델의 불완전성정리는 수리논리학과 철학에서 많이 논의되지만, 하루키는 괴델의 정리를 사회적 차원에서 말하고 있는 것으로 생각된다. 그렇다면 괴델의 증명이란 도대체 어떤 것일까?

괴델의 증명이 이루어진 배경

(대전제) 모든 사람은 죽지 않는다.

(소전제) 소크라테스는 사람이다.

(결론) 그러므로 소크라테스는 죽지 않는다.

아리스토텔레스의 삼단논법이다. 위와 같은 논리전개를 당신은 뭐라 하겠는가? 궤변이라고 할 것이다. 그렇다면 나는 물을 것이다. 왜 궤변인가? 당신은 답할 것이다. 전제가 잘못되었다고. '모든 사람은 죽는다'가 맞는데, '죽지 않는다'고 거짓을 전제했으므로.

정확한 답변이다. 그렇다면 묻겠다. 일단 전제의 옳고 그름을 따지지 말자. 그냥 논리의 흐름만 살펴보자. 앞의 흐름에서 모순이 도출되는가? 아니다. 모순은 없다. 따라서 전제가 되는 내용의 진리 여부와 상관없이 그 논리의 흐름에 모순이 없다면 이는 무모순성을 만족하는 정합적인 논리전개라 할 수 있다. 하지만 내적 논리의 정합성과 상관없이 사실과 다른 저런 논리를 주장하면 궤변론자라고 비웃음을 살 것이다.

그럼에도 굳이 이런 이야기를 하는 이유가 있다. 전제가 되는 내용의 진리 여부와 상관없이 일관성이 보장되는 논리적 형식체계를 구성하는 것이 중요하다고 주장하는 수학자들이 있었기 때문이다. 이러한 주장을 '형식주의'라고 부른다. 형식주의를 이끌던 사람은 현대수학의 아버지라 불리는 독일의 다비트 힐베르트였다. 이들은 형식체계 내에서 체계의 무모순성을 증명하는 것을 최우선 과제로 삼았다. 24세의 오스트리아 수학자 쿠르트 괴델은 이 형식주의 수학자들의 프로젝트를 무너뜨린 것이다. 도대체 당시 무슨 일이 있었던 것일까?

수학의 위기[2)]

수학의 역사에는 세 번의 위기가 있었다고 한다. 첫 번째 위기는 피타고라스가 무리수를 발견한 사건이다. 정수와 정수의 비, 즉 유리수가 아닌 수가 존재한다는 것은 충격이었지만, 그것으로 실수의 체계가 확립되었다. 두 번째는 비유클리드 기하학의 출현이다. 예컨대, 리만(G. F. B. Riemann, 1826~1886)의 구면(球面) 기하학에 따르면 삼각형 내각의 합은 270도도 될 수 있다. 그리고 세 번째 위기는 앞에서 설명했듯이, 집합론에서 발견한 러셀의 역설이다.[3)]

19세기의 리만 기하학과 20세기 벽두의 집합론의 역설은 수학이 정말 확실한 기초가 될 수 있는지에 대한 수학자들의 의구심을 불러일으켰다. 수학이야말로 자연과학의 가장 신뢰할 만한 도구인데, 이것의 기초가 불안하다면 과학활동에 대한 불신과 회의가 생길 수밖에 없기 때문이었다. 따라서 이처럼 불안한 수학을 확고한 토대 위에 세우려는 몇몇 지적인 흐름이 생기게 되는데, 이를 통칭해 수학기초론이라고 일컫는다. 당시 수학기초론에는 크게 세 가지 입장이 있었다. 러셀로 대표되는 논리주의, 힐베르트(David Hilbert, 1862~1943)로 대표되는 형식주의, 그리고 브라우베르(L. E. J. Brouwer 1881~1966)의 직관주의[4)]다. 이중에서 괴델의 증명이 무너뜨린 것은 논리주의와 형식주의다.

우선 러셀의 논리주의를 살펴보자. 논리주의 수학기초론 연구는 프레게와 러셀, 화이트헤드가 주축을 이루었다. 논리주의란 간단히 말해 수학을 논리학 체계에 환원하여 수학의 기초를 견고하게 만들려는 기획이다. 다시 말해, 논리주의란 단순히 논리를 강조하는 것이 아니라, 논리학이라는 학문을 수학의 기초로 삼으려는 사조를 말하는 것이다. 논리학을 기초로 삼으려면 그것과 직접 연관된 집합론이 결국 수학의 기초가 되어야 한다. 그렇지만 이 시도는 사실상 실패하고 만다. 자신이 발견한 집합론의 역설을 해결하기 위해 내세운 러셀의 방법은 쉽게 말해 '그런 집합은 만들지 말자'는 것이었다. 즉 집합에 위계질서를 세우고 따르자는 것인데, 그것은 논리적으로 도출되는 결론이라기보다는 억지로 규칙을 만드는 셈이었다. 수학의 기초로 삼으려는 집합론에 스스로 어떤 규칙을 부과하는 꼴이 되고 마는 것이다.

논리주의와 유사하지만 이와 다른 수학기초론으로 형식주의가 있었다. 힐베르트를 중심으로 한 형식주의 수학자들 역시 러셀이 발견한 '집합론의 역설'에 당황했다. 하지만 힐베르트 역시 러셀과 화이트헤드의 논리주의 기획이 불가능하리라 생각했다. 즉, 모든 수학을 논리학에 환원시키려는 시도는 결코 성공할 수 없다고 생각한 것이다. 힐베르트는 러셀의《수학원리》를 수학적 논리를 위한 하나의 형식적인 공리체계로만 간주했다. 그러나 논리학이 수학의 토대가 될 수는 없었다. 논리학은 수학의 부분집합일 뿐이다. 따라서 힐베르트는 처음부터 러셀의 '논리주의'에 동의하지 않았다. 게다가 러셀은 수학이 논리학에 안정적으로 환원되기만 하면 거기에 모순은 있을 수 없다고 생각했던 것 같다. 즉, 무모순성(無矛盾性, consistency)은 따질 필요도 없이 자연스럽게 보장되는 것이었다.[5] 당연히 그 체계 내에서는 어떤 진리든 증명가능하다. 진리는 곧 증명이다. 하지만 힐베르트는 그러한 안전성을 의심했다. 따라서 어떤 시스템이든 수학을 사용하기에 안전하다는 것이 증명되어야 했다. 여기서 '무모순성'의 증명이 중요해진다. 임의의 공리체계에서 연역되어 나온 정리들, 다시 말해 그 공리체계의 전제들로부터 유도된 증명들은 모순이 없어야 했다. 하나의 공리로부터 상반된 두 정리가 나온다든지, 증명된 정리들 사이에서 상호 모순이 발생한다면 그 시스템은 믿을 수 없는 것이 되는 것이다. 물론 힐베르트도 진리는 증명가능하다는 생각을 의심하지는 않았다. 그것까지 의심하는 것은 괴델만이 할 수 있었다.[6]

반면 러셀은 힐베르트가 염려했던 '무모순성'에 대해서는 의문을 품지도 않았다. 즉, 논리학에 기초를 둔 수학, 잘 정비된 공리체계에서 유도된 증명들에 모순이 있을 리 없다는 것이 러셀의 생각이었다. 러셀에게 그것은 불필요한 질문이었던 것이다. 즉, 힐베르트는 최소한 러셀보다는 직관과 통찰이 더 깊이가 있었다.

이런 상황에서 힐베르트는 다음과 같이 방향을 잡는다. 공리에서 '의미'를 제거하는 것이다. 공리가 궁극적으로 참인지 거짓인지 알 수 없는 것들이 있다. 그 공리에서 직관을 제거하고 그 공리를 토대로 형식체계를 구축하자. 그 구축된 형식체계 내에서 모순이 발생하지 않고 논리적인 정합성을 띤다면 수학은 구원받을 수 있다. 그때 우리는 그 무모순성으로 수학을 믿을 수 있다.

이것이 힐베르트의 생각이었다. 앞에서 '소크라테스는 죽지 않는다'라는 궤변의 삼단논법을 제시한 이유가 바로 이 형식주의 수학의 프로그램을 언급하기 위해서였다. 물론 형식주의자들은 궤변론자가 아니다. 다만, 참과 거짓을 구분할 수 없는 것들, 다시 말하면 감각으로 확인할 수 없고 순수한 사유에서나 가능한 수학적 개념들을 다룰 때는 그것의 진리 여부를 따지지 말자는 것이 그들의 주장이다. 그 공리를 토대로 한 체계 내의 완전성과 무모순성, 즉 내적 논리의 정합성을 입증하자는 것이 형식주의의 프로젝트다.

여기서 중요한 것은 수학의 토대를 체계 바깥에 두지 않는 것이다. 러셀은 수학의 토대를 체계 바깥의 논리학에 두려고 했다. 하지만 형식주의자들은 수학을 근본적으로 떠받치는 어떤 것도 필요하지 않다고 보았다. 모든 수학은 산술의 형식체계에 토대를 두며, 산술의 형식체계는 그 체계 자체 내에서 무모순성이 보장되어야 한다. 형식주의가 강조하는 것이 바로 이 부분이다. 하지만 '소크라테스는 죽지 않는다'는 예시처럼, 형식주의는 자칫 진리와 동떨어진 '궤변'으로 흐를 위험도 있었다. 진리 여부보다 논리적 일관성과 정합성, 체계의 무모순성을 더 중시하기 때문이다. 이런 측면에서 볼 때, 형식주의가 논리주의보다 더욱 '논리'를 강조하는 것처럼 느껴지기도 한다.

한편, 힐베르트도 미처 하지 못했던 생각을 괴델이 했는데, 그것은 '모든 진리가 증명가능하다'는 당연하게 보이는 생각을 의심한 것이다. 러셀은 형식체계의 무모순성을 의심하지 않았기에, 증명의 필요를 느끼지 못했다. 힐베르트는 형식체계의 무모순성은 증명이 필요하다고 생각했지만 '모든 진리는 그 체계 내에서 증명가능하다'는 생각까지 의심하지는 않았다. 하지만 그 증명가능성까지 의심했다는 것, 그것이 괴델의 통찰력이었는데[7], 불완전성을 증명하기까지의 그의 삶을 추적해 보자.

불완전성을 증명하기까지의 괴델의 삶

괴델은 1906년 체코의 브루노(Bruno)에서 태어났다. 괴델이 태어난 당시 브루노는 오스트리아와 체코를 통치하는 합스부르크 왕국의 도시였다. 괴델의 부모는 독일계 루터파 신교도였다. 괴델의 집안은 비트겐슈타인이나 러셀의 집안과 비교할 정도는 아니지만, 부유한 상류층에 속했다. 괴델의 어머니 마리안느는 남편 루돌프보다 더 교육을 받은 교양인인데, 그 때문인지 괴델은 어머니와 강한 정서적인 유대감이 있었다. 평생 외롭고 고립된 생활을 했지만 어머니에게는 많은 편지를 썼다고 한다.

어린 시절부터 괴델은 지적 호기심이 많았다. 그래서 그의 별명은 독일어로 '헤어 바룸'(Herr Warum, Mr. Why)이었다고 한다. '왜요 씨'가 별명이었던 것이다. 괴델은 열다섯 살 때 괴테(Johann Wolfgang von Goethe, 1749~1832)의 색채론에 관한 책을 읽었고, 여기서 흥미를 느껴 1924년 빈대학교에 진학, 물리학을 전공하고

자 했다. 이후 수론(數論)에 관한 강의를 들으면서 1926년 전공을 수학으로 바꾸었고, 이어 1928년에 수리논리학을 공부하기 시작했다. 《불완전성》의 저자 레베카 골드슈타인은 괴델이 물리학에서 수학으로 전공을 바꿀 때 이미 플라톤주의자가 되어 있었다고 말한다(괴델은 수학적 플라톤주의자라고 흔히 일컫는데, 이것이 무엇인지는 조금 뒤에 다루기로 한다). 괴델이 플라톤주의적 신념을 갖는 데 영향을 미친 것은 학부시절 수강했던 철학사 수업이다.

한편, 괴델의 수학적 스승은 한스 한(Hans Hahn, 1879~1934)이다. 한스 한은 빈 서클 멤버였다. 비트겐슈타인의 장에서도 언급했듯이, 빈 서클은 실증주의자들이 주도하던 토론그룹이다. 괴델의 지도교수 한스 한은 자신의 가장 명민한 제자 둘을 이 서클에 초청했는데, 그 두 사람이 카를 멩거(Karl Menger, 1902~1985)와 쿠르트 괴델이다. 괴델은 수줍고 과묵한 사람이었다. 비트겐슈타인은 논쟁할 때 열정적이다 못해 전투적이기까지 했지만, 괴델은 달랐다. 괴델은 목소리 높여 논쟁하는 스타일이 아니었다. 본디 조용한 은둔자 스타일인 괴델은 상대가 완전히 굴복하고 인정할 수 있는 '엄밀한 증명'을 무기로 갖지 않는 한 논쟁하지 않으려 했다.[8] 빈 서클의 토론이 진행될 때도 괴델은 그저 조용히 고개를 끄덕이거나 가로저으며 동의와 거부 의사만 조심스럽게 표현했다. 하지만 괴델은 빈 서클의 '실증주의'에 명백히 반대했다. '실증주의자'들은 경험주의자들이다. 경험할 수 없는 것, 경험적으로 검증할 수 없는 것을 주장하는 모든 명제는 무의미했다. 여기서 '무의미'하다는 말은 '불필요'하다는 말로 바꿔도 좋다. 빈 서클 멤버들은 '신', '존재' 같은 형이상학적 문제들, 칸트의 '사물자체'나 플라톤의 '이데아' 같은 관념들에 대해 사유하는 건 불필요하고 무의미하다고 본 것이다. 따라서 빈 서클 멤버들에게 '수'(數)도 관념일 뿐, 그것이 실재한다고 생각되지는 않았다.

괴델은 그 서클 내의 침묵의 반대자였다. 그는 플라톤주의자였으며 라이프니츠(Gottfried Wilhelm Leibniz, 1646~1716)와 같은 신앙을 지닌 일신론자(一神論者)였다. 따라서 그에게 '존재'나 '이데아' 같은 관념들은 매우 중요했다. 또 괴델은 수학적 대상인 '수'가 물질은 아니지만 실재한다고 믿었다.

빈 서클만큼 괴델을 자극한 것은 당시 수학의 시대정신이던 형식주의였다. 러셀의 논리주의는 그 스스로 발견한 역설에 의해 처음부터 한계를 지니고 있었다. 1928년 힐베르트는 볼로냐 회의에서 페아노산수의 형식체계가 완전하다는 것을 어떻게 증명할 것인가 하는 문제를 제기했다. 그리고 제자 아커만과 공동 집필한 《수리논리학의 원리》에서 산술체계의 무모순성과 완전성에 관한 문제들을 보다 명료하게 정리하여 제기한다. 무모순성은 체계 내에서 증명한 정리들이 논리적으로 일관되고 정합성을 갖추고 있느냐 하는 문제이며, 완전성(completeness)은 체계 내의 어떠한 진리든 그 진리는 증명가능한 것인가 하는 문제이다. 이와 같은 문제는 괴델을 크게 자극했고, 괴델은 결국 2년 만에 힐베르트가 제시한 문제들에 모두 답하게 된다.

괴델의 증명

1930년에 증명을 마치고, 1931년에 공식적으로 발표한 괴델의 불완전성정리는 다음과 같다.

> 제1불완전성정리: 산술을 포함하는 형식체계가 무모순일 때, 그 체계 안에 참이지만 증명불가능한 명제가 반드시 존재한다.
>
> 제2불완전성정리: 산술을 포함하는 형식체계가 무모순일 때, 그 형식체계는 체계 내부로부터 자신의 무모순성을 증명할 수 없다.

이 증명을 위해 괴델은 논리식의 형식체계를 만들고 괴델 수 대응기법(Gödel Numbering)을 활용하였다. 즉, 어떤 문장이든 괴델 수 대응 프로그램에 의해 괴델 수로 번역되게끔 하는 프로그램이다. 다시 말해 어떤 문장이든 괴델 수 대응을 통해 자연수로 만들 수 있는 것이다. 이것은 일대일 대응이기 때문에 가능하다. 따라서 어떤 명제나 문장을 산술적 성질을 갖게끔 만들며, '증명가능성'이라는 초수학적(超數學的) 문제를 수학의 산술적 문제로 바꿔 표현해 증명하는 것이다. 이런 괴델 수 대응기법은 앨런 튜링(Alan M. Turing, 1912~1954)의 '튜링기계'(Turing Machine)에 사용되고, 현대 컴퓨터 프로그래밍에도 활용되고 있다. 어쨌든 난해한 내용이지만 여기서는 결과적으로 괴델이 증명한 내용과 그 증명이 내포하는 의미와 영향에 대해서만 짚어 보자. 결론적으로 말해 괴델의 제1정리는 러셀의 논리주의를 무너뜨렸고, 제2정리는 힐베르트의 형식주의를 무너뜨렸다.

괴델의 제1정리는 쉽게 말하면 진리는 증명보다 크다는 것이다. 즉, 증명될 수 없는 진리도 있다. 다시 말해 어떤 형식체계가 무모순이라 하더라도 그 체계 내에는 증명할 수 없지만 참인 명제가 반드시 존재한다. 일반적으로 우리는 수학을 '증명'의 세계라고 알고 있다. 자연과학은 관찰과 실험을 통해 가설을 검증하는 방법으로 자연의 숨은 진리를 발견한다. 수학도 마찬가지다. 수학도 공리(axiom)를 기반으로 일련의 논리적 규칙을 따라 새로운 수학적 진리를 증명한다. 이것이 정리(theorem)다. 우리는 그것이 수학이라고 배웠다. 따라서 피타고라스의 법칙이든, 뉴턴의 미적분법이든, 삼각함수의 방정식이든 이런 모든 것이 엄밀한 논리에 의해 증명된 것이기 때문에 우리는 수학의 모든 진리는 곧 증명가능하다는 선입견을 갖는다.

그런데 괴델은 어떤 명제는 분명히 참이지만 증명할 수 없다고 하는 것이다. 즉, 수학적 증명의 그릇으로는 수학적 진리를 다 담아낼 수 없다는 것이다. 그렇다면 왜 이것이 러셀의 논리주의를 무너뜨린다고 할 수 있는 것일까? 앞에서 언급했지만 '논리주의'라는 것은 단순히 '논리'를 중시하는 주장이나 사조를 뜻하는 것이 아니다. 수학기초론에서의 '논리주의'는 논리학을 모든 수학의 토대로 삼고자 하는 것이다. 수학에서 가장 기본이 되는 체계가 산술(算術, arithmetic)의 체계다. 쉽게 말해 우리가 '수'를 이용해 계산하는 모든 것이 산술이다. 이 산술체계를 기본으로 기하학, 함수, 미적분, 지수와 로그 등이 사용되는 것이다. 따라서 이 산술의 형식체계를 논리학으로 환원할 수 있다면, 수학의 모든 법칙은 논리학에서 연역해 낼 수 있다. 그리고 그게 가능하다면 그 체계 내의 모든 수학적 진리는 증명가능하다. 이것이 러셀의 '논리주의'다.

그런데 제1정리에서 괴델은 논리주의를 궤멸시켰다. 괴델은 특히, 러셀의《수학원리》를 불완전한 형식체계의 예로 들었다. 러셀은 괴델의 증명을 끝내 잘 받아들이지 못한 것으로 전해진다. 러셀은 괴델에게 보낸 편지에서 "우리는 2+2=4가 아니라 4,001이라고 생각해야 합니까?"[9]라는 수사적인 질문을 했다고 한다. 물론 이 같은 질문은 괴델의 증명을 오해한 것이다. 괴델은 기존의 수학적 방법과 증명을 의심하는 것이 아니다. 다만 모든 진리가 증명될 수 있다는 생각을 부정한 것이다. 예컨대, 괴델은 '골드바흐의 추측'[10]이나 '칸토어의 연속체가설'[11]은 증명도 반증도 되지 않을 거라고 예상했다.[12] 물론 괴델의 제1정리는 힐베르트에게도 충격이었을 것이다. 앞서 말한 것처럼 모든 '수학적 진리는 증명가능하다'는 생각은 형식주의나 논리주의 수학자들에게만 있는 게 아니었다. 대부분의 수학자는 그렇게 생각하고 있었다. 다만 증명되지 않은 진리들은 증명을 기다리고 있을 뿐이지, 증명이 애초에 불가능하다는 것을 의미하지는 않는다. 괴델은 이 같은 기대를 무너뜨린 셈이다.

괴델은 제2정리에서 더 직접적으로 형식주의를 겨냥한다. 모순 없는 산술의 형식체계는 그 체계 내에서 자신의 무모순성을 입증할 수 없다는 것이다. 힐베르트는 유클리드의 평행선 공리의 불완전함이나 러셀이 발견한 역설을 접하면서 수학에서 사용하는 공리가 선험적으로 확실한 진리라는 생각 자체를 포기하려 했다. 게다가 직관주의 수학자들의 지적처럼, '무한'의 영역에 '유한한 수학'에서 다루는 논리와 배중률(排中律)을 무차별 적용하는 것이 불안하다는 것을 인정하고 있었다. 따라서 이제 공리의 진리 여부는 묻지 말고, 그 공리를 기반으로 한 정리들, 즉 공리를 전제로 증명된 명제들 사이에 상호모순이 없어야 한다는 것을 확실히 하고자 했다. 이를 증명할 필요를 느꼈다는 것은 역으로 말하면 힐베르트가 모순이 있을지도 모른다는 생각에 불안했다는 말이 된다. 따라서 그 증명이 가능하다면 우리는 수학을 믿을 수 있을 것이다. 그것이 힐베르트의 희망이었는데, 괴델은 이를 무너뜨렸다.

결국 괴델이 말하는 것은 무엇인가? 그것은 무모순성이란 수학적 실재에 대한 우리의 직관에 근거하는 것이지, 형식체계가 스스로 입증할 수 있는 것이 아니다. 그런데 힐베르트는 산술의 형식체계의 무모순성을 그 체계 내에서 증명하고자 했다. 그렇게 되면 수학은 외부의 어떤 근거가 필요하지 않게 되며, 그것 스스로 완전하게 독립적으로 설 수 있게 된다. 앞에서 말했듯이, 기하학, 미적분, 함수, 확률과 통계 등 모든 것은 결국 기본적으로 산술의 형식체계를 토대로 한다. 쉽게 말해 기본적인 산수의 확실성 없이 고난도의 수학이론은 불가능하다는 것이다. 다만 이 산수의 확실성, 즉 산술의 형식체계의 무모순성은 다른 어떤 외부적인 근거 없이 스스로 완전해야 한다. 괴델은 이것이 불가능함을 증명하면서, 산술의 형식체계의 무모순성은 그보다 더 근본적인 토대 위에 성립된다고 한 것이다.

괴델의 증명과 신

괴델의 증명이 미친 영향은 방대하다. 괴델의 증명이 러셀의 논리주의와 힐베르트의 형식주의라는 당대 수학기초론의 큰 두 줄기의 흐름을 반박했다는 것과, 그의 증명이 직접적으로는 수학자 폰 노이만(John von Neumann, 1903~1957), 앨런 튜링의 컴퓨터 이론 등에 영향을 미쳤다는 것 정도만 기억하자. 이 내용은 뒤에 좀더 보완해서 다루기로 하고 여기서는 괴델의 증명이 지니는 신학적 함의를 다루려 한다. 앞에서도 잠시 언급한 것과 같이 괴델은 유신론자였고, 단순히 신이 존재한다고 인식하는 차원을 넘어 신앙인이었다. 그는 철학적으로는 플라톤주의자였으며, 종교적으로는 루터파 신교도였다. 그리고 당대의 철학적인 흐름, 곧 무신론적이고 실증주의적인 흐름에는 뚜렷한 반감을 지니고 있었다.

'증명할 수 없지만 참인 명제가 존재한다'는 괴델의 제1정리가 지시하는 바는 진리가 증명보다 크다는 것이다. 저 증명을 처음 접했을 때, 괴델에 대해 잘 알지는 못했지만 괴델이 유신론자일 것 같다는 직감이 들었다. 또한, 신이 있다면 신이 있다는 것을 증명하라는 무신론자들의 도전을 무언가 근본적으로 반박하고 있다는 느낌이 들었다. 어떤 진리는 증명도 반증도 불가능하다. 그러나 논리적 증명이 불가능하다고 해서 그것이 진리가 아니라거나 논할 가치가 없다는 것은 석연치 않다. 하지만 실제로 이런 주장을 했던 이가 버트런드 러셀이며, 빈의 실증주의자들이다.

그렇다면 대체 괴델은 신에 대해 어떤 생각을 하고 있었을까? 괴델은 어머니에게 보낸 편지에서 이런 말을 한 적이 있다. "오늘날 철학자의 90퍼센트는 사람들의 머릿속에서 종교를 몰아내는 것을 그들의 임무라고 생각하고 있습니다."[13] 불완전성 정리를 증명했을 때도 편지에서 그는 다음과 같은 말을 했다. "조만간 제 증명이 종교에 유용할 거라는 생각이 듭니다. 어떤 의미로 종교는 의심할 바 없이 정당화되었다고 볼 수도 있기 때문입니다."[14] 하지만 괴델은 자신이 신을 믿고 있다는 사실을 공공연하게 드러내려 하지는 않았던 것 같다. 신앙을 드러내는 게 부끄러워서만은 아니었다. 괴델의 성격으로 짐작하건대, 그는 자신이 '신자'라는 사실로 인해 자신의 학문 활동이나 '증명'이 어떤 선입견을 유발하는 것을 방지하려 한 것은 아니었을까? 그는 현대 과학의 기초를 닦은 사람들은 무신론자가 아니었다는 사실을 사람들이 종종 잊고 있다고 지적하기도 했다.[15] 괴델은 라이프니츠의 신앙을 따른 일신론자였다. 프린스턴에서 괴델과 깊은 우정을 나눈 아인슈타인은 종종 자신은 스피노자의 신을 믿는 범신론자라고 소개했지만, 괴델은 라이프니츠의 신을 믿는다고 했다. 라이프니츠 역시 신의 존재론적 증명을 시도한 바 있는데, 그의 신은 정통적인 기독교의 하나님, 유일신이었다.

따라서 괴델은 무신론적 경향이 있는 실증주의에 반감이 있었다. 수학에 관해 말하자면 실증주의자들은 '자연수'라는 수학적 개념이 실재한다고 믿지 않았다. 실증주의자들이 싫어한 철학자는 플라톤이다. 우리가 알지 못하는 저 너머에 진리의 참된 세계인 이데아가 있고, 우리는 현실에서 그 참된 이데아의 그림자만 보고 있을 뿐이라는 이원론에 반대했다. 존재하는 것은 인식할 수 있는 것이다. 바꿔 말하면 우리가 감각으로 경험하고 인식할 수 있는 것만이 존재한다. 이는 독일 물리학자 에른스트 마흐가 내세운 일종의 '감각주의'인데, 실증주의자 역시 극단적이지는 않아도 대체로 마흐의 생각에 동의하고 있었다. 이에 반해 괴델은 감각을 통해 경험적으로 인식할 수 있는 것만이 존재한다는 실증주의자들의 주장에 전혀 동의하지 않았고, 수학적 개념인 '자연수'나 '무한'도 실재한다고 믿었다. 그것은 우리가 감각으로 인식할 수 없지만, 다른 종류의 지각을 통해 실재한다고 인식할 수 있는 것이다. 또, 우리의 감각으로 인식가능하지 않다 해서 어떤 것이 실재하지 않는다고 믿는 것은 인간의 감각경험에 대한 지나친 신뢰이자 오만이었다.

이런 괴델의 입장을 보면 앞에서 이야기했던 비트겐슈타인과 매우 유사하다는 것을 알 수 있다. 게다가 비트겐슈타인은《논고》의 마지막 명제 7에서 '말할 수 없는 것에 대해서는 침묵해야 한다'고 명령했다. 말할 수 없는 것에 대해 침묵하라는 명령은 괴델의 불완전성과 묘하게 연결되는 느낌이 있다. 무엇보다 두 사람 다 당대의 지배적 시대정신인 '무신론'을 거부했고, 진지하게 '신'을 믿었던 것이다.

불완전성정리의 영향

괴델은 1930년 10월, 당시 오스트리아의 쾨니히스베르크(현재는 러시아의 칼리닌그라드)에서 열린 초수학에 관한 학회의 마지막 날, 자신의 불완전성정리를 조심스럽고 조용하게 발표했다. 2년 전인 1928년 힐베르트는 산술 형식체계의 무모순성의 증명이 필요하다는 문제를 제기했고, 힐베르트 프로그램에 열중하고 있는 수학자들이 그 회의에 참석하고 있었다. 그곳에서 24세의 젊은 쿠르트 괴델은 자신의 증명을 발표했지만 거기 참석한 이들은 괴델의 증명을 흘려듣고만 있었다. 그중에 유일하게 한 사람이 괴델의 증명을 붙잡았는데, 앨런 튜링과 함께 손꼽히는 천재 수학자이자 컴퓨터 이론가로 꼽히는 폰 노이만이었다. 아이러니하게도 폰 노이만은 당시 형식주의의 대변인 역할을 맡고 있었다.[16] 하지만 폰 노이만 역시 비범한 천재였기에 괴델의 증명이 지닌 파괴력을 놓치지 않았다.

폰 노이만은 이후 괴델의 정리에 완전히 매료된 듯하다.

1931년 가을 프린스턴의 수학토론회에 연사로 초청된 폰 노이만은 자신의 수많은 연구는 제쳐두고 괴델의 논문 내용을 이야기했다. 그리고 괴델과 만난 경험과 그와 나눈 지적 교제에 대해 집중적으로 이야기했다.[17] 폰 노이만은 이후 프린스턴에서 괴델 정리의 전도사가 되어 당대 수학자들의 관심을 이끌어 냈다. 앨런 튜링도 프린스턴에 방문했을 때, 폰 노이만의 그룹이 주도한 그 논의를 접하고 난 후 괴델 수 기법을 연구에 이용하여 자신의 결정불가능성[18]을 증명했고, 보편튜링기계에 사용하는 알고리듬에도 괴델 수 대응기법을 이용하게 된다.[19] 이후 괴델의 증명은 재귀론, 모델론이라는 수학의 세부분야를 탄생시켰으며, 튜링의 예에서 보듯 컴퓨터 이론에도 지대한 영향을 미쳤다. 괴델의 증명에 대한 철학적인 의미를 짚어 보자.

앞에서 언급했듯이, 괴델의 제1정리는 '진리는 증명보다 크다'로 요약될 수 있다. 이는 수학의 체계가 수학적 진리를 모두 표현해 내지 못한다는 것을 의미한다. 괴델의 제2정리는 '시스템 내부로부터 자체적으로 완벽한 시스템은 없다'라고 할 수 있다. 다시 말해, 시스템의 무모순성, 완전성은 시스템 바깥에서만 파악할 수 있다는 뜻을 지닌다. 이는 묘하게 비트겐슈타인의 《논고》에 실린 명제 6.41, "세계의 의미는 세계 바깥에 놓여 있지 않으면 안 된다"를 연상시킨다. 괴델과 비트겐슈타인은 수학 그 자체에 대한 생각에서는 대립되는 지점이 있지만, 논리실증주의, 수학기초론의 논리주의와 형식주의, 그리고 무신론 등에 모두 반대하는 사상가들로서 여러 모로 비슷한 생각을 하고 있었다.

1961년 옥스퍼드의 철학자 존 루카스(John Lucas, 1929~)는 괴델의 제1정리와 지성의 본질의 관계에 대하여 처음으로 논했다. 루카스에 따르면 아무리 복잡한 사고기계를 만든다 하더라도 어차피 이 기계는 형식체계 안에서 기술되는 경직된 규칙을 따라 작동할 수밖에 없다.[20] 따라서 기계는 인간의 지성이 인식할 수 있는 진리를 인식할 수 없는 한계에 직면한다. 이를 좀 더 심화시켜 논의를 전개한 학자가 물리학자 로저 펜로즈(Roger Penrose, 1931~)다. 펜로즈는 괴델의 정리에서 착안하여 《황제의 새 마음》, 《마음의 그림자》에서 인공지능의 한계를 논했다. 그는 인공지능을 완전히 부정하지는 않는다. 컴퓨터도 정해진 형식체계의 알고리듬에 따라 인간 지성의 일부분은 수행할 수 있다. 그렇지만 그 알고리듬은 언제나 불완전할 수밖에 없다. 펜로즈는 양자역학을 인간의식의 물리적 작용에 적용하는 나름의 이론적 연구를 통해 위와 같은 논의를 전개한다.[21] 이 인공지능에 대한 논의는 오늘날 뇌과학, 인간 의식의 물리주의와 비물리주의 논쟁 등과 깊이 연관되어 있고, 영혼과 자유의지의 문제를 논하기에 신학적인 문제와도 직결되는데, 이런 문제들에 핵심근거와 참고자료로 검토되는 것이 괴델의 정리이다.

한편, 일부 철학자들은 괴델의 업적을 수학에 관해서만 제한하려는 움직임을 보이기도 했다. 그렇지만 괴델의 증명이 지닌 독특함과 영향력이 수학이라는 원 바깥으로 뻗어 나가는 것을 막을 수는 없었다. 분명히 괴델은 인간이 만들어 내는 형식체계의 유한함을 증명했다. 그리고 수학이라는 것이 계산도구에 지나지 않는다는 믿음을 깼다. 수학은 그저 규칙을 지닌 하나의 게임이 아니다. 그것은 더 근본적인 진리에 기반하고 있다. 수학도 진리를 인식하는 하나의 수단인 것이다.

괴델과 아인슈타인

불완전성 증명 이후 얼마 지나지 않아 독일에서 나치즘이 대두했다. 괴델 부부는 나치가 점령한 오스트리아를 벗어나 1940년 미국 프린스턴으로 이주했다. 그곳에서 괴델은 아인슈타인을 만나고, 아인슈타인이 죽기까지 가장 절친한 벗으로 남게 된다. 특히 두 사람은 산책을 하며 수학과 물리학 외에도 많은 주제로 대화를 나누었는데, 정치적인 문제도 예외는 아니었다. 그런 대화를 통해 괴델과 아인슈타인은 시간에 관해 많은 생각을 주고받은 것 같다. 괴델은 아인슈타인의 방정식을 더욱 깊이 연구했고, 그 결과 시간이 완전히 사라진 '회전우주'의 모델을 제시했다. 괴델의 회전우주론에 따르면 결국 시간여행이 가능해진다. 아인슈타인은 수학만큼이나 상식을 중시한 사람이기에 괴델의 회전우주에 선뜻 동의하지는 않았지만 괴델의 발견을 사소한 것으로 무시하지도 않았던 것 같다. 아인슈타인의 70회 생일에 헌정하기 위한 기념논문집에 괴델은 자신의 논문을 실었고, 그 논문으로 제1회 아인슈타인상을 수상했다.

하지만 아인슈타인과 괴델은 자신들의 발견의 철학적 의미를 오해하는 사람들로부터 고립되어 있었다. 예컨대, 실증주의자들은 아인슈타인의 상대성이론도 실증주의적인 버전으로 왜곡했다. 아인슈타인의 '상대성'이론은 인간의 상대적 관점을 강조하며 보편적이고 절대적인 것을 배제하는 '포스트모던'적인 '상대성'의 개념이 아니다. 그것은 길이와 같은 물리량의 측정이 특정 좌표계나 기준계에 대해 상대적이라는 의미다.[22] 그런데 실증주의자들은 좌표계에 따라 상대적으로 달라진다는 것을 인간의 관점에 따라 달라진다는 식으로 곡해한 것이다.

포스트모던한 철학자들은 괴델의 '불완전성정리'의 의미를 자신들의 입맛에 맞게 해석했다. "그는 수학에 대한 악마이다. 괴델 이후에는 수학이 신의 언어일 뿐만 아니라 우리가 우주와 만물을 이해하기 위해 해독해야 할 언어라는 생각은 더 이상 성립할 수 없게 되었다. 이는 우리가 살고 있는 방대한 포스트모던적 불확실성의 일부이다."[23] 이것은 수학의 불완전성을 말하는데, 괴델은 수학의 불완전성이 아니라 '수학의 형식체계의 불완전성'을 말하고자 했던 것이다.

한편, 무관심도 있다. 《괴델과 아인슈타인》의 저자 펠레 유어그라우(Palle Yourgrau)는 괴델의 회전우주가 아인슈타인의 상대성이론과 전혀 모순이 없음에도 그간 학자들이 무관심으로 일관해 왔다는 것을 지적한다. 스티븐 호킹(Stephen William Hawking, 1942~)은 괴델의 우주에 반대하여 일명 〈반(反)괴델가설〉로 불리는 〈연대기보호가설〉(chronology protection conjecture)

을 내세우기도 했다.[24] 하지만 끈이론으로 상대성이론과 양자역학의 통합을 꾀하는 오늘날의 물리학자들은 '평행우주론'을 가설로 내세우고 있으며 이를 연구하고 있다. 이른바 M이론이 그것인데, 이 이론에 따르면 빅뱅은 평행한 우주들의 충돌에서 비롯될 가능성을 지니고 있다. 그렇지만 이것 역시 실험이나 관찰로 증명할 수 없는 순수하게 수학적 사유에서 비롯된 가설이기 때문에 이 이론을 과학으로 볼 것이냐에 대해서는 과학자들 사이에서도 논란이 계속되고 있다. 그럼에도 불구하고, 이 이론을 연구하는 학자들은 상당히 많다. 이는 과학계에도 일종의 대세추종의 심리학 또는 정치학이 작용할 수 있음을 함의한다. 자신의 위대한 발견에도 불구하고 괴델은 동료 학자들에게 적대심을 일으켰고 따돌림당해 왔다. 괴델의 회전우주론에 대한 무관심은 그런 과학자 사회의 정치학에 따른 결과일지도 모른다.

괴델은 아인슈타인이 죽고 난 후 깊은 상실감에 젖었다. 그 후 그는 스스로를 더욱 고립시켰다. 괴델은 불행하게도 말년에 독살에 대한 두려움에 사로잡혔다고 한다. 뛰어난 논리학자의 광기 어린 편집증은 그를 거식증으로 몰아갔다. 괴델은 결국 굶어 죽었다. 그가 죽었을 때의 몸무게는 30kg에 지나지 않았다. 괴델의 불완전성정리는 분명히 시대정신과 어울리지 않았다. 시대는 플라톤에 반기를 들고 있었고, 니체를 숭배했다. 절대적이고 보편적인 진리는 존재하지 않았다. 괴델은 그런 시대정신과 정반대 방향에서 철학을 했다. 컴퓨터가 발명되고, 인공위성을 발사하고, 핵무기를 개발한 시대에 괴델은 '신의 존재에 대한 존재론적 증명' 같은 작업을 했다.

괴델의 지적인 작업들은 이러한 시대정신의 심장을 겨냥하고 있었고, 그런 시대와의 불화가 괴델을 고립의 길로 이끈 것이다. 그럼에도 불구하고 괴델의 증명은 수리논리학은 물론 컴퓨터 이론에까지 영향을 미쳤고, 물리학, 철학, 신학에서도 괴델의 논의는 계속 연구되고 있다. 시간이 더 흐르고 나면 사람들은 괴델의 철학적 견해가 결국 옳았다고 이야기하게 되지 않을까?

불완전성 정리의 사회학과 신학, 하루키와 괴델

이제 처음에 이야기했던 무라카미 하루키로 돌아가 보자. 하루키는 1995년 옴진리교의 테러 이후, '악'과 '시스템'의 문제로 더 많이 고민한다. 한나 아렌트(Hanna Arendt, 1906~1975)가 '악의 평범성'과 '사유하지 않는 인간'의 문제를 나치 전범 '아이히만(Otto Adolf Eichmann, 1906~1962)'의 재판을 통해 정밀하게 사유했다면, 하루키는 인간 사유와 신념의 불완전함, 인간이 만들어낸 시스템의 불완전함과 그것이 필연적으로 만들어 내는 '악'과 '모순'의 문제를 고민한다.[25] 하루키의 논픽션《언더그라운드 2》끝 부분에는 정신과 의사 가와이 하야오와의 대담이 있는데, 흥미로운 부분이 있어 소개한다.

하루키 아직도 신자들은 지하철 사린사건을 옴진리교가 저지르지 않았다고 믿고 있다.

하야오 자기들은 순수하니 그런 나쁜 짓을 할 리가 없다고 생각한다. 그러나 전혀 나쁜 짓을 할 리가 없는 사람들이 가득 모여들면, 터무니없이 나쁜 일을 할 수밖에 없다.

하루키 티베트 밀교도 옴진리교와 비슷한 수행을 하는데, 대관절 어디가 다른 것인가?

하야오 티베트 불교에 관해 잘은 모르지만 분명 악의 문제 같은 것을 지혜롭게 담아냈을 것이다. 그런 점에서 보면 인간이 애초에 '원죄'를 타고났다는 건 정말이지 대단한 발상이다. 서양에서는 '모두 원죄가 있다'고 분명히 말한다. '네가 아무리 발버둥 쳐도 인간의 힘으로 어쩔 수 없다. 그리스도는 그로 인해 십자가에 못 박혔다'고 말한다. 대단한 종교다.

하루키 그건 카르마(karma, 업業)와 많이 다른 것 같다. 카르마란 어떻게든 해결할 방법이 있으니까. 원죄는 어쩔 도리가 없다.

하야오 어떤 조직과 가정이든, 어느 정도의 악을 어떻게 포용해갈 것인지에 관해 더 진지하게 고민해 보는 게 좋을 것이다.

물론 괴델의 불완전성정리와 인간의 원죄를 직접적으로 연결해서 이해하는 것에는 비약이 있다. 그렇지만 나는 다음과 같은 생각을 했다. 수학의 세계에서 러셀은 수학 전체를 논리학의 토대 위에 정초시키려 했다. 한편, 힐베르트는 수학을 외부적 실재와 상관없이 순수하고 완전한 형식체계의 규칙을 적용할 때 모순이 없다는 것을 분명히 하고자 했다. 괴델은 이런 러셀과 힐베르트의 생각의 한계를 말했다. 증명할 수 없는 참인 명제가 존재하며, 모순 없는 형식체계는 그 자체로 무모순성을 입증할 수 없다는 것이다. 산술의 형식체계가 모순을 만들어 낸다는 뜻이 아니다. 괴델도 산술의 형식체계에 모순이 없다고 믿었다. 다만, 산술의 형식체계 안에서는 모순이 없다는 것을 확신할 방법이 없다. 우리는 숲속에서는 숲 전체를 볼 수 없다. 숲 바깥에서만 숲 전체를 조망할 수 있다.

하루키가 말하는 시스템의 불완전성은 이런 것이다. 인간은 모순 없는 사회 시스템을 만들고자 한다. 아름답고 선한 의지로 시스템을 만들지만 어디까지나 시스템은 불완전하다. 그 시스템은 어쩔 수 없이 폭력을 양산하고, 피해자와 희생양을 만들어 낸다. 컴퓨터 프로그램이 필연적으로 어떤 버그를 안고 있듯이, 인간이 만들어 내는 사회 시스템이란 필연적으로 어떤 종류의 악이든 내포하게 마련이다. 그 악이 완전히 제거된 멸균된 시스템을 만들려고 하면 오히려 부작용이 발생한다. 하루키와 하야오는 그 필연적으로 존재하는 '악'을 '원죄'의 개념으로 수용한 기독교의 통찰력을 높게 평가하는 것이다.

> 현실이란 본래 혼란과 모순을 내포하고 성립되는 것이며, 혼란이나 모순을 배제해 버리면 그것은 이미 현실이 아니다. 그리고 일견 정합적으로 들리는 말과 논리에 따라 교묘하게 현실의 일부를 배제했다고 믿어도, 그 배제된 현실은 반드시 어딘가에 잠복해 있다

가 당신에게 복수할 것이다.

처음에 인용한 위와 같은 하루키의 말이 내게는 괴델의 불완전성의 사회학적 버전으로 들린다. 흔히 사람들은 '신이 존재한다면 이 세상은 왜 이렇게 악한가?'라는 질문을 던진다. 이렇게 악한 세상을 보니 신은 존재하지 않는다고 결론지을 수도 있다. 그렇지만 지금 이 세상이 선한지 악한지 비교할 다른 세상이 없다. 어쩌면 더 바닥으로 떨어질지도 모르는 이 세상이 신의 존재로 이 정도나마 유지되고 있는 것일 수도 있지 않을까?

무신론자들은 '신'은 인간이 두려움 때문에 만들어 낸 것이며, 신 없이도 도덕은 가능하다고 말한다. 러셀은 도덕에 관해 이야기할 때, 자신의 '느낌'을 이야기했다. 영국의 공리주의자들은 모두를 행복하게 하는 결과를 가져오는 것이 '도덕적으로 옳다'고 말한다. 경영학자들은 '윤리경영'이 궁극적으로 기업에 더 많은 이윤을 가져다준다고 말한다. 그리고 종교가 큰 해악을 가져왔다고 그들은 힘주어 주장한다. 존 레논은 종교 없는 세상을 상상해 보라며 노래했다. 다 맞는 말인 것 같다. 우리가 논리적으로 납득할 수 있는 완벽한 법과 도덕의 체계를 갖춘다면 신은 필요 없을지도 모른다. 그러나 형식주의 수학자들의 '힐베르트 프로그램'이 괴델의 증명에 의해 실패로 돌아갔듯이, 논리적으로 납득할 수 있는 완벽한 법과 도덕의 체계는 결코 만들 수 없을 것이다. 정말로 종교 없는 세상을 상상해 보라. 역설적으로 그것처럼 무서운 세상이 또 있을까? 현우식 박사는 괴델의 불완전성 정리에 관해 다음과 같이 말한다.

> 괴델의 제2불완전성정리에 의해, 수학 내에서는 수학의 무모순성이 증명될 수 없다. 인간의 뇌가 모순이 없는 형식시스템과 같다고 증명된다면, 인간의 뇌는 결코 그 자신의 무모순성을 증명할 수 없다. 마찬가지로 신학이 무모순한 형식시스템으로 환원된다면, 신학 내에서는 신학의 무모순성이 논리적으로 확보될 수 없다.[26)]

인간은 근본적으로 완전한 시스템을 만들 수 없으며, 그 시스템은 오히려 또 다른 폭력을 잉태할 수밖에 없다. 산술의 형식체계의 무모순성을 입증하려면 형식체계 외부의 근거가 필요하듯이, 인간 시스템의 완전성은 그 시스템 내재적으로는 보장할 수 없다. 인간이 선험적으로 인식하고 있는 자연법 원리, 더 나아가 신, 절대자에 토대를 두는 도덕이 필수불가결하다. 이로써 괴델은 수리논리학에서 러셀의 논리주의를 반박하고, 자신의 증명이 지닌 철학적인 의미로 러셀의 무신론과 도덕에 관한 견해를 반박한다.

우리가 직면하는 현실은 혼란과 모순으로 가득하다. 그것은 우리가 만들어 낸 제도와 법이 불완전하기 때문이다. 만일 이 제도와 법이 모순 없는 형식시스템으로 환원된다면, 이 제도와 법이 모순이 없다는 것을 논리적으로 증명할 수 없게 된다. 이는 우리에게 '모순'을 보는 새로운 시각을 제공한다. 증명이 진리를 모두 나타낼 수 없듯이, 법은 도덕을 모두 나타낼 수 없다. 동시에 기독교의 신학이 신을 모두 나타낼 수 없다. 우리는 그런 한계를 인정하고 수용해야 한다. 완전한 사회를 만들려는 무모한 시도들이 때로 거대한 폭력과 악으로 귀결되었던 것을 기억하면서. 그런 숙명과도 같은 불완전성과 모순을 인식하고 수용할 때, 우리는 서로에게 그리고 우리 자신에게 좀더 너그러워질 수 있을 것이다. 그리고 신 앞에서 좀더 겸허해질 수 있을 것이다. 이것이 괴델의 '불완전성'의 사회학이 아닐까? 이제는 그런 불완전한 사회가 어떻게 돌아가며 질서를 유지하는지 파헤치고 그 안에서 기독교가 왜 진리인지를 문화인류학적 차원에서 드러낸 르네 지라르의 이론을 살펴보자.

2부

르네 지라르, 문화인류학으로
십자가 복음을 변증하다

지금까지 러셀의 무신론이 지니는 한계와 그의 무신론에 영향을 미친 수리철학 및 분석철학이 비트겐슈타인과 괴델에 의해 어떻게 무너졌는지를 살폈다. 신의 존재를 놓고 갑론을박하는 논쟁 그 자체는 사실 피상적이며 지루할 때가 많기에, 그런 논쟁이 어떤 지적 토대에서 출발한 것인지 긴 시간축의 철학사적 배경을 놓고 보는 것이 필요하기 때문이다. 그런데 기독교 변증의 세계가 과학과 관련한 곳에서만 펼쳐지는 것은 아니다. 전혀 다른 필드에서 새로운 접근을 통해 기독교의 진리를 드러내는 사람도 있다. 대표적인 학자가 바로 르네 지라르(René Girard, 1923~2015)다.

르네 지라르는 프랑스의 문학평론가이자 문화인류학자로서 왕성하게 활동하다가 2015년 11월 4일 타계했다. 1923년 프랑스 아비뇽에서 태어나 파리 국립고문서학교를 졸업한 그는 미국 인디애나 대학교와 스탠포드 대학교에서 프랑스 문학을 가르쳤다. 한편 1966년 존스홉킨스 대학교에서 학술대회를 개최하면서 자크 라캉, 자크 데리다, 롤랑 바르트 등을 초청해 미국에 프랑스의 후기 구조주의 사유를 소개하는 역할을 하기도 했다. 2005년에는 단 40명의 프랑스 최고 지식인에게 종신회원 자격을 부여하여 선출하는 아카데미 프랑세즈에 가입하면서 학문적 업적을 인정받기도 했다. 그의 첫 저서는 문학평론집으로, 1961년의 《낭만적 거짓과 소설적 진실》이다. 그는 여기서 세르반테스, 스탕달,

도스토예프스키 등의 소설을 분석하면서 '삼각형의 욕망' 개념을 제시했다. 주체는 대상을 직접적으로 욕망하는 것이 아니라 그 욕망을 매개하는 인물을 통해 욕망한다는 것이다. 바로 이것이 지라르가 평생 천착한 '모방욕망'이다.

이후 지라르는 그러한 문학평론기법으로 연구 범위를 넓혀 신화와 성서를 치밀하게 분석하며 《폭력과 성스러움》, 《희생양》 등의 책을 이어 발간했다. 그는 홉스가 말한 자연상태인 '만인의 만인에 대한 투쟁'이 '1인에 대한 만인의 반대'로 진화하는 메커니즘을 발견하고, 단 하나의 무고한 사람에 대한 만장일치적 폭력으로 공동체가 질서를 잡게 되는 과정을 '모방욕망'과 '희생양 메커니즘'의 개념으로 분석했다. 만장일치적 폭력 앞에 노출된 희생양을 두고, 그 희생양이 악하기 때문에 그를 처벌하는 것이 마땅하다고 거짓을 말하는 것이 신화(myth)이며, 그 희생양이 무고하고 그에게 폭력을 가하는 박해군중이 악하다고 말하는 유일한 텍스트가 성서(bible)이다. 이런 논의를 통해 지라르는 인류 역사의 모든 공동체와 사회는 거짓과 증오의 전체주의에 물들기 쉽고, 그것에 진정으로 반대하는 길은 기독교밖에 없다고 본다. 결국 그러한 연구로 그는 무신론자에서 가톨릭 신자로 개종하게 된다. 지라르 이론의 이러한 종교적 성향에도 불구하고 철학자와 심리학자들은 오래전부터 그를 주목했지만, 신학자들은 여지껏 그를 모르다가 이제야 조금 관심을 갖기 시작했다.

지라르에 관한 책은 이미 많이 나와 있지만, 대부분 학술적인 성격이고 난해한 편이다. 게다가 지라르의 희생양 메커니즘은 개념적 이해만으로는 의미를 명확히 파악하기 어려우며, 그 내러티브를 살펴야 한다. 지라르의 이론 자체가 문학, 신화, 성서의 내러티브를 분석하면서 나온 것이기 때문이다. 따라서 여기서는 지라르 이론에 대한 개념적 이해를 넘어 스토리텔링을 통해 보다 쉽게 소개하고자 한다.

우선 1장에서는 지라르의 희생양 메커니즘을 상세히 소개하고, 2장에서 니체에 대한 지라르의 비판이 갖는 의미를 정리했다. 지라르의 이론에 비춰 볼 때에야 그동안 논란이 많았던 니체철학의 위험성과 그것이 나치에 준 영향이 제대로 드러날 수 있다. 그리고 3장에서 일본 소설가 무라카미 하루키의 소설 《1Q84》를 지라르의 관점으로 분석해 보고, 그 소설의 기독교적 의미를 찾아보았다. 이어지는 4장은 일종의 [보론]으로, 나홍진 감독의 영화 〈곡성〉을 지라르의 이론으로 분석하고, 그 영화가 한국 사회와 한국 교회에 갖는 의미를 찾아보았다.

우리는 지라르를 통해 크리스천도 미처 알지 못했던 예수 십자가와 부활 그리고 사도행전의 역사가 얼마나 위대하고 혁명적인 것이었는지를, 그리고 단순히 기독교의 진리를 드러내는 것을 넘어 복음이 사회적 정의에 대해 어떤 상상력을 제공하는지를 새롭게 발견할 수 있을 것이다.

르네 지라르
- 희생양 이론과 십자가 복음

2005년 어느 날 학교 도서관에서 우연히 르네 지라르의《나는 사탄이 번개처럼 떨어지는 것을 본다》를 집어 들었다. 서가를 둘러보다 '지라르'라는 이름 앞에서 발길이 멈춘 것이다. 책을 발견하기 며칠 전 우연히 학내 인문학 콜로키움에서 그 이름을 처음 들었다. 권택영 경희대 교수가 '프로이트'에 관한 발제를 하고 있었다. 자크 라캉과 슬라보예 지젝을 중심으로 프로이트의 '문화이론'을 강의했는데, 청중 가운데 한 사람이 '지라르'에 관해 질문을 던졌다. 질문과 답변 내용은 기억나지 않는다. 다만 '지라르'라는 이름이 그냥 뇌리에 박혔다. 그러다 무심코 도서관에 들러 어떤 책을 읽을까 하고 고르다가 지라르의 이 책을 발견한 것이다.

책 제목에 '사탄'이 포함되어 있기에 시대정신에 걸맞게 기독교를 비판하는 책이겠거니 했다. 저자 소개를 살펴봤다. 우선 이 사람은《폭력과 성스러움》이란 유명한 책의 저자라고 했다. 당시 진중권이 쓴 유명한 책의 제목이《폭력과 상스러움》이다. 그 책은 한국 사회의 우익과 전반적인 보수성을 비판하는 일종의 평론집 같은 것인데, 진중권은 자기 책 제목이《폭력과 성스러움》의 패러디라고 밝힌 바 있다. 그 책이 곧 르네 지라르의 저서인 것이다. 암튼 돌아와서《나는 사탄이 번개처럼 떨어지는 것을 본다》의 머리말을 읽었는데, 시작부터 심상치 않았다. 일단 예상과는 정반대였다. 기독교를 비판하는 책이 아니라 옹호하는 책이었다. 오늘날 바야흐로 종교가 위기에 처해 있으며, 기독교는 그 상황이 더 심각하다는 이야기로 시작해 놓고는 결론 부분에서 "그럼에도 불구하고 이 책은 기독교를 강력하게 옹호하는 책"이라고 끝을 맺었다!

호기심을 강하게 자극한 이 책 속으로 나는 빠져들었다. 무엇보다 신학자가 쓴 내용이 아니라는 것이 반가웠다. 익숙한 종교적 언어를 사용하지 않고 오히려 엄밀하게 학문적인 논변으로 그리스도의 십자가 사건의 의미를 분석한 것이 참신했다. 게다가 이 책은 '문학과 지성사'에서 나온 책이다. 내가 지라르를 알게 된 루트도 교회나 기독교와는 무관했다. 오히려 그와 관련 없는 철학자나 인문학자들이 '지라르'에 관해 이야기하고 있었다. 이 책을 읽고 상당히 고무된 나는 교회 지인들에게 이 사람을 소개했지만 그들은 별로 관심이 없었다. 심지어 이 책을 읽은 지가 10년이 넘었는데도 여전히 우리나라 신학계에서는 '지라르'라는 이름이 생소하며, 지라르와 관련된 담론은 외려 인문학계에서 활발한 편이다. 그렇지만 지라르의 이론적인 작업은 오히려 유럽 현대철학자들과 비기독교인들이 주목하고 있다.[1)] 대체 지라르는 무엇을 말하고 있는 것일까?

나의 진정한 욕망이란 없다. 언제나 타인의 욕망을 모방할 뿐

지라르는 1961년《낭만적 거짓과 소설적 진실》에서 '삼각형의 욕망'이라는 개념을 제시했다. 무언가를 원할 때, 우리는 그 대상을 직접적으로 욕망하고 있다고 생각하기 쉽다. 주체(subject)-대상(object)의 직선 모델이다. 하지만 지라르는 여기에 중개자(mediator, model)를 더한다. 즉, 주체가 대상을 욕망할 때, 그 욕망의 근원은 주체 자신의 것이 아니라 중개자의 것이다. 다시 말해 당신은 누군가의 욕망을 모방하고 있다. 당신의 친구가 좋은 자동차를 갖고 있다면, 당신도 좋은 자동차를 갖고 싶어진다. 당신 친구의 연인이 멋지다면, 당신은 자신의 연인에게 불만을 느끼게 된다. 그런 상황에서 또 다른 사람이 당신 연인에게 매력을 느끼며 다가오면, 당신은 당신 연인에 대해 식었던 감정이 다시 불붙게 될 것이다. 여기서 당신은 주체고, 자동차 혹은 연인은 욕망의 대상이며, 친구 혹은 타인은 중개자인 셈이다. 이처럼 지라르는 주체가 중개자를 통해 대상을 욕망한다고 말한다. 즉, 우리는 대상을 보기 전에 먼저 이웃을 본다는 것이다.

자본주의는 모방욕망에 의해 돌아가는 시스템이다. 물과 다이아몬드, 무엇이 더 소중한가? 물이 훨씬 소중하다는 건 의문의 여지가 없다. 다이아몬드는 없어도 살지만 물이 없으면 살 수 없다. 하지만 가격으로는 다이아몬드가 비교할 수 없이 비싸다. 자본주의 경제학에서 가격은 교환가치에 의해 매겨진다. 교환가치가 사용가치보다 훨씬 중요한 것이다. 왜 유행에 민감한가? 다른 사람들이 그것을 좋아하기 때문이다. 자크 라캉 역시 "주체는 타자의 욕망을 욕망한다"고 했다. 그런데 지라르는 거기서 끝나지 않고, 그 욕망의 모방이 경쟁과 갈등 그리고 폭력의 씨앗이 된다는 것에 주목하며 이론을 전개해 나간다.

모방적 욕망은 자주 경쟁관계에 놓이게 되고 이는 갈등을 불러일으키게 마련이다. 매력적인 장난감을 앞에 둔 아이들을 보면 그 장난감을 차지하기 위한 싸움이 곧 일어날 것 같다는 느낌을 쉽게 받을 수 있다. A(주체)가 B(중개자)의 욕망대상을 보고 동일한 대상을 욕망할 때, 그 모방에 의해 B(주체)는 A(중개자)가 모방한 자신의 욕망을 더욱 강하게 욕망한다. 이렇게 A와 B가 서로를 모델 삼아 동일한 대상을 욕망할 때, 이 관계를 지라르는 짝패라고 명명한다. 그런데 어디선가 새로운 C가 나타나서 A와 B의 욕망을 또 모방하여 동일한 대상을 욕망한다. 이로 인해 모방적 경쟁관계가 가열되는 것이다.

지라르에 의하면 이 경쟁이 심화될 때, 애초 욕망의 대상(object)에 대한 관심은 부차적인 것으로 변하고 경쟁자(model)에 대한 투쟁심리가 강화된다. 한편, 저쪽에서는 D와 E가 짝패가 되어 모방욕망의 경쟁관계를 형성했다. 그런데 D와 E는 서로 같은 대상을 욕망하다가 이쪽에서 A, B, C의 경쟁관계가 더 격화되어 있음을 발견한다. 그러자 저쪽에 있던 D와 E는 자신들의 욕망대상을 잊어버리고 A, B, C의 경쟁관계에 참여하게 된다. 이제 A, B, C, D, E가 동일한 대상을 욕망하기에 이르렀다. 이를 두고 지라르는 '스캔들의 수렴현상'이라고 부른다.

스캔들(scandal)이란 말의 의미는 '부딪혀서 넘어지게 하는 돌, 걸림돌'과 같은 의미인데, 성서에서는 흔히 '죄의 기회' 혹은 '죄의 유혹'의 의미로 쓰인다.[2] 지라르에 따르면 스캔들이란 곧 '모방적 경쟁상태' 그 자체다. 개역성경 마태복음 11:6에는 "누구

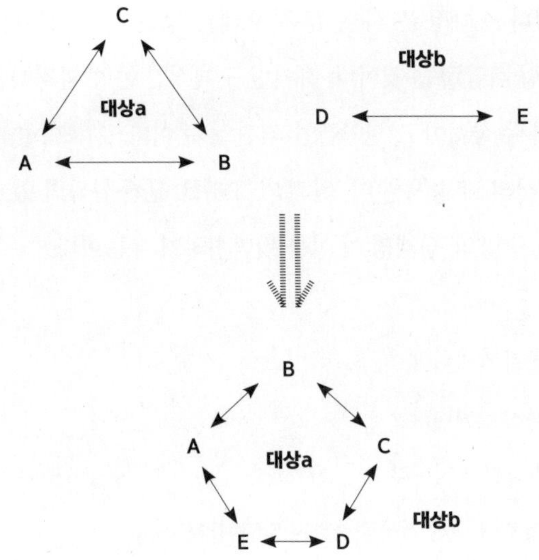

든지 나로 말미암아 실족하지 아니하는 자는 복이 있도다 하시니라"라고 되어 있다. 여기서 '실족하지 아니한다'는 표현이 곧 '스캔들에 빠지지 않는다'는 뜻이다. 지라르는 마태복음 18:8-9에도 이와 같은 표현이 있다고 말한다. "너희의 손이 너희를 스캔들에 몰아넣거든 손을 자르고, 너의 눈이 너희를 스캔들에 몰아넣거든 너희 눈을 빼버리라."[3] 즉, 스캔들은 죄의 원인이 되는 것, 죄의 유혹이 되는 것과 같은 의미인데, 이것은 곧 '모방욕망의 경쟁상태'를 의미하는 것이다. 다시 말하면 '모방욕망의 경쟁상태'가 곧 '죄의 유혹에 빠지는 것'이자 '죄'라는 뜻이 된다. 이 인류학적이고 심리학적인 통찰에 따른 인간욕망의 모방적 성격 자체가 기독교의 시각에서 보면 '원죄'가 되는 것이다.

아담과 하와가 에덴동산에서 범죄한 것이 결국 모든 인류의 죄가 되었다는 내용은 사실 많은 오해를 낳는다. '죄'를 일종의 유전자처럼 취급하는 것이다. 하지만 구체적인 논증 과정이 생략된 다분히 추상적이고 선언적인 직관일 뿐이다. 그보다는 인간 본성으로서의 '모방욕망'이 '원죄'의 교리를 훨씬 설득력 있게 설명해 준다. 구약의 '십계명'이 이를 뒷받침하기 때문이다.[4)]

> 살인하지 말지니라
> 간음하지 말지니라
> 도둑질하지 말지니라
> 너희 이웃에 대해 거짓증언하지 말지니라

십계명의 제6계명부터 제9계명까지의 내용에 이어 마지막 10번째 계명에서 아예 하나님은 모든 죄를 원천적으로 막을 수 있는 계명을 주신다. 지라르는 이 계명이 어떤 '행위'를 금하는 것이 아니라 어떤 '욕망'을 금하고 있다고 말한다. 그 열 번째 계명은 바로 다음과 같다.

> 네 이웃의 집을 탐내지 말지니라. 네 이웃의 아내나 그의 남종이나 여종이나 그의 소나 그의 나귀나 무릇 네 이웃의 소유를 탐내지 말지니라(출애굽기 20:17)

이웃의 아내나 소유물을 탐내지 말라, 즉 남의 것을 욕망하지 말라는 뜻이다. 아담과 하와의 원죄도 이런 관점에서 새롭게 볼 수 있다. 선악과는 먹음직도 하고 보기도 좋지만 인간에게 허락된 것이 아니다. 다른 모든 열매는 얼마든지 먹어도 좋다. 하지만 선악을 알게 하는 나무의 열매는 먹지 말라, 이것은 하나님이 정한 금기이자 경계선이다. 그런데 인간은 하나님의 것을 탐한다. 거기에 뱀이 끼어든다. 이 뱀은 하나님처럼 자기를 높이려다 쫓겨난 천사, 즉 사탄을 상징한다. 그는 어떤 신비한 영적 존재로서의 사탄을 말하지 않는다. 오히려 지라르는 뱀이 최초의 욕망의 매개자이자 모델로 등장하고 있으며, 뱀 그 자체가 모방적 욕망을 상징한다고 말한다.[5] 지라르는 인간이 자발적인 욕망으로 선악과를 탐할 수는 없다고 말한다. 처음부터 욕망은 본질적으로 모방욕망이며, 최초로 욕망의 모델이 된 것이 뱀이라는 것이다. 이때, 뱀은 하와의 모방욕망을 알아보고 그 욕망을 따르라고 한다. 모방욕망의 포로가 되어 하나님의 것을 탐하고 난 하와에 이어 아담은 그 하와를 모델로 같은 대상을 탐하게 된다. 즉, 아담 역시 하와의 욕망을 모방한 것이다.

첫 번째 범죄에는 시간이 걸린다. 망설임도 있다. 하지만 일단 모방욕망에 빠지면 그것은 곧 전염된다. 아담은 하와가 열매를 주자마자 먹어 버린다. 하나님의 것을 탐하는 것은 결국 하나님처럼 되겠다는 것이고, 그것은 가장 원초적인 죄로서의 교만(pride)을 낳는다. 그러한 인간의 모방적 욕망, 그것이 바로 원죄라고 할 수 있을 것이다. 그런데 구약에서는 이러한 모방욕망을 금지하지만 신약에서는 욕망의 새로운 모델을 제시한다. 욕망의 모방성이 어찌할 수 없는 것을 알기에 예수는 '나를 모방하라'고 말한다. '나를 모델로 삼으라'는 뜻이다. 그래서 사도바울은 빌립보서 2:5-8에서 이렇게 권면한다.

> 너희 안에 이 마음을 품으라. 곧 그리스도 예수의 마음이니 그는 근본 하나님과 본체시나 하나님과 동등됨을 취할 것으로 여기지 아니하시고 오히려 자기를 비워 종의 형체를 가지사 사람들과 같이 되셨고 사람의 모양으로 나타나사 자기를 낮추시고 죽기까지 복종하셨으니 곧 십자가에 죽으심이라

앞에서 말했지만 욕망의 경쟁은 질투와 갈등을 낳고 위기를 초래한다. 그런 의미에서 '무신론'이란, 무의식적으로 뱀의 욕망을 모방하여 하나님을 욕망의 경쟁자로 삼고 하나님의 위치에 서려는 인간의 본성이 본격화하면서 나타나는 현상이라고 할 수 있다. 그래서 하나님의 아들 예수는 스스로 신의 자리에서 내려와 인간이 되어 죽기까지 복종하는 본을 보였다. 따라서 인간이 하나님의 아들 예수를 본받고 모방하게 되면 예수처럼 겸손해지는 것이다. 그리하여 원죄로서의 모방욕망을 극복하는 유일한 방법은 결국 그 예수를 믿고 따르는 것이 된다. 그것이 구원이다.

지라르에 따르면 구약에서 신약으로의 중요한 변화 중 하나가 바로 이 지점이다. 구약에서는 '욕망'을 금기시한다. 욕망은 언제나 이웃을 모델로 하기 때문이다. 신약에 와서는 '욕망'의 모델 자체를 바꾼다. 그 모델은 예수인데, 예수를 모델로 하면 우리는 새로운 욕망 대상인 하나님을 바라보게 된다. 예수의 욕망은 하

나님을 바라보는 것이기 때문이고, 아버지의 뜻을 행하는 것이기 때문이다.

어쨌든 이러한 인간의 모방욕망 때문에 다수의 개인으로 구성된 하나의 사회 혹은 공동체에는 늘 위험이 도사리고 있다. 바로 경쟁과 갈등을 낳기 때문이다. 이것이 홉스가 원시적 자연상태로 본 '만인의 만인에 대한 투쟁상태'이다. 그런데 앞에서도 언급했듯이 다수의 스캔들은 더 큰 스캔들에 수렴되어 간다. 스캔들이 격화되면 애초의 욕망의 대상(object)은 잊어버리고 욕망의 모델에 대한 적대적 경쟁과 갈등에 집중하게 된다. 다시 말해, 애초 욕망대상에 대한 관심은 부차적인 것이 되고 만다. 인간의 욕망이란 변덕스럽기 그지없지만 어쨌든 우리는 한결같이 이웃을 바라본다. 따라서 공동체 곳곳의 스캔들은 상대적으로 더 큰 스캔들에 수렴되어 간다. 처음 A, B, C 세 사람의 경쟁에 D, E도 참여하게 된다. 매스컴의 작은 이슈가 더 큰 이슈에 묻히듯, 작은 스캔들도 큰 스캔들에 수렴되는 것이다. 이 과정을 거쳐 궁극적으로 가장 큰 스캔들 하나만 남게 된다.

물론 모방욕망이 늘 경쟁을 일으키는 것은 아니다. 지라르는 모방욕망을 두 종류로 나눈다. 하나는 외적 중개(external mediation)에 의한 모방욕망이고, 다른 하나는 내적 중개(internal mediation)에 의한 모방욕망이다. 예컨대, 내가 모방하는 모델이 다른 세계에 있을 때, 그것은 외적 중개에 의한 모방이다.[6] 사람들은 종종 스타의 패션과 말투를 따라하지만 그들과 경쟁하지는 않는다. 외적 중개에 의한 모방욕망은 종종 존경심으로 표현된다. 창업하는 많은 젊은이가 스티브 잡스를 모델로 삼는다. 이때 모델이 되는 스티브 잡스는 존경의 대상이지 경쟁의 대상이 아니다.

반면 내적 중개에 의한 모방욕망이 있다. 모델이 우리와 같은 환경에 있거나 우리와 비슷할 때 느끼는 모방욕망이 그것이다. 할리우드의 스타를 동경하는 것과 다르게 나는 내 친구의 욕망을 모방하기도 한다. 이런 모방욕망은 종종 위험한 수준의 증오로 치닫는다. 처음엔 존경으로 출발할 수 있지만 내적 중개에 의한 모방욕망은 금방 다른 이들에게 전염되기 때문에 존경심은 곧잘 경쟁심으로 전락한다. 즉, 스캔들이 되기 쉬운 것이다. 평등한 사회일수록 내적 중개에 의한 모방욕망의 경쟁으로 뜨거워질 확률이 높은 것이다. 그래서 고대사회나 중세사회는 내적 중개에 의한 모방욕망을 사전에 방지하기 위해 엄격한 신분제를 유지했으리라는 것이 지라르가 내세우는 가설이다.

어쨌든 인류의 원시사회는 아직 계급이 온전하게 형성되기 전이었을 것이다. 따라서 모방욕망은 내적 중개에 의한 경우가 대부분이었을 것이고, 이에 따라 스캔들은 필연적으로 발생했을 것이다. 이런 형태의 모방욕망은 곧잘 모방적 경쟁관계를 낳는다. 동시에 다수의 스캔들이 하나의 스캔들로 수렴되는 현상이 일어난다. 곧, '만인의 만인에 대한 투쟁'이 '일인에 대한 만인의 반대'로 수렴되는 것이다. 가장 큰 스캔들이 되는 모델은 공동체의 만장일치적인 반대에 직면하게 되고, 초기의 무질서는 이 단 하나의 반대 앞에 질서를 잡게 된다. 긴장이 최고조에 이르는 이 순간, 단 하나의 스캔들이 되는 모델은 희생양이 된다. 이 희생양에 대한 만장일치적인 집단폭력, 즉 집단 구성원 전체의 린치가 일어나고 그 희생양은 죽음을 맞으며, 이로 인해 공동체는 질서와 평화를 회복한다.

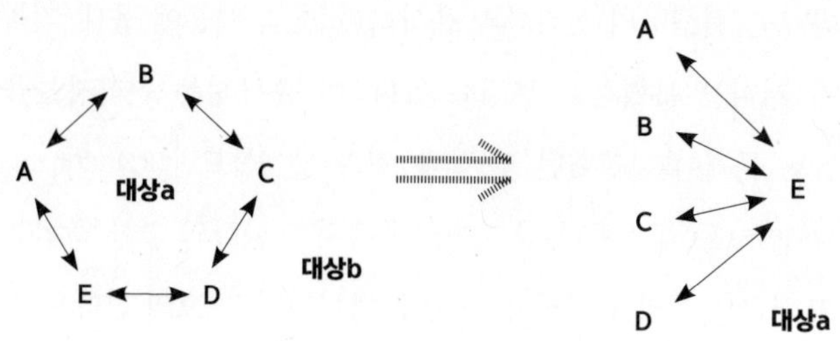

하지만 이 평화는 오래 지속되지 못하며, 이내 무질서해지는데, 다시 똑같은 메커니즘에 의해 다수의 스캔들은 단 하나의 스캔들로 수렴된다. 그리고 여기서 선택된 하나의 희생양은 전체주의적인 폭력 앞에 노출되고 공동체는 질서를 회복한다. 이렇게 모방욕망의 경쟁에 의해 무질서와 질서가 순환되는 메커니즘, 다수의 스캔들이 하나의 스캔들로 수렴되는 이 메커니즘이 바로 지라르가 말하는 희생양 메커니즘이다. 그리고 이 메커니즘의 반복이 공동체의 문화적인 형태로 진화하여 주기적인 종교적 의식(ritual)을 낳았고, 그로 인해 희생양 제의(祭儀)가 탄생한 것이다.

신화와 성서의 결정적인 차이점

많은 인류학자들과 비교종교학자들은 예수 그리스도의 수난과 십자가 처형 그리고 부활이 다른 많은 신화의 이야기에서 나타나는 희생양의 신격화와 유사하다는 점 때문에 유대-기독교가 지니는 특별함을 부정해 왔다. 이 유사성은 신학자들을 괴롭힌 문제이기도 했던 것 같다. 지라르는 불트만(R. Bultmann, 1884~1976)을 예로 든다. 불트만은 복음서가 신화의 숱한 '죽음과 부활'의 스토리와 유사한 것을 매우 애석해했고, 그의 신학은 '실존주의'와 같은 이신론(理神論)적 경향으로 흘렀다.[7] 한편, 영문학자 C. S. 루이스는 이러한 유사성을 오히려 긍정적인 것으로 보았다.[8] 예수의 스토리는 분명한 역사적 사실이고, 신화는 이에 대한 인류의 꿈이라는 것이다. 즉, 하나님이 인류에게 양심과 동시에 '죽은 신이 부활하는 좋은 꿈'을 주셨던 것이며, 예수의 십자가 수난과 부활은 그 오랜 인류의 꿈이 이루어진 것이다. 참신한 해석이지만 지라르의 생각은 이와 다르다.

지라르는 루이스의 낭만적인 상상에 동의하지 않는다. 지라르는 신화에 나오는 폭력이든 성서에 나오는 폭력이든 똑같이 일어난 것이 틀림없다고 말한다. 실제 일어난 폭력의 양상은 매우 비슷하다. 신화라는 것은 어디서 뚝 떨어진 이야기가 아니며, 그것은 결국 인류의 역사와 문화를 담고 있다는 것. 그럼에도 신화와 성서는 결정적인 차이가 있다. 폭력에 대한 신화의 해석은 거짓이고, 성서의 해석은 참이라는 것이다. 무슨 말인가?

신화 속 희생양에 대한 폭력에는 정당한 이유가 있다. 지라르는 오이디푸스 신화를 예로 든다. 오이디푸스는 아버지를 죽이고 어머니와 결혼한다는 끔찍한 예언 가운데 태어났다. 그 예언을 두려워한 나머지 오이디푸스는 버림받게 되었다. 하지만 오이디푸스는 길에서 우연히 만난 자기 아버지 라이오스 왕을 부지중에 죽이게 된다. 그는 스핑크스의 수수께끼를 풀고 테베에 가서 왕이 되어 거기서 자기 어머니 이오카스테와 결혼한다. 물론 오이디푸스는 이러한 사실을 모르고 있다. 그렇지만 후에 테베에 전염병이 돌고, 그 전염병의 원인이 바로 오이디푸스의 부친 살해와 근친상간으로 비롯된 것임이 밝혀진다. 이로 인해 오이디푸스는 자신의 눈을 찌르고 테베에서 사실상 추방된다. 그 결과 역병은 해소되고, 오이디푸스는 결국 공동체의 수호신으로 신격화되기에 이른다.

그렇다면 지라르가 말하는 신화의 거짓이란 무엇을 의미하는가? 오이디푸스 신화에서는 희생양인 오이디푸스가 희생이 될 만한 죄를 지니고 있음을, 즉 희생양에 대한 군중의 만장일치적 폭력이 정당함을 암시하고 있다. 부친 살해와 근친상간은 분명한 죄다. 따라서 오이디푸스가 희생당한 것은 그 스스로의 죄 때문이라는 것. 그것이 신화의 설명이다. 그러나 성서는 다르다. 성서는 희생양이 무고하다는 것을 폭로한다. 성서는 만장일치적 박해 앞에 놓인 연약한 희생양이 무죄임을 주장하는 유일한 텍스트인데, 성서의 이 같은 내용은 진실이다. 즉, 폭력을 가한 박해군중의 정당성을 주장하는 것이 신화인 반면, 그 폭력의 부당함을 폭로하는 것은 성서다. 성서는 희생양을 옹호하고 그에게 폭력을 가하는 박해군중의 죄를 고발하고 있다. 이것이 신화와 성서의 결정적인 차이점이며, 바로 이 차이가 기독교가 참된 종교임을 말해 주는 핵심이라고 지라르는 역설한다. 성서 이전의 어떤 신화도 이 점을 주목하지 못했다는 것이다.

실제로 성서는 무고하게 희생된 사람들을 줄줄이 소개한다. 유명한 '요셉'의 이야기를 보자. 성서는 요셉이 무고한 희생양이며, 요셉을 시기한 형제들에게 죄가 있다고 한다. 형제들 중에 맏형 르우벤은 어떻게든 요셉을 살리고 싶었으나 다른 형제들의 모방의 회오리를 막지 못한다. 결국 요셉은 이집트에 노예로 팔려간다. 하지만 안타깝게도 교회의 많은 목회자는 때로 이 성서의 텍스트를 신화적으로 해석한다. 즉, 요셉이 공개적으로 꿈을 이야기하면서 형제들의 시기심을 불러일으키는 경솔함을 보였고, 형제들의 잘못을 아버지에게 고자질했으며, 이런 요셉의 미성숙함이 형제들의 증오를 불러일으켰다는 것이다.

위와 같이 폭력을 일정 부분 정당화하는 해석은 신화적 해석이다. 구약에서 요셉은 전적으로 신약의 예수를 예표하는 인물로 그려진다. 요셉이 자신의 꿈 이야기를 한 것은 하나님의 뜻이었다. 꿈의 의미는 요셉뿐만 아니라 그 부친과 형제들도 알 필요가 있었으리라. 실제로 나중에 그 꿈의 내용대로 형제들은 요셉 앞에 엎드려 식량을 구걸하는 신세가 된다. 하나님이 주신 꿈이라면 그것은 때로 사람들에게 전해져야 한다. 꿈은 하나님의 예언 또는 신탁과 같은 의미를 지니고 있었던 것이다. 에스겔과 다니엘의 꿈도 마찬가지다. 이런 차원에서 볼 때, 요셉이 꾸었던 꿈은 부친과 형제들에게 전해질 필요가 있었고, 이야기를 들은 그의 가족들은 그 꿈에 대해 좀더 깊게 생각했어야 했다. 즉, 요셉이 꿈을 말한 것이 '자기 자랑'과 같은 교만한 행태라고 보는 시각은 잘못이라는 이야기다.

또한 요셉이 형제들의 죄악을 아버지에게 고한 것이 잘못이라는 해석은 어떤가? 이를 단순한 고자질로 보는 것 또한 신화와 세속의 상식에 의해 굴절된 시각으로 바라보는 태도다. 그가 형제들의 잘못을 한담(閑談)하고 다니지 않고 가족의 가장 큰 어른인 부친에게 고한 것은 부친이 형제들의 잘못을 바로잡기를 원했기 때문이다. 우리 사회는 이런 식의 행동을 비겁한 고자질로 바라보는 풍조가 있다. 모함하는 행위는 잘못된 것이지만, 분명한 잘못을 고발하는 행위는 필요한 일이다. 한국 사회가 내부고발자들에게 얼마나 잔인한가? 사실 내부고발자들은 상당한 위험을 감수하고 용기를 내고 있는 것이다. 요셉의 고발은 그런 의로운 내부고발(whistle blowing)로 보는 것이 합당하다.

성서의 예언자들도 끊임없이 군주와 백성의 죄를 언급한다. 그리고 그들은 하나님의 정의를 외쳐 왔다. 형제들 중 가장 어린 요셉이 할 수 있는 예언자적 행위는 바로 부친에게 형제들의 죄를 알리는 것이었다. 알다시피 부친 야곱은 우유부단한 인물로, 이에 필요한 조치를 하지 않았으며, 그로 인해 온 가족이 어려움을 겪게 된다. 따라서 요셉이 형제들의 죄를 아버지께 고한 것을 두고 비겁한 고자질로 해석하는 것은 요셉이 당한 부당한 폭력을 신화적으로 해석하는 꼴이 된다.

즉, 요셉은 무고했고, 형제들이 죄를 지은 것이다. 이처럼 성서는 희생양의 무고함과 박해군중의 죄를 고발하고 있다. 그러나 인류학자들이나 종교학자들조차 이러한 결정적인 차이점을 보지 못했다. 그들은 그저 신화를 낭만적인 것으로만 해석했다. 중세 마녀사냥의 부당함은 볼 줄 알았지만 고대 신화에서는 낭만적인 요소만을 보았다. 그런데 지라르는 마녀사냥과 같은 희생양 메커니즘이 중세의 고유한 것이 아니라 인류 문화의 시작부터 존재했다고 한다. 예컨대, 그리스 신화 속 신들은 선하지 않다. 이들은 질투하고, 죽이고, 근친상간을 일삼으며, 외도하고, 저주를 퍼붓는다. 하지만 이 신화는 사실상 모방욕망의 회오리와 그로 인한 희생양 메커니즘을 은폐하기 위한 서사였다. 신화 속의 무수히 많은 신들은 숱하게 죽은 희생양에서 기원한다. 그 희생양들은 그리스 신화의 신처럼 종종 이기적이고 악하다. 이처럼 신화는 희생양을 죽이는 박해군중의 정당함을 주장한다. 다만, 공동체에 질서를 가져오면서 죽은 희생양은 성스러운 존재로 신격화된다. 따라서 다신교는 인류 초기 사회에 다수의 희생양이 존재했음을 상징하는 것이다.

그런데 이런 그리스 신화에 열광한 이들이 누구였는지 생각해 보자. 19세기 독일 낭만주의자들이 있다. 혁명이 일어나지 못했던 보수적인 독일에서 바라본 이웃나라의 프랑스 혁명은 기대와 달리 음모와 배신, 단두대로 점철되었다. 결국 그들은 고대 원시적 이상향을 동경하며 독일의 고전신화 등 민족문화에 관심을 기울이기 시작했는데, 이는 퇴행이다. 바그너는 게르만 신화를 토대로 〈니벨룽의 반지〉 같은 오페라를 작곡했으며, 니체는 그 바그너를 숭배했다. 니체는 소크라테스 이후의 그리스를 싫어했다. 그는 디오니소스를 숭배했다. 전쟁과 폭력이 난무하고 노예와 여자는 인간으로 취급받지 못하던 시대를 찬양했다. 니체 역시 그리스 신화에 열광했으며, 니체의 그 열광을 이어받은 자가 바로 히틀러다.

독일의 낭만주의, 바그너, 니체, 히틀러와 나치즘은 이런 '신화'와 밀접한 관계가 있다. 거짓된 신화에 열광하는 사회는 전체주의로 흐르고, 무고한 희생양이 속출하게 되어 있다. 지라르는 자신의 이론을 통해 전체주의를 하나의 정치적 이념이라기보다 인간의 심리적 본성에서 비롯된 것임을 밝힌 것이다.

죄 없는 자가 첫 번째 돌을 던져라

이제 지라르는 2세기경 티아나의 아폴로니우스가 행한 기적 사건과 간음하다 현장에서 붙잡혀 온 여인을 예수가 구해 주는 사건을 대비한다. 이 부분은 모방욕망과 희생양 메커니즘을 이해하는 데 매우 중요한 부분이다. 아폴로니우스는 2세기경의 정신적 지도자였다.[9] 그에 관한 기록에서 당시 에페소스에 퍼져 있던 페스트를 치유한 기적의 이야기가 있는데, 3세기경 그리스 작가 필로스트라토스가 남긴《티아나의 아폴로니우스의 생애》에 다음과 같은 이야기가 있다.

“힘내십시오. 바로 오늘 안으로 이 병을 퇴치하겠습니다.” 이렇게 말한 그는 사람들을 모두 극장으로 데리고 갔는데 거기에는 수호신의 그림이 세워져 있었다. 또 거기에는 거지 한 명이 있었는데, 넝마를 걸친 그는 빵 부스러기가 들어 있는 주머니를 하나 들고서 장님처럼 눈을 깜박이고 있어 왠지 혐오감을 주었다. 거지 주위에 서 있는 에페소스 사람들에게 아폴로니우스가 이렇게 말했다. “돌을 들어 모든 신의 적인 저 녀석에게 던지시오.” 아무 영문도 모르던 사람들은 대체 무엇을 하려는 것이냐고 반문했다. 자신들에게 자선을 간청하는, 누가 보아도 분명히 애처로운 그 사람을 죽인다는 생각에 그들은 분노를 금할 수 없었던 것이다. 그러나 아폴로니우스는 굽히지 않고 거지에게서 물러서지 말고 계속 돌을 던지라고 그들을 몰아붙였다.

몇 사람이 먼저 거지에게 돌을 던지기 시작하자 그때까지 장님처럼 두 눈을 깜박거리기만 하던 그 거지가 갑자기 이글거리는 두 눈을 부릅뜨고 날카롭게 쳐다보았다. 그제야 에페소스 사람들은 그 거지가 실은 악마란 사실을 눈치채고 자발적으로 돌을 던지기 시작했는데, 얼마나 많은 돌을 던졌던지 거지 시체 주변에 커다란 돌무더기가 만들어질 정도였다.

잠시 뒤 아폴로니우스는 돌무더기를 헤치고 그들이 죽인 것을 확인시켰다. 돌을 들어내자 그들은 그 시체가 거지가 아니란 것을 알게 되었다. 그 자리에는 몰로스 개와 닮은, 그러나 어미 사자만큼이나 커다란 짐승 하나가 있었다. 돌을 맞아서 곤죽이 된 그 짐승은 광견병 걸린 개처럼 거품을 토한 채 쓰러져 있었다. 사람들은 악령을 쫓아낸 바로 그 자리에다가 수호신 헤라클레스의 흉상을 세워주었다.

이 이야기는 신화적 요소가 다분하다. 여기서 말하는 신화적 요소란, 거지가 돌에 맞아 죽었는데 그 시체가 커다란 짐승이었다는 환상적인 내용을 가리키는 것이 아니다. 그것은 '집단살해의 정당화'를 꾀하는 내러티브를 말한다. 지라르의 설명에 따르면 이 내용을 기록한 필로스트라토스는 기독교인이 아니었다. 그는 대대로 내려오던 조상의 종교를 지키기로 결심한 맹렬한 이교도였다. 오히려 그는 거지 살해가 자기가 믿는 그 종교 신도들의 모럴(moral)을 고양시켜 기독교에 대한 저항력을 강화시켜 줄 수 있으리라고 보았다. 하지만 거지 한 명을 죽였다고 어떻게 페스트라는 질병이 치유될 수 있을까?

지라르는 독자의 이와 같은 예상되는 질문을 스스로 던지고 다시 답한다. 그 시대에는 '페스트'라는 말이 정확히 의학적인 의미가 아닌 다른 의미로 사용되었다. 즉, 이 말에는 언제나 사회적 차원의 의미가 있었는데, 전염병이 창궐하는 곳이면 어디서나 그 전염병이 사회관계를 교란시키고 있다는 것을 뜻했다. 따라서 역으로 사회관계가 교란된 곳이면 어디에나 전염병이 돈다고 생각할 수 있었다. 아폴로니우스는 이 전염병의 실체를 잘 알고 있었으며, 이 도시가 내적 긴장에 사로잡혀 있고 이 긴장상태를 희생양에게 전가시킬 수 있다는 것도 알고 있었으리라는 것이 지라르의 해석이다. 실제 역사 속 '마녀사냥'을 비롯한 희생양 메커니즘이 작동하는 배경에는 재해나 전염병 등의 재난이 종종 있었다. 나홍진 감독의 영화 〈곡성〉에서도 원인을 알 수 없는 피부병이 전염되고 있고, 그 원인으로 외지인인 일본인이 지목되는 것을 볼 수 있다. 이에 대해서는 뒤의 [보론]에서 자세히 살펴볼 것이다.

그런데 이 이야기를 잘 살펴보면 처음에는 사람들이 돌 던지기를 꺼렸음을 알 수 있다. 아폴로니우스는 그러한 군중에게 돌을 던지라고 계속 몰아붙였고, 급기야 한두 사람이 먼저 거지에게 돌을 던지기 시작했으며, 이후 전부가 그에게 돌을 던졌다. 중요한 포인트다. 거지에게 던진 첫째 돌은 다른 이들이 쉽게 돌을 던지게 만들었다. 그때까지 선량하고 애처로워 보였던 거지의 눈이 이글거리는 악마의 눈으로 보이기 시작한 것이다. 실제로 그 거지의 눈이 악마의 눈으로 변했다기보다는 그 거지의 눈을 바라보는 군중의 시각이 바뀌었다고 봐야 한다. 금세 군중은 처음 돌을 던진 사람의 행위를 모방하기 시작했다. 한두 사람이 던지자 이내 셋째와 넷째 사람이 던지고 결국 돌무더기가 쌓인 것이다. 따라서 누군가 첫째 돌을 던져야 한다. 첫째 돌이 던져지지 않으면 돌은 하나도 던져지지 않는다. 하지만 돌 하나가 던져지면 그때는 돌 하나로 끝나지 않는다. 돌 던지는 행위도 모방의 결과

이기 때문이다. 그렇다면 이와 비슷하지만 정반대의 결과로 끝난 이야기를 살펴보자. 신약성서 요한복음 8장에 나오는 그 유명한 간음하다 현장에서 붙잡힌 여인에 관한 이야기다.

> 그때에 율법학자들과 바리새파 사람들이 간음하다 잡힌 한 여자를 데리고 와서 앞에 세우고 "선생님, 이 여자가 간음하다가 현장에서 잡혔습니다. 우리의 모세 율법에서는 이런 죄를 범한 여자는 돌로 쳐 죽이라고 하였는데 선생님 생각은 어떻습니까?" 하고 물었다. 그들은 예수께 올가미를 씌워 고발할 구실을 찾으려고 이런 말을 하였던 것이다. 그러나 예수께서는 몸을 굽혀 손가락으로 땅바닥에 무엇인가 쓰고 계셨다. 그들이 하도 대답을 재촉하므로 예수께서는 고개를 드시고 "너희 중에 누구든지 죄 없는 사람이 먼저 저 여자에게 첫 번째 돌을 던져라" 하시고 다시 몸을 굽혀 계속해서 땅바닥에 무엇인가 쓰셨다. 그들은 이 말씀을 듣자 나이 많은 사람부터 하나하나 가버리고 마침내 예수 앞에는 그 한가운데서 있던 여자만이 남아 있었다. 예수께서 고개를 드시고 그 여자에게 "그들은 다 어디 있느냐? 너의 죄를 묻던 사람은 아무도 없느냐?" 하고 물으셨다. "아무도 없습니다. 주님." 그 여자가 이렇게 대답하자 예수께서는 "나도 네 죄를 묻지 않겠다. 어서 돌아가라. 그리고 이제부터 다시는 죄를 짓지 말라" 하고 말씀하셨다(요한복음 8:3-11).

유명한 이 에피소드는 앞의 아폴로니우스의 기적 이야기와 비슷한 구조지만 사뭇 다르다. 우선 '아폴로니우스의 기적' 이야기의 군중은 본래는 호전적이지 않았다. 그들은 애처로운 거지를 향해 돌을 던지는 것을 주저하고 있었다. 반면 간음한 여인을 예수 앞으로 끌고 온 군중은 분노에 차 있으며 상당히 호전적이다. 분노로 가득한 무리에게 예수는 바로 대답하지 않았다. 오히려 그들의 격한 호흡을 안정시키려는 듯 일부러 뜸을 들인다. 예수는 이때 몸을 굽혀 손가락으로 땅바닥에 무엇인가 썼다고 기록되어 있다. 교회의 많은 설교자가 이때 예수께서 쓴 글이 무슨 내용인지 추측하는 데 관심을 둔다. 모방욕망과 희생양 메커니즘을 고려하지 않으면 예수의 이러한 행동은 그저 기이하게만 여겨질 뿐이다.

지라르는 예수가 글을 쓰려고 몸을 굽힌 것이 아닐 거라고 해석한다. 오히려 분노에 찬 군중의 충혈된 시선을 피하기 위해 몸을 굽혔고, 몸을 굽혀 시간을 끌기 위해 무엇인가를 손가락으로 썼으리라는 것이다. 무엇을 썼는지는 알 수 없지만 분명 이 행동은 그들의 주의를 돌리기 위함이 틀림없다. 하지만 그들은 예수도 올가미를 씌우려는 목적이 있었다. 만일 간음한 여인 편을 든다면 모세 율법의 엄격함을 들어 편을 든 예수마저 돌로 쳐 죽이려 했을 것이다. 복음서를 살펴보면 실제로 예루살렘에서 십자가형을 당하기 전에 예수는 이미 몇 번이나 투석형의 위기가 있었다.

예수는 이때 "너희 중에 죄 없는 자가 먼저 돌로 치라"고 한다. 더 정확히 말하면 "죄 없는 자가 첫 번째 돌을 던지라"는 것이다. 지라르에 따르면 이 첫 번째 돌은 단순한 수사적(修辭的, rhetorical) 표현이 아니다. 첫 번째 돌이 던져지지 않으면 돌은 던져지지 않는다. 그러나 첫 번째 돌이 던져지면 돌은 하나로 끝나지 않는다. 무수히 많은 돌이 던져져서 결국 간음하다 붙잡힌 여인은 죽을 수밖에 없게 된다. 즉, 첫 번째 돌을 던지는 사람을 모방하여 박해군중 다수가 돌을 던지게 되는 것이다. 예수는 이 모방 효과를 알고 있었다. 그렇기에 그 첫 번째 돌이 던져질 수 없게 막은 것이다. 모방욕망의 회오리를 모르고서는 위와 같은 답변이 나올 수 없다.

물론 여기서 간음한 여인이 죄가 전혀 없다는 것을 말하는 게 아니다. 다만 희생양이 처한 상황과 폭력이 억울하고 부당하다는 것이다. 어떻게 저 여자는 간음하다 잡힐 수 있었을까? 그것도 점잖은 율법학자와 바리새인들이 저 여자를 어떻게 잡아서 끌고 올 수 있었을까? 그리고 간음한 상대 남자는 왜 제외되었나? 당시는 로마제국 시대다. 로마제국에서도 그렇고, 정통적인 유대교의 전통에서도 그렇지만 여자는 노예, 어린이와 함께 사회적 약자였다. 어쩌면 간음하다 잡힌 저 여자는 모종의 음모와 함정에 빠진 것일 수 있다. 그것도 예수를 시험할 구실로 활용할 함정 말이다.

실제로 희생양은 어떻게 선택될까? 지라르에 따르면 그것은 무작위적이지는 않다. 다만 희생양으로 선택될 확률이 높은 사람이 있다. 이를 지라르는 희생양의 우선 징후라고 말한다. 역사에서는 주로 외국인, 꼽추 등 장애인, 나병환자, 나치 독일 치하의 유대인 등이었다.[10] 프랑스에서 독일의 첩자로 고발된 유대인 장교 드레퓌스 또한 희생양 메커니즘을 잘 설명해 준다. 드레퓌스 대위는 무고한 것으로 밝혀졌음에도 감옥에 갇혀 있어야 했다.

한편, 희생양은 모방욕망에 의한 스캔들의 회오리와 그 희생양 메커니즘을 방해하는 자가 될 수도 있다. 예수가 바로 대표적인 예다. 게다가 지라르는 이사야서 53:2-3을 인용하여 예수가 희생양이 될 우선 징후를 지니고 있었음을 설명한다.[11]

> 그는 주 앞에서 자라나기를 연한 순 같고 마른 땅에서 나온 뿌리 같아서 고운 모양도 없고 풍채도 없어 우리가 보기에 흠모할 만한 아름다운 것이 없도다. 그는 멸시를 받아 사람들에게 버림받았으며 간고를 많이 겪었으며 질곡을 아는 자라 마치 사람들이 그에게서 얼굴을 가리는 것같이 멸시를 당하였고 우리도 그를 귀히 여기지 아니하였도다.

십자가의 수난, 희생양 메커니즘의 절정

지금까지 모방욕망과 희생양 메커니즘을 살펴보았다. 자연스럽게 예수의 십자가 수난이 바로 그 희생양 메커니즘에 의한 것임을 알 수 있을 것이다. 그런데 십자가 사건은 매우 결정적인 의미를 지니기 때문에 이는 좀더 면밀히 들여다보아야 한다. 사실 희생양에 대한 박해군중의 폭력이 부당하다는 것은 구약성서에서도 이미 폭로되었다. 문제는 구약성서가 이 진실을 폭로하기 전에는 아무도 그것이 부당하다는 것을 모르고 있었다는 것이다. 지라르는 이를 '인지불능'(認知不能)이라고 말한다. 즉, 인류는 거짓된 이야기를 만들면서 그것을 진실이라고 철석같이 믿고 있었던 것이다.

지라르는 '사탄'을 단순한 악령으로 묘사하지 않는다. 사탄이란 결국 희생양 메커니즘을 통해 질서를 유지하는 공중의 권세 잡은 자이며, 군중의 인지불능을 획책하는 거짓의 아비다. 사탄은 모방욕망의 경쟁관계를 이용해 스캔들의 수렴현상을 만들어 내고 무고한 희생양을 죽이는 군중의 카타르시스를 통해 질서를 유지하는, 눈에 보이지 않는 권력인 셈이다. 예수님은 십자가에서 이와 같은 말씀을 하신다.

> 아버지여 저들을 용서하여 주옵소서. 그들은 자기들이 하는 일을 모르고 있습니다.(누가복음 22:34)

이는 군중의 인지불능 상태를 말하는 것이다. 즉, 위 말씀은 기본적으로 예수의 선함과 자비를 나타내는 것이지만, 사실 문자 그대로 군중은 자신들이 어떤 행위를 하고 있는지 정말 알지 못하고 있다는 것을 의미한다. 그런데 이 모방욕망의 회오리는 어느 정도로 강할까? 예수를 따르던 제자들이 모두 배신하고 도망갔음을 기억해 보자. 베드로는 죽어도 주를 버리지 않겠다고 했지만 그는 예수의 예언대로 닭이 울기 전에 예수를 세 번 부인했다. 예수가 로마 군사들에게 체포되어 압송되는 과정에서 베드로마저 예수에 대한 군중의 증오를 모방한 것이다. 베드로는 모방욕망의 회오리가 얼마나 강한지 전혀 몰랐고, 결국 자신의 스승을 저주하면서까지 부인했다. 그는 닭이 울고 나서야 스승의 예언을 기억하고, 자신이 그 모방욕망에 전염되어 박해군중 속에 있음을 깨닫고 울게 된다. 지라르는 베드로가 예수의 눈길과 마주쳤을 때, 사도 바울이 들었던 것과 똑같은 다음과 같은 목소리를 들었을 거라고 말한다.[12)]

베드로야, 너는 왜 날 박해하느냐?

다른 인물 빌라도를 보자. 로마 총독 빌라도는 예수의 무고함을 알고 있었다. 그는 어떻게 해서든 예수를 풀어 주고 싶었다. 게다가 그의 아내가 간밤의 꿈 이야기를 하며 예수의 일에 상관하지 말라는 경고까지 했다. 그렇지만 빌라도 역시 그 모방욕망의 회오리를 피할 수 없었다. 일단 그는 예수를 채찍으로 때리고 가시면류관을 씌워 폭력에 대한 군중의 갈망을 만족시켜 보려 했다. 희생양을 예수에서 강도 바라바로 대체해 보려고도 해봤다. 그렇지만 어떻게든 예수를 살려 보려는 빌라도의 노력은 무산된다. 한번 지목된 희생양은 좀처럼 교체될 수 없는 것이다. 빌라도는 결국 예수를 십자가형에 처한다.

한편, 누가복음을 보면 예수는 헤롯 앞에 잠시 출두한다. 헤롯과 빌라도가 예수의 죽음에 관여하고 있는 것이다.[13] 누가복음엔 이렇게 기록되어 있다. "헤롯과 빌라도는 전에 서로 반목하며 지냈지만 바로 그날 이들은 다정한 친구가 되었다." 지라르는 이를 두고 집단살해에 가담한 사람들이 느끼는 카타르시스의 효과라고 말한다. 아무리 반목하던 사람들이라도 공동의 적 앞에서는 단결하게 마련이다.

십자가에 달리기 일주일 전만 해도 예수는 예루살렘 시민의 대대적인 환영을 받았다. 복음서를 보면 예루살렘에 입성할 때 예수는 나귀를 타고 있었고, 그가 가는 길에 군중은 종려나무 잎을 흔들고 겉옷을 길에 깔며 '호산나, 다윗의 자손이여'를 외쳤다. 줄곧 갈릴리 부근에서 활동하던 예수는 이미 유대인들 사이에서는 상당히 인기가 있었다. 그들은 오랜 로마의 압제에서 자신들의 민족을 구원하고 다윗 왕국의 전성시대를 열어 갈 정치적인 군주를 기대하고 있었다.

물론 예수의 제자들도 마찬가지였다. 그렇지만 일주일도 채 되지 않아 그 열렬히 호응하던 군중은 모조리 박해군중으로 돌변했다. 성전에서 장사하는 사람들의 좌판을 둘러엎으며 '내 아버지의 집은 기도하는 집'이라고 외친 예수는 구원자이기보다는 자신들의 경제적 이익을 방해하는 사람이었다. 율법학자와 사두개인과 바리새인들은 각자 조금씩 입장이 다르지만 예수가 전하는 메시지가 자신들을 겨냥하고 있음을 알고 있었다. 예수는 그들을 향해 '독사의 자식'이라며 '하나님이 보낸 예언자를 죽인 너희 조상들과 다를 것이 없다'고 일갈했다. 그렇다. 이들 모두에게 예수는 눈엣가시였고, 결국 이들은 예수 한 사람에게 자신들의 증오를 집중시킨다. 그것이 십자가였다.

십자가형 앞에 예수를 변호하는 이는 아무도 없었다. 예수는 수많은 병자를 고쳤고 기적을 행했지만 그 누구도 성난 군중 앞에서 감히 예수를 변호하지 못했다. 한번 희생양 메커니즘이 시작되면 그 모방욕망의 회오리에 저항하기는 매우 힘들다. 우리는 이미 그걸 잘 알고 있지 않나? 주변에 왕따 당하는 사람이 있을 때 선뜻 나서서 그를 변호한다는 것이 얼마나 두려운 일인지를. 예수 옆에 못 박힌 강도마저 군중의 모방욕망의 회오리에 전염되어 예수를 모욕하기 바쁘다.

하지만 구약성서에서도 희생양이 무고하고 박해군중이 악하다는 것은 폭로되고 있었다. 진보적인 신앙지식인 그룹이던 바리새인들 또한 그들의 조상이 이사야나 예레미야와 같은 예언자들을 죽였다는 사실을 잘 알고 있었다. 그런데 무엇이 새삼스럽게 십자가 사건을 그토록 특별하게 만드는 것일까?

십자가의 승리: 사탄의 자승자박

그것은 사탄이 스스로 파놓은 함정에 빠져드는 것을 모르고 있다는 것이다. 사탄이 볼 때, 예수의 십자가형은 지금까지 으레 있어 왔던 많고 많은 희생양 메커니즘 중의 하나다. 이제 이것을 통해 다시 질서를 회복할 것이다. 그런데 이것은 사탄의 착각이었다. "무질서의 고조 → 희생양 살해 → 질서의 회복", 이것은 사탄이 사용하는 프로세스다. 예수도 이를 잘 알고 있었다. 지라르는 마가복음 3:23-27 본문에 주의를 기울인다.[14] 그 본문은 사람들이 예수가 바알세불로 사탄을 물리쳤다고 비난했을 때 예수가 답변한 내용이다.

> 사탄이 어떻게 사탄을 물리칠 수 있습니까? 한 나라가 갈라져 서로 싸우면 그 나라는 지탱할 수 없습니다. 또 한 가정이 갈라져 서로 싸우면 그 가정도 지탱할 수 없습니다. 사탄의 나라에 내분이 일어나 갈라지면 그 나라는 지탱하지 못하고 망하게 마련입니다.

물론 그 본문의 상황에서 예수는 바알세불의 힘으로 사탄을 물리친 것은 아니다. 우리는 통상 이 본문을 이런 식으로 해석한다. "예수가 사탄을 물리치는 것이지, 사탄이 사탄을 물리치는 것은 아니다. 무당은 귀신을 달랠 뿐, 귀신을 쫓아내지는 않는다. 사탄을 쫓아내는 것은 성령의 능력이다." 맞는 말이다. 그러나 예수의 이 말씀은 그렇게 단순하지 않다. 복음서에서 예수는 병자를 고치고 귀신을 쫓아냈다. 물론 그 능력은 사탄으로부터 힘입은 것이 아니다. 당연히 성령의 능력이다. 그런데 지라르에 따르면 당시 사람들에게 '바알세불의 힘을 빌려 사탄을 쫓아낸다'는 말은 새롭고 특별한 것이 아니었다. 그 시대적 상황에서 퇴마사들, 악령추방자들끼리는 경쟁자가 사탄의 힘을 빌려 악령을 추방한다고 비난하는 것이 일반적이었다.[15] 실제로 무속인들은 귀신의 힘으로 귀신을 쫓아내기도 한다. 그러므로 저 본문의 심층적 의미는 그렇게 간단하지 않다.

지라르는 이렇게 해석한다. 예수는 사탄의 나라가 실제로 내분으로 망하고 있다고 보았다. 그러나 그것은 영원한 멸망이 아니다. 경제학자 슘페터의 표현을 원용하자면 그것은 '창조적 파괴'였다. 다시 저 본문 상황으로 돌아가 보자. 예수가 저 말씀을 하기 전, 귀신을 쫓아낸 것은 성령의 능력이다. 하지만 예수는 알려 주고 싶어 한다. 사탄의 나라가 내분으로 망하는 것은 맞지만 그것은 진짜 멸망이 아니다. 사탄의 나라를 지속시키는 것이다. 마치 자본주의가 공황으로 망하는 것이 아니라 오히려 공황으로 지속되는 것과 비슷하다.[16]

따라서 생각 없이 사람들이 흔히 내뱉는 말을 스스로 곰곰이 생각해 보게 하는 것이 이 말씀의 진짜 의도였다. 결국 그리스도가 예언하는 사탄의 멸망은 곧 자기추방능력의 종말이다. 사탄은 양면성을 지닌다. 무질서와 질서다. 모방욕망에 의한 경쟁관계로 곳곳에서 스캔들이 발생한다. 곳곳에서 폭력과 갈등의 위험이 터지는데, 이 스캔들은 더 큰 스캔들로 수렴되면서 마침내 단 하나의 스캔들로 수렴된다. 사탄은 이 하나의 스캔들을 통해 희생양을 죽임으로써 다시 공동체에 질서를 만들어 낸다. 무질서를 만들어 내는 것도 사탄이요, 질서를 만들어 내는 것도 사탄이다. 사탄은 스스로를 추방하면서 스스로를 유지한다. 사탄은 이 사이클을 계속 순환시키는 주된 동력이자 권력이다.

그렇다면 도대체 예수의 십자가 사건은 인류 사회에 지속적으로 반복되어 온 희생양 메커니즘과 어떤 차이가 있는 걸까? 이전까지의 희생양 메커니즘에서 박해자의 회심은 일어나지 않았다. 그리고 여전히 동일한 모방욕망의 회오리가 작동했다. 구약성서는 희생양 메커니즘의 작동방식을 기술하고 드러내기는 했지만 그 메커니즘을 직접 파괴하지는 못했다. 구약성서는 이런 메커니즘이 있다는 것을 알리려 했을 따름이다. 앞에서 언급했듯, 바리새인 등 진보적인 그룹은 역사 속에 억울하게 죽어 간 예언자들을 기억하고 있었으며, 자신들의 조상이 죄를 범했다는 것도 알고 있었다. 그렇지만 바리새인들 스스로 박해군중이 되고 있다는 생각은 하지 못했다. 그들의 무지 가운데 여전히 모방욕망의 회오리와 이로 인한 희생양 메커니즘이 작동하고 있었던 것이다. 십자가 사건 이후에야 비로소 이러한 양상이 완전히 달라지는 것이다.

그것은 십자가 사건에서 비로소 만장일치와 만장일치의 붕괴가 함께 나타난다는 점 때문이다.[17] 물론 이것이 완벽하게 동시에 일어날 수는 없다. 하지만 십자가 사건에서 짧은 간격을 두고 순차적으로 일어난다. 예수는 십자가에 달린 채, 자기를 핍박하는 군중을 위해 기도한다. "아버지여 저들을 용서하여 주옵소서. 그들은 자기들이 하는 일을 모르고 있습니다."(누가복음 22:34) 예수는 자기들이 하는 일을 모르고 있는 군중의 인지불능을 안타까워하며 기도한다.

모방의 회오리는 예수 옆의 두 강도도 피할 수 없다. 그들은 같이 십자가에 못 박힌 처지이면서도 야유하는 군중이나, 자신들을 십자가형에 처하는 로마를 욕하지 않았다. 오히려 그들은 함께 십자가에 달려 있는 예수를 모욕했다. 마태복음 27:44에는 분명히 "함께 십자가에 못 박힌 강도들도 이와 같이 욕하더라"라고 되어 있다. 철저히 예수 혼자 고립된 상황이다. 예수는 이미 십자가에 못 박혔고, 그는 십자가 위에서 죽어 가고 있었다. 그 죽음의 형벌을 누구도 되돌릴 수 없다.

그런데 얼마 지나지 않아 박해군중의 인식에 아주 미미한 균열이 일어난다. 먼저, 오른편에 못 박힌 강도다. 누가복음에 이런 기록이 있다. 누가복음 23장에서 오른편 강도가 왼편 강도를 꾸짖고는 "예수여 당신의 나라에 임하실 때에 나를 기억하소서"라고 예수께 말한다. 예수께서 십자가에서 숨지기 전에 그는 구원을 약속받는다. 마태복음에서는 두 강도가 분명히 함께 예수를 모욕했는데, 누가복음에서는 얼마 지나지 않아 두 강도 중 하나가 회심하는 상황을 묘사한다. 이는 모방의 회오리에 균열이 일어났음을 뜻한다. 예수가 숨지자마자 이를 지켜보던 로마의 한 백부장도 이같이 말한다. "그는 실로 하나님의 아들이었다." 이 미미한 균열은 마치 예수의 부활을 예고하는 듯하다.

게다가 예수가 죽은 지 3일째 되는 날 흩어졌던 제자들이 다시 모여든다. 이는 신화에서는 없던 일이다. 십자가 사건이 단순히 신화였다면, 십자가 처형 이후 사람들은 평온한 일상으로 돌아갔을 것이다. 그것이 사탄이 만들어 내는 질서다. '무질서 → 희생양의 피 → 질서'의 순환이야말로 사탄의 능력이다. 그런데 십자가 사건에서 이 순환고리가 깨진다. 3일째 되던 날 그의 제자들은 예수의 부활을 믿고 있는 것이다. 이로써 박해군중의 만장일치가 붕괴된다. 제자들은 소수였다. 그렇지만 그들은 용기를 내 박해군중의 만장일치에 균열을 낸다. 그리고 군중을 향해 외치기 시작한다. "너희가 죄 없는 예수를 죽인 것이다!"

부활한 예수는 제자들에게 "예루살렘을 떠나지 말고 약속하신 것을 기다리라"고 명한다. 그것은 성령이었다. 하지만 예루살렘은 참으로 위험한 곳이었다. 예수를 향한 만장일치적 폭력이 자행된 곳이다. 자신들의 스승이 죽은 곳이기도 하지만, 비겁하게 스승을 배반한 현장이기도 하다. 그들도 모방욕망의 회오리로부터 자유로울 수 없었다. 예수와 한패였다는 사실만으로도 그들은 목숨이 위태롭다. 그렇지만 부활한 예수의 명에 따라 그들은 예루살렘을 떠나지 않는다. 그리고 얼마 지나지 않아, 그 잔인한 폭력이 자행되었던 예루살렘 한복판에서 베드로는 박해군중을 향해 선포한다. "너희가 십자가에 못 박은 예수를 하나님이 주와 그리스도가 되게 하셨느니라."(사도행전 2:36) 이 메시지가 선포되자 사람들은 마음에 찔림을 느끼고 대대적인 회심 운동이 일어나게 된다. 지라르는 이 같은 사도행전의 기록을 무심코 지나치지 않는다. 이 부분은 중요한 대목이므로 지라르의 설명을 인용하겠다.

> 소수의 반대파들은 힘도 미미하고 권위도 없을 뿐 아니라 무엇보다도 사건이 벌어진 뒤에야 행동하기 때문에 이들은 희생양 메커

니즘의 진행에는 아무런 영향을 미치지 못한다. 그러나 그들은 영웅적인 용기로 스스로를 다잡으며 자신들이 보고 들은 것을 정리하여 기록으로 남긴다. 그 뒤 이 기록은 전 세계로 퍼져 나가는데, 이와 함께 희생양들이 부당하게 살해당했다는, 기존 질서를 완전히 뒤엎는 진실도 세계 구석구석까지 퍼져 나가게 된다.

얼마 안 남은 신도들도 이미 폭력의 전염에 반쯤 물들어 있었다. 그들은 갑자기 군중과 예루살렘 당국에 반대하는 힘을 어디서 가져올 수 있었을까? 우리가 익히 알고 있는 모방 회오리의 거역하기 힘든 힘에 저항하는 이 같은 표변을 우리는 과연 어떻게 설명할 수 있을까?

지금까지 우리는 이 책에 제기된 모든 문제에 대해 순전히 인간적인, 즉 '인류학적인' 문맥에서 그럴듯한 답을 제시해 보았다. 하지만 방금 제기된 문제들은 다르다. 이 문제에 대해서는 분명, 이 차원에서 답을 찾는 것이 불가능하다.[18]

지라르는 이 설명 불가능한 부분의 힘에 대해 복음서가 '성령'이라고 답하고 있다고 언급한다. 즉, 예수의 십자가 사건은 바로 이 부분에서 다르다. 겉으로 보기에 십자가 사건은 이미 숱하게 존재해 왔던 희생양 메커니즘과 다를 게 없다. 따라서 사탄도 이를 심각하게 생각하지 않았다. 하지만 사탄은 그 십자가에 속은 것이다. 하나님은 이 십자가 사건을 통해 사탄의 희생양 메커니즘을 완전히 끝장내려고 했다. 십자가 사건을 통해 사탄이 원하는 질서와 평화는 오지 않는다. 오히려 그동안 은폐되어 왔던 사탄의 메커니즘이 밝혀지는 것이다. 모방욕망의 회오리에 분연히 대항해 일어나는 소수가 출현했고, 그들은 곳곳에서 인지불능으로 이 메커니즘에 휘둘린 박해군중들에게 '회개하라'고 선포한다. 따라서 십자가 사건 이후에야 유대인 중심의 전통적 일신교는 사도들에 의해 '그리스도'의 이름으로 전 세계로 뻗어 나가게 된다. 즉, 사탄은 십자가 사건이 초래할 자기파멸적 결과를 눈치채지 못한 것이다. 그렇기에 바울은 고린도전서 2장에서 이렇게 말한다.

> 이 세상 통치자들은 (하나님의 지혜를) 하나도 알지 못하였는데 만일 알았더라면 영광의 주를 십자가에 못 박지 아니하였으리라.

나도 당신도 그 박해군중의 무리 속에 있었다. 예수 십자가에 달릴 때

르네 지라르는 이탈리아의 메시나 대학교 정치학과 교수인 마리아 스텔라 바르베리와 2000년 10월에 대담을 한 적이 있다.[19] 이 대담에서 지라르는 매우 중요한 언급을 한다. 그는 '희생양의 이해'는 일종의 개종을 필요로 한다고 답했다. 지라르는 대표적인 개종의 형태로 베드로와 바울을 예로 든다.

먼저 베드로가 예수를 부인한 후의 개종이다. 바울의 개종은 다마스쿠스(다메섹)로 가는 도중에 예수를 만나는 체험 뒤의 개종이다. 지라르가 말하는 개종이란 단순히 '기독교 신자'가 되는 것 이상의 의미를 지닌다. 그것은 자신이 박해자였다는 사실을 깨닫는 데 있다. 베드로와 바울, 이 두 사람의 개종의 핵심은 자신이 박해자였다는 사실을 인지한 데서 출발한다는 것이다. 기독교에서 '회개'를 그토록 강조하는 것은 바로 이 점 때문이다. 전도를 위한 소책자 '사영리'에 빠져 있는 핵심고리가 바로 이 문장이 아닐까? "당신도 예수님을 박해하고 죽인 사람이었습니다. 그러므로 회개해야 합니다."

오늘날 교회에서 말하는 '회개'는 상당히 추상적이다. 그냥 일상 속에서 우리가 나쁜 생각이나 나쁜 행동을 했던 것들, 죄의식을 느끼게 하는 것들을 반성하고 하나님께 용서를 구하는 행위를 '회개'라고 생각한다. 물론 이는 지속적으로 행해야 하는 것들이다. 하지만 근본적으로 기독교에서 핵심으로 삼는 '회개'는 의미가 다르다. '회개'는 진정한 '회심'(回心)이다. 불신자였다가 그리스도인이 되는 데 이 '회심'이 없으면 불가능하다. '회심'이란 것은 나 역시 박해군중 편에서 무고한 희생양을 죽이는 데 참여했음을 인정하는 것이다. 지라르는 다음과 같이 말한다.

> 사람들은 도처에서 희생양을 보면서 박해자들을 공공연히 비난합니다. 그렇지만 우리는 결코 자신이 그 희생양 메커니즘에 개인적으로 연루되어 있다고는 생각하지 않습니다.[20]

그렇다. 예수가 2,000년 전 십자가에 못 박힐 때 우리는 그 박해군중 속에 있었다. 그것은 우리가 2,000년 전으로 타임머신을 타고 가서 그 군중에 합세했다는 뜻이 아니다. 만일 우리가 그들 속에 있었다면 그 박해군중의 모방의 회오리에서 결코 예외일 수 없었을 거라는 이야기다. 그것이 우리 인간의 '원죄'적 속성이다. 우리는 그 모방욕망 때문에 세상을 살아가면서 부지중에 사람들에게 폭력을 행사한다. 그것은 물리적 형태일 수도 있고 심리적인 것일 수도 있다. 자신이 직접 참여하지 않더라도 우리는 그런 폭력을 비겁하게 묵인하고 있을 수도 있다. 어쨌든 우리는 본질적으로 이러한 폭력에서 자유로울 수 없다. 우리 힘으로는 이를 어쩔 수 없는 것이다. 그것을 인정하는 것, 그 죄를 인정하고 주님께 도움을 구하는 것이 '회심'이다.

바울은 예수를 죽이는 데 참여한 적이 없다. 그는 예수를 따르는 무리들을 죽이는 데 참여했다. 하지만 그 유명한 다메섹 도상에서의 회심 사건은 예수의 다음과 같은 질문으로 시작된다. "사울아 사울아 어찌하여 네가 나를 핍박하느냐?" 사울이 대답한다. "당신은 누구십니까?" 예수가 대답한다. "나는 네가 핍박하는 예수다." 사울이 직접 예수를 박해한 적은 없다. 하지만 예수는 사울이 자신을 박해하고 있다고 말한다. 마태복음 25장에는 예수가 최후 심판의 날 자기 왼편에 있는 사람들에게 다음과 같이 말하는 내용이 나온다. "내가 주릴 때에 너희가 먹을 것을 주지 아니하였고 목마를 때에 마시게 하지 아니하였고 나그네 되었을 때에 영접지 아니하였고 벗었을 때에 옷을 입히지 아니하였고 병들었을 때와 옥에 갇혔을 때에 돌아보지 아니하였다." 그 사람들은 되물었다. "우리가 언제 그랬습니까?" 이에 예수가 대답한다. "너희 중에 지극히 작은 자 하나에게 하지 아니한 것이 곧 내게 하지 아니한 것이라."[21] 여기서 중요한 단어는 '지극히 작은 자'이다.

앞에서도 언급했듯이 희생양에는 우선 징후가 있는데, 이들은 증오가 집중되기 쉬운 대상이다. 그들은 '외국인, 여자, 병자, 또는 바른말을 하는 자' 등이다. 정일권 박사는 '모난 돌이 정 맞는다'라는 한국 속담이 '희생양 메커니즘'을 암시하고 있다고 말한다. 우리는 무의식적으로 작은 자를 차별하고 무시하기도 한다. 때로 왕따 당하는 이에 대한 집단폭력에 가담하기도 한다. 적극적이든 소극적이든 우리는 이런 모방욕망의 회오리에서 자유로울 수 없다. 우리가 비난하는 박해군중 속에 실은 우리 자신도 포함되어 있으며, 이럴 때 우리는 예수를 십자가에 못 박고 있는 것이다.

지라르의 개종, 학문적 방법의 의의

지라르의 인류학적 이론이 복음의 핵심과 직접 연결되는 것은 바로 이런 부분 때문이다. 추상적인 언어로 죄와 회개를 이야기하는 것, 이웃사랑과 선행을 이야기하는 것은 막연하다. 특히 한국 기독교가 개인주의적 영성으로 흐르는 것은 성서 이해를 이처럼 개인적 윤리와 영성의 수준에서만 이해하기 때문일 것이다. 지라르의 인류학적 성서 독해는 세속의 학문적 방법에서 출발하지만 개인의 영성과 사회적 영성을 두루 아우르는 시각을 제공한다. 이 점이 지라르 이론의 강점이다.

르네 지라르는《문화의 기원》에서 자신의 개종 경험을 이야기한다. 중요한 것은 지라르가 본래 기독교인이 아니었다는 것이다. 그가 개종한 것은 누군가의 전도나 어떤 집회에서 설교자의 메시지를 들은 것에서 비롯한 것도 아니었다. 그는 이렇게 말한다. "내가 이렇게 생각하고 또 기독교인이 된 것은 내 연구 결과가 이렇게 인도했기 때문이다. 내가 기독교인이라서 이렇게 생각한 것이 아니라, 이렇게 생각했기 때문에 기독교인이 되었다."[22) 그는 자신의 욕망도 모방욕망임을 인정했으며, 희생양 메커니즘에서 자신도 자유로울 수 없다는 점을 알았다고 한다. 지라르는 자신의 이론 때문에 예수의 부활도 실제로 믿게 되었다고 말한다.

우리가 주목해야 할 것은, 지라르가 기독교인들만 받아들일 수 있는 신앙적 전제를 내세우지 않았다는 것이다. 무엇보다 그는 신학자가 아니다. 그렇다고 기독교 계열의 지식인도 아니다. 그는 본래 문학평론가였다. 게다가 지라르의 이론은 최근 지안니 바티모(Gianni Vattimo, 1936~)나 슬라보예 지젝(Slavoj Žižek, 1949~)도 주목하며 때로 인용하기도 한다. 이들 중에 신학자는 없으며, 오히려 대부분 무신론자인 철학자들이다. 이들이 지라르의 이론 때문에 기독교로 개종하지 않는다 하더라도 지라르의 면밀한 신화 독해와 문학작품 독해가 지니는 통찰력을 인정하고 기독교를 다시 주목하기 시작했다.

동시에 지라르의 이론은 급진적이다. 안토니오 그람시(Giorgio Agamben, 1891~1937)의 헤게모니 이론, 조지 오웰의 소설 《1984》, 푸코(Michel Foucault, 1926~1984)의 권력이론, 워쇼스키 감독의 영화 〈매트릭스〉를 동일하게 가로지르는 사유가 있다. 그것은 권력과 피지배자를 대립시키는 구도다. 세부 내용은 조금씩 다르더라도 피지배자를 통제하고, 길들이고, 감시하는 권력의 속성을 드러내는 내용은 공통된다. 정도는 다르지만 어쨌든 주로 권력의 기만과 사악함을 폭로하고 피지배자들을 수동적 피해자로 상정한다. 이는 피지배자의 책임 소재를 흐리게 한다. 자본주의와 신자유주의에 대한 비판도 그렇다. 언제나 부와 권력을 독점한 소수 집단에 비판의 초점을 집중시키고 다수의 국민은 무고한 것으로 여긴다. 지라르는 이러한 구도를 뒤엎는다. 국민이든, 대중이든, 피지배자든 그들 역시 면책특권을 누릴 수 없다. 따라서 우리는 피해자이기만 한 것이 아니라 서로에게 가해자다. 이렇게 지배계급과 피지배계급, 권력과 민중의 대립구도를 뒤엎고 박해받는 소수를 향한 만장일치의 공모를 되돌아보게 한 측면에서 지라르는 훨씬 급진적인 셈이다.

재미있는 것은, 지라르의 이론이 '신의 존재'에 관한 과학계에서 이루어지는 변증 내용과는 다르다는 점이다. 신의 존재에 관한 논쟁, 그리고 그 변증과 담론들은 대부분 우주의 기원에 초점을 맞춘다. 우주가 어떻게 탄생했는지, 생명은 어떻게 탄생했는지에 관해 끊임없이 토론한다. 그러나 이런 토론에 '예수의 십자가 사건'이 무슨 의미가 있을까? 지라르의 이론은 이런 것들과는 다르다. 자연이 아닌 인간, 인간이 만들어 낸 사회와 문화에 대한 심도 있는 통찰을 신학적 언어를 배제하고 차근차근 분석해 간다. 그러면서도 '예수의 십자가 사건'이 갖는 인류학적인 의미를 깊이 있게 제시한다.

물론 기독교 신앙을 '희생양 메커니즘의 폭로'로 전부 환원해서 해석할 수는 없다. 게다가 지라르의 관점은 핵심을 담고 있으면서도 우리에겐 생경하기만 하다. 그럼에도 그의 이론은 개인적 영성이 어떻게 사회적 영성으로 이어질 수 있는지, 복음이 개인뿐만 아니라 어떻게 사회를 구원하는지에 대한 논의에 기여한다. 지라르는 개인의 죄의 문제에만 관심을 갖는 보수적인 신학과 구조적인 악에만 관심을 갖는 진보적인 신학, 이 두 갈래의 신학의 고민을 자신의 이론으로 유효하게 통합하고 있다. 즉, 지라르의 이론은 진보적 신학이 중시하는 구조적인 악의 문제를 똑같이 고민하고 사회 정의를 강조하면서도 복음주의 신학이 중시하는 개인구원 문제, 속죄 문제에 깊이 천착한다. 지라르의 이론에 좀더 관심을 가져야 하는 것은 이 때문이다. 이제 다음 장에서 지라르의 이론이 현대사회를 어떻게 분석하고 우리에게 어떤 반성을 이끌어 내는지, 니체의 철학과 함께 살펴보자.

지라르의 니체 읽기,
적그리스도는 그리스도를 모방하면서
능가하려 한다

'탈기독교' 시대의 장엄한 출범이라는 말은 하나의 재치 있는 농담일 뿐이다. 오히려 우리는 지금 희생양에 대한 근심을 반기독교적인 방식으로 '극단적으로 밀고 나감'으로써 유대 기독교의 회로에서 벗어나려고 애쓰는 희화화된 초(超)기독교사회에 살고 있다. 갈수록 사탄은 그리스도를 더 잘 모방하면서 그리스도를 능가하려고 한다.[1) -르네 지라르

지라르는 오늘날 우리 사회가 과거 어느 때보다 희생양에 대해 많은 근심을 표하고 있다고 본다.[2) 여전히 우리는 '지배-피지배'의 대립구도로 사회를 바라보는 경향이 있지만 그럼에도 소수자 인권에 대한 관심이 예전보다 훨씬 커진 것만은 사실이다. 그런데 지라르는 오늘날의 사회는 '희생양에 대한 근심' 자체가 모방적 경쟁관계의 목표가 되었다고 말한다.[3) 사실 지금까지 어떤 시대도 오늘날처럼 희생양에 대한 폭력을 우려하고 관심을 표한 적이 없었다. 지구촌 한구석에서 심각한 자연재해가 발생하거나 폭정(暴政)과 전쟁으로 난민이 출현할 때, 세계 각국은 앞다투어 피해자들에 대한 인도적 지원을 아끼지 않는다. 지라르가 볼 때 이같이 위기에 처한 희생양에 대한 근심과 옹호는 이제껏 어느 시대에도 없던 현상이다.

어떻게 이런 일이 벌어진 것일까? 이런 근심의 원천은 의심의 여지없이 '기독교'라는 것이 지라르의 주장이다. 기독교에 대한 반대가 갈수록 심화되고 있지만, 지라르는 그것 자체가 곧 기독교적인 현상이라고 말한다. 앞 장에서 보았다시피, 지라르는

희생양 옹호가 기독교 사상의 핵심이며 출발점이라고 설득력 있는 논의를 전개했다. 바로 이 기독교 덕분에 희생에서 나오던 과거의 질서가 사라지고 있는 것이다. 그런데 아이러니하게도 기독교 역시 희생제의를 바탕으로 한 신화적 종교로 오해되기 일쑤였고, 그 자신이 진상을 폭로함으로써 생명력을 잃게 만든 다른 종교들과 함께 기독교도 죽어 가고 있다. 따라서 지라르는 말한다. "기독교는 파괴된 종교의 하나일 뿐만 아니라 모든 종교의 파괴자이기도 하다."[4)]

그렇지만 지라르가 볼 때 오늘날의 허무주의자들은 희생양 옹호를 제외한 다른 모든 것을 거부하는 특별한 부류의 허무주의자들인데, 그들은 이제 기독교를 새로운 희생양으로 삼고 있다.[5)] 다시 말해, 희생양 변호를 처음으로 주장했던 기독교가 이제는 '희생양'에 대한 관심을 충분히 기울이지 않고 있다고 비난받는 것이다. 그런데 어떻게 희생양 옹호가 이 시대의 중심적인 도덕원리가 되었을까? 사실 이것은 희생양 근심을 끊어 내기 위한 끔찍한 시도에 대한 반성에서 비롯되었다. 바로 나치의 유대인 홀로코스트에 대한 반작용인 것이다.

지라르는 나치의 유대인 학살이 서구 사회의 '희생양에 대한 근심'을 끊어 내려는 시도였다고 한다. 이 시도는 유대인 집단이 너무도 많은 희생양이기에 누구도 그것이 사실이 아니라고 볼 것이므로, 희생양 원칙도 파묻을 수 있다고 가정했다는 것이다.[6)] 실제로 나치는 이 잔혹한 학살조차 '최종해결'(final solution)이라는 용어를 사용하여 이를 일종의 '행정적 조치' 같은 것으로 취급하려 했다. 그런데 나치에 앞서 이러한 '희생양에 대한 관심'을 혐오한 철학자가 있었다. 그가 바로 프리드리히 니체(Fridrich Wilhelm Nietzsche, 1844~1900)다.

사실 니체가 히틀러와 나치의 사상적 원조라는 시각은 그리 새로운 것이 아니다. 2차 대전 직후까지만 해도 니체에 대한 시각은 매우 부정적이었다. 그런데 1960년대를 지나면서 월터 카우프만(Walter Kaufmann, 1921~1980)이나 질 들뢰즈(Gilles Deleuze, 1925~1995)를 비롯한 현대 철학자들에 의해 미학적으로 니체를 해석하는 경향이 대세가 되면서, 그런 니체 철학의 정치적 위험성은 언급되지 않았다. 오히려 니체는 현실을 긍정하고 나약한 자기를 벗어나 고귀한 가치를 향유하는 정신적인 귀족으로 다시 태어나라는 삶의 윤리학을 가르친 스승이었다. 동시에 전통과 관습을 거부하고 자명해 보이는 진리와 도덕을 의심한 철학의 대가로, 기독교적 가치와 플라톤 중심의 서구 형이상학을 전복시킨 다이너마이트였다. 그리하여 포스트모던한 니체의 후계자들은 나치가 니체를 오해한 거라며 반박했고, 1968년 이후 니체는 마르크스(K. Marx, 1818~1883)보다도 훨씬 전위적인 혁명가의 이미지로 탈바꿈했다.

하지만 니체에 대한 비판적 시선이 사라진 것은 아니었다. 예컨대, 게오르그 루카치(Georg Lukács, 1885~1971)는 《이성의 파괴》에서 니체 철학의 극우적이고 반동적인 색채를 분석하고 비판하는 데 한 챕터를 할애했으며, 비판이론의 철학자 허버트 마르쿠제(Herbert Marcuse, 1898~1979)나 위르겐 하버마스(Jürgen

Habermas, 1929~) 역시 마찬가지였다. 그런데 보통 니체에 대한 비판자들의 시각은 대부분 니체의 정치철학에 초점이 맞춰져 있었다. 예컨대, 마르크스주의 철학자이자 그 스스로도 무신론자인 루카치는 니체를 이렇게 비판한다.

> (니체의) 근본사상은 분명하다. 즉, 기독교로부터 프랑스혁명이 생겨났고, 기독교로부터 민주주의와 사회주의가 생겨났다는 것이다. 따라서 니체가 반기독교도로 나타났을 때, 그는 진정으로 사회주의를 없애려 했던 것이다.[7)]

니체가 기독교에 극렬히 반대한 무신론자였음에도 동일한 무신론자 그룹인 사회주의자들에게 배척당하고 비판받은 것은, 니체의 그러한 무신론이 민주주의와 사회주의를 반대하기 위한 것이었기 때문이다. 루카치의 위와 같은 주장은 니체 비판에 빠지지 않고 등장하는 일종의 클리셰(cliche)다. 니체주의자들은 이제 이러한 익숙한 비판에 크게 개의치 않는 분위기이며, 니체의 문체와 니체가 철학하는 스타일에서 나타나는 사소한 오해로 본다. 그리고 니체 숭배 현상은 점점 심화되고 있다. 니체는 자신이 디오니소스이며 신이라고 줄곧 말하곤 했는데, 그는 오늘날 정말 신의 자리를 당당히 차지한 듯하다. 이런 상황에서 니체의 철학을 '희생양 근심에 대한 혐오'라고 규정지은 지라르의 비판은 지금까지 니체에 관한 비판적 시각을 포함하면서도 새로운 각도에서 니체 철학의 근본적인 문제점을 볼 수 있게 한다는 점에서 결정적이다. 이제 니체 철학의 핵심이라 할 수 있는 '신의 죽음'을 '희생양 이론'에 비춰 볼 때다.

니체의 '신은 죽었다!'는 선언의 의미를 우리는 제대로 알고 있나?

니체를 신비스럽게 만드는 무언가는 그가 철학하는 방식과 그의 문체 그리고 그가 말하는 태도에 있다. 그가 철학자라기보다 예언자처럼 느껴지는 것도 바로 그 때문이다. 게다가 니체의 텍스트는 일관되지도 체계적이지도 않다. 따라서 극우든 극좌든 자신의 주장을 뒷받침하기 위해 얼마든지 니체의 텍스트를 입맛대로 인용할 수 있을 정도다. 이렇게 전혀 어울리지 않는 양쪽을 하나로 묶어 주는 게 뭐가 있을까? 그것은 '신의 죽음'이다.

실제로 많은 사람이 알고 있는 니체의 이미지는 '신은 죽었다'라는 이 한 마디로 규정되는 경향이 있다. 아닌 게 아니라 '신은 죽었다'는 니체의 외침은 니체 사상을 꿰뚫는 핵심이다. 그런데 그 의미는 결코 단순하지 않다. 안타깝게도 사람들은 '신의 죽음'이 궁극적으로 무엇을 의미하는지 잘 알려 하지 않는다. 니체의 그 선언은 단순히 무신론적인 주장이 아니다. 이제 구체적으로 살펴보겠지만, 어쩌면 니체는 계몽된 이성이 지배하는 '신 없는 세상'이 아니라 기독교라는 일신교(一神教) 이전의 이교(異教)

적인 다신교(多神教)로 회귀하고 싶었는지도 모른다.[8] '신은 죽었다'는 말의 진의를 파악하기 위해 우선 저 말의 출처인 니체의 《즐거운 학문》의 125번 전문을 차분하게 읽어 보자.

125.

광인(狂人) - 그대들은 밝은 대낮에 등불을 켜고 시장을 달려가며 끊임없이 "나는 신을 찾고 있노라! 나는 신을 찾고 있노라!"라고 외치는 광인에 대해 들어본 일이 있는가? 그곳에는 신을 믿지 않는 많은 사람들이 모여 있었기 때문에 그는 큰 웃음거리가 되었다. 신을 잃어버렸는가? 그들 중 한 사람이 이렇게 물었다. 신이 아이처럼 길을 잃었는가? 다른 한 사람이 말했다. 신이 숨어 버렸는가? 신이 우리를 두려워하고 있는가? 신이 배를 타고 떠났는가? 이민을 떠났는가? 이렇게 그들은 웃으며 떠들썩하게 소리쳤다. 광인은 그들 가운데로 뛰어들어 꿰뚫는 듯한 눈길로 그들을 바라보며 소리쳤다. "신이 어디로 갔느냐고? 너희에게 그것을 말해 주겠노라! 우리가 신을 죽였다. - 너희들과 내가! 우리 모두가 신을 죽인 살인자다! 하지만 어떻게 우리가 이런 일을 저질렀을까? 어떻게 우리가 대양을 마셔 말라 버리게 할 수 있었을까? 누가 우리에게 지평선 전체를 지워 버릴 수 있는 지우개를 주었을까? 지구를 태양으로부터 풀어놓았을 때 우리는 무슨 짓을 한 것일까? 이제 지구는 어디를 향해 가고 있는 것일까? 모든 태양으로부터 떨어져 나온 지금? 우리는 끊임없이 추락하고 있는 것이 아닐까? 뒤로 옆으로 앞으로 모든 방향으로 추락하고 있는 것이 아닐까? 아직도 위와 아래가 있는 것일까? 무한한 허무를 통과하고 있는 것처럼 헤매고 있는 것이 아닐까? 한파가 몰아닥치고 있는 것이 아닐까? 밤과 밤이 연이어서 다가오고 있는 것이 아닐까? 신을 매장하는 자들의 시끄러운 소리가 들리지 않는가? 신의 시체가 부패하는 냄새가 나지 않는가? 신들도 부패한다. 신은 죽었다! 신은 죽어 버렸다! 우리가 신을 죽인 것이다! 살인자 중의 살인자인 우리는 이제 어디서 위로를 얻을 것인가? 지금까지 세계에 존재한 가장 성스럽고 강력한 자가 지금 우리의 칼을 맞고 피를 흘리고 있다. 누가 우리에게서 이 피를 씻어 줄 것인가? 어떤 물로 우리를 정화시킬 것인가? 어떤 속죄의 제의와 성스러운 제전을 고안해 내야 할 것인가? 이 행위의 위대성이 우리가 감당하기에는 너무 컸던 것이 아닐까? 그런 행위를 할 자격이 있으려면 우리 스스로가 신이 되어야 하는 것이 아닐까? 이보다 더 위대한 행위는 없었다. 우리 이후에 태어난 자는 이 행위 때문에 지금까지의 어떤 역사보다도 더 높은 역사에 속하게 될 것이다!" 여기에서 광인은 입을 다물고 청중을 다시 바라보았다. 청중도 입을 다물고, 의아한 눈초리로 그를 쳐다보았다. 마침내 그는 등불을 땅바닥에 내던졌다. 등불은 산산조각이 나고 불은 꺼져 버렸다. 그가 말했다. "나는 너무 일찍 세상에 나왔다. 나의 때는 아직 오지 않았다. 이 엄청난 사건은 아직도 진행 중이며 방황 중이다. 이 사건은 아직 사람들의 귀에 들어가지 못했다. 천둥과 번개는 시간이 필요하다. 별빛은 시간이 필요하다. 사람들에게 이 행위는 아직까지 가장 멀리 있는 별보다도 더 멀리 떨어져 있다. 하지만 바로 그들이 이 짓을 저지른 것이다!" 사람들이 이야기하기를 그날 그 광인은 여러 교회에 뛰어들어 신의 영원 진혼곡을 불렀다 고 한다. 밖으로 끌려 나와 심문을 받았을 때 그는 이 대답만 되풀이했다고 한다. "이 교회가 신의 무덤과 묘비가 아니라면 도대체 무엇이란 말인가?"[9)]

여기서 '광인'(狂人)은 니체 자신으로, 말 그대로 미친 사람 같다. 그는 밝은 대낮인데도 등불을 켜고 신을 찾고 있다. 신의 죽음이 불러온 깊은 어둠을 광인은 홀로 의식하고 있는 것이다. 하지만 그 자리에 모인 사람들은 그 광인의 행동을 비웃는다. 그들은 무신론자들이었다. 그리고 광인인 니체를 비웃으며 이렇게 묻는다. '신이 배를 타고 떠났는가? 신이 이민을 갔는가? 신이 아이처럼 길을 잃었는가?' 이 무신론자들은 신과 그 신을 찾는 니체를 비웃기만 할 뿐이다. 그런데 니체는 이러한 무신론자들을 향해 외친다. "우리가 신을 죽였다!"

사실 무신론은 니체가 '신의 죽음'을 선포하던 그 시대에 별로 새로운 것이 아니었다. 19세기는 계몽의 시대였다. 신앙보다 이성이 중시되었고, 자연과학은 나날이 발전하고 있었다. 신에 대한 믿음은 요정이나 마법을 믿는 것과 같은 것이었고, 당시 유물론과 과학주의 무신론은 이미 대부분의 지식인들 사이에서 일종의 트렌드였다. 따라서 니체가 '신은 죽었다'고 외치는 것은 뜬금없었다. 존재한 적 없는 신이 왜 죽는단 말인가? 과학적 합리주의를 기반으로 한 무신론자들에게 니체의 그러한 선포는 엉뚱하게 느껴졌을 것이다. 그런데 니체는 이러한 무신론자들을 멸시했다. 다음과 같은 니체의 말을 참고한다면, 니체가 버트런드 러셀이나 오늘날의 리처드 도킨스 역시 경멸했으리라고 추측할 수 있다.

> 여타의 싸움들 중 교회에 대항하는 싸움은 좀더 일상적이고 만족해하며 신뢰하면서도 겉도는 천성을 지닌 이들이 좀더 장중하고 심오하며 차분히 응시하는 사람들에게 거는 싸움이다.[10]

이 말은 다시 말해, 교회에 시비를 거는 소위 무신론자들은 그저 일상의 소소한 것에 만족하며 생각이 깊지 않은 가벼운 사람들인데, 이들이 진지하고 경건하며 생각이 심오한 사람들, 곧 기독교인들에게 싸움을 걸고 있다는 것이다. 즉, 누구보다 반기독교적인 니체가 의외로 기독교에 시비 거는 무신론자들의 수준이 낮다고 하는 것이다. 그리고 이미 무신론이 시대정신으로 등극해 교회가 비웃음을 당하는 시대에, 저 광인은 대낮에 등불을 들고 '신을 찾아 헤매고 있다.' 그렇다. 니체에게 신의 죽음은 유럽의 정신과 문화를 지탱했던 근본적인 토대가 무너지는 것을 의미했다.

오늘날 도킨스 같은 무신론자들은 아주 심플하게 "신 없이도 도덕은 얼마든지 가능하다"고 말한다. 니체 생존 당시 계몽주의 무신론자들도 그렇게 생각했다. 하지만 니체는 이야기와 서사가 지닌 힘을 잘 알고 있었다. 이성적인 논리와 자연과학은 사람들에게 삶의 의미와 목적을 제시하지 못한다. 니체가 볼 때 기독교적인 도덕률은 논리학의 명제처럼 독립적으로 존재하는 것이 아니라 성경의 서사와 맥락에 근거하고 있었으며, 사람들에게 분명한 삶의 이유와 목적을 제시하고 있었다.

따라서 신의 죽음 이후, 세계관의 기초를 형성했던 기독교가 부정되는 것은 다른 한편으로는 사람들을 하나의 공동체로 묶어 주고 살아가게 하는 공동의 가치관과 도덕이 사라지는 것을 의미했다. 즉, 기독교가 부정되고 신이 죽고 나면 그 자리에 도래하는 것은 허무(ex nihilo)와 무질서라고 본 것이다. 따라서 '신의 죽음'이 불러오는 이같이 무서운 상황을 모르고 그저 즐거워만 하는 천진난만하고 어리석은 무신론자들을 향해 니체는 그 의미를 일깨우려는 것이다.

그럼 니체는 무엇을 원하는가? 니체는 신의 죽음 이후 사람들에게 삶의 의미와 활력을 찾게 해주는 새로운 서사를 찾았고, 그것이 바로 디오니소스 신화였던 것이다. 디오니소스(Dionysos)는 그리스 신화의 신으로서 술[酒]의 신이다. 니체가 디오니소스에 주목했다는 것은 니체 철학에서 대단히 중요한 의미를 지니기 때문에 이를 좀 알아볼 필요가 있다.

니체와 디오니소스 그리고 노예의 도덕

디오니소스는 그리스 신화에 나오는 주신(酒神)으로 로마 신화의 바쿠스와 동일하다. 이 신화는 두 가지 판본이 있는데, 니체는 지금 소개하는 판본에 끌렸다. 디오니소스의 본래 이름은 자그레우스로, 제우스와 페르세포네 사이에서 태어난 아들이다. 그런데 헤라의 사주에 의해 티탄들이 자그레우스를 여덟 조각으로 갈기갈기 찢어 삼켰고, 심장만 남았다. 제우스가 그 심장을 가져가서 삼킨 다음 테베의 공주 세멜레를 통해 자그레우스를 다시 태어나게 했다. 그렇게 다시(Dio) 태어났다(nysos)고 해서 디오니소스란 이름을 갖게 되었다. 죽고 다시 태어나는 디오니소스는 풍요와 수확을 관장하는 신으로서, 생명력, 포도주, 정액 따위를 상징했다. 파괴와 죽음 그리고 재생이 끝없이 이어지는 이야기에서 니체는 자기 사상의 두 축인 '권력의지'와 '동일한 것의 영원회귀'의 아이디어를 얻었다.[11)]

어쨌든 디오니소스 신앙은 어느새 그리스에서 널리 퍼지게 되었다. 그리스는 철저한 계급사회였기에 평민을 비롯해 여성과 노예 등의 하층계급에겐 억눌린 욕망의 배출구가 필요했다. 디오니소스 신앙은 이들 사이에 널리 퍼졌는데, 이들은 술에 취해 집단적으로 광기에 빠졌고, 산이나 숲을 배회하며 마주치는 사람들을 닥치는 대로 찢어 죽였다고 한다.

이렇게 평민들 사이에 널리 퍼진 디오니소스 신앙은 만취와 광기에 의한 폭력으로 이어졌다. 이 폭력의 위험과 무질서를 예방하기 위해 그리스는 디오니소스 신앙을 체제 내에 편입시켜 하나의 종교적 제의(religeous ritual)로 만들어 주기적으로 디오니소스 축제를 벌이도록 했다. 그래서 이 축제 때 그리스의 평민들은 마음껏 술에 취해 광기에 빠져들어 집단적인 폭력과 통음난무를 즐기며 무질서와 쾌락에 빠져들 수 있었다. 그리고 여기서 염소나 양, 혹은 어린아이 등이 찢겨져 디오니소스의 제물로 바쳐지기도 했다. 이것이 지라르가 말하는 전형적인 '희생양 제의'이다. 이 주기적인 광란의 축제는 후에 다시 그리스 비극으로 편입되어 이어진다.

니체는 본래 고전문헌학자로서 그리스 신화와 비극을 깊이 연구했다. 초기 저작《비극의 탄생》에서 니체는 그리스 비극이 아폴론적인 것과 디오니소스적인 것의 만남과 화해에 의해 탄생했다고 말한다. 그런데 아폴론적인 것은 논리와 이성을 중심으로 하는 헬라철학 전통, 즉 소크라테스와 플라톤으로 이어지는 전통으로 발전한 반면, 디오니소스적인 것은 거칠고 폭력적이며 감정적인 것의 표출로 여겨지면서 무시되었다고 보았다. 니체는 이에 반하여 이성과 합리주의 중심의 서양철학 전통에 과감히 반기를 들며 감정적이고 비합리적인 것, 즉 디오니소스적인 것을 복귀시키고자 한 것이다. 니체는 여기서 별다른 논증 없이 이 세계 모든 존재자를 지배하는 것은 곧 '힘에의 의지', 즉 쾌락을 추구하는 욕망과 폭력의 충동으로 점철된 디오니소스적인 '권력의지'라고 선언하고는 모든 존재자가 권력의지를 긍정하고 추구해야 한다는 일종의 '정언명령'을 내린다.

따라서 니체는 현실세계에 그 권력의지가 제대로 기능하여 폭력과 전쟁을 통해서라도 약자들과 병자들을 제거해야 하며, 강하고 고귀한 인간들이 세계를 문화적으로 우월한 곳으로 변화시켜야 한다고 생각했다. 니체를 디오니소스적인 긍정의 철학자라고 할 때, 그 디오니소스적 긍정이란 바로 이런 것이고 당연히 이것은 그 시대의 '도덕'과 갈등할 수밖에 없었다. 따라서 고전 문헌학 연구를 통해 디오니소스적인 권력의지를 적극적으로 긍정하는 철학자로서 '도덕의 파괴자'가 되는 것은 당연한 수순이었다. 그리고 후일 근대의 디오니소스로 니체가 내세운 인간형이 바로 '초인'(Übermensch)이다.

초인을 새로운 신(神)으로 소환한 니체가 스파르타의 문화나 그리스 신화를 칭송하며 신화와 역사 속 영웅들을 시종일관 찬양한 것은, 소크라테스와 플라톤으로 이어지는 이성 중심의 헬레니즘 철학전통과 기독교에 입각한 헤브라이즘의 모럴을 대체하는 새로운 서사를 만들기 위한 자신의 프로젝트의 일환이었다. 따라서 니체가 소환하는 디오니소스, 즉 초인은 새로운 도덕을 천명하게 된다. 그것은 계몽사상에 입각한 진보적인 평등사상이 아니라 차별과 불평등, 고귀한 귀족계급과 비천한 천민계급의 격차를 긍정하는 고대 계급사회의 질서와 도덕이다.

이런 생각의 연장선에서 니체는 자유주의, 민주주의 그리고 사회주의를 혐오하기에 이른다. 니체가 볼 때 민주주의든 사회주의든 그것은 기독교 도덕에 뿌리를 두는데, 그 도덕이 바로 '노예의 도덕'이다. '노예의 도덕'이란 무엇인가? 니체는 '고귀한 인간'과 '귀족'을 각각 '천민'과 '노예'와 대비시켰다. 그리고 기독교가 이 천민들의 원한(ressentiment)을 근거로 도덕을 만들었다고 보았다. 니체는 기독교 초기공동체, 즉 초대교회 구성원들이 주로 로마시대 하층계급 출신이라는 점에 주목했으며, 이들은 제국의 지배자들에게 복수할 힘이 없기 때문에 비천한 자신들의 처지를 위로하기 위해 스스로를 도덕적으로 우월하다고 생각했다는 것이다. 그런데 니체가 볼 때, 이 노예의 도덕은 '신 앞의 평등'이란 사상을 토대로 만민의 평등과 인권 개념을 확산시켰다. 니체는 이러한 평등주의가 근대 유럽문화의 퇴폐와 쇠락, 즉 데카당스(decadence)를 초래한 근본원인이라고 보았다. 따라서 니체는 새로운 도덕을 내놓는데, 그것은 선과 악이 아닌 고귀하고 훌륭한 것과 천한 것을 구분하는 '귀족의 도덕'이다.

따라서 니체는 서구사회의 이데올로기 모두가, 그것이 심지어 기독교를 반대하고 있다 해도 그 뿌리를 기독교에 두고 있다는 사실을 잘 알고 있었다. 니체는 이에 반대하여 소크라테스 이전의 그리스 문화를 동경했다. 노예가 노동하고 여자들은 사람으로 취급받지 않는 사회, 고귀한 시민계급이나 귀족들이 다스리는 사회만이 더 고귀한 것을 낳을 수 있다고 보았다. 니체에게 민주주의 정치는 플라톤이 우려한 중우정치(衆愚政治)에 불과했다. 따라서 자신이 동경하는 권력의 질서를 위해서는 폭력과 전쟁이 불가피하다고 보았다. 니체가 보기에 민주주의든 사회주의든 결국 기독교의 '노예의 도덕'의 영향으로 고귀한 인물을 바닥으로 끌어내리는 하향평준화를 지향하고 있었던 것이다. 그리하여 니체는 궁극적으로 하향평준화를 초래하는 자유주의, 민주주의, 사회주의, 무정부주의를 근절하기 위해 그것의 기반이 되는 기독교 사상의 영향력을 완전히 제거해야 한다고 믿었다. 이런 측면에서 볼 때, 니체 철학의 대단원이 《안티크리스트》라는 책과 그 책 말미의 〈그리스도교 탄압법〉으로 막을 내리는 것은 어쩌면 당연한 것이라 하겠다.

종합하면 니체가 '신의 죽음'을 이야기할 때, 그것은 단순히 당대 계몽사상과 과학의 발전에 입각해 신은 존재하지 않는다고 주장한 것이 아니다. 그보다 더 강경하게 니체는 서구 문화에 뿌리내린 기독교적 가치를 근본부터 말살하고자 한 것이다. 그래서 니체는 '무신론'을 주장하며 스스로 지식인인 양 젠체하는 당대 사람들을 비웃었다. 예컨대, 포이어바흐를 비롯한 유물론자들은 무신론자였지만 기독교적인 가치는 보존하고자 했다. 그러한 포이어바흐의 유물론을 받아들여 이론을 전개한 사람이 바로 칼 마르크스다. 기독교 없는 기독교적 사회의 구상이 곧 '공산주의'였던 셈이다.

주지하듯이 마르크스는 "종교는 인민의 아편"이라고 했다. 여기서 아편이란 비유가 꼭 부정적인 의미가 아니라는 점을 기억해야 한다. 근대 세계에서 아편은 고통을 덜어 주는 진통제와 같은 것이었다. 마르크스는 현실의 고통을 안고 살아가는 가난한 사람들이 기독교에 의해 '피안의 세계'를 동경하게 되었고, 이로 인해 억압된 질서를 변혁하는 계기를 찾지 못한다고 보았다. 따라서 제대로 된 공산주의 사회가 세워지면 기독교라는 아편은 필요 없어질 것이라고 마르크스는 생각했다.

니체는 정반대다. 그는 '기독교 없는 기독교적 사회'의 구상을 비웃었다. 현실세계에서 강자의 지배와 불평등한 질서는 당연한 것이다. 더 고귀한 문화로 발전하기 위해서는 강하고 고귀한 사람들을 하찮은 노예의 도덕으로 제약하지 말아야 한다. 약자와 병자를 제거하기 위해서는 무자비한 폭력과 전쟁도 필요한 것이다. 따라서 니체는 오히려 기독교적인 가치마저 제거한 사회, 소크라테스 이전의 고대 그리스나 로마의 정치를 칭송했다. 그런 그가 공화정을 뒤엎고 황제가 된 카이사르나 나폴레옹을 찬양한 것은 당연한 일이다.

신화의 복권을 통해 희생양 메커니즘을 복원하는 니체

그런데 앞의 《즐거운 학문》 125번의 마지막 부분에서 니체의 불안이 언뜻 드러난다. "누가 우리에게서 이 피를 씻어 줄 것인가? 어떤 물로 우리를 정화시킬 것인가? 어떤 속죄의 제의와 성스러운 제전을 고안해 내야 할 것인가? 이 행위의 위대성이 우리가 감당하기에는 너무 컸던 것이 아닐까? 그런 행위를 할 자격이 있으려면 우리 스스로가 신이 되어야 하는 것이 아닐까?" 이 텍스트에서 우리는 지라르가 말하는 희생양 메커니즘에 대한 니체의 무의식적 직관을 읽을 수 있다. 실제로 니체 역시 지라르처럼 신화(myth)를 낭만적으로 이해하지 않았다. 니체는 지라르와 마찬가지로 신화의 폭력도 실제 일어났던 사건이며, 희생양이 무고하다는 사실도 잘 알고 있었다. 니체는 어느《유고》(遺考)에서 다음과 같이 말한다.

> 디오니소스와 '십자가에 못 박힌 자'는 다르다. 아니, 정반대다. 순교자에 대한 차이가 아니라 그 의미가 다르다. 디오니소스의 경우, 생명력, 영원한 다산성, 영원회귀가 그의 고통과 파괴와 소멸의지의 원인이 되는 데 비해, 예수의 경우에는 '무고한 자'로서 십자가형에 처해지는 고통이 이런 삶에 대한 거부, 이런 처형에 대한 표현의 역할을 하고 있다.[12)]

다시 말해 디오니소스와 십자가에 못 박힌 자가 정반대인데, 그것은 순교자에 대한 차이가 아니라고 니체는 말한다. 니체가 볼 때 디오니소스도 예수도 똑같이 만장일치적 폭력에 의해 죽은 무고한 희생양인 것이다. 우리가 앞 장에서 본 것처럼 신화의 신들은 박해받은 희생양들이다. 고대 그리스 신화를 비롯해 많은 신화 속 신들이 다수인 것은, 다시 말해 다수의 희생양을 상징하는 것이다. 그런 점에서 다신교는 결국 끊임없이 반복되어 온 희생양 메커니즘에서 출현했다고 볼 수 있다.

희생양 메커니즘을 다시 복습해 보자. 홉스가 말한 것처럼 자연상태의 인간은 '만인의 만인에 대한 투쟁상태'이다. 그것은 지라르가 보기에 각 개인들의 모방욕망에 의한 질투와 경쟁으로 인한 것이다. 그러한 홉스적인 무질서가 위험수위에 이르렀을 때, 공동체는 그 질서를 회복하기 위해 하나의 무고한 희생양에 책임을 돌리며 그에 대한 만장일치적 폭력을 가한다. 소위 '일인에 대한 만인의 반대'로 전환되는 것이다. 그리고 그 집단폭력에 의해 공동체는 일시적으로 다시 평화와 질서를 되찾는다. 모든 신화는 바로 이러한 희생양 메커니즘이 진행된 후 새롭게 평화를 되찾게 된 것을 기념하기 위해 박해자의 시각에서 기록된 것이다.

중요한 것은 여기서 희생양이 신격화된다는 것이다. 이 희생양이 신격화되는 것은 십자가 수난과 처형당한 예수가 부활한 후 진정한 메시아이자 하나님의 아들로 인식되는 것과 매우 유사해 보인다. 하지만 여기에 속으면 안 된다. 많은 학자가 여기에 속아 기독교가 고대 이교적(異教的) 신화와 다르지 않다는 점만 주목하고, 결정적인 차이점에서 도출되는 진리를 보지 못했다. 그 유사점은 겉보기에만 그럴 뿐이다. 신화 속 희생양이 신격화되는 것은 박해자가 희생양의 무고함을 인식하고 그에 대해 참회하기 때문이 아니다. 그 희생양을 살해한 뒤 찾아온 신비로운 평화를 기념하기 위한 것이다. 박해자들은 자신들의 폭력이 정당하다고 믿는데, 그것은 그들이 하는 일이 어떤 것인지 알지 못하는 상태에 빠져 있기 때문이다. 이것이 지라르가 말하는 '인지불능'(cognition failure) 상태이며, 예수가 십자가 위에서 "아버지여 저들을 용서하옵소서. 저들은 자기들이 무슨 일을 하고 있는지 알지 못하나이다"라고 기도했던 이유이기도 하다.

지라르가 볼 때 신화의 주인공들은 대부분 희생양이다. 니체도 '디오니소스' 역시 만장일치적 폭력의 희생양이라는 사실을 알았다. 지라르가 볼 때 이것이 니체의 뛰어난 통찰이다. 니체 이전에 그 누구도 신화와 성서 속의 폭력이 무고한 희생양에 대한 만장일치적 폭력이라는 사실을 알아채지 못했다. 그런데 니체는 신화 속 디오니소스와 십자가에 못 박힌 그리스도가 정반대로 다르다는 사실을 알면서도 그것을 '진실'과 '거짓'의 차원으로 보지 못한다. 따라서 니체는 이 폭력의 부당함을 보지 못하고 있는 것이다. 지라르는 '노예의 도덕'에 대해 다음과 같이 정확하게 짚어 내고 있다.

> 유대 기독교의 신뢰를 떨어뜨리기 위해 니체는, 희생양에 대해 유리하게 표현하는 것은 사소한 원한(르상티망)에 뿌리박고 있다는 것을 입증하려 애쓴다. 초기 기독교인들이 주로 하층계급에 속한다는 점에 착안한 그는 기독교인들이 이교도 귀족들에 대한 그들의 원한을 만족시키기 위해 희생양들을 동정하고 있다는 비난을 퍼붓는데, 그것이 바로 유명한 '노예의 도덕'이다.[13]

이를 두고 지라르는 니체가 군중의 모방적 경쟁관계와 그것의 전염성을 보지 못하고 있다고, 아니, 보지 않으려 한다고 말한다. 즉, 니체는 자신이 찬양하는 디오니소스적인 것이야말로 자신이 경멸하는 무리짐승이 가장 어리석고 거칠게 표현된 것이라는 사실을 보지 못했다는 것이다.[14] 반면, 지라르에 의하면 복음서의 희생양 옹호는 노예의 도덕이 아니라 다수 박해군중의 폭력에 맞선 소수의 영웅적인 용기의 결과다. 또한 그것은 원한의 문제가 아니라 진리의 문제다. 다시 말해 초기 기독교가 희생양 편에 서는 것은 단순히 '약자에 대한 연민'이라는 노예의 도덕에서 비롯한 것이 아니라, 실제로 그 희생양이 무고하다는 '진실' 때문이다. 애석하게도 희생양에 린치를 가하는 군중 스스로는 희생양이 무고하다는 사실을 모르고 있다. 이것이 군중의 '인지불능' 상태다.

물론 니체가 '희생양 메커니즘'을 인식하고 무질서와 질서를 순환하는 사탄의 시스템을 지지했다고 본다면 그것은 지나친 비약일 것이다. 하지만 반복하건대, 니체는 디오니소스와 예수에 대한 폭력이 동일한 종류의 폭력이란 사실을 잘 알고 있었다. 이 사실을 안다는 것은 니체가 무의식적으로는 '희생양 메커니즘'을 인지하고 있었음을 의미하며, 그것은 곧 '희생양 박해'가 악하고 부당하다는 사실을 인식했음을 말해 준다. 하지만 니체는 그런 인식을 억압한다.

'희생양 메커니즘'을 인지하고 자신 역시 박해군중의 일원이었다는 사실, 즉 군중의 모방전염으로부터 자유롭지 않다는 사실을 알게 되는 사람은 두 가지 중 하나를 선택한다. 하나는 그것을 인정하고 참회하며 회심하는 것이다. 다른 하나는 반대로 그것에 귀를 막으며, 진실을 극구 부정하고 더욱 적극적으로 박해군중의 일원이 되는 것이다. 사도행전에서 베드로의 설교를 들은 사람들은 진리 앞에 참회하며 세례를 받았지만, 똑같이 스데반의 설교를 들은 사람들은 그 진리 앞에 마음이 찔렸어도 도리어 돌을 들어 스데반을 향해 던졌다. 안타깝게도 니체는 후자를 선택한다.

결국 니체는 기독교를 제거하고 그 빈자리의 종교적 서사를 채우기 위해 신화를 복권시키려 한다. 신화가 복권된다는 것은 '희생양 메커니즘'이 복권된다는 것이다. 그러려면 '희생양(약자)에 대한 근심' 자체를 근절시켜야 한다. 그것이 근절되어야 정말 고귀하고 위대한 것이 탄생할 수 있다. 결국 니체가 말한 '신의 죽음'의 의미는 '잃어버린 한 마리 양에 대한 근심'을 끊어 버리는 것, 연약하고 소외된 사람들에 대한 동정심을 끊어 버리는 것에 있었다. 니체는 《안티크리스트》 2절에서 서슴없이 다음과 같이 주장한다.

> 약질과 병골은 멸망해야 한다. 그것이 우리의 인류애의 제일 원리다. 그리고 우리는 약질들이 멸망하도록 거들어야 한다.[15)]

니체, 광기 속으로 들어가다

그렇다면 실제의 니체는 어떠했을까? 니체의 전기들을 읽어 보면, 니체는 자신의 사유와 글에서는 저토록 무서운 말을 쏟아 냈지만 실제 생활에서는 더없이 온화하고 부드러운 사람이었다. 다른 무신론자들은 '기독교'를 비웃었고, 별로 논의할 가치가 없는 어리석은 것으로 그저 한쪽으로 치워 두는 경향이 강했다. 그들에게 '신의 죽음'은 그저 반갑고 기쁜 인간해방의 소식이었다. 하지만 니체는 달랐다. '기독교'에 대해 누구보다 극한의 혐오발언을 쏟아 내면서도 계속 기독교를 붙들고 늘어졌고, 동시에 그런 자신의 행위로 끝없는 죄의식에 시달리며 씨름하느라 온몸의 진이 다 빠졌다. 조광증(躁狂症)을 앓으며 이성과 광기 사이를 오가던 니체가 의식의 끈을 놓아 버린 최후의 결정적인 사건은 그런 면에서 의미심장하다.

1889년 1월 3일 아침, 니체는 토리노의 카를로 알베르토 광장에서 한 마부에 의해 사정없이 채찍질 당하는 한 마리 말을 보았다. 니체는 솟구치는 '연민'을 억제하지 못하고 달려가 그 말의 목을 감쌌고, 동시에 정신을 잃으며 쓰러졌다. 이후 니체는 온전한 정상인의 삶으로 돌아오지 못했다. 1888년 9월 30일,《안티크리스트》를 마무리하며 자기 사상의 마침표를 찍었던 니체는 그로부터 석 달 후 광기에 완전히 잠식당하게 된 것이다. 온 힘을 다해 '연민'이라는 감정과 싸우며, 기독교의 도덕을 파괴하려 했던 니체는 아이러니하게도 채찍질 당하는 말을 보면서 그간 억눌렀던 연민의 감정에 일격을 당하고 말았던 것이다.

니체의 이러한 점 때문에, 카를 야스퍼스(Karl Jaspers, 1883~1969)는《니체와 기독교》에서 니체가 반기독교적 사상가임에도 기독교에 대한 그의 문제의식이 결코 단순하지 않으며, 니체는 여전히 기독교적 동인(動因)에 의해 자신의 사유를 전개하고 있다고 하기도 했다.

지라르는《나는 사탄이 번개처럼 떨어지는 것을 본다》서문에서 성서와 신화의 결정적인 차이점을 파악하는 것은 그리 어렵지 않은 일임에도 많은 학자가 그것을 파악하지 못한 것은 '진리'에 직면하는 용기가 부족하기 때문이라고 말했다. 즉, 자신을 의도적으로라도 '인지불능' 상태에 두는 것이 편하기 때문이다. 그러나 니체는 그렇지 않았다. 그는 성서와 신화의 차이점을 잘 알고 있었고, 희생양이 무고하다는 진리에 용기 있게 직면했다.

그런 점에서 니체는 확실히 위대한 철학자다. 하지만 거기서 그는 결국 '진리'를 받아들이지 않았다. 엉뚱하게도 그것을 일부러 '계급'과 '권력'의 문제로, 약자들의 '질투'와 '원한'의 정치적인 문제로 본 것이다. 결국 그의 내면은 의식과 무의식의 격전장이 될 수밖에 없었고, 쇠약해져 쓰러지고 만 것이다. 하지만 그가 광기의 어둠 속으로 들어간 후 니체의 위험한 철학은 유럽을 강타했고, 1차 대전 중에 결국 한 위험한 인물의 손에 들어갔다. 바로 히틀러(Adolf Hitler, 1889~1945)다.

니체 철학의 끔찍한 결과,
나치의 유대인 학살

참으로 위대한 민중 지도자의 기술이란 민중의 관심을 분열시키지 않고 언제나 어떤 유일한 적에게 집중시키는 데 있다. 민중의 투쟁의지의 이용이 집중적이면 집중적일수록 운동의 흡인력은 점점 커지고 타격의 강도도 더해지는 것이다. 다양한 적을 인식하는 것은 약하고 불안정한 성격의 소유자에겐 쉽사리 자기의 정당성에 의심을 품는 계기를 만들 뿐이므로, 따로따로 있는 적이라도 한 범주에 속해 있는 것처럼 생각하게 하는 것이 위대한 지도자의 재능인 것이다. … 그러므로 내적으로는 서로 다른 적을 언제나 하나로 묶어야만 한다. 그리하여 자기의 지지자인 대중의 눈에는 하나의 적에 대해서만 투쟁이 벌어지고 있는 것처럼 비치게 해야 한다.[16)]

위 글은 히틀러의《나의 투쟁》에 나오는 내용이다. 그는 대중을 설득하기 위해서는 단 하나의 적만을 제시해야 한다고 강조하는데, 이 내용은 아주 정확하게 '희생양 메커니즘'을 지시한다. 대중의 심리를 꿰뚫고 있는 히틀러의 섬뜩한 정치술은 반유대주의 수사학과 결합되었다. 그리고 그 결과는 우리가 아는 대로 600만 유대인 대량학살이다. 우리는 바로 앞 장에서,〈티아나의 아폴로니우스의 생애〉에 나오는 이야기를 보았다.[17)] 아폴로니우스 역병을 퇴치하기 위해 죄 없는 거지를 대상으로 희생양 메커니즘을 구동시킨다. 히틀러도 비슷하다. 자신이 희생양을 향해 첫 번째 돌을 던지는 사람이 되겠다는 것, 바로 그것이다. 이런 면에서 볼 때, 희생양 메커니즘이 작동하는 국가든, 사회든, 기업이나 학교같이 조그마한 또래집단이든 이 전체주의적 메커니즘에는 반드시 군중을 부추기며 그들이 모방하고 따를 카리스마적 지도자와 분노와 증오를 쏟아 낼 희생양이 종종 함께 존재한다고 볼 수 있다.

지라르에 의하면 "히틀러는 독일과 유럽을 '희생양에 대한 근심'에서 떼어 놓으려 했다." 지라르가 볼 때 니체가 추구한 과업의 핵심은 기독교의 '희생양에 대한 옹호'를 중단시키는 것이었는데,[18] 나치 역시 '희생양에 대한 근심'이 시대의 지배적인 가치임을 분명히 알았다는 것이다. 실제로 그들은 공공연하게 자신들의 정치적 세계관을 니체 철학에 의존하고 있었다. 지라르에 따르면 나치가 전쟁 중에는 이 종족 학살을 감추긴 했지만, "만일 그들이 2차 대전에서 승리했다면, 그들은 나치즘 덕분에 희생양에 대한 근심이 더 이상 역사의 돌이킬 수 없는 방향이 아님을 증명하기 위해 유대인 학살을 널리 알렸을 것"이다.[19] 실제로 히틀러는 우수한 인종이 열등한 인종을 딛고 살아남는 것이 도덕법칙이며 그 도덕법칙을 실행하는 것이 인류에게 부과된 의무라고까지 주장했다.[20] 따라서 히틀러가 인종박멸 대상으로 첫 번째 지목한 대상은 유대인이며, 2차 대전 승리를 통해 유대인 박멸이 완료되고 나면 그다음 다른 희생양이 새롭게 지목되었을 것이다. 그런데 의아한 것이 있다. 잘 알려진 대로 유대인은 사실 매우 우수한 민족이다. 그런데 왜 유대인이 열등한 인종으로 지목되어 희생양이 되어야 했을까? 지라르는 《희생양》에서 다음과 같이 말한다.

> 예를 들어 사회적인 비정상이란 것이 있는데, 여기서 기준을 정하는 것은 중간층이다. 그래서 가장 평균적인 사회적 신분에서 어떤 방향으로든 멀어질수록 박해받을 위험은 그만큼 더 커진다. 지금

도 하층 계급 사람들에게서 이런 현상은 쉽게 눈에 띈다. 단순한 하층 계급은 그래도 가난한 소외 계층이나 외부의 계층보다는 이런 박해를 적게 받는 편이다. 여기에다 또 다른 소외 계층을 보탤 수 있는데, 그것은 바로 부자나 강자들처럼 내부의 소외계층이다. 왕과 그의 궁정은 때때로 '태풍의 눈'을 방불케 한다. 이 이중적인 소외계층은 소용돌이와 같은 사회구조를 암시하고 있다. 부자와 강자들은 평화시에는 가난한 사람들은 갖고 있지 않은 특권과 모든 보호권을 향유하고 있다. 그러나 우리의 관심은 이런 정상적인 때가 아니라 위기의 시기에 있다. 역사를 조금만 살펴보더라도 우리는 이런 특권층 사람들이 폭도들에 의해 폭력적인 죽음을 당할 가능성이 다른 계층 사람들보다 훨씬 많다는 것을 알 수 있다.[21)]

지라르는 매우 주의 깊은 관찰을 통해 가난한 소외계층이나 외부집단뿐만 아니라 부자나 강자도 언제든지 그런 폭력적인 죽음을 당할 수 있다고 본다. 이런 시각에서 볼 때 반유대주의 정서를 제대로 읽을 수 있게 된다. 유대인은 유럽인들에게 선망과 질투의 대상이었다. 19세기 말에서 20세기 전반기는 혼란스러운 시대였고, 자본주의에 대한 반발로 혁명의 분위기가 고조되고 있었다. 법, 경제, 금융, 학문 등의 영역에서 유대인들은 뛰어난 존재감을 드러냈다. 동시에 칼 마르크스를 비롯해 레닌과 트로츠키에 이르기까지 좌익의 중심세력 역시 유대인이었다.

이런 상황에서 유럽인들은 유대인의 존재가 사회의 근거를 뒤흔드는 것처럼 느꼈고, 그리하여 유럽인들 사이에서 유대인에 대한 불안한 심리와 질투의 감정은 바이러스처럼 퍼져 갔다. 즉, 기독교 전통의 유럽은 '예수 그리스도를 죽인 민족'으로서의 유대인에 대한 근본적인 부정적 감정과 함께 19세기 말의 정치·사회적 무질서와 혼란이 유대인으로부터 비롯되었다는 믿음으로 뒤덮였다. 반유대주의 현상은 이 두려움의 공기를 통해 전염병처럼 급격히 확산된 것이다.

히틀러는 이러한 반유대주의를 독일민족의 결집을 위해 이용하였다. 1차 대전 이후의 정치적 상황과 1929년의 대공황은 독일을 극심한 위기로 몰아넣었다. 이럴 때 사람들은 그 책임을 뒤집어씌울 희생양을 찾게 되는데, 유대인이 손쉬운 표적이 된 것이다. 히틀러는 "유대인의 국제금융자본이 국가 경제를 침탈하는 무기이며, 이들이 이끄는 마르크스주의 운동 또한 민족을 내부에서 붕괴시키는 것"이라고 보았다. 그러므로 "모든 민족의 적은 단 하나 유대인이고, 인류가 생존하고 번영하기 위해 이들을 반드시 제거하고 절멸해야 한다"[22]고 역설하기에 이른다.

하지만 니체는 반유대주의자가 아니었으며, 반유대주의를 혐오하기도 했다. 그럼 반유대주의의 광기로 흐른 히틀러는 니체를 오해한 것일까? 아니다. 다시 강조하지만, 중요한 것은 '희생양 근심 근절' 원칙이다. 히틀러가 니체에게 배운 것은 반유대주의가 아니라 '희생양에 대한 동정'을 끊어 내는 것에 있었다. 니체가 내세우는 고귀하고 위대한 전사귀족은 그런 연민의 감정에 휘둘리지 않는다. "그들은 소름끼치는 일련의 살인, 방화, 강간, 고문으로 유쾌해지고 영혼의 평정을 찾는 의기양양한 괴물처럼 순전한 맹수의 심성으로 돌아간다. 그것은 마치 학생들의 장난질처럼 저질러지며, 그들은 자신들이 시인들에게 훨씬 많은 노래와 칭송거리를 선사했다고 확신한다."(《도덕의 계보》, 제1논문, 11절)[23)]

니체가 강자의 고귀함을 말할 때 빠지지 않고 등장하는 것이 바로 이러한 잔인함이다. 히틀러는 니체가 말하는 그와 같은 강자 혹은 전사귀족의 도덕을 자신이 체현할 수 있다고 믿었다. 실제 그는 스스로를 가리켜 "나는 양심과 도덕성이라 불리는 괴수의 더럽고 타락한 변형으로부터 자유로운 사람"이라고 말한다.[24)] 즉, 히틀러는 자신이 니체가 말하는 귀족, 금발의 야수, 초인에 해당하며 게르만족이 그런 민족이 되어야 한다고 믿었다.

동시에 히틀러는 니체 못지않게 반기독교적 인물이었고, 나치정권은 기독교를 완전히 제거하려는 의지도 있었다. 앞에서도 말했듯이 니체는 기독교에 열렬히 반대하며 기독교 도덕의 파괴를 줄기차게 주장했지만 그것은 오직 그의 글의 세계에서만 그랬다. 실제의 그는 온화하고 유약한 사람이었고, 기독교를 비판하면서도 그로 인한 죄의식으로 평생 괴로워했다. 하지만 히틀러는 그렇지 않았다. 히틀러의 최측근 중 한 명이던 헤르만 라우쉬닝(Hermann Rauschining)은 《히틀러와의 대화》에서 히틀러의 독백을 다음과 같이 기록했다.

> 파시즘은 신의 이름 하에서 교회와 평화를 체결할 수 있게 되었다. 나 역시 이를 실행할 계획이다. 왜 그렇게 하지 않겠는가? 독일에서 기독교의 깊은 뿌리와 줄기들까지 모두 섬멸하려는 내 계획을 누

구도 막지 못할 것이다.[25)]

실제로 나치정권 하에서는 독일신앙운동(DGB, Deutsche Glaubensbewegung)이 활발했는데, 이 운동은 기독교를 주적(主敵)으로 삼았다. 이 운동은 독일 민족의 선조가 되는 아리안-게르만 족의 전통에서 종교성을 찾아보려는 움직임인데, 신화, 전설, 민담, 영웅담 등을 활발히 연구하여 새로운 독일의 민족종교를 창시하려 했다. 이들은 기독교가 교리에 얽매여 독일 민족을 더 이상 자유롭게 하지 못하고 있다고 했다. 그리고 기독교는 원수를 사랑하고 이웃을 사랑하라는 교리로 투쟁심을 약화시키고 쇠퇴하게 만들어, 운명과 맞서 싸우고 투쟁해야 하는 인간을 약화시킨다고 주장했다. 또 "기독교가 유대 종교로부터 파생되었기에 유대인에게 관대하며, 이들의 신 앞의 평등, 인권, 민주주의는 약자의 자기변명일 뿐"이라고 역설했다.[26)]

이들의 사상은 이처럼 니체의 철학에 기초하고 있었다. 그런데 나치정권은 기독교를 적극적으로 회유하고 활용하려 했다. 현실적으로 독일 국민 대다수가 교회에 속해 있었기 때문이다. 따라서 나치는 러시아 공산주의로부터 기독교를 보호하겠다면서 교회의 지지를 이끌어 냈다. 하지만 그들은 기독교 신학도 나치화시켰다. 그 결과 나치에 협력했던 교회와 신학자들은 구약성경이 유대인의 민족신앙에 불과할 뿐이라며 '구약폐기론'을 주장했다. 한편, 예수는 아리안족이라고 주장하기도 했고, "위에 있는 권세들에게 복종하라"라는 로마서 13장의 구절을 인용하여 히틀러의 권위에 복종할 것을 강요하기도 했다. 그러면서 나치에 저항한 기독교는 극심한 탄압을 받았다. 히틀러가 유대인을 완전히 제거하고 난 다음 표적으로 삼을 대상은 틀림없이 기독교였을 것이다. 그만큼 나치의 철학과 강령 자체가 기독교에 완전히 적대적이었기 때문이다.

이처럼 반유대주의와 반기독교를 표방한 나치는 우수한 아리안 인종, 게르만족이 지배하는 새로운 사회를 건설해야 한다고 믿었다. 즉, 우생학적인 사회진화론과 디오니소스적인 니체의 철학이 결합되어 나타난 것이 곧 나치즘이라는 괴물이다. 이 사명을 감당할 궁극의 존재로서의 총통이 히틀러였고, 이 끔찍한 철학에 사상적 기초를 제공한 사람이 바로 프리드리히 니체다.

종합해 보자. 니체는 《아침놀》에서 "악을 행할 수 있는 강인한 정신만이 비참한 현실을 뛰어넘어 새로운 삶의 모델을 창출할 수 있다"고 주장했다.[27] 《니체극장》의 저자 고명섭은 이러한 니체의 주장을 《군주론》의 저자 마키아벨리의 생각과 비교한다. 니체는 도덕을 공격하고, 권력과 힘을 찬양했다. 니체가 한국 역사를 알았다면 권력 획득을 위해 무자비한 폭력을 보여준 이방원이나 수양대군, 나아가 김일성이나 박정희 역시 긍정적으로 평가했을 가능성이 높다. 그렇기에 니체의 철학은 2차 대전 후 들뢰즈에 의해 주로 미학적 차원에서만 독해되었다. 또 한편으로 자크 데리다(Jacque Derrida, 1930~2004)는 하이데거(M. Heidegger, 1889~1976)의 니체 해석을 비판하며 니체의 텍스트가 지시하는 내용보다는 니체 철학의 해체적 방법을 더 중시해야

한다고 했다.[28]

물론 니체 철학을 문자 그대로 이해하면 안 된다는 니체 연구자들의 주장이 일리가 있기는 하지만, 그렇다고 니체가 완전히 정신 나간 상태에서 헛소리만 지껄인 것은 아니라는 사실을 우리는 명심해야 한다. 이런저런 변형과 안전한 수용이 있다 하더라도 니체의 위험은 깔끔하게 사라지지 않는다. 그렇기에 소설가 장정일은 니체의 '신은 죽었다'는 선언이 사실은 무신론자에게 더 끔찍한 것이었다고 말한다.[29]

새로운 절대적 가치의 출현
: 희생양에 대한 근심

니체와 히틀러는 '희생양에 대한 근심'을 없애고자 했지만 '홀로코스트'에 대한 인류의 충격과 반성 이후, 이는 오히려 반대방향으로 작용하였다. '희생양에 대한 근심'이 더욱 강해진 것이다. 지라르는 '차이'와 '상대주의'가 강조되는 포스트모더니즘 철학도 이 '근심'에서는 결코 자유롭지 않다고 말한다.[30] 이제는 '희생양에 대한 근심' 자체가 모방적 경쟁관계의 목표가 되었고, 모든 것이 상대화된 지금 절대적인 것이 하나 있다면 바로 이 '근심'이라는 것이다. 그런데 아이러니하게도 니체는 살아남았다.

니체의 후계자들은 '희생양에 대한 근심'을 없애려 했던 니체의 시도에는 눈을 감았다. 대신 니체의 계보학적인 분석과 해체적인 방법을 수용하였고, 그 방법을 통해 상대주의적 세계관을 강조하며 도덕을 파괴하는 방향으로 나아갔다. 진리와 지식은 보편적이지도 객관적이지도 않으며, 시대에 따라 지배권력의 시각을 반영하여 구성되었다는 것이 이들의 주장이다. 여기서 도덕적 상대주의가 파생되는데, 이들은 '희생양에 대한 근심'과 이러한 상대주의를 절묘하게 결합시켜 현대적인 담론을 만들어 내는 데 성공했다. 그리고 그것은 정확히 전통적인 도덕률, 특히 기독교 도덕과 윤리의 해체를 지향한다.

이 '희생양에 대한 근심'의 지구화 그리고 절대화에 지라르는 양가적(兩價的)인 입장인 듯하다. '희생양에 대한 근심'이 확대된 것은 물론 좋은 일이다. 부당한 폭력이나 박해를 당하는 소수에 대한 관심이 확대되면서 인류의 도덕수준은 분명 한 단계 올라갔다. 그렇지만 지라르가 보기에 '희생양에 대한 근심'이 모방적 경쟁관계의 목표가 되면서 새롭게 등장한 희생양이 있는데, 그것은 기독교다. 지라르는 유럽에서 가장 빈번했던 희생양이 유대교였는데, 나치의 홀로코스트 이후 이제 기독교가 그 자리를 대신하게 되었다고 말한다.[31]

오늘날 기독교를 비난하는 사람들은 기독교 역사의 어두운 면을 들추면서, 기독교가 희생양 옹호에 적극적이지 않았고 오히려 수많은 희생양을 양산했다고 주장한다. 중세의 십자군 전쟁과 교황청의 횡포, 이단 시비를 통한 마녀사냥 등 교회가 역사 속에서 저지른 죄악들을 보면 이 같은 비난에 대해서는 변명의 여지가 없어 보인다. 그런데 이를 넘어서 기독교 반대자들은 전통적인 기독교 도덕률이 기존의 보수적 질서를 유지시키며 그 틀과 가치관에 맞지 않는 사람들을 희생양 삼는다고 비난하기 시작했다. 기독교 도덕을 가부장제 이데올로기, 성 억압 이데올로기라고 비난하는 것들이 대표적인 예다. 이런 현상을 두고 지라르는 다음과 같이 말한다.

> 희생양 근심의 승리로 오늘날 이득을 보는 것은 기독교가 아니라 '다른 전체주의'라고 불러야 마땅한 것이다. 이 전체주의는 지금뿐만 아니라 미래에도 더 많이 설쳐 댈 것이다. 이것은 유대 기독교의 소망을 공개적으로 반대하기는커녕 그것을 자신의 것이라고 주장하면서 더 나아가서는 기독교인들이 갖고 있는 희생양에 대한 근심의 진정성에 이의를 제기하고 있다. 인류 역사에서 기독교가 실제로 행한 구체적 행동을 볼 때 이런 이의가 일리가 없는 것도 아니다. 다시 말하지만 이 전체주의는 기독교를 드러내 놓고 반대하는 대신 기독교의 측면을 치면서 허를 찌른다.
>
> 20세기를 통틀어 가장 센 모방의 힘은 나치도 아니고, 희생양 근심에 들어 있는 유대 기독교적 기원을 잘 알고 있으면서 이 근심을 공개적으로 반대하던 나치의 이데올로기도 아니다. 가장 강력한 기독교 반대 운동은 희생양 근심을 자신의 것으로 떠안고 이를 '극단적으로 밀고 나감'으로써 이를 타종교의 것으로 만들어 버리는 운동이다. 이때부터 권능과 권세는 항상 스스로 '혁명적'이길 바

라면서 기독교가 충분한 성의를 갖고 희생양을 보호하지 못했다고 비난한다. 이들은 과거의 기독교에서 오로지 박해와 억압과 심문만을 본다.[32)]

이 시대의 마지막 희생양, 기독교

이제 오늘날은 상황이 복잡해졌다. '희생양에 대한 근심'이 확산됨에 따라 사람들은 도처에서 '희생양'을 발견하기 시작한 것이다. '희생양'이라는 말 자체가 이제는 낯설지 않다. 그 과정에서 실제로는 박해받지 않는 소수임에도 많은 사람이 단지 그들이 소수라는 것, 사람들에게 낯설다는 이유만으로 그들을 '박해받는 소수' 혹은 '희생양'의 자리에 올려놓았다.

니체의 후계자들에 의해 기독교 도덕은 전통적인 이데올로기로 간주되고 부정되었으며, 그 가치를 역전시킴으로써 실제로는 희생양이 아닌 이들을 희생양으로 간주하기 시작했다. 물론 그러한 도덕의 해체작업에 정당한 문제제기가 있다는 것은 부인할 수 없다. 문제는 과잉이다. 해체를 극단적으로 몰고 가 모든 도덕률을 억압과 지배의 이데올로기로 부정하는 것을 마냥 긍정할 수 있을까?

이런 분위기를 기독교인만 느끼는 것은 아닌 것 같다. 슬라보예 지젝은 《죽은 신을 위하여》에서 G. K. 체스터턴(G. K.

Chesterton, 1874~1936)의 다음과 같은 말에 주목한다. "진짜 정통파를 추구하는 것은 오히려 가장 무모하고 위험한 모험이다."[33] 이에 덧붙여 "위반을 명하는 탈근대세계에서 '이성간의 결혼'이야말로 모든 위반 가운데 가장 어둡고 무모한 위반 아닌가?"라고 지젝은 묻는다. 지젝은 또한 조르쥬 바타유(G. Bataille, 1897~1962)의 말을 인용하며 금지가 없으면 주이상스(jouisance)가 없다고 말한다.[34] 주이상스는 쉽게 말해 쾌락이다. 즉, 포스트모던한 세계는 '위반'을 명령한다. "죄가 규범으로 승격"[35]되는 상황인데, 이를 통해 사람들은 불안에 빠진다는 것. 즉 욕망을 지탱하는 것은 금기인데, 금기가 해제되자 인간 내면의 죄의식은 갈피를 잡지 못하는 것이다. 무의식에서는 죄라고 느끼는데, 그것이 권장되는 상황이다. 이 상황에서 인간이 느끼는 것은 불안이라고 지젝은 말한다.[36]

가령 '금지를 금지한다'는 슬로건으로 온갖 기성 질서에 저항한 유럽의 1968년 학생운동은 경직된 스탈린주의와 미국 자본주의에 대한 비판, 베트남 전쟁 반대운동 등 분명히 정당하고 긍정적인 면이 있었다. 그렇지만 동성애 확산, 약물 남용, 난잡한 성관계 같은 것들이 자유와 혁명, 해방의 기치 하에 주장되었고, 기존의 성 도덕들은 해체되었다. 그들은 화목한 가족의 이미지를 만들어 내는 할리우드 영화를 가부장제 이데올로기라고 비판했고, 성적인 순결함에 대한 강조를 신체에 대한 억압으로 주장했다. 그리고 일련의 폭력과 방종에 대한 정당한 문제제기를 '희생양에 대한 박해'로 몰아갔다. 예컨대, 낙태의 희생양이 '태아'였다면, 낙태금지법의 희생양으로 등장한 것은 '여성'이다. 그리고 낙태 문제에 관한 담론에서 낙태찬성론자들은 '국가가 왜 개인의 자궁을 관리하려 드는가? 그것은 국가가 총인구와 노동력을 관리하려 하기 때문이다. 여성은 바로 그러한 국가주의적인 법의 희생양이다'와 같은 주장을 편다. 이러한 시각이 힘을 얻음으로써 실제로 자신의 권리를 주장할 수도 없는 태아의 생명은 계속 희생되는 것이다.

그런데 68혁명과 관련해 유명한 일화가 있다. 아도르노가 수모를 겪은 사건이다. 《계몽의 변증법》의 저자로 유명한 독일 철학자 테오도르 아도르노(T. W. Adorno, 1903~1969)는 막스 호르크하이머(M. Horkheimer, 1895~1973)와 함께 프랑크푸르트 학파의 산파 역할을 한 당대의 영향력 있는 철학자다. 따지고 보면 그는 68혁명의 신좌파 학생운동진영에 이론적 기반을 제공한 사람으로도 볼 수 있다. 그런 그가 1969년 4월 22일 프랑크푸르트대학 제6강의실에서 봉변을 당한다. 아도르노는 당시 학생운동의 폭력성을 비판했는데, 이에 불만을 가진 여학생들이 아도르노의 강의 도중 교탁 앞에 나와 갑자기 알몸의 상반신을 드러내고 그의 뺨에 키스하는 돌발 행위를 한 것이다. 일명 '젖가슴 테러'를 당한 아도르노는 이에 충격을 받아 강의실을 뛰쳐나갔다. 아도르노는 이때 어떤 감정을 느꼈을까?

발터 벤야민(Walter Benjamin, 1892~1940)과 마찬가지로 아도르노는 나치가 독일을 지배하던 시기 예술과 미학에서 정치적 반성과 변혁의 계기를 찾고자 했다. 즉, 철학에서 미학을 논의의 중심으로 끌어올리는 데 기여한 선구자다. 그렇지만 아도르노는 68년 학생운동을 비판했다가 제자들에게 이 같은 봉변을 당했다. 그 제자들의 행위도 어떤 면에서는 아도르노 자신이 긍정했던 아방가르드적 저항이라고 볼 수 있다. 추측컨대, 아도르노는 윤리적 성찰이 결여된 미학적 열정이 가져올 부정적인 영향에 대해 근심하지 않았을까? 그 충격 탓이었는지 아도르노는 봉변을 당한 그해 결국 사망했다.

최근 몇 년간, 한국 사회는 '동성애'에 관한 이슈가 뜨거웠다. 보수 개신교는 동성애를 극렬하게 반대했고, 다른 한쪽에서는 동성애를 옹호하며 개신교를 강하게 비판했다. 극단에 치우친 양쪽 입장 사이에 중간적인 지대가 분명히 존재하지만 이들의 목소리는 줄곧 묻혔다. 과거와 달리 오늘날, 사람들은 동성애자들의 인권을 존중하고 그들의 성적 취향을 존중해야 한다고 느끼지만, 길거리에서 옷을 벗고 엉덩이를 내미는 퀴어축제의 퍼포먼스에 불편함도 느낀다. 또한 퀴어축제의 맞은편에서 확성기를 틀고 찬송가를 부르며 '사탄아 물러가라'를 외치는 보수 개신교도들의 행위를 보면서 '저런 방식은 아닌데' 하는 마음이 들 것이다. 진보적인 언론은 이를 이용한다. '동성애 반대 담론'을 '보수 개신교의 프레임'으로 한정하는 데 집중하는 편이다. 그리하여 소수자와 약자를 옹호한 예수의 진정한 정신을 오늘날 한국 개신교가 훼손하고 있다고 비판한다.

한편, 대다수의 보통 사람들은 성적 소수자로서 동성애자들의 권리를 보호해야 한다는 생각에 동의하면서도 동성애가 유행처럼 확산되는 것에 말로 표현하기 힘든 막연한 불안을 느낀다. 동성애에 대한 찬반 양쪽의 주장 모두 석연치 않은 사람들, 어느 한쪽을 지지한다고 하더라도 그들이 주장하는 방식에 선뜻 동의하기 어려운 사람들은 그 논란의 와중에 그저 침묵할 수밖에 없게 된다. 특히 이 과정에서 개신교는 퀴어축제 맞은편에서 요란하게 반대 퍼포먼스를 하는 극단적인 보수교회의 모습으로 일반화된다. 사람들이 '동성애'에 관해 '이게 아닌데' 하면서도 그런 의견을 입 밖에 내지 못하고 침묵할 수밖에 없는 것은, 오늘날 하나의 '희생양'이 되어 버린 개신교로 오해받고 싶지 않아서다.

지젝이 말하는 불안, 아도르노가 당한 봉변, 동성애에 관한 뜨거운 논란 등에서 우리는 뭔가 막연한 불안을 느낀다. 거기엔 무언가 중대한 것이 결여되어 있다. 경제적 이슈에서 좌파나 진보진영이 주장하는 정책 내용에 동의하는 것은 어렵지 않다. 그런데 성이나 생명과 관련된 이슈는 다르다. 당장 '동성결혼 합법화'를 반대하는 것을 인종차별 혹은 장애인차별과 같은 종류의 것으로 보는 식의 프레임은 정당한가? 오늘날 정말 '동성애자'들이 '희생양'인가? 아무리 정밀하고 그럴듯한 논변으로 동성결혼 합법화를 주장할지라도 대중의 감정은 쉽게 설득되지 않을 것 같다. 여기엔 근본적으로 뭔가가 잘못되어 있다고 느끼는 것이다. 장담컨대 이는 기독교인에게만 국한된 것은 아니다.

실제로《바른 마음》의 저자인 도덕심리학자 조너선 하이트(J. Haidt, 1963~)는 옳고 그름을 판단할 때, 도덕적 직관이 이성적 추론을 앞선다고 말했다. 이와 관련하여 '동성애와 동성결혼'에 대한 논의는 3부에서 좀더 구체적으로 다룰 것이다. 여기서는 다만 그것을 둘러싼 담론의 질서, 커뮤니케이션의 구조를 '희생양에 대한 근심'의 차원에서 보는 것도 필요하다는 정도만 지적하고자 한다.

어쨌든 지젝이 말하는 불안은 결국 '제자리를 찾지 못한 죄의식'이다. 죄의식을 희석시키고 기독교적 도덕률을 주장하는 것을 '희생양 박해'로 몰아가며 슬쩍 바꿔치기하는 것이 오늘날의 사탄의 전략이라고 지라르는 말한다. "갈수록 사탄은 그리스도를 더 잘 모방하면서 그리스도를 능가하려고 한다. 이런 적반하장의 모방은 기독교 사회에서 오래전부터 있어 왔지만 그 힘이 이렇게 세어진 것은 최근에 와서다."[37] 결국 지라르의 말에 의하면 오늘날 사탄, 즉 적그리스도(Anti-Christ)는 그리스도의 가면을 쓰고 그리스도를 흉내 낸다. 그리하여 지라르는 오늘날의 사회를 "기독교를 모방하며 기독교를 적대하는 희화화된 초(超)기독교사회"라고 말한다. 결국 안팎의 공격에 처하는 마지막 희생양은 이제 희생양을 박해하고 있다고 비난받는 '기독교'가 되는 셈이다.

그런 면에서 오늘날의 사회는 기독교적 가르침에도 불구하고 여전히 신화적이다. 신화는 다른 게 아니다. 우리는 부풀려졌거나 과장된 거짓말을 종종 '신화'라고 부른다. 지라르는 신화를 분석하면서 군중의 인지불능을 언급했다. 희생양 메커니즘이 알려지고, 희생양에 대한 근심이 절대적인 가치가 된 오늘날도 마찬가지다. 우리는 모두 자기 자신은 희생양을 보호하고 있다고 생각한다. 그리고 다른 사람들이 충분히 희생양에게 관심을 갖지 않는다고 비난한다. 다른 사람들도 마찬가지다. 그들은 자기들은 열심히 희생양을 옹호하지만 우리는 그에 대해 무관심하다고 비난할 것이다.

반면, 예수와 그 제자들이 전한 복음은 우리 스스로를 돌아보게 하는 점에서 차이가 있다. 타인과 마찬가지로 나 역시 군중의 모방적 전염에서 자유롭지 못하고, 희생양을 박해하는 박해군중의 일원이었다는 점을 일깨운다. 기독교의 도덕률을 해체하고 '금지를 금지한다'고 주장하며 모든 욕망에 대한 무한정한 추구를 독려하는 현대의 이교적(異教的) 담론들은 이런 것들을 금지하고 규제하는 기독교 도덕을 비난하는데, 기독교는 그런 면에서 오늘날의 '희생양'이다. 반면, 그들은 '낙태', '동성애', '폴리아모리'(polyamory, 다자연애) 등의 행위들을 '개인의 자유'라는 원칙에 따라 긍정하고, 이런 것을 행하는 소수를 희생양의 지위에 올려놓는다. 그러고는 실제 '희생양'인 기독교에 온 힘을 다해 비난과 증오를 집중시키지만 그들은 정작 기독교가 진짜 '희생양'이라는 것을 알지 못하는 인지불능 상태에 빠져 있다. 그런 의미에서 오늘날 사회는 '희생양에 대한 근심'이 절대적임에도 여전히 신화적이다.

진짜 빅브라더, 리틀피플

니체는 새롭게 부활했다. 2차 대전 후 니체 철학의 정치적 색채는 희석되었고, 그의 후계자들은 희생양을 옹호하는 기독교의 본질을 자신들의 것으로 슬쩍 바꾸고, 기독교 교리의 도덕률을 니체적인 방법으로 해체하는 데 열을 올렸다. 그 결과 기존 가치들이 전복되면서 사람들은 어디에 토대를 두어야 할지 모른 채 까닭 모르는 불안에 사로잡혔다. 그것이 오늘날 사회다. 니체의 유령은 여전히 배회하고 있는 것이다.

버트런드 러셀이나 리처드 도킨스는 무시할 수 있다. 그러나 프리드리히 니체는 다르다. 니체는 유신론자에게도 무신론자에게도 상당한 긴장을 불러일으킨다. 니체 자신이 말한 대로 그는 다이너마이트다. 위험천만한 말을 내뱉으면서도 그의 말은 묘하게 매력적이고, 그가 기독교를 비판하는 대목에서 어떤 부분들은 고개를 끄덕이며 수긍하게 된다. 분명히 그의 비판에는 기독교 신앙인과 교회 스스로를 돌아보게 하는 부분이 있다. 그러하기에 에른스트 벤츠(Ernst Benz, 1907~1978) 같은 신학자나 카를 야스퍼스 같은 기독교 계열 철학자도 니체를 연구하고 그를 수용했을 것이다.[38] 그래서 니체는 무턱대고 무시할 수도 없는 사람이다.

그의 후계자 푸코와 들뢰즈, 데리다도 마찬가지다. 이들의 사유는 풍부하고도 심오하여 단순하게 부정하고 넘어갈 수가 없다. 물론 나는 앞에서 짧게나마 포스트모더니즘의 상대주의의 문제점을 비판했다. 하지만 그들을 단순히 보편적이고 객관적인 진리를 인정하지 않는 포스트모더니즘 철학자 혹은 상대주의자들이라고 단정하고 한쪽으로 치워 두는 것은 엄청난 실수다. 이런 학자들을 그렇게 단순화시켜서 깎아내리는 기독교인들이 어쩌면 더 위험할 수도 있다. 철저한 사유를 거치지 않은 단순한 신앙적 열정은 곧잘 맹신으로 귀결되기 때문이다. 따라서 그들의 주장과 그들 사유의 동기를 함께 살피며 이해하려는 노력이 필요하다.

그러므로 오늘날 우리에게는 상반되는 두 사유를 함께 고찰하는 태도, 가라타니 고진이 말하는 '시차적(視差的) 관점'[39]이 필요하다. 기독교 복음과 예수의 가르침을 중심으로 하면서도 니체와 그 후계자들의 현대철학적 담론을 방기하지 않는 것. 이 둘을 함께 고려하면서 성서와 현대사회를 읽어 내는 것. 그렇게 함으로써 현대사회의 복잡성을 꿰뚫어 보고 성경적으로 바른 관점을 굳건히 세워 가는 것은 그동안 지성의 중요성을 간과하던 기독교에 꼭 필요한 일이다.

조지 오웰이 묘사했던 형태의 '빅브라더'(Big Brother)는 오늘날에는 더이상 존재하지 않는다. 그와 가장 유사했던 히틀러나 스탈린조차도 피지배자의 노골적인 혹은 암묵적인 동의가 없었다면 존재할 수 없었을 것이다. 지라르가 통찰한 '만장일치적 박해군중'과 '핍박받는 희생양'의 대립구도에서 우리는 지배자의 전체주의가 아닌 대중의 전체주의를 읽어 낼 수 있다. 물론 이것은 대중의 욕망을 부추기는 세계화된 소비자본주의, 다른 한편으로는 대중의 욕망이 투영된 '희생양에 대한 근심'과 이중적으로 맞물린다. 무라카미 하루키는 이를 자신의 방법으로 감지해낸 것일까? 그의 소설《1Q84》에서 이제 새로운 빅브라더는 '사유하지 않는 대중'을 은유하는 '리틀피플'(Little People)이다.

지라르의 관점으로 읽은
무라카미 하루키의 《1Q84》
그리고 기독교

> 단 한 사람이라도 진심으로 누군가를 사랑할 수 있다면 인생에는 구원이 있어. 그 사람과 함께하지 못한다 해도.
>
> -무라카미 하루키, 《1Q84》[1]

한국의 크리스천에게 익숙한 일본의 기독교 작가를 꼽자면 《빙점》의 미우라 아야코(三浦綾子, 1922~1999)나 《침묵》의 엔도 슈사쿠(遠藤周作, 1923~1996)를 들 수 있을 것이다. 일본은 가톨릭과 개신교 인구가 전체 인구의 1퍼센트가 채 되지 않는다. 이런 나라에서 기독교적 소설을 쓴다는 것은 일본 크리스천은 물론이거니와 세계 모든 크리스천에게 고무적인 일이다. 특히, 엔도 슈사쿠의 《침묵》은 노벨문학상 후보에 오를 정도로 전 세계인의 공감을 얻었으며, 얼마 전 마틴 스콜세지 감독이 〈사일런스〉라는 영화로 제작하여 개봉하기도 했다.

그런데 나는 또 한 명의 일본 소설가를 주목한다. 그는 너무도 유명한 무라카미 하루키다. 일본과 한국은 물론, 전세계적으로 하루키의 작품은 센세이션을 일으키고 있다.[2] 그는 크리스천이 아니고 기독교 작가도 아니다. 하지만 하루키 소설에서 '성서'는 매우 자주 등장하는 모티프다. 게다가 하루키는 단순히 그것을 모티프로 삼는 것에 그치지 않는다. 그는 크리스천은 아니지만 기독교에 우호적이다. 그리고 오늘날 일본 사회에 기독교적 윤리의식이 필요하다고 생각하는 듯하다. 일본의 평론가들도 이 점을 포착하고 있다. 1982년 2월 5일, 〈아사히저널〉에 게재된 다음과 같은 하루키의 칼럼을 보자. 제목은 〈아오야마 가쿠인 대학-

위기에 빠진 자치와 그리스도교 정신〉이다.

> 1973년의 신학과 폐지 문제는 자치 압살과 경영 합리화라는 두 가지 관점에서, 이러한 '아오야마 가쿠인 노선'의 정점에 자리매김하는 사건이다. (중략) 내가 이 신학과 폐지 사건에 무엇보다 놀라움을 느낀 것은 미션 스쿨이 목사 양성을 위해 마련한 신학과를 (설사 어떤 이유가 있다 하더라도) 일방적으로 폐지한다는 불행하고도 기이한 사건에 대해, 정작 대학 당국자들 사이에서는 애끓는 슬픔이라든가 반성의 기미를 전혀 찾아볼 수 없다는 사실이다. (중략) 크리스천 정신에 입각한 자유로운 학문의 상아탑을 지향한 아오야마 가쿠인의 정신이 이미 죽음에 빠져 있다. 누가 죽인 것도 아니다. 오랜 세월에 걸쳐 많은 인간들이 조금씩 죽여 온 것이다. 제2차 세계대전 중에 크리스천 압살에 맞서 끈질긴 저항을 해온 이 대학의 정신은 도대체 어디로 사라져 버렸는가?[3)]

일개 대학의 신학과 폐지에 저 정도의 안타까움을 표하는 것은 기독교에 대한 우호적인 관심이 없다면 가능하지 않을 것이라고 평론가들은 말한다. 물론 전문적인 평론가들은 하루키의 소설을 꼭 기독교적 관점에서 바라보지는 않는다. 굳이 그런 관점이 아니더라도 하루키가 사용하는 소재들은 풍부한 의미를 갖는 상징들로 가득하기 때문에 다양하고 깊이 있는 해석을 가능케 하기도 한다. 그렇지만 《하루키를 읽는 법》을 쓴 평론가는 이미 하루키의 데뷔작 《바람의 노래를 들어라》부터 기독교적인 코드가 깔려 있다고 말한다. 또한《양을 쫓는 모험》에 나오는 '양',《세계의 끝과 하드보일드 원더랜드》에 나오는 '일각수'(一角獸, unicorn) 역시 그리스도의 알레고리라고 말한다.[4] 하루키 소설에 지속적으로 등장하는 성서와 기독교의 코드는 그의 아내가 가톨릭계 여자고등학교를 나왔다는 사실에 영향을 받았으리라는 것이 이들의 추측이다.[5] 어쨌든 크리스천의 입장에서 볼 때 하루키의 소설은 함께 읽고 그 의미를 나눌 것이 많다고 생각한다. 내가 그렇게 생각하게 만든 결정적인 소설이 바로《1Q84》이다.

조지 오웰의《1984》에 대한 오마쥬,《1Q84》

2009년, 하루키는《1Q84》라는 소설을 출간했다. 이 소설은 조지 오웰의《1984》에 대한 일종의 오마쥬다. 일본어로 읽으면 '이치 큐 하치 욘'인데, 알파벳 'Q'는 일본어 '9'의 발음과 같아서 하루키는 그 음가를 차용하여 1984년과는 뭔가 다른 세계를 표현하고자 했다. 오웰과 마찬가지로《1Q84》의 시간적 배경도 1984년이다. 그런데 이 소설 속 하늘에는 두 개의 달이 떠 있다. 소설 도입부에서 여주인공 아오마메는 꽉 막힌 수도고속도로 위의 택시 안에 있다. 약속시간이 얼마 남지 않은 그녀는 택시 운전사의 기묘한 조언을 듣고 고속도로 한복판에서 내려 길가의 비상계단을 통해 바깥으로 나간다. 그런데 그 고속도로를 빠져나오고 나서 뭔가 이상한 점을 느꼈다. 일본 경찰이 모두 '리볼버' 권총을 차고 있는 것이다. 주의 깊은 그녀는 그런 이상한 점들을 놓치지 않았다. 그녀는 무심코 하늘을 올려다보았는데, 두 개의 달이 떠 있다. 갑자기 지구에 위성이 두 개가 생긴 상황이다. 무언가 이해할 수 없는 일이 일어났다는 것을 감지한 아오마메는 자신이 이해할 수 없는 그 세계를 1984년이 아닌 '1Q84년'이라고 이름 붙인다. 이것이 소설 제목이다.

하루키는 1995년에 일어난 두 사건, 1월 17일의 고베 대지진과 3월 20일의 옴진리교 사린 테러가 일본사회에 준 충격, 나아가 그 두 사건이 비춘 일본의 어두움에 주목해 왔다.[6] 평론가들은 이 두 사건이 하루키로 하여금 순수문학이 아닌 참여문학적 성격을 지닌 소설을 쓰게 했다고 본다. 특히, 옴진리교 사린 테러 피해자들을 인터뷰한 논픽션《언더그라운드》와 가해자인 옴진리교 신도를 인터뷰한《언더그라운드 2: 약속된 장소에서》는 그 관심의 시작을 알리는 작품과도 같았다. 하루키는 옴진리교의 사린 테러를 단순히 비합리적인 광신도 집단에 의해 벌어진 사건으로 축소하지 않는다. 그는 예민한 후각으로 그 옴진리교를 키워낸 당사자가 바로 일본 사회였음을 감지한다.[7] 즉, 일본이라는 하나의 국가, 일본 사회라는 하나의 시스템이 어찌 보면 확대된 옴진리교와 같은 종교집단과 유사할 수 있다는 생각을 한 것이다.

하루키는 따라서 이것을 사이코집단의 컬트적 현상으로 국한하는 것은 문제의 본질을 놓치는 것이라고 생각했다. 이러한 문제의식을 놓지 않고 있던 하루키는 결국 옴진리교 사건을 모티프로 한 편의 소설을 썼다. 그것이 바로《1Q84》다. 이 소설의 줄거리를 요약하는 것은 무척 어려운 일이다. 분량 자체가 방대하기 때문이다. 따라서 이 소설의 큰 줄기와 설정만을 간단하게 소개한 후, 작품의 의미를 분석해 보고자 한다. 이야기 구조는 대략 다음과 같다.

이 소설의 주인공은 '덴고'라는 남자와 '아오마메'라는 여자다. 둘 다 1954년생으로 초등학교 동창생이다. 둘은 열 살 때 같은 반이었다. 덴고는 어릴 때부터 수학신동이었고, 재능 있는 유도선수였다. 덩치도 크고 힘도 센데다가 성적도 최상위권으로, 선생님과 친구들로부터 인정을 받았다. 그리고 20년이 지난 1984년, 덴고는 입시학원 수학강사다. 수학을 곧잘 하긴 했으나, 학자적 재능까지는 없다고 그는 스스로 판단했다. 그래서 시간을 자유롭게 쓸 수 있는 학원강사직을 선택했다. 그리고 남는 시간엔 소설을 쓴다. 그런 그에게 출판사 편집자 '고마쓰'가 어떤 단편소설의 리라이팅을 부탁했다. 그 소설은 '후카에리'라는 십대가 쓴 〈공기번데기〉였다. 고마쓰는 덴고가 리라이팅한 작품을 '후카에리'의 이름으로 신인문학상에 응모한 후, 그것을 통해 책을 베스트셀러로 만들고자 했다. 하지만 성실하고 윤리적인 청년 덴고는 그 제안에 망설인다. 그럼에도 묘하게 그 제안에 끌려 원저자 후카에리와 그의 보호자의 동의를 얻어 그 소설을 리라이팅하게 된다. 결국 〈공기번데기〉는 편집자 고마쓰의 예상대로 신인상을 수상하고, 베스트셀러가 된다.

바로 이 소설 〈공기번데기〉에 '두 개의 달', '리틀피플' 등이 등장한다. 원저자인 '후카에리'라는 소녀는 종교집단 '선구'에서 도망쳐 나왔다. 소녀는 이것이 지어낸 이야기가 아니라 자신이 실제 겪은 이야기라고 덴고에게 말한다. 후카에리가 도망쳐 나온 종교집단 '선구'는 폐쇄된 공동체로서 수수께끼투성이다. 종교집단이지만 포교에 그렇게 열심이지도 않다. 하지만 〈공기번데기〉가 출간되면서 그들은 위기를 느낀다. 그들이 신적 존재로 생각하는 '리틀피플'이 말하는 것을 멈추었기 때문이다. 즉, 이 종교집단은 '리틀피플'을 신처럼 받드는 종교인 셈이다. 그런데, 덴고와 후카에리가 이 종교집단의 '리틀피플'이란 존재를 〈공기번데기〉라는 소설을 통해 폭로한 것이다. 이것이 리틀피플을 화나게 했다.

한편, 아오마메는 어릴 때 '증인회' 신자였다. 그녀 자신의 의지로 신앙을 가진 것은 아니었다. 그녀 부모가 '증인회' 신도였을 뿐이다. 소설에서 이 '증인회'는 '여호와의 증인'을 암시한다.[8] 그 증인회 신도라는 이유로 아오마메는 친구들이 다 듣는 가운데, 큰 소리로 기도문을 외우고 밥을 먹어야 했다. 일요일이면 부모님을 따라 '증인회' 전도활동을 다녀야 했다. 그녀는 '증인회' 활동으로 친구들에게 따돌림을 받았다. 그러다가 열 살 때, 아오마메는 신앙을 버리며 가족과 결별했다. 그 후로 줄곧 독립해 살았다. 20년 후인 1984년 현재 그녀는 스포츠 인스트럭터로 활동하고 있다. 그녀는 자신의 수강생 중에서 우연히 어느 부유한 노부인을 만나게 된다. 그 노부인도 나름의 사연이 있었다. 노부인의 딸은 남편 폭력의 희생자였다. 그 후로 노부인은 법의 영역을 넘어 자기 사위를 제재했다. 이를 시작으로 노부인은 폭력에 시달리는 여성들에게 일종의 피난처인 '세이프하우스'를 제공하는 한편, 가해 남성들을 찾아가 법의 영역을 넘어 제재하기 시작했다. 노부인은 그것을 일종의 사명으로 여긴 것이다. 아오마메는 노부인의 그 사명에 공감했다. 결국 노부인을 도와 법의 영역 밖에서 이루어지는 제재와 심판에 참여한다. 정의의 이름으로 죄인들을 '살해'하기 시작한 것이다.

그런데 앞에서 말했듯이, 아오마메는 수도고속도로 비상계단을 내려온 1984년 4월 어느 날 세계가 묘하게 뒤바뀌어 있다는 것을 발견한다. 그날 아오마메는 노부인에게 받은 미션을 수행하러 가는 길이었다. 그녀는 자신이 발견한 그 기묘한 세계에 '1Q84'년이라는 이름을 붙였다. 그 세계에는 일본경찰들이 리볼버 권총을 차고 있고, 하늘에는 두 개의 달이 떠 있다. 덴고와 후카에리가 〈공기번데기〉라는 소설에서 묘사한 현실이 그대로 나타난 것이다. 중요한 것은 덴고와 아오마메가 특별한 인연이 있다는 것이다.

덴고와 아오마메는 열 살 이후 20년 동안 한 번도 보지 못했고, 제대로 된 대화를 한 적도 없었다. 그럼에도 1984년, 두 사람이 서른이 되기까지 덴고와 아오마메는 서로 사랑하며 그리워하고 있다. 물론 그 둘은 서로의 마음을 전혀 알지 못한다. 같이 초등학교에 다니던 시절, 덴고가 아이들의 따돌림과 공격으로부터 아오마메를 딱 한 번 보호해 준 일이 있다. 그 후 어느 날, 아오마메는 말없이 덴고의 손을 잠시 잡았다가 놓았다. 아오마메는 그 후 '증인회'를 나왔고 자취를 감춘 것이다. 하지만 그 짧은 순간의 기억이 덴고와 아오마메를 강하게 연결시켰다. 그리고 두 사람은 우연히도 1Q84년의 세계에서 종교집단 '선구'의 신적 존재 '리틀피플'에 대항하는 힘으로 작용한다. 이 두 사람은 곧 '리틀피플'이 지배하는 세계에 자신들도 모르게 연합하여 대항하는 것이다. 그리고 그 대항에서 가장 중요한 힘은 두 사람의 '사랑'이다. 이것이 이 소설의 대략적인 플롯이다.

조지 오웰의 '빅브라더'

> 자네도 잘 알겠지만, 조지 오웰은 《1984》에서 빅브라더라는 독재자를 등장시켰어. 물론 스탈린주의를 우화적으로 그린 것이지. 그리고 빅브라더라는 용어는 그 이후 일종의 사회적 아이콘이 되었네. 그건 오웰의 공적이겠지. 그리고 바로 지금, 실제 1984년에 빅브라더는 너무도 유명하고 너무도 빤히 보이는 존재가 되고 말았어. 만일 지금 우리 사회에 빅브라더가 출현한다면 우리는 그 인물을 가리키며 이렇게 말하겠지. '조심해라. 저자는 빅브라더다!' 하고. 다시 말해 실제 이 세계에는 더 이상 빅브라더가 나설 자리는

없네. 그 대신 이 리틀피플이라는 것이 등장했어. 상당히 흥미로운 언어적 대비라고 생각지 않나?

-《1Q84》에서 에비스노 선생이 덴고에게 한 말[9)]

조지 오웰은 독재자 '빅브라더'가 다스리는 어두운 세계를 《1984》에서 묘사했다. '빅브라더'라고 하면 흔히 스탈린과 같은 독재자를 상상한다. 소설 속 '텔레스크린'처럼 곳곳에 CCTV가 있고, 모든 것이 네트워크로 연결된 세계에 살고 있기에, 우리는 이러한 모든 것이 결국 '빅브라더'의 독재로 연결되는 것은 아닌지 불안해한다. 하지만《1Q84》에 등장하는 에비스노 선생의 말처럼 '빅브라더'라는 용어는 일종의 사회적 아이콘이 되었다. 히틀러와 스탈린에 대한 인류의 트라우마는 그러한 '전체주의'를 다시는 용납하지 않을 것만 같다. 정말 그러한가? 하루키의 생각은 다른 것 같다. 그가 '전체주의'에 불안을 느끼지 않았다면 그는 이 소설을 쓰지도 않았을 것이다. 하루키는 더 이상 '빅브라더'는 없다며 조지 오웰의 불길한 예언을 무시하는 것도 아니다. 하루키의 고민을 더듬기 전에 우선 오웰의 '빅브라더'를 좀더 들여다보자.

《1984》의 주인공 윈스턴 스미스는 빅브라더가 다스리는 체제에 반감이 있다. 저항군이 있다면 그들과 합류하여 그 체제를 타도하려 한다. 하지만 소설 속에서 실제로 빅브라더를 본 사람은 아무도 없다. 윈스턴은 고문당하면서 묻는다. 정말 빅브라더가 존재하긴 하냐고? 그를 고문하던 오브라이언은 빅브라더가 실재한다고 말한다. 하지만 그것은 '물리적 실재'가 아니다. 빅브라더는 권력의 정점에 선 하나의 인물로 치환되지 않는다. 오늘날 그런 인물은 없을 수도 있다. 하지만 빅브라더는 있다. 빅브라더는 하나의 인격으로 존재하는 것이 아니라 권력 시스템으로 존재하는 것이다. 즉, 권력의 메커니즘이 빅브라더라는 기능적 존재를 만들어 내는 것이다.

조지 오웰이《1984》에서 묘사한 것은 스탈린 치하의 소련에 국한되지 않는다. 물론 소설의 가상국가인 '오세아니아'에서는 모든 곳에서 사람들이 서로 불신하며 감시한다. 심지어 아이들도 자기 부모를 의심하고 고발하는 사회다. 오웰은 그런 요소들을 통해 억압적인 전체주의 사회를 묘사했다. 그렇지만 나는 그런 것들이 핵심적인 요소라고는 생각지 않는다. 오웰과 하루키를 관통하는 전체주의에 대한 문제의식은 '억압'과 '감시' 같은 것들이 아니다. 그보다 더 근본적인 것들이 있다.

개인적으로《1984》를 읽으면서 흥미로웠던 것은 '2분간 증오'의 의식이다. 텔레스크린에 2분 동안 당을 배신한 남자 '골드슈타인'의 모습이 비쳐진다. 그러면 온 국민은 2분 동안 그 스크린을 보며 증오를 퍼붓는다. '증오의 전이'(轉移, hatred transfer)를 위한 의식이다. 스탈린의 정적으로 암살당했던 레온 트로츠키(Leon Trotsky, 1879~1940)가 골드슈타인의 실제 모델이 되었다고 하는데, 그 사실 여부는 중요하지 않다. 오히려 중요한 것은 '증오의 전이' 메커니즘이다. 억압과 감시 속에서 사람들은 온갖 스트레스를 받는다. 그 스트레스가 계속 쌓이기만 한다면 그것은 체제에 위협이 될 것이다. 따라서 분노와 스트레스를 적절하게 배출할 안전밸브가 필요하다. 이럴 때 필요한 것이 희생양이다. 앞에서 설명한 것처럼, 르네 지라르는 홉스식 자연상태인 '만인의 만인에 대한 투쟁'이 '일인에 대한 만인의 반대'로 바뀌는 과정을 희생양 메커니즘으로 분석하였다. 오웰도 자기 소설에서 '2분간 증오'의 의식이나 '증오주간'(hateweek)의 절기 등을 도입함으로써 빅브라더가 어떻게 사회 질서를 유지하는지 그 핵심을 보여준다. 그 핵심은 '억압'과 '감시'가 아니라 사회 안정에 위협이 된다고 판단되는 하나의 적에게 증오를 집중시키는 희생양 제의를 시뮬레이션하는 것이다.

두 번째 중요한 장치가 있다. 그것은 세뇌, 즉 마인드 컨트롤이다. 《1984》에는 순교자가 없다. 처형당하는 정치범들조차 죽는 순간 빅브라더에 대한 사랑과 충성을 고백한다. 즉, 자신의 죄를 뉘우치며 그 죽음을 달게 받는다. 주인공 윈스턴도 마찬가지다. 극한의 고문과 세뇌를 통해 윈스턴은 빅브라더를 사랑하는 황홀한 감정을 느끼며 총살당한다. 윈스턴에 앞서 빅브라더에 저항한 사람들도 모두 그렇게 죽었다. 따라서 여기에는 순교자가 존재할 수 없다. 쉽게 말해, 독립운동가가 극도의 고문과 세뇌로 인해 '대한독립만세'가 아니라 '천황폐하만세'를 부르며 사형당하는 것과 같은 이치다. 이처럼 《1984》에서 빅브라더의 독재를 가능하게 하는 핵심요소 중 하나는 '거짓'을 '진실'로 바꾸고 그것을 완전히 믿게 만드는 잔인한 세뇌다. 지라르가 희생양 메커니즘의 필요조건으로 군중의 '인지불능'(cognition failure)을 든 것과 유사하다.

《1984》에서 중요한 마지막 장치는 신어(新語)체계다. 당은 계속해서 언어를 단순화시키고, 어휘 수를 줄여 간다. 예컨대, 'bad'(나쁜) 대신 'good'(좋은)의 부정접두어 'un'을 붙여서 'ungood'(안 좋은)을 쓰게 하는 것이다. 이런 인위적인 방식으로 언어를 일종의 수학적 기호체계로 만들어 버린다. 또, 'free'와 같은 단어의 경우 우리가 흔히 아는 '자유'의 뜻은 점차 사라지게 만든다. 'duty free'처럼 무료 혹은 면제라는 단어만 남게 된다. 당은 향후 아예 'free'라는 단어 자체를 없앨 계획이다. 그런 식으로 해를 거듭하면서 사전의 두께는 점점 얇아진다. 빅브라더는 '언어'가 '사유'의 도구라는 것을 잘 알고 있다. 그러므로 언어체계를 정비하고 어휘를 계속 줄여 감으로써 인간으로부터 '사유'를 박탈시키고자 한다. 빅브라더는 열렬한 반대자만이 아니라 열렬한 지지자도 위험하게 간주한다. 그 지지의 열정도 결국 '사유'에서 나오기 때문이다. 윈스턴의 이웃인 파슨스의 일화가 대표적이다. 빅브라더의 열렬한 지지자 파슨스는 잠꼬대로 '빅브라더를 타도하라'고 말했다. 그리고 자기 아이에게 고발당해 체포당하기도 한다.

오웰이 심어 놓은 저런 장치들을 눈여겨볼 때, 단순히 미디어를 장악하고 국민을 감시하는 오래된 독재의 이미지는 빅브라더를 제대로 포착하는 것이 아니다. 게다가 오웰은 자신의 소설에서 빅브라더를 독재자로 지칭하지도 않았다. 그는 빅브라더를 하나의 기능적 존재로 묘사한다. 빅브라더의 권력유지에서 핵심은 결국 피지배자인 인간의 세뇌, 곧 '사유기능의 박탈'이다. 그것을 위해 '2분간 증오', '순교자 없는 처형', '신어체계' 등이 동원되는 것이다. 그런데 '2분간 증오'와 '순교자 없는 처형'은 지라르의 사유의 핵심과 직결된다.

앞에서 언급했듯이, '2분간 증오'는 증오를 한 사람에게 집중시키는 의식(ritual)으로, '희생양 제의'를 연상시킨다. '순교자 없는 처형'은 어떠한가? '순교자 없는 처형', '순교자 없는 사회'는 곧 신화적 사회다. 즉, 무고한 희생양은 없다. 그는 죄가 있어 죽어 마땅한 존재다. 그를 죽여야만 사회는 안정을 찾는다. 희생양에 린치를 가하는 박해군중은 '인지불능' 상태에 빠져 있다.[10] 그들 자신이 무슨 짓을 하는지 모르고 있는 것이다.

《1984》의 빅브라더는 처형당하는 자가 정말 죽어 마땅한 사람이라는 것을 사람들이 믿게 해야 한다. 그렇게 하려면 결국 '처형당하는 당사자'를 세뇌하는 수밖에 없다. 그래야만 군중의 인지불능 상태를 유지할 수 있기 때문이다. 따라서 완전한 신화를 구축하기 위한 가장 독하고 악랄한 방법은 세뇌를 통해 희생양 스스로 자신이 부당하게 희생당하고 있다는 사실조차 모르게 하는 것이다.

조지 오웰은 소설에서 '모방욕망', '모방적 전염'과 같은 현상을 구체적으로 묘사하지는 않았다. 하지만 군중이 모방전염에 휩싸임으로 도래하는 전체주의가 어떤 모습이며, 전체주의적 권력의 유지와 존속을 위해 무엇이 필요한지에 대해서는 지라르의 이론적인 고찰을 이미 선취(先取)하고 있다. 다시 말하지만 '빅브라더'는 어떤 인격이 아니다. 상징이다. 물리적 존재는 아니다. 그렇지만 그것은 하나의 시스템 또는 메커니즘으로 존재한다. 그렇다면 빅브라더는 지라르적 관점에 의하면 '사탄'일 것이다. 지라르는 '사탄'을 어떤 심령현상의 존재로 보지 않는다. 오히려 일종의 시스템으로 본다. 그것은 스캔들과 희생양 메커니즘이 운동하는 하나의 시스템이다. 그것이 곧 성서에서 말하는 '세상 권세'인 셈이다. 그런데 '사탄'을 일종의 시스템적인 것으로 보는 지라르의 관점은 하루키와 매우 유사하다. 하루키는《1Q84》에서 '리틀피플'을 통해 대중과 그들이 만들어 내는 시스템의 전체주의를 말하고 싶었던 것이다.

하루키의 '리틀피플'

덴고와 후카에리가 쓴 〈공기번데기〉에서 '리틀피플'은 죽은 산양의 입에서 나온다. 리틀피플은 6명 혹은 7명이다. 이들은 10센티미터에서 60센티미터로 자라난다. 리틀피플은 평범한 옷을 입고 있고, 평범한 얼굴을 하고 있다. 너무도 평범해서 고개를 돌리면 그들의 옷차림과 생김새를 잊어버릴 정도다. 그들은 공기 속에서 실을 뽑아내 '호우호우'라는 리듬에 맞춰 번데기를 만든다. 그들은 쉬지도 않는다. 그런데 아오마메는 〈공기번데기〉를 읽으면서 불길하고 어두운 느낌을 받는다. 재미있는 것은 하루키가 '리틀피플의 작용'을 바이러스에 비유하고 있다는 점이다. 덴고와 후카에리는 〈공기번데기〉라는 소설을 씀으로써 일종의 항체를 생성하는 셈이다.

'리틀피플', '산양', '바이러스', '전염병', '항체'와 같은 단어들은 곧 지라르의 '희생양 메커니즘'을 떠올리게 한다. 왜 '피플'(사람들, 국민)은 '리틀', 즉 작은가? 하루키의 '리틀피플'은 '집단으로 사고하는 사람들'을 가리킨다. 이것은 곧 지라르가 말하는 박해군중의 모습이다. 집단으로서의 박해군중은 희생양에게 만장일치적인 폭력을 행사한다. 이 만장일치란 곧 집단으로 사고하는 것이다. 서로가 서로에게 동의하고 있는 것인데, 이것은 서로의 견해를 모방하는 것이다. 곧 이러한 만장일치는 '모방적 전염'의 결과다. 지라르는 줄곧 이 단 하나의 희생양을 향한 군중의 만장일치적 박해를 '모방적 전염'이라고 말한다. 또한 인류 역사에서 바이러스에 의한 전염병은 줄곧 사회적 위기를 고조시켰고, 희생양 메커니즘을 가동시켰다.

그런데 하루키는 그 리틀피플의 평범함을 강조한다. 리틀피플은 개성이 없다. 그들은 그저 주어진 의무에 충실할 뿐이다. 유대인 학살 업무를 효과적으로 수행한 나치 관료 아돌프 아이히만(Adolf Eichmann, 1906~1962)처럼 '사유'하지 않고 그저 주어진 일만 열심히 한다. 아이히만은 잔혹한 악마가 아니었다. 오히려 그는 무색무취의 행정관료로서 총통의 명령을 효율적으로 수행했을 뿐이다. 그 명령이 가져오는 결과, 그 명령의 옳고 그름에 대한 가치판단은 배제한 채로 말이다. 아이히만 같은 작은 사람들이 모여 이룩한 것이 독일의 나치즘이고, 일본의 천황제 파시즘이다. 한나 아렌트(Hanna Arendt, 1906~1975)는 이런 아이히만을 두고 '악의 평범성'(Banality of evil)을 말하기도 했다.

한편, 지라르가 희생양 메커니즘에서 분석하는 군중의 모습은 어떤가? 표면적으로는 잔인하다. 그들의 표정은 일그러져 있으며, 희생양 하나를 향해 증오를 쏟아붓고 있다. 그런데 그 표정은 희생양을 향해서만 그렇다. 희생양에게서 얼굴을 돌리면 평범하고 순한 사람들이다. 《1Q84》의 리틀피플도 마찬가지다. '호우, 호우'라는 장단에 맞춰 공기번데기를 만드는 그들의 모습은 귀여울 뿐이다. 그런데 후카에리는 '리틀피플'이 화가 났다고 말한다. 리틀피플은 천둥과 번개를 동원한다. 노부인이 아끼는 개를 산산조각내기도 하고, 덴고와 아오마메 주변의 인물들을 잔인하게 제거하기도 한다. 하루키는 리틀피플의 살해 장면을 묘사하지 않는다. 그 결과만 서술할 따름이다. 60센티미터도 안 되는 귀여운 리틀피플이 실은 그토록 사악하고 무섭다는 것을 알려 주고 있을 뿐이다. 하루키와 지라르는 '범속한 대중의 전체주의'를 나름의 방식으로 폭로하고 있는 것이다.

덴고와 아오마메는 20년이나 서로 소식도 모른 채 살아가고 있지만 열 살 때의 기억을 아름답게 간직하고 있다. 그리고 서로를 그리워하며 사랑하고 있다. 물론 그들은 상대방이 자신에게 그런 사랑을 품고 있다는 사실조차 모른다. 그렇지만 그들은 서로를 강하게 끌어당기고 있다. 덴고와 아오마메는 리틀피플이 지배하는 세계 가운데 반(反)리틀피플의 모멘트로 작용한다. 둘의 사랑이 리틀피플의 사악한 힘에 대항하는 대칭적인 힘으로 작용하는 것이다. 하루키는 이를 '항체'라고 표현한다. 지라르 역시 '예수의 부활' 이후 만장일치적인 박해자에 대항해 일어난 소수 사도들의 행동이 모방적 전염에 대항하고 있다고 말한다.[11] 의학적으로 비유하자면 이 사도들은 만장일치적 박해군중, 즉 예수를 십자가에 못 박은 '리틀피플'의 전염병을 퇴치하는 '항체'로 존재하는 것이다.

《1Q84》를 거듭해 읽으면서 나는 하루키가 분명히 '지라르'의 이론을 읽고 연구했을 거라고 생각했다. 특히 소설에 등장하는 후카에리의 후견인이자 덴고에게 어떤 지혜를 알려 주는 현자의 역할을 맡고 있는 에비스노 선생이 과거에 '문화인류학자'였다는 대목은 하루키가 지라르를 참고했을 개연성을 높여 주는 부분이다. 르네 지라르가 바로 '문화인류학자'가 아니던가? 게다가 에비스노 선생의 영문명이 'field of savages', 즉 '야수들의 땅'이다. 이 땅은 하나의 희생양을 향해 다수가 집단적인 폭력을 행사하는, 그런 '야수들의 땅'이 아닐까? 하루키는 르네 지라르를 '에비스노' 선생으로 자신의 작품에 등장시킨 것이 아닐까? 무엇보다 '리틀피플'은 죽은 '산양'의 입에서 나왔다. 죽은 산양은 희생양을 상징하는 것이 아닐까? '리틀피플'은 양을 숙주 삼아 출현한 어떤 변종생물처럼 느껴지기도 한다. 하루키는 집단으로 생각하는 인간들, 군중 혹은 대중이 이렇게 희생양을 짓밟으며 존재한다는 것을 암시하고 있는 듯하다.

반(反)리틀피플의 항체, 덴고와 아오마메

덴고에게는 열 살 연상의 걸프렌드가 있다. 그녀의 딸은 초등학교 2학년이다. 순한 편이고, 학교성적도 좋지만 천식발작이 있고 그 때문에 따돌림당하고 있다. 두 사람의 대화다.

> "이해가 안 되네." 덴고는 말했다. "천식발작이 있는 아이는 감싸 줘야지 따돌릴 일이 아니잖아."
> "아이들 세계는 그리 간단하지 않아." 그녀는 말하고 한숨을 내쉬었다. "다른 아이들과 다르다는 이유만으로 배척하는 일도 있어. 어른의 세계에서도 비슷하지만 아이들 세계에서는 그게 좀더 직접적인 형태로 드러나는 거야."[12)]

덴고의 걸프렌드는 희생양 메커니즘을 설명하고 있다. 덴고와 걸프렌드의 이어지는 대화다.

> "당신은 따돌림당한 적 있어?" 덴고는 물었다.
> "없어." 그녀는 딱 잘라 말했다. 그다음에 머뭇거림 같은 것이 있었다. "따돌린 적은 있지만."

"다른 애들하고 같이?"

"응. 초등학교 5학년 때. 애들이랑 미리 짜고 어떤 남학생에게 다들 말을 하지 않기로 했어. 왜 그런 짓을 했는지 아무리 생각해도 기억이 안 나. 뭔가 직접적인 원인이 있었을 텐데. 기억도 안 나는 걸 보면 그리 대단한 건 아니었겠지? 어쨌거나 그런 짓을 해서 정말 미안하다고 생각해. 부끄럽기도 하고. 어째서 그런 짓을 했을까. 나도 잘 모르겠어." (중략) "결국은," 연상의 걸프렌드는 말했다. "자신이 배척당하는 소수가 아니라 배척하는 다수에 속한다는 것으로 다들 안심하는 거지. 아, 저쪽에 있는 게 내가 아니어서 다행이야, 하고. 어떤 시대든 어떤 사회든 기본적으로 다 똑같지만 많은 사람들 쪽에 붙어 있으면 성가신 일은 별로 생각하지 않아도 돼."

"그래, 소수의 사람 쪽에 있으면 성가신 일만 생각해야 하지."

"그렇다니까." 우울한 목소리로 그녀는 말했다.[13]

배척하는 다수에 속하는 것에 안심을 느끼는 건 우리 모두 마찬가지일 것이다. 덴고와 걸프렌드의 대화에 하루키의 주제의식이 잘 드러나 있다. 배척하는 다수가 진실로 '리틀피플'인 것이다. 덴고는 어땠을까? 소수의 편에 서는 것이 성가신 일임을 알면서도 그는 단호하게 소수의 편에 섰다. 덴고와 아오마메의 사랑이 시작된 것은 바로 그 일 때문이다. 덴고는 초등학교 4학년 때 아오마메와 한 반이었다. 2년 동안 같은 반에 있으면서도 둘이 서로 대화한 적은 단 한 번도 없었다. 아오마메는 '증인회' 신도였기 때문에, 아이들은 그녀를 '주님'이라고 불렀고 투명인간 취급을 했다. 그러던 어느 날 과학실험 시간, 아오마메가 어떤 실수를 저질렀는지 같은 조가 된 아이들이 아오마메를 향해 심한 말을 내뱉었다. 하루키는 바로 그 상황에서의 덴고의 반응을 다음과 같이 서술한다.

> 과학실험 같은 공동작업에서는 그녀만 제외할 수는 없었다. 그런 때 그녀에게 내던져지는 말은 상당히 독기 어린 것이었다. 덴고는 옆 테이블의 다른 조였지만, 그 말을 못 들은 체할 수 없었다. 왠지는 모른다. 하지만 그냥 그대로 있을 수가 없었다. 덴고는 그쪽으로 가서 그녀에게 자기네 조로 옮겨 오라고 했다. 깊이 생각할 것도 없이, 망설임도 없이, 거의 반사적으로 그렇게 했다. 그리고 그녀에게 실험 요령을 찬찬히 설명해 주었다. 소녀는 덴고의 말을 주의 깊게 듣고 그것을 이해했고, 더 이상 실수를 하지 않았다. 같은 교실에 2년 동안 같이 있으면서도 덴고가 그녀와 말을 한 것은 그게 처음이었다(그리고 마지막이었다). 덴고는 성적도 좋고 덩치도 크고 힘도 셌다. 아이들은 모두 그를 한 수 높이 쳐주었다. 그래서 그녀를 감싸주었다고 덴고를 놀리거나 하는 — 적어도 그의 앞에서는 — 아이는 한 명도 없었다. 하지만 '주님'의 편을 들어 준 탓에 반에서 그의 평가는 암암리에 한 단계 떨어진 모양이었다. 그녀와 관여한 것으로 그 더러움이 적잖이 감염되었다고 생각했기 때문이리라.[14]

덴고는 배척하는 다수가 아니라 배척당하는 소수의 편에 섰다. 박해받는 자의 편에 선 것이다. 하루키가 가장 중요하게 생각하는 도덕은 바로 이것이 아닐까? 그는 2009년 '예루살렘상'을 수상할 때도 계란과 바위 중에서 '계란' 편에 서겠다고 했다. 이는 이스라엘의 팔레스타인 폭격을 간접적으로 비판한 것이다. 이스라엘이 주는 상을 받으면서도 하루키는 이스라엘의 태도를 용기 내어 비판한 셈이다. 하루키는 그런 작가다. 그렇지만 덴고가 '아오마메'의 편을 들어 준 탓에 친구들로부터 덴고의 평가는 한 단계 떨어지게 되었다고 말한다. 지라르는 '희생양'의 편을 들어 주는 것은 상당한 위험을 감수하는 일이라고 말한다. 영웅적인 용기가 없으면 할 수 없다는 것이다. 지라르에 따르면 초대교회 사도들의 그와 같은 영웅적인 용기, 다시 말해 죄 없는 예수를 죽인 박해군중의 죄를 고발하고 회개를 촉구하는 일이 '희생양 메커니즘'을 붕괴시킨 역사적인 사건이라고 말한다. 또한 신구약성서 모두 이러한 '희생양 메커니즘'의 부당함을 폭로하고 있다고 말한다. 여기서 더 눈여겨볼 단어가 '주님'이다. '아오마메'의 별명이 '주님'이었고, 덴고는 '주님' 편을 들었다고 나온다. 아무리 생각해도 하루키가 아무 생각 없이 서술한 것 같지는 않다. 무의식적이든, 의식적이든 오늘날에도 용기 내어 '주님' 편에 서는 자가 많지 않기 때문이다. '주님'은 '희생양'이기 때문이다.

소설에서 덴고는 사도 베드로나 바울처럼 따돌리는 친구들을 비판하지도 않았으며, 그들에게 회개를 촉구하지도 않았다. 따돌림받는 아오마메를 조용히 보호해 주었을 뿐이다. 그렇지만 그 보호가 실은 친구들을 간접적으로 비판하는 셈이 된다. 하루키는 이러한 덴고의 태도에 《1Q84》의 주제의식을 담고 있다

고 할 수 있다.《마음의 사회학》의 저자 김홍중은 마루야마 마사오(丸山眞男, 1914~1996)나 가라타니 고진 같은 일본의 지성인들이 반복하여 강조한 이상적 사회모델은 '동일한 언어를 소유한 존재들이 만드는 공동체'(community)가 아니라 사(私)의 특이성(singularity)에 기초한 타자들의 교통공간으로서의 사회(society)라고 말한다.[15] 즉 일본어로 '사'(私)는 '나'(わたし)에 해당한다. 이는 개인이라는 뜻을 넘어 개성을 지닌 '자아'를 의미한다. 하루키 또한 이들과 유사하게 덴고와 아오마메를 내세워 그런 개별성, 자아의 고유성(singularity)을 강조하고 있다는 것이다.[16)]

하루키가 내세우는 개별성의 증표는 어떤 것일까? 개인이 진정으로 개별적인 존재라는 것은 무엇을 말하는 걸까? 그것은 개인으로서의 자아가 주위 여론과 환경의 압력에 휩쓸리지 않고 자신의 사유로 옳고 그름을 분별하는 용기를 내는 것을 말한다. 지라르 식으로 말하면 군중의 '모방적 전염'에 저항할 수 있는 담대한 자아다. 즉, 하루키는 덴고와 아오마메를 통해 자신이 생각하는 개별적 자아의 모범을 보여 주고 싶었던 것이다.

두 개의 달: NHK 수금원의 대학생 살해사건, 야마나시 현 좌익 과격파의 총격전

소설 도입부에서 수도고속도로 계단을 통해 지상으로 내려

온 아오마메는 하늘에 떠 있는 두 개의 달을 발견한다. 왜 하필 달인가? 소설에는 그에 대한 설명이 나온다. 달은 영어로 'lune' 인데, 이 'lune'은 한편으로 '광기'(狂氣)를 뜻한다. 예컨대, 일본 만화 '드래곤볼'의 손오공은 사이어인족이다. 이 사이어인족은 보름달이 뜨면 거대한 원숭이로 변한다. 그때 전투력이 급상승하는 것이다. 이처럼 달은 사람을 홀리게 하는 무언가로 상징되는 경우가 많다. 즉, 두 개의 달이 떠 있다는 것은, 두 개의 광기가 지배하고 있다는 뜻이 된다. 하루키도 lunatic과 insane의 차이를 설명하면서, 두 개의 달이 의미하는 것을 직접적으로 암시한다.

앞에서 설명했듯이, 두 개의 달은 기본적으로 1995년 고베 대지진과 옴진리교의 사린테러를 상징한다. 하루키는 논픽션 《언더그라운드》에서 이 두 사건이 일본의 거품경제 붕괴와 맞물려 일본인에게 지대한 영향을 미친 사건이었다고 설명한다.[17] 도대체 재난은 사회에 어떤 영향을 미치는 것일까?

《마음의 사회학》의 저자 김홍중은 1755년 11월 '리스본 대지진'이 볼테르와 루소에게 미친 영향을 설명한다. 특히, 루소의 사회계약론은 거대한 재난 앞에서 사람들이 연민을 나타내는 범위 곧 그 한계점이 사회의 경계라는 아이디어에서 나온 것인데, 이 생각은 리스본 대지진의 영향이었다.[18] 루소는 대지진의 참혹한 현장에서 리스본 사람들이 이 재난을 극복하기 위해 놀랍게도 질서를 지키며 협력하는 모습을 보았다. 결국 재난에 대응하는 과정에서 리스본 사람들이 함께 고통 받는 서로를 향해 연민과 공감을 보이면서 일종의 '운명공동체'의 느낌을 갖게 되었는데, 루소는 이러한 감정의 범위가 한 사회의 범위가 된다고 생각한 것이다. 이런 생각을 이해하기는 어렵지 않다. 2014년 4월에 일어난 세월호 참사와 그에 대응하는 정부의 태도에 우리는 얼마나 분노했고 또 연대했는가? 이처럼 사고나 재난은 사회에 엄청난 영향을 몰고 온다. 결국 이런 재난에 대한 공동 대응을 위해 하나의 정치사회로서의 공동체가 형성되는데, 그것이 국가라는 것이 루소의 생각이었다. 그런데 고베 대지진의 경우, 일본의 국가시스템은 이 재난을 효과적으로 해결하기는커녕 재난을 증폭시켰다.[19] 따라서 하루키는 20년 전에 있었던 고베 지진과 옴진리교의 테러, 이 두 사건이 일본사회를 근원부터 흔들었다고 본다. 그럼에도 언론은 이 문제를 피상적으로 다루었고, 시간이 흘러 대부분의 사람은 이 문제를 잊었지만 하루키는 쉽게 잊지도 간과하지도 않았던 것이다.

아오마메에게 두 개의 달은 또 다른 두 사건으로 상징된다. 아오마메는 일본 경찰들이 리볼버 권총을 차고 있는 것을 의아하게 여긴다. 수도고속도로 계단을 내려오기 전, 자신이 있었던 1984년의 세계에서는 전혀 없던 일이다. 이제 1Q84년의 세계에서 그녀는 자기가 놓치고 있는 것이 무엇인지 알아보기 위해 도서관에서 신문을 꼼꼼히 살핀다. 그녀는 거기서 자신의 기억에 없었던 두 개의 사건을 발견한다. 첫째는 '야마나시 현에서 있었던 좌익 과격파 그룹과의 총격전 사건'이고 둘째는 'NHK 수금원이 대학생을 살해한 사건'이다.

아오마메는 성격상 일상적으로 일어나는 일들, 신문이나 방송에 보도되는 일들을 놓치지 않는다. 아니, 오히려 주의 깊게 그런 동향들을 체크한다. 'NHK 수금원의 대학생 살해사건'과 '일본 경찰과 좌익 과격파의 총격전' 같은 사건은 그녀가 놓칠 리 없는 사건이다. 신문에 따르면 과격파와의 총격전 이후 일본 경찰들이 권총을 휴대하게 되었다. 이것은 그녀가 있던 본래의 세계에는 없던 일이다. 그렇지만 아오마메는 사람들에게 '두 개의 달'에 관해 묻지 않는다. 사람들은 그 사실을 모르고 있다. 아니, 두 개의 달을 보지 못하고 있다.

두 개의 달과 두 사건은 하루키가 의도적으로 배치했을 것이다. 이 두 사건은 두 개의 광기를 의미한다. '야마나시 현에서 있었던 좌익 과격파와의 총격전과 그 조직의 궤멸'은 리틀피플의 종교집단 '선구'와 깊은 관계가 있다. 이 과격파의 조직 이름은 '여명'으로, '여명'과 '선구'는 본래 하나의 공동체였다. 자본주의에 반대하여 이상적인 코뮌을 건설하고 그 안에서 자급자족적인 대안경제를 활성화하는 것을 목표로 삼았던 이 집단은 시간이 흐르자 급진적인 무장투쟁을 주장하는 강경파와 현실 사회의 공존을 통해 자본주의를 극복하려는 온건파로 나뉘었다. 결국 이 두 집단은 분리되었고, 강경파 '여명'의 무장투쟁은 곧 실패로 끝나게 되었다. 하지만 온건파 '선구'는 점차 '종교집단'으로 진화했는데, 이 집단은 풍부한 자금력까지 갖추면서 실력 있는 조직이 되었고, 외부로부터 점점 고립된 공동체로 바뀌어 갔다. 그리고 지금은 '리틀피플'을 신적 존재로 경배하는 사이비 종교집단이 된 것이다. 따라서 과격파 '여명'과의 총격전은 아오마메에게 직접적인 관심을 불러일으키는 사건이다.

그런데 하루키는 그 사건보다 더 중요하게 다른 하나의 사건을 배치한다. 그것이 'NHK 수금원의 대학생 살해사건'이다.

NHK는 — 물론 겉으로 드러내지는 않았지만 — 분명 가슴을 쓸어내렸을 것이다. 만일 그런 대형사건이 터지지 않았다면 매스컴에서는 NHK의 수금 시스템에 대해, 혹은 NHK라는 조직 자체에 대해 이 일을 들어 큰 소리로 문제를 제기했을 것이기 때문이다. 그해 초 록히드 뇌물 수수 사건을 특집으로 다룬 NHK 프로그램에 자민당이 불만을 표시하여 그 내용을 바꾸게 한 사건이 있었다. NHK는 방송 전에 몇몇 여당 정치인에게 그 프로그램 내용을 상세히 설명하고 "이런 걸 방송해도 괜찮을까요?"라고 굽실굽실 머리를 조아리며 의견을 여쭈었다는 것이다. 그건 놀랍게도 그때까지 일상적으로 이루어진 관행이었다. NHK 예산은 국회의 승인을 받아야 하기 때문에 여당이나 정부의 심기를 거슬렀다가는 어떤 보복이 떨어질지 모른다는 두려움이 NHK 상층부에 있었다. 또한 여당 내에는 NHK를 자신들의 홍보기관쯤으로 여기는 경향이 있었다. 그러한 내막이 폭로되자 국민 대다수는, 당연한 일이지만 NHK 방송 프로그램의 독립성과 정치적 공정성에 불신을 품기 시작했다. 그 바람에 수신료 납부거부 운동도 기세를 올리고 있었다.

하루키는 왜 NHK 수금원 살해사건과 그 배경을 상세하게 서술하는 걸까? 아오마메의 기억에 분명하게 누락된 두 사건 중 하나로 이 사건을 넣은 이유는 무엇일까? 좌익 과격파와의 총격전은 모두가 주목할 만한 사건이다. 그러나 NHK 수금원이 대학생을 살해한 사건은 지나치기 쉬운 사건이다. 하지만 예리한 아오마메는 주의 깊게 신문을 읽는 습관이 있기 때문에 그런 사건을 결코 놓치지 않는다. 반면 대중, 즉 리틀피플은 그런 사건에 주의를 기울이지 않는다. 다른 사람의 관심이 쏠려 있는 사건만 주목한다.

아오마메는 어릴 때 '증인회' 신도로서 일요일마다 부모를 따라 전도활동을 해야 했다. 덴고의 아버지는 NHK 수금원이었는데, 일요일마다 아들 덴고를 이끌고 집집마다 수금을 하러 다녔다. 덴고와 아오마메 모두 그런 일요일을 싫어했다. 두 아이 중 한 명은 사이비종교 활동에 의해, 한 명은 국영 방송에 의해 어린 시절의 소중한 시간을 착취당한 것이다. 이 장치를 통해 하루키는 사이비종교의 폭력과 국가의 폭력을 두 개의 광기로 표상한 것이다.

NHK 수금원의 칼에 찔려 사망한 희생자는 법학을 전공하는 대학 3학년생이다. 그런데 그 범죄를 저지른 NHK 수금원은 희한하게도 경찰에 체포될 때 어떠한 저항도 하지 않았다. 아오마메가 읽은 기사에 따르면, 그 수금원은 6년 전부터 NHK 정직원으로 일했고 근무 태도는 극히 성실했으며 실적도 우수했다. 그런데 NHK 수금원은 국가라는 공룡조직의 가장 말단에 있는 사람으로, 수신료 수금이라는 가장 험한 일을 하고 다닌다. 게다가 그는 성실하다. 리틀피플이 '호우호우' 장단을 맞추며 공기번데기를 만드는 노동을 열심히 하듯, 그 수금원 역시 자신이 해야 할 일을 성실히 다했을 뿐이다.

하지만 그런 순한 사람도 국가의 명령에 복종하지 않는 사람을 만나면 살인을 저지를 수 있다. 그 사람이 선량한 법학과 학생이라도 소용이 없다. 천황에 의해 옥쇄(玉碎)를 명령받고 돌진하는 카미카제 특공대원들의 의식도 그 NHK 수금원과 다르지 않을 것이다. 중일전쟁 당시 난징에서 학살을 저지른 일본 군인들이 평소에도 잔인했을까? 일본인들의 예절과 부드러움은 세계에서 둘째가라면 서러울 정도라고 한다. 하지만 그처럼 순한 사람들이 천황의 명을 받고 아시아 침략에 나섰고, 포로들을 '마루타'로 부르며 생체실험을 했던 것이다. 개인적으로 지극히 선하고 착한 사람들이지만, 집단으로 모여 잘못된 명령에 복종할 때 그 집단은 사악하고 잔혹한 폭력을 행사할 수 있다. 그들이 리틀피플인 것이다.

덴고의 아버지 역시 그런 리틀피플적인 존재다. 덴고의 아버지는 NHK 수금원으로서 평생을 성실하게 일했고, 회사에서 표창을 받은 적도 있다. 그렇지만 덴고는 자신이 아버지의 아들이 아닐 거라고 의심한다. 아버지는 수학신동이자 재능 있는 유도선수였던 아들 덴고를 자랑스러워했다. 그렇지만 덴고와 아버지는 전혀 달랐다. 덴고는 아버지가 책 읽는 모습을 본 적이 없다. 지적 호기심이라고는 전혀 찾아볼 수 없는 존재였다. 덴고의 아버지는 결국 요양원에서 생을 마감한다. 아버지의 유언은 자신을 화장할 때 NHK 수금원 제복을 입혀 달라는 것이었다.

이 장면에서 나는 일본 영화 〈철도원〉이 생각났다. 눈 덮인 시골 마을 어느 역에서 근무하는 역무원 '오토'(다카쿠라 켄 연기)가 역무원으로서 자신의 직업에 책임을 다하는 모습을 그린 영화다. 그는 딸이 죽을 때도, 아내가 죽을 때도 그 역을 지키고 있었다. 자신이 맡은 역할을 묵묵히 수행하는 한 역무원의 모습은 물론 아름답다. 그러나 잘 들여다보면 소름끼친다. 그에게 개인적인 삶은 언제나 두 번째다. 그보다 중요한 것은 자신이 맡은 일이다. 딸이 아파서 죽고, 아내가 입원했을 때도 곁을 지키지 못하고 소속된 직장에서 성실하게 근무하는 철도원 '오토'는 겉으로 보면 아름답지만, 실은 섬뜩한 '리틀피플'의 단면을 드러낸다. 이 영화가 일본의 전형적인 우익의 정서를 대변한다고 비판받은 이유가 바로 그 때문이다.

덴고의 아버지도 마찬가지다. 아버지는 자신의 수금 업무를 위해 덴고를 착취했다. 프로이트식 해석에 의하면 '아버지'는 왕 혹은 국가를 상징한다. 덴고의 아버지는 리틀피플을 상징하면서 동시에 백성을 착취하는 '천황' 혹은 '국가권력'을 상징하는 것이다. 덴고의 아버지는 자신의 정체성을 NHK로부터 부여받았다. 그는 죽는 순간까지도 NHK 수금원이고자 했던 것이다. 소설에서 덴고의 아버지는 전쟁세대로서 일본의 천황제 파시즘이 기승을 부리던 시기를 지나온 세대이다. 즉, 하루키는 'NHK 수금원'이란 소재를 통해 일본이 지닌 뿌리 깊은 문제를 다루고 있다. 실제로《1Q84》에서 'NHK 수금원'은 아오마메가 숨어 있는 곳의 현관문을 집요하게 두드린다. 하루키는 이 사람이 덴고의 아버지의 생령(生靈)일 것임을 암시한다. 아오마메는 이 수금원에게서 어떤 사악한 기운을 감지한다. 그리고 그것이 자신의 소중한 것을 노리고 있다고 생각한다. 그 수금원은 문을 두드리며 이렇게 말한다.

> 당신은 언제까지고 거기 숨어 있으면 피할 수 있다고 생각하시죠. 좋아요. 숨어 계세요. 하지만 아무리 조용히 숨을 죽이고 있어도 누군가가 반드시 당신을 찾아냅니다. 비겁한 짓은 오래가지 못해요. 생각 좀 해보세요. 당신보다 훨씬 가난한 사람들이 전국에서 다달이 성실하게 수신료를 납부하고 있습니다. 이건 공정한 일이 아니지요.[20]

이처럼 또 다른 리틀피플인 'NHK 수금원'은 아오마메를 집요하게 위협한다. 그런데 하루키는 왜 굳이 NHK를 이야기하는 걸까? 국가의 억압과 폭력은 경찰이나 군대, 행정기관 등의 소재를 사용하는 것이 더 설득력이 있지 않을까? 아니다. 하루키는 NHK를 다룸으로써 이 소설이 분명 조지 오웰의《1984》를 모티프로 했음을 보여 준다. 전체주의는 미디어를 이용한다. 억압과 통제를 넘어 '동의'를 교육한다. NHK는 방송이다. 방송은 효율적인 파시즘의 도구인 것이다. 히틀러는 독일 국민 선동에 방송을 종종 이용했다. 1980년대 전두환의 신군부는 보도지침을 만들었다. 방송은 그 보도지침에 따라 방송을 해야 했다. 1980년 5월 광주 시민들이 공수부대의 총칼에 죽고 있을 때 방송은 광주에서 일어난 일을 제대로 보도하지 않았다.

방송은 이처럼 쉽게 전체주의의 도구로 전락할 수 있다. 하루키는 NHK 역시 부패한 권력의 도구로 파악하고 있다. 정부의 방송 이용은 텔레스크린을 이용했던 조지 오웰의 '빅브라더'를 연상시킨다.

그런데 어린 덴고는 어쩔 수 없이 아버지를 따라다니며 수금을 해야 했지만, 결국 담임선생님께 도움을 청하여 그 의무에서 벗어난다. 덴고와 아오마메는 각각 NHK 수금 업무로부터, 증인회로부터 자유를 얻는다. 그리고 둘 다 가족으로부터 독립한 존재로 홀로 서게 된다. 하루키는 이처럼 대중이 각각의 개별성을 회복하고 홀로 서는 과정이 필요하다고 생각한다. 덴고와 아오마메는 종교집단 '선구'와 리틀피플에 대항하는 힘이자, NHK로 표상되는 국가권력에 대항하는 힘이다. 그리고 두 사람은 두 가지 위협에 결코 굴복하지 않는다. 그런데 이들을 응원하고 이어 주는 신비한 힘이 작용하고 있다. 그렇다. 하루키의《1Q84》는 사회적 소설에 그치지 않는다. 그는 종교와 영적인 세계를 동시에 다루고 있다.

《1Q84》의 신, 더울 때나 추울 때나 신은 그곳에 있다

지금까지 살펴본 대로《1Q84》는 그 의미가 단순하지 않은 소설이다. 앞에서 언급했듯이, 하루키가 이 소설을 쓰는 데 결정적인 영향을 끼친 사건은 1995년 옴진리교의 지하철 사린테러였다. 하루키는 옴진리교라는 종교집단이 비합리적인 광기에 휘둘린 사람들이라고 단순히 넘기지 않았다. 그는 사린테러 피해자 인터뷰집인《언더그라운드》에서 다음과 같이 말한다.

> 즉 옴진리교라는 '존재'를 순수하게 타인의 일로, 이해할 수 없는 기형적인 것으로 보고, 건너편에서 망원경으로 바라보기만 해서는 우리는 아무것도 얻을 수 없다는 것이다. 설령 그렇게 생각하는 것 자체가 약간의 불쾌감을 동반한다 하더라도 자기 자신이라는 시스템 속에, 또는 자신이 속한 시스템 속에 어느 정도 포함되어 있을지도 모른다고 생각하며 그 '존재'를 검증하는 것이 중요하지 않을까. 우리의 '이쪽' 영역에 묻혀 있는 그 열쇠를 발견하지 못하면 모든 것은 끝없이 '건너편'에 귀속될 것이며, 거기 내재되어 있을 의미는 육안으로 식별할 수 없을 정도로 극소화돼 버리지 않을까?[21]

즉, 옴진리교라는 사이비종교집단은 일본이라는 사회를 비춘 약간 비뚤어진 거울상일 수 있다는 것으로, 옴진리교는 그냥 하늘에서 뚝 떨어진 게 아니라 일본이라는 사회 시스템이 자체적으로 안고 있는 버그가 괴상한 형태로 나타난 것일 수 있다는 이야기다. 단지 '미친 사람들'이라고 그들을 비난하고 무시하기 전에, 그들이 출현할 수밖에 없었던 시스템을 더 면밀하게 검증해야 한다는 것이 하루키의 의견이다. 따라서 《1Q84》 속의 비정상적인 종교집단 '선구'는 범속한 대중, 즉 리틀피플로 가득한 일본 사회의 기형적 축소판으로 자리 잡고 있다.

그런데 이에 대항하는 힘이 바로 덴고와 아오마메의 진실한 사랑이다. 다시 말해 하루키는 범속한 대중의 전체주의를 극복하기 위한 대안으로 사회과학 이론이나 혁명정신을 이야기하지 않는다. 오히려 그는 진실한 사랑을 이야기한다. 진정한 개인의 발견, 진정한 자아의 회복은 진실한 사랑 안에서 가능하다. 그리고 그 사랑은 덴고와 아오마메의 사랑처럼 단순한 연애감정이 아니라 종교적인 숭고한 감정이다. '신'(神)이 바로 이러한 사랑을 매개한다. 그렇다. 놀랍게도 하루키는 이 자리에 '종교'를 배치하고 있다. 그리고 그것은 기독교다. 물론 하루키는 제도적 종교로서의 '기독교'에는 거리를 둔다. 그럼에도 신과 인간의 개별적이고 인격적인 관계라는 테마는 다분히 기독교적이다.

아오마메는 신앙을 버리고 '증인회'에서 나왔다. 부모로부터도 완전히 독립했다. 하지만 친구들 앞에서 큰 소리로 외웠던 '기도문'은 잊어버리지 않았다. 아니, 오히려 두려움과 긴장감이 몰려오는 상황에서 아오마메는 자신도 모르게 기도문을 외운다. 그 기도문을 외우고 나면 차분해지고 알 수 없는 힘이 솟아난다. 그 기도문은 이렇다.

> 하늘에 계신 주님이시여. 당신의 이름이 영원히 거룩한 여김을 받으시오며, 당신의 왕국이 우리에게 임하옵시며, 우리의 수많은 죄

를 사하여 주시옵소서. 우리의 보잘것없는 삶에 당신의 축복을 주시옵소서. 아멘.

증인회의 기도문이지만, 기도문 자체만 보면 내용에는 문제가 없다. 특히 이 기도문은 기독교의 주기도문과 매우 비슷하다. 어린 시절 아오마메에게 이 기도문은 그저 고통이었다. 그런데 이제는 그 기도가 자신을 지탱해 주고 있다는 것을 아오마메는 느끼는 것이다. 급기야 아오마메는 인정한다. 자신이 신을 믿고 있음을.

어느 날 차가운 바람을 맞으며 공원을 감시하면서 아오마메는 자신이 신을 믿고 있다는 것을 깨닫는다. 느닷없이 그 사실을 발견한다. 마치 발바닥이 부드러운 진흙 밑바닥에서 단단한 지반을 찾듯이 그것은 불가해한 감각이고, 예상치도 못한 인식이다. 그녀는 어느 정도 자란 후부터는 신이라는 것을 내내 증오해 왔다. 좀더 정확히 표현하자면, 신과 자신 사이에 끼여 있는 사람들과 시스템을 거부해 왔다. 오랜 세월 동안 그런 사람들과 시스템은 그녀에게 신과 거의 동의어였다. 그들을 증오하는 것은 곧 신을 증오하는 것이기도 했다. (중략)
그래도 아오마메는 아랫배에 손을 얹고 플라스틱 가림판 틈새로 사람 없는 공원을 바라보며, 마음의 가장 밑바닥에서 자신이 신을 믿는다는 것을 느끼지 않을 수 없다. 기계적으로 기도문을 입에 올릴 때, 양손의 손가락을 하나로 맞댈 때, 그녀는 의식의 틀 밖에서 신을 믿고 있었다. 그것은 뼛속 깊이 스며든 감각이며 논리나 감정으로는 떨쳐 낼 수 없는 것이다. 증오나 분노에 의해서도 지워 버릴 수 없는 것이 있다.[22] (중략)

그런데 신에 대한 아오마메의 생각은 신에 대한 하루키의 생각을 대변하는 것 같다. 예컨대, 하루키는 1989년에 다음과 같이 말한 적이 있다.

> 나에게 신이라는 개념은 없다. 나는 신이라는 존재는 믿지 않지만, 인간의 시스템으로서의 그러한 힘 같은 것은 믿고 있는 것이 아닐까?[23]

앞의 아오마메의 생각과 하루키의 생각을 비교해 보자. 《1Q84》가 출간된 것이 2009년이니까 20년의 세월이 흐르면서 신에 대한 하루키의 생각은 변한 것 같다. 1989년에 하루키는 신은 믿지 않지만, 시스템으로서의 신적인 힘 같은 것이 있다고 믿고 있었던 것 같다. 과거에도 그랬지만, 하루키는 사악한 무언가를 줄곧 느껴 왔다. 《세계의 끝과 하드보일드 원더랜드》에서는 지하세계의 '야미쿠로'라는 존재로, 《해변의 카프카》에서는 주인공의 아버지인 '조니 워커'로, 《노르웨이의 숲》에서는 주인공 와타나베의 친구인 기즈키와 나오코의 자살을 유도하는 무언가로, 《색채가 없는 다자키 쓰쿠루와 그가 순례를 떠난 해》에서는 '시로'(白)를 교살한 누군가로 상징된다. 그러나 그 신적인 힘은 사악한 것이다. 이때 하루키는 아직 선한 신에 대한 생각까지지는 이르지 못했던 것 같다.

《1Q84》에서도 아오마메에게 시스템과 신은 본래 동의어였고 그녀는 그러한 신을 증오해 왔다. 그런데 아오마메는 마음 밑바닥에서 자신이 신을 믿는다는 것을 느끼게 된다. 이는 매우 중요한 대목이다. 하루키는 공중 권세의 사탄적 시스템을 먼저 인식하고 있었고, 제도로서의 종교 역시 이 시스템의 하나라고 생각했는데, 아오마메를 통해 시스템이 왜곡해 버린 신의 본질, 곧 시스템의 악에 저항할 수 있게 만드는 선한 신에 대해 생각하게 된 듯하다.

하루키가 신의 존재를 분명히 인정하고 있다고 보면 지나친 말일까? 그것은 물론 하루키가 제도종교로서의 기독교 신자가 되었다는 의미는 아닐 것이다. 그럼에도 신에 대한 하루키의 생각은 서두에서 다루었다시피, 기독교에서 출발하고 있다. 그는 이러한 자신의 변화된 생각을 소설에서 구체화시키고 있는 것은 아닐까?

신, 은색 메르세데스 벤츠 쿠페의 중년 여자, 그리고 칼 구스타프 융

그렇다면 아오마메의 신은 어떠한 신일까? 하루키는 어떤 관점으로 신을 그리는 것일까? 아오마메는 두 개의 달이 떠 있는 세계를 '1Q84'년이라고 이름 붙였다. 어떻게 해서 자신이 그 세계로 왔는지 아오마메는 알 수 없었다. 그러나 종교집단 '선구'의 교주를 살해하기 위해 찾아간 그날, 아오마메는 자신이 어떻게 그 세계로 왔는지 그 교주로부터 설명을 듣는다. 이 세계엔 리틀피플이 있는데, 그 리틀피플의 힘을 막기 위한 대항 모멘트가 '아오마메'를 이 세계로 끌어들여 왔다는 것이다. 자신을 이 세계로 이끌고 들어온 자, 20년간 한 번도 만나지 못한 덴고와 강하게 연결시키고 있는 매개자가 아오마메의 신이다. 그리고 그 신은 아오마메와 아오마메 속의 그 작은 어린 아이, 그리고 덴고를 보호하고 있다.

2권 마지막 부분을 보면 아오마메가 1Q84년으로부터 탈출하기 위해 다시 그 수도고속도로를 찾는다. 고속도로에서 내려 비상계단 입구를 찾았지만 그 입구는 없었다. 완전히 막힌 것이다. 아오마메는 어쩔 수 없다고 생각하고 권총을 입에 물고 자살하려고 한다. 그런데 그때 아오마메를 바라보는 한 눈길이 있었다. 은색 메르세데스 벤츠 쿠페를 타고 있는 한 중년 여자다. 그 여자는 끝까지 아오마메에게서 시선을 돌리지 않는다. 아오마메는 이때 어떤 목소리를 들었다고 말한다. 그 목소리는 아오마메를 설득했다. 아오마메는 갑자기 다시 한 번 덴고를 만날 수 있을지 모른다고 생각한다. 그러려면 아직 죽어서는 안 된다. 죽고자 하는 아오마메를 물끄러미 바라보며 시선을 거두지 않던 중년 여자. 이 은색 메르세데스 벤츠의 중년 여자는 아오마메가 생각하는 신의 이미지다. 또는 신이 보낸 수호천사다.

그 중년 여자는 꿈에도 나타난다. 꿈에서 아오마메는 고속도로 갓길에 벌거벗은 채로 서 있다. 그런 그녀에게 은색 벤츠 쿠페의 중년 여자가 다가와서는 입고 있던 코트를 벗어 아오마메의 몸에 걸쳐 준다. 그리고 그 여자는 자기 차로 돌아간다. 이 은색 벤츠의 중년 여자가 아오마메가 생각하는 신의 이미지이다. 소설의 마지막 부분에서 덴고와 아오마메는 실제로 은색 벤츠의 중년 여자의 간접적인 도움을 받고 고속도로 한복판에서 택시를 탄다. 그때 그들은 달이 한 개 떠 있는 세계, 즉 1984년으로 돌아온다.

하루키는《1Q84》에서 이처럼 덴고와 아오마메를 연결시키는 매개자로 '신'을 내세운다. 둘은 20년이나 떨어져 지냈지만 서로 강하게 사랑한다. 그리고 그 사랑의 힘이 두 사람을 리틀피플이 지배하는 세계에 대항할 수 있게 한다. 덴고도 아오마메도 리틀피플의 분노에 의해 분명히 위험에 처해 있긴 했다. 하지만 신은 그들을 보호한다. 필요한 때 특정 상황을 만들기도 하고 개입하기도 한다. 두 사람의 사랑이 이루어지도록 신은 필요한 조치를 취한다. 덴고와 아오마메는 물론 그 세계의 큰 그림을 보지 못한다. 그러나 신은 큰 그림을 보면서 전체적인 조화를 이루어 간다. 하루키는《1Q84》의 세계를 구성하면서 처음으로 전지적 작가 시점으로 스토리를 전개했다. 그 시점을 통해 하루키 스스로 '신'의 입장이 되어 본 것이다. 그리고 소설 속에서 어느덧 덴고와 아오마메는 비록 큰 그림을 보지 못하지만 자신들의 인연에 어떤 신적인 의지가 개입되어 있다고 차차 믿게 된다.

하루키는 신의 개념을 조금 더 부연하기 위해, 등장인물 '다마루'를 통해 융이 생각한 '신'을 이야기한다. 심리학자 칼 구스타프 융이 취리히 호숫가에 지은 집에 새겨 넣은 다음과 같은 문장이 있다는 것이다. '차가워도, 차갑지 않아도, 신은 이곳에 있다.' 무슨 뜻인지 알기 어려운 말이다. 이에 대해 '다마루'는 다음과 같이 말한다.

> 그렇겠지. 무슨 뜻인지는 나도 잘 몰라. 거기에는 너무도 깊은 암시가 담겨 있어. 해석하기가 너무 어려워. (중략) 나는 왠지 옛날부터 그 말에 강하게 끌렸어. 무슨 뜻인지는 잘 이해 못 하겠지만, 못 하면 못 하는 대로 그 말은 내 마음에 상당히 깊숙이 울려. 나는 신에 대해 잘 몰라. 아니, 가톨릭에서 운영하는 고아원에서 어지간히 고생을 많이 겪었기 때문에, 신에 대해 별로 좋은 인상은 갖고 있지 못해. 그리고 거기는 항상 추운 곳이었어. 한여름에도 추웠어. 상당히 춥거나, 지독히 춥거나, 둘 중 하나였어. 신이 혹시 있다고 해도 나에게 친절했다고는 도저히 말 못 해. 하지만 그런데도 그 말은 내 영혼의 가느다란 주름 틈새에 조용히 스며들더란 말이지. 나는 이따금 눈을 감고 그 말을 수없이 머릿속에서 외워. 그러면 이상하게 기분이 차분해지지.[24)]

증인회 신도였던 아오마메도, 가톨릭이 운영하는 고아원에서 자라난 남자 다마루도 신에 대해 별로 좋지 않은 인상을 갖고 있었다. 어쩌면 그 신으로 인해 고통스러웠다. 신을 경배하는 차원에서 만들어진 제도와 시스템은 그 속의 인간을 억압하고 착취했다. 때론 폭력적이었다. 그래서 그들은 그 시스템으로부터 독립했다. 하지만 시스템으로부터 탈출하고 난 뒤 오히려 '신'을 믿게 된다. 시스템과 교리에 의해 체계화된 신이 아닌 연약한 개인을 감싸는 신이다. '잃어버린 한 마리 양'을 위해 자신을 십자가에 기꺼이 내준 그리스도처럼. 신은 고독하고 외로운 아오마메를 버리지 않았다. 오히려 그녀를 보호한다. 그녀의 사랑이 이루어지도록 신은 필요한 조치를 취한다. 아오마메는 어느덧 그러한 신을 믿고 있는 자신을 발견하는 것이다.

그런데 아오마메가 신을 믿게 되면서 잃어버린 것이 하나 있다. 그것은 '분노'였다. 아오마메는 어린 시절 자신이 경험했던 폭력에 대해 근원적인 분노를 갖고 있었다. 그리고 폭력이 지배하는 세계에서 약자들을 제대로 보호해 주지 못하는 무능한 법을 대신해 폭력에 폭력으로 대항하고 처벌하려 했다. 그리하여 스포츠 인스트럭터 활동을 하면서 만나게 된 부유한 노부인과 함께 아오마메는 폭력을 벌하기 위한 폭력을 행사했고, 그것이 정의라고 생각했다. 그런데 아오마메는 신을 믿게 되면서 그 근원적인 분노를 잃어버리게 된다. 그녀를 지탱하는 것은 이제 분노가 아니라 사랑이다. 노부인도 마찬가지다. 아오마메와 비슷한 시기에 자신을 지탱했던 그 분노가 사라져 버렸음을 지각하게 된다. 하루키는 마지막에 가서 분노의 덧없음을, 리틀피플의 폭력에 진정으로 대항하는 힘이 분노가 아니라 개인 간의 진실한 사랑임을 말하려는 것이다. 결국 신을 믿게 되면서 분노를 잃고 사랑에 헌신하게 된 것이다.

하루키는 다마루의 입을 빌려 정신분석학자 융이 생각한 '신'을 이야기한다. 융은 제도적인 종교로서의 기독교와 교회에는 거리를 두고자 했다. 그럼에도 그는 정신치료에 도움을 주는 상징체계가 기독교임을 인식했으며, 기독교 사제들과 함께 인간의 영혼에 관해 연구하고 교류했던 것이다. 소설 곳곳에서 하루키는 융을 인용하는데, 그 역시 융의 '유신론'(有神論)과 신관(神觀)에 상당 부분 동의하는 듯한 인상을 준다.

그런데 왜 하필 신인가?

그런데 왜 하필 하루키는 신을 이야기하는 걸까? 덴고와 아오마메의 진실한 사랑, 그것 하나면 충분한 것 아닌가? 범속한 대중의 전체주의에 저항하는 힘은 개개인의 독립적인 사유만으로 충분하지 않을까? 굳이 두 사람의 사랑을 이어주는 데 왜 신학적 상상력이 필요한 것일까?

하루키는 1949년생으로, 1968년을 경험했다. 유럽과 마찬가지로 일본도 당시 학생운동 열기가 대단했다. 하지만 하루키는 전공투(全共鬪) 학생운동의 부정적인 면을 동시에 보았다. 그는 이전 소설《노르웨이의 숲(상실의 시대)》에서, 그리고《해변의 카프카》에서 학생운동의 중심세력이 지닌 꽉 막힌 답답함과 내부 구조의 경직성을 비판했다. 그렇다고 하루키가 정치적으로 보수화되었다는 뜻이 아니다. 하지만 '혁명'을 부르짖으며 세상을 바꾸겠다고 나서는 이들의 행태 역시 그들이 비판하는 보수세력과 크게 다르지 않다는 것에 실망한 듯하다. 하루키는 '개인'이 빠진, '자아'를 도구화하는 어떤 것도 대안이 될 수 없음을 깨달은 것이다. 이를 극복하기 위해선 진정한 사(私, self, individual)의 회복이 필요하다고 생각했다.

이런 생각은 사실 2차 대전 후 계몽사상이 표방한 진보와 해방의 거대담론과 서사를 비판했던 포스트모더니즘과 어느 정도 상통하는 부분이 있다. 그렇지만 하루키의 소설을 그렇게 단순하게 읽는 것은 뭔가 핵심을 놓치는 것일 수 있다. 오히려 하루키는 일본에서 그런 진정한 개인의 회복은 기독교적인 사랑, 신과의 개별적인 사랑에 기초할 때 가능하다고 생각하는 듯하다. 어떻게 그런 생각에 이르게 된 것일까?

유럽과 일본은 기독교에 대한 태도가 다르다. 역사적 배경이 다르기 때문이다. 유럽에서 기독교는 구시대적인 어떤 것이었다. 따라서 그것은 극복되어야 하는 것이다. 교회는 줄곧 권력과 결탁했고, 정치적으로 곧잘 보수화되었다. 일본에서의 기독교는 어떨까? 전혀 다르다. 유럽은 동양의 선불교 같은 것을 이상적인 종교로 생각하는 경향이 있지만, 일본 불교는 천황제 파시즘에 협력했다.[25] 하지만 기독교는 저항했다. 로마시대 기독교가 황제숭배를 거부했던 것과 마찬가지로 일본에서 기독교는 천황제와 갈등하는 측면이 있다. 전쟁에 동원된 이들을 '신사'의 신으로 숭배하는 일본의 신도주의(神道主義) 역시 기독교의 핵심교리와 부딪친다. 여러 가지 측면에서 기독교는 일본의 정신문화와 갈등할 수밖에 없는 것이다.

예컨대, 일본 기독교를 대표하는 신학자 우치무라 간조(內村鑑三, 1861~1930)는 일본의 조선 지배와 군국주의를 비판했다. 한편, 야나이하라 다다오(矢內原忠雄, 1893~1961) 역시 우치무라 간조의 성서연구회 출신 기독교인이자 도쿄제국대학의 학자였는데, 1930년대 군국주의와 천황제 파시즘을 격렬하게 비판한 지식인이고, 조선인의 아픔을 깊이 이해한 사람이다. 마쓰이 요시코(松井義子, 1928~1998) 여사는 한국인 피폭자에 대한 보상을 위해, 일본군위안부에 대한 일제의 배상을 위해 애쓴 기독교인이다. 또한 평화헌법 9조를 수호하기 위한 '헌법 9조 모임'의 결성에 참여한 주요인물이다.[26] 2015년 초, IS에 참수당한 고토 겐지(1967~2015) 기자 또한 시리아 등지에서 분쟁지역의 참상과 열악한 아동인권 실태를 취재한 양심적인 크리스천이다. 이처럼 일본 기독교인은 극소수에 불과하지만, 그 소수의 기독교인이 일본에서 양심적인 목소리를 내는 데 힘을 보태고 있다.

하루키는 1930년대의 할힌골 전투(일명 노몬한 전투), 만주국 문제, 중국에서 저지른 일본의 만행, 조선에 대한 일본의 식민지배 문제에 예민한 죄의식이 있는 것으로 보인다. 순전히 나의 추측이지만 그런 하루키에게, 천황제 파시즘과 전쟁에 반대하고 여전히 평화헌법을 수호하고자 하는 일본의 기독교인들은 분명 특별했을 것이며, 긍정적인 이미지를 심어 주었을 것이다. 기독교인들의 열정이 신에 대한 사랑과 이웃에 대한 사랑에서 비롯되는 것이고, 그 사랑이 사회를 변혁하는 힘으로 작용할 수 있다면 기독교는 우리가 지켜야 할 소중한 것이 아닐까 하는 생각을 하지 않았을까?

어쨌든 하루키는 개개인의 사랑이 진정으로 숭고하고 진실한 것이 되기 위해서는 그 사랑에 모델이 필요한데, 그것을 기독교에서 찾고 있는 것 같다. 결국 덴고와 아오마메의 사랑은 신의 은총에 의해 맺어진다. 그리고 그 사랑은 '리틀피플'이 지배하는 세상에 대항하여 승리할 수 있는 힘이다. 그 사랑은 군중의 폭력으로부터 한 사람을 지켜 내는 소중한 용기이다. 잃어버린 한 마리 양을 찾는 그리스도의 사랑인 것이다.

이렇게 무라카미 하루키의 스토리는 르네 지라르의 논지와 연결되고, 복음의 핵심에 가까이 가게 된다. 지라르에 따르면 박해받을 수밖에 없는 소수를 보호하는 힘은 결국 '성령'에 의해 감동된 제자들에 의해 가능했다. 그렇게 볼 때, 하루키의 텍스트에서 덴고와 아오마메의 사랑은 성령에 감동된 사랑이 아닐까? 물론 하루키는 이 책에서 직접적으로 '예수님의 구원'을 이야기하지는 않는다. 그는 아직 크리스천이 아니다. 하지만 그의 텍스트는 기독교적 사랑의 핵심적 측면을 잘 그려 내고 있다. 그런 면에서 하루키의 소설《1Q84》를 남녀의 사랑의 관점에서만 보거나 옴진리교 문제를 모티프로 일본을 비춘 사회참여적 소설로만 보는 것은 하루키의 진정한 주제의식을 놓치는 것일 수 있다. 그의 소설은 '범속한 대중의 전체주의'를 비판하는 기독교적 텍스트다. 이 소설에서 개인적 영성과 사회적 영성은 묘한 접점을 찾는다.

그런데 이런 생각이 든다. 무라카미 하루키가 만일 한국 작가였다면 기독교에 대해 어떤 생각을 했을까? 앞에서 분석한 것처럼 하루키가 개인의 진지한 신앙과 영성이 일본 사회를 변혁하는 힘으로 작용할 수 있다고 전망했다면 그에게서 개인적인 영성과 사회적 정의는 분리할 수 없는 것이 아니었을까? 그런데 한국에서는 상황이 묘하게 달라진다. 하루키와 비슷한 문제의식을 가진 영화감독이 있는데, 바로 나홍진 감독이다. 그도 사악한 무언가에 대한 고민에서 출발하여 한 편의 영화를 만들었는데, 그 영화가 바로 〈곡성〉이다. 이 영화는 한국 교회와 한국 사회 전반에 만연해 있는 어떤 집단적인 심리에 관해 무언가를 말하고 있다. 이제 그 이야기를 좀더 해보자.

〔보론〕

지라르에 비춰 본 영화 〈곡성〉,[1)]
한국 교회를 비추는 일그러진 거울상

지라르가 발견한 박해의 전형(典型, type)

지금까지 지라르의 이론을 통해 신화와 성서의 유사점과 결정적인 차이점을 알아보았고, 신화는 박해자의 부당한 폭력을 정당화하는 텍스트로서 거짓되지만, 성서는 희생자의 무고함을 드러내는 텍스트로서 진실되다는 것을 살펴보았다. 그런데 신화 텍스트의 표면에서 무고한 희생양에 대한 집단박해의 흔적을 찾기는 쉽지 않다. 그 이유는 간단하다. 신화는 집단박해의 흔적을 지우는 것을 목적으로 만들어진 이야기이기 때문이다. 예컨대, 〈오이디푸스 신화〉[2]를 통해 프로이트의 '오이디푸스 콤플렉스' 개념을 이해하기는 쉽지만 오이디푸스가 무고한 희생양이라는 사실을 알아보기는 쉽지 않다. 따라서 르네 지라르는 다른 저서 《희생양》에서 다양한 고대신화에 대한 보다 주의 깊고 면밀한 독해를 통해 희생양 메커니즘 가설의 신뢰도를 높이는 데 주력한다. 이를 위해 우선 그는 신화에 숨겨진 집단박해의 흔적을 찾아내는 리트머스 시험지를 만들어 냈다. 그 리트머스 시험지는 다음 네 가지 지표(index)로 구성된다.

① 사회문화적 위기, 즉 전면적인 '무차별화'에 대한 묘사가 있다.

② '무차별화'의 범죄 혹은 '무차별화'를 야기하는 범죄가 있다.

③ 범죄 용의자들이 희생양으로 선택될 징후나 '무차별화'의 역설적인 지표가 있다.

④ 폭력이 있다.

여기서 '무차별화'라는 개념을 이해하려면 지라르의 인류학 이론을 조금 더 깊이 공부할 필요가 있는데, 최대한 이해하기 쉽게 설명하면 이런 것이다. 지라르의 이론에 따르면 '희생양 메커니즘'이라는 내연기관에 에너지를 제공하는 기본적인 연료는 인간의 본능적 욕망인 '모방욕망'(mimesis desire)이다. 여기서 모방욕망은 단순히 탐욕(greed)이라기보다 타자에 대한 선망(envy)과 질투(jealous)의 감정을 낳는 근본적인 욕망을 뜻한다. 타자의 욕망을 욕망하는 개인들은 일종의 '짝패'(double)가 되어 경쟁하고 갈등한다. 이 상호경쟁을 통해 인간은 서로가 서로에게 욕망의 장애물로 기능하는 동시에 서로를 닮아 간다. 즉, 모방욕망은 짝패의 상호모방을 통해 구별되지 않는 일종의 '무차별화' 현상을 낳는 것이다.

그렇다고 이것이 하나의 대상을 놓고 싸우던 두 사람이 서로 으르렁거리다 결국 똑같아진다고 이해해서는 안 된다. 물론 이런 현상도 무차별화 현상에 포함되지만, 단순히 인간관계적 측면이 아닌 사회적 차원에서 바르게 이해할 필요가 있다. 즉, 무차별화란 위기가 고조되고 사회구성원들 본연의 역할과 기능이 방기되는 가운데 사회 질서를 유지하는 일종의 '차이의 체계'나 관습으로서의 '문화', 법적·사회적 '제도'가 제대로 역할을 하지 않게 되는 상황을 가리킨다. 페스트 같은 전염병이나 지진 등의 재난이 있을 때, 또는 심각한 사건이 발생할 때 그것은 모종의 무질서와 사회적 위기를 낳았고, 이로 인해 사람들의 감정과 행동 같은 것들이 획일화되곤 했다. 이때 사람들은 그 위기의 원인을 냉정한 이성으로 분석하거나 판단하기보다 유죄로 덮어씌우기 쉬운 대상이나 타인을 찾아 비난하는 경향이 강해진다. 결국 폭력이 발생하는데, 이 폭력은 어느 약한 대상을 향한 집단적인 폭력의 형태가 되는 것이다. 1992년 LA 폭동 당시 흑인들이 한인들을 상대로 테러를 하거나, 1923년 일본의 간토대지진 당시 조선인들이 테러와 학살을 당한 사건은 이런 '무차별화'로 인한 사회적 위기가 고조된 전형적인 예라 할 수 있다.

어쨌든 지라르가 제시한 집단박해의 네 가지 상투적 전형(典型)을 일단 기억하자. 위 네 가지 전형 중에서 네 번째 지표인 '폭력'에 대한 묘사는 집단박해의 결과 나타나는 것으로, 그 묘사가 있느냐 없느냐는 중요하지 않다. 중요한 것은 ①, ②, ③인데, 텍스트에 이 세 가지가 다 있을 필요는 없다. 지라르는 이 중에서 두 가지 지표만 존재해도 집단박해가 있었다는 것을 암시한다고 보고, 여러 지역의 신화를 분석하면서 희생양 가설의 설득력을 효과적으로 보여 준다. 일찍이 지라르의 이론을 깊이 연구한 불문학자 김현은 《폭력의 구조》라는 비평집에서 지라르의 희생이론으로 우리 전통 신화들, 즉 삼국유사의 단군, 고주몽, 박혁거세 신화와 백제 온조왕의 건국설화를 분석하고 모방위기와 희생양에 대한 집단박해의 흔적을 찾아냈고, 지라르의 가설이 우리 전통 신화에서도 유효한 설득력을 지닌다고 판단했다.[3]

이제 지라르의 이론으로 살펴볼 것은 구전자료나 설화가 아니다. 나홍진 감독의 영화 〈곡성〉이다. 일단 위 네 가지 전형(type)을 잘 익혀 두고, 영화 〈곡성〉으로 들어가 보자.

외지인은 무고한 희생양이다

영화에서 가장 중요한 인물은 쿠니무라 준이 연기한 일본인, 즉 외지인(外地人)이다. 전문적인 평론가부터 다수 관객이 일단 외지인은 악마를 상징한다고 결론을 내렸다. 나홍진 감독은 어떨까? 감독은 외지인의 모티브가 예수라고 했다. 영화 속 '곡성'이라는 공간은 예수 당시의 예루살렘과 비슷한 곳이지 않았을까 고민했다고 했다. 감독 자신은 나이롱이긴 하지만 교회에 나가고 있고, 기독교 신자라고도 밝혔다. 그런데 감독은 외지인이 곧 예수라고 하지는 않는다. 예루살렘에 나타난 예수를 보며 나타낸 반응이 곡성에 나타난 외지인에 대한 반응과 비슷했을 것이라는 이야기 정도에서 끝낼 뿐이다.[4] 동시에 나홍진 감독은 황정민이 연기한 일광과 외지인이 한 패이고, 천우희가 연기한 무명은 선한 존재라고 보는 다수 평론가와 관객의 입장에 어느 정도 동의하는 것 같다. 하지만 감독은 자신의 영화에 대한 해석은 결국 관객 개인의 몫이라며 정해진 답이 없다고 강조한다.

우선 우리가 기억해야 할 것이 있다. 나홍진 감독이 〈곡성〉이란 영화를 관객에게 공개했을 때, 그는 관객의 체험을 유도했다는 점이다. 보통 영화는 관객에게 3인칭 관찰자 시점 혹은 전지적 작가 시점을 제공한다. 가령, 범죄스릴러 영화를 볼 때, 관객은 범죄자가 누구이며, 범죄는 어떤 장소에서 어떻게 저질러지고 있는지 잘 알고 있다. 그리고 그 상황에서 범죄자를 추적하는 경찰이나 주인공의 행동을 관찰하고 어떻게 오해가 쌓이는지 알 수 있다. 나홍진 감독의 전작인 〈추격자〉만 보더라도 그렇다. 관객은 이미 영화 속 사이코패스 범죄자가 '하정우'라는 사실을 잘 알고 있다. 그리고 그를 추적하는 '김윤석'을 보게 된다.

하지만 〈곡성〉은 다르다. 우리는 등장인물들과 똑같은 입장에서 사건의 수수께끼를 풀어가야 하는 상황이다. 종구에게 주어지는 정보 이상의 정보는 관객에게도 주어지지 않는다. 따라서 우리는 곽도원이 연기한 '종구'와 똑같은 입장에서, 종구의 시선으로 이 사건을 대할 수밖에 없다. 이는 다시 말하면, 영화의 모든 장면이 영화 속 사건의 진실이라는 보장은 없다는 것이다. 즉, 모든 장면은 등장인물들의 눈에 비친 장면이지 객관적인 진실로 단정해서는 안 된다. 그렇다면 우리는 이 영화를 하나의 신화 텍스트처럼 대할 수 있을 것이다. 따라서 지라르가 신화를 독해하듯, 영화를 독해하는 것도 가능하다고 할 수 있다.

그렇다면 앞서 다룬 박해의 전형 네 가지 요소가 있는지 살펴볼 수 있는데, 놀랍게도 이 영화에는 네 가지 전형이 다 있다. 우선 ①의 전형, 무차별화 현상과 사회문화적 위기가 있다. 알 수 없는 피부병이 마을에 돌기 시작하면서 마을엔 자꾸 살인사건이 벌어진다. 사람들은 뚜렷한 인과관계에 대한 검증 없이 모호한 상관관계를 따지기 시작한다. 그리고 외지인이 이 마을에 오고 나서부터 이런 일이 벌어지게 되었다고 믿게 된다. 소문과 함께 그 의심은 사람들 사이에서 확신으로 굳어진다. 주인공 종구와 그의 동료 경찰 오성복은 처음에 이 소문에 대해 거리를 둔다. 하지만 반복하여 소문이 들리기 시작하고 그들도 그 소문을 믿게 된다. 나중에 오성복은 무언가에 홀려 살인을 저지르게 되고, 종구는 아예 경찰복을 벗고 몽둥이를 들고 외지인을 죽이러 길을 나선다. 앞에서 무차별화 현상은 사회 구성원들이 본연의 역할을 망각하고, 사회 제도가 제대로 기능하지 않게 되는 것이라 했다. 종구와 오성복은 경찰의 본분을 망각하고, 법이 아닌 폭력에 의한 해결을 도모하게 된다. 이것은 전형적인 무차별화 현상으로서 ①의 징후인 것이다.

그다음 ②의 전형이 있다. 특히 피부병에 걸린 여성들의 경우 외지인과 모종의 성적인 접촉이 있었다는 소문이 돌기 시작한다. 즉, 성범죄 혐의가 있는 것이다. 게다가 결정적으로 ③의 전형도 있다. 이 외지인은 일본인이다. 게다가 절름발이이다. 오이디푸스 역시 절름발이였다. 게다가 이 일본인은 말도 통하지 않는 외국인이며, 기본적으로 우리에겐 민족적인 한과 적대감, 트라우마와 연관된 나라의 사람이다. 따라서 위기가 고조되면 희생양으로 지목될 가능성이 매우 높다. 그리고 실제로 ④의 전형, '폭력'이 있다. 주인공 종구와 친구들은 이 일본인을 죽이려고 한다. 직접적 폭력에 의해 살해된 것은 아니지만 결국 이 일본인은 집단 폭력으로부터 달아나다 절벽에서 추락하고 만다.

이 같은 네 가지 전형이 있을 때, 지라르는 모방적 위기와 희생양 메커니즘이 작동했다는 결론을 내릴 수 있다고 주장했다. 따라서 영화 〈곡성〉은 모방욕망과 희생양 메커니즘을 드러내는 텍스트이며, 여기서 외지인은 무고한 희생양이라는 결론이 나온다. 그럼 실제로 영화는 이 외지인이 무고한 희생양이라는 것을 암시하고 있을까? 아니면 정말 악마라고 하는 걸까?

우선 이 모든 살인사건이 외지인과 연관되어 있다는 명확한 물증이 없다는 점을 기억해야 한다. 예컨대, 경찰인 주인공 종구는 그 외지인에 관한 이야기를 다섯 번에 걸쳐 듣는다. ① 동료 경찰 오성복, ② 정육점 친구, ③ 무명, ④ 건강원 주인, ⑤ 무당 일광이다. 특히 ③, ④, ⑤는 그 외지인이 사람이 아니라고 하는데, 무명과 일광은 외지인이 아예 '귀신'이라고 결론지어 말한다. 여기서 다시금 기억해야 할 것은, 외지인이 사람이 아니라는 확실한 증거는 없다는 점이다. 그것은 명확히 확인되지 않았으며, 반복되는 소문에 불과하다. 오히려 그 광기의 원인으로 밝혀진 것은 독버섯이다. 실제 그 광기의 원인이 독버섯이라는 근거는 세 차례나 나온다. ① 종구가 수사 결과 발표를 동료 경찰과 이야기하면서 말하고, ② 신문에 독버섯 때문이라는 기사가 나오고, ③ TV 뉴스 화면에 자막으로 야생 독버섯이 건강식품으로 유통되었다는 보도가 나온다. 하지만 감독은 영리하게도 이런 장면들을 지나치듯 작고 사소하게 보여 줄 뿐이다. 등장인물들은 객관적이고 과학적인 보도보다 자기들끼리의 대화와 이야기를 통해 갖게 된 생각을 더욱 확신한다. 이는 현실 속 우리 모습을 풍자하는 대목이기도 하다.

물론 영화에서 외지인은 범죄 현장의 피해자 사진을 모아 두고 있고, 굿을 통해 박춘배를 일종의 좀비로 부활시키기도 한다. 하지만 박춘배가 실제로 죽었다는 증거도 없다. 그렇게 부활한 것처럼 보일 뿐이다. 또 외지인은 고라니 시체를 뜯어 먹기도 하고, 그걸 목격한 건강원 주인이나 종구를 발견하고 쫓아오기도 한다. 이런 것들은 외지인이 진짜 이 모든 사건을 일으키고 있는 악마라는 생각을 하게 하기에 충분하다. 하지만 사실 이것들은 꿈이었다. 앞에서 말했듯이, 감독은 이 영화의 객관적 관찰자로서 관객을 초대하지 않았다. 오히려 그는 관객을 이 영화의 환경으로 끌어들이고 체험시킨다. 앞에서 내가 이 부분을 강조한 이유는 이 영화의 모든 장면을 보이는 그대로 믿으면 안 된다는 것을 주지시키기 위해서였다. 우리는 감독이 만든 매트릭스 속에 있다는 사실을 기억해야 한다.

예컨대 종구와 오성복 그리고 가톨릭 부제 양이삼이 외지인의 집에 갔을 때, 종구의 동료 오성복은 구석의 작은 방에서 피해자 사진 무더기를 발견한다. 종구 딸 효진이의 신발도 발견한다. 하지만 상식적으로 그는 왜 그 방을 발견했을 때, 그것을 바로 종구에게 알리지 않았을까? 왜 무언가에 홀린 듯하며 숨을 몰아쉬고 땀만 삘삘 흘렸을까? 왜 그것을 결정적인 증거로 보고 수집하려 하지 않았을까? 어떤 네티즌은 오성복이 본 것이 실제 사진은 아니었다고 하기도 한다. 여기서 그것이 실제 사진인지 아닌지는 중요하지 않다. 중요한 것은 그 사진을 목격하고 난 다음 오성복의 반응이다. 그는 경찰로서 당연히 취할 조치를 하지 않았고, 오히려 그 결정적 증거를 인멸할 시간을 그 외지인에게 벌어 주었다. 다시 말해, 오성복이 그 사진들을 본 것은 결정적인 증거를 목격한 것이었다기보다 그 상황에서 모종의 심령적인 현상에 정신이 홀린 것을 의미한다.

건강원 주인도 자신의 눈으로 똑바로 봤다면서 그 외지인은 사람이 아니라고 한다. 그것 때문에 그는 자신의 머리를 스물두 바늘이나 꿰매었다고 말한다. 하지만 우리가 기억할 것은, 건강원 주인이 외지인을 목격한 것은 그가 산기슭에서 굴러 바위에 머리를 부딪치고 의식을 잃었다가 깨어난 직후였다는 것이다. 즉, 뇌진탕 때문에 머리를 꿰맨 것이지 외지인 때문에 꿰맨 것은 아니다. 게다가 그는 뇌진탕 후에 목격한 장면을 진실로 받아들이고 있다. 그 끔찍한 모습의 외지인이 자신에게 손을 뻗치며 다가왔는데, 그는 어떻게 생존해서 산에서 돌아왔을까? 이는 건강원 주인이 정신이 혼미한 가운데 환상을 보았거나 착각하고 있음을 가리킨다. 실제로 증거가 있냐는 종구의 물음에 건강원 주인이 보여 주는 것은 빈 냉장고뿐이다.

종구 역시 마찬가지다. 그는 무명의 설명에 의해 안내되어 사건 현장에 갔다가 고라니를 뜯어 먹는 외지인을 목격한다. 그리고 그 외지인이 쫓아왔을 때, 그는 꿈에서 깨어난다. 등장인물들은 계속 꿈과 현실을 오가며 혼동한다. 소문이 꼬리에 꼬리를 물고 이어지는 가운데 의심이 확신이 되고, 자기가 믿고 싶은 대로 현실을 보게 되는 것이다. 영화 마지막 부분에서 부활한 외지인을 찾아가는 부제 양이삼에게 외지인도 동일하게 말한다.

> 이미 너는 나를 악마라 확신하고 왔기에, 내가 아무리 사실을 말해도 너는 믿지 않을 것이다. 그래서 그것(낫)을 들고 여기까지 찾아온 것 아닌가?

"절대 현혹되지 마라." 이 영화의 메인 카피이고, 일광이 종구에게 또 무명이 종구에게 했던 말이다. 하지만 보다 궁극적으로 감독은 관객에게 영화의 미끼를 던지고 이 영화에 현혹되지 말라고 주문하는 것은 아닐까? 그렇게 본다면 근본적으로 외지인은 악마가 아니라 억울하게 죽임을 당한 희생양인 것이다.

무명은 과거에 희생양으로 무고하게 죽었던 존재

외지인과 더불어 수수께끼 같은 존재가 또 하나 있는데, 그는 천우희가 연기한 '무명'이다. 감독 자신은 물론 많은 평론가와 네티즌 역시 '무명'은 선한 존재이고, '종구'를 도우려는 마을의 수호신 같은 존재라고 한다. 동시에 나홍진 감독은 '무명'을 통해 '신'을 그리려 했다고 말한다. 나홍진 감독은 인터뷰에서 이렇게 말한다.[5)]

기자 그럼 의문의 여성 무명(천우희 분)은 대체 어떤 인물인가? 집으로 가려는 종구를 막아서는 결말 부분에서 확실히 인간이 아니라는 점은 알 수 있었던 것 같다.

감독 무명이 종구에게 죄를 지었다고 이야기한다. 그 말이 맞다. 종구가 아닌 다른 시선에서 보면 종구는 멀쩡한 사람을 의심하고 깽판 치고, 죽이려 하고, 시체 유기까지 하면서 딸아이를 살리려 죄를 짓는다. 신(무명)은 그 모습을 전부 봤다. 종구는 결국 신을 만났지만 혼란에 빠져 의심하고, 믿음과 의심 사이에서 혼돈을 겪다 신의 손을 뿌리친다. 엔딩에 보면 무명이 골목길에 오그리고 앉아 있는 그림자가 보인다. 난 그게 현재 신의 모습일 거라고 생각했다. 관객이 무명에게 질문하고 싶은 것이 있다면 그것이 바로 영화가 신에게 질문하고 싶은 내용이겠다. 선과 존재를 증명하고, 바라보지만 말아 달라. 인간이 인간다워지게 다시 다가와 달라는.

감독은 무명을 통해 '신'의 모습을 그려 보려 했던 것이다. 감독의 의도는 물론 중요하다. 하지만 종종 저자의 의도를 벗어나는 텍스트가 있게 마련이듯이, 감독의 의도를 넘어서는 장면이 있기 마련이다. 저자의 의도를 벗어나는 텍스트라는 개념을 이해하려면 롤랑 바르트의 '저자의 죽음'이나 줄리아 크리스테바의 '상호텍스트', 자크 데리다의 '해체'의 개념까지 두루 살펴보아야 할 것이다. 여기서는 "텍스트는 저자의 의식뿐 아니라 무의식을 반영하고, 그 무의식은 사회문화적 심리에서 완전히 독립되기 어렵기에 때로 텍스트는 저자 자신이 의식하지 못하는 의미가 있거나 새로운 의미를 생성시킨다"는 의미 정도로 이해하자. 이 영화도 마찬가지다.

그런 차원에서 볼 때, 감독이 '무명'을 과거의 희생양으로 인식했든 못했든 상관없이, 무명은 인류학과 종교학의 맥락에서 보면 "과거의 집단박해에 의해 무고하게 죽은 희생양"이며, 그 희생양이 '원혼', 즉 '한을 품고 죽은 귀신'으로 나타났다고 보는 것이 타당해 보인다. 그런데 고고인류학적 시각으로 보면 신격화된 희생양은 그 지역을 지키는 일종의 수호신으로 기능하고 공동체에 의해 종종 숭배되기도 한다. 따라서 이 영화에서 무명이 선한 존재 혹은 일종의 수호신으로 인식되고 그려지는 것은, 감독 임의의 영화적 설정이라기보다는 종교적이고 인류학적 맥락에 부합한 필연적 설정이라고 할 수 있다. 실제로 지라르는 동물은 분비물로 자기 활동 영역의 경계선을 표시하고, 인간은 희생양을 통해 그 경계선을 표시한다고 했다. 보통 시골 마을 어귀마다 장승이 있고, 신성함의 표지로 당산나무가 서 있는 것은 그곳이 그 지역 수호신이 다스리는 경계 지역임을 의미한다. 이 지역신의 정체는 지역공동체가 살해하고 신격화한 희생양인 경우가 많다. 그렇다면 자연스럽게 질문이 생긴다. 공동체의 증오와 박해로 죽은 희생양이 어떻게 다시 신격화될 수 있다는 것인가?

역사 속 박해의 텍스트와 신화 속 박해의 텍스트는 종류가 다르다. 중세는 신화가 아닌 역사기록의 시대다. 당시 사제들과 공동체 구성원들은 자신들이 종교재판의 이름으로 행하는 집단박해와 처형이 옳다고 확신했다. 아무도 그것이 잘못이라고 생각하지 않았다. 마녀는 공동체의 평화와 안녕을 위해 반드시 죽여야 하는 악, 그 자체였다. 그들은 그 믿음이 확고했다. 그런데 그들은 강력한 종교도 있었다. 따라서 이들은 원시적인 형태의 신앙으로 돌아가지 않았다. 그리고 체계적인 종교의 발전으로 고대인보다는 선악에 대한 인식과 그 확신이 명확했을 것이다. 따라서 역사적 기록에서는 마녀, 즉 억울하게 죽은 희생양에 대한 신성화 과정이 일어나지 않고 생략되어 있다. 그렇기에 우리는 중세 역사의 텍스트에서 억울한 희생양을 쉽게 발견할 수 있다.

반면 신화시대의 고대인, 아니, 그보다 더 과거의 원시인은 달랐다. 그들도 무고한 희생양에게 린치를 가하는 박해자였다. 하지만 그들이 어떤 대상에 집단 박해를 가할 때, 위기의 원인이 희생양에게 있고 그들의 박해가 정당하다고는 생각했지만, 그것을 명확한 선악의 관점에서 접근하지는 않았을 수 있다. 따라서 그들의 눈에는 집단박해에 의해 희생양이 죽고 난 뒤 찾아온 평화가 신비 그 자체였을 것이다. 그리하여 이 희생양은 죽고 난 뒤 신격화된다. 무엇보다 이들은 아직 체계화되고 강력해진 종교가 없었으며, 그저 주술 차원에 머물러 있었다. 지라르는 이렇게 말한다.

> 어떤 인간집단이 외적 원인이나 내부 요인 때문에 집단적인 질병에 빠져들게 됨으로써 악화되었던 집단 내의 관계가 그들 모두가 증오하는 희생양 덕택에 재건된다면, 그들의 쾌유를 도와준 그 희생양이 전능하다는 환상적인 믿음에 따라 그 집단이 그 사건을 기

넘하려 할 것은 분명한 사실이다. 결과적으로 말하자면, 그들에게 병을 가져다준 자에 대한 만장일치적인 증오에 그 병을 낫게 해준 자에 대한 만장일치적인 찬양이 겹쳐진 것이라 할 수 있다.[6)]

즉, 역사 기록에는 희생양에 대한 증오의 기록만 남아 있다. 반면, 신화에서는 신이 된 희생양에 대한 찬양의 기록이 있다. 때로 그것이 기괴하더라도 말이다. 따라서 집단박해의 흔적들은 교묘하게 감춰져 있는 것이다. 여기서 파생될 수 있는 오해가 하나 있다. 성경에서 하나님의 아들로 일컬어지는 예수 그리스도 역시 그렇게 신격화된 희생양 아닌가? 결국 성경도 신화와 같은 것이 아닌가?

표면적 양상으로는 분명히 그렇게 보인다. 그런데 중요한 포인트를 기억해야 한다. 신화에서 희생양을 신격화하고 찬양하는 주체는 박해자들이다. 박해자가 회심했기 때문이 아니다. 박해자들은 그저 희생양 살해 전후의 변화가 신비스럽고 감탄스러울 뿐이다. 그렇기에 그들은 박해와 폭력의 기록을 교묘하게 감춘다. 또한 신화의 신들이 겪는 비극과 고통은 박해자들 탓이 아니라 그 신이 지닌 모종의 운명 또는 범죄 때문이다.

반면, 예수는 완전히 무고한 존재다. 게다가 예수의 시대는 신화의 시대가 아니다. 이미 그리스 철학이 꽃을 피웠고, 로마제국이 체계화된 법으로 만든 질서가 존재하던 시대, 즉 역사의 시대다. 예수를 죽이고 평화가 왔다고 해서 박해자들이 죽은 예수를 신격화할 수 있는 시대가 아닌 것이다. 오히려 박해자들은 부활한 예수를 믿고 그 복음을 전하는 제자들을 박해한다. 또한 희생양의 죽음 이후 나타나는 평화가 그리스도의 죽음과 부활 후에 나타난 것도 아니다. 예수는 누누이 자신은 평화를 깨뜨리기 위해 왔다고 했다. 우리는 이를 불편하게 생각할 필요가 없다. 그의 제자들은 세상을 소동케 했다. 왜 그런 것인가? 희생양 박해 위에 성립된 부당하고 거짓된 평화와 질서는 반드시 흔들리고 균열되어야 하기 때문이다. 공중권세를 쥐고 있는 사탄의 왕국은 흔들려야 하는 것이다. 따라서 신화적 문법에 의해 예수는 신격화되지 않는다. 오히려 신화의 질서를 깨뜨린다.

다소 길게 돌아왔지만, 집단박해의 희생양은 결과적으로 공동체에 하나의 질서를 가져온다. 지라르는 그것을 두고 초석(礎石)적 폭력이라고 부르기도 했다. 대부분의 고대 국가들은 건국 신화가 있는데, 지역과 문화권을 막론하고 건국 과정 자체가 '신화'의 형태로 남아 있다는 것은 그 질서 수립과 건국 과정에 '모방 위기와 집단박해'가 있었음을 의미한다. 앞서 김현 교수가 지라르의 가설로 단군, 고주몽, 박혁거세 신화를 검증했을 때 그 박해의 흔적이 있었다는 것을 언급한 바 있다. 따라서 국가의 기원을 설명하는 계몽사상가들의 '사회계약'이란 것은 자신들의 합리적 사고를 원시 인류 호모 사피엔스에게 적용하고 재구성한 것에 불과하다. 그에 반해 에밀 뒤르켐(Emile Durkheim, 1858~1917)이나 지라르는 국가의 기원에 대해 인간의 초월적이고 종교적인 관념과 본능을 더 중시하는데, 이것이 훨씬 설득력이 있다.

따라서 이런 생각을 좀더 연장해 볼 수 있다. 국가보다 작은 단위의 지역, 마을, 씨족 공동체 등에서도 모종의 질서 수립 과정에서 희생양 메커니즘이 작용했을 것이다. 그 흔적에 따라 지역마다 독특한 신화나 전설이 있고, 그 전설에서 장승과 같은 것들이 세워졌을 것이다. 즉, 작은 지역의 공동체는 그 공동체 나름대로의 토속적인 신앙이 존재하고, 그것은 그 지역을 다른 지역과 구별해 주는 어떤 기능을 했을 것이다. 따라서 동물이 분비물로 자기 영역을 표시하듯이, 인간은 희생양을 통해 자기 영역을 표시한다는 지라르의 가설은 고을 입구마다 수호신으로 여겨지는 장승이 있고, 무당이 있으며, 그 무당이 섬기는 귀신이 있는 우리 전통문화를 보더라도 어느 정도 검증된다고 할 수 있다. 그렇게 보면 〈곡성〉에 나오는 무명은 집단박해의 희생양으로 죽었다가 신성화된 귀신이며, 그 귀신은 지역에서 일종의 수호신 역할을 하고 있다고 보아야 한다. 그렇다면 무명은 선한 존재인가?

무명과 일광, 집단박해와 희생양 메커니즘을 가동시키는 장본인들

〈곡성〉에서 외지인과 일광이 악마의 한패를 형성하고 있고, 무명이 거기에 대항하고 있다고 보면 무명은 선한 존재로 보인다. 무명의 역할과 기능을 볼 때 무명이 외지인이나 일광과 한편은 아니다. 하지만 무명은 오히려 사탄에 더 가까운 것 같다. 우선,

무명은 종구가 외지인을 의심하기 시작했을 때, 그 의심을 확신시켰다. 게다가 그 외지인이 사람이 아니라 '귀신'이라고 최초로 말한 장본인이기도 하다. 그렇게 무명은 외지인에 대한 종구의 의심과 증오를 더욱 부채질했고, 결국 외지인을 죽게 만들었다.

감독은 외지인과 무명의 격투 장면을 편집하면서 삭제했다고 하는데, 그 장면으로 인해 외지인과 무명의 선악대결로만 비치는 것을 경계하기 위해서였던 것은 아닐까? 결국 외지인은 길 한가운데로 떨어져 죽는데, 그것을 무명은 위에서 가만히 지켜보고 있다. 거기서 종구와 친구들은 그 외지인이 사람이었다는 것을 발견한다. 그런데 잘 이해가 안 가는 부분이 있다. 모든 사건의 원인으로 외지인을 지목하면서 외지인에 대한 종구의 증오와 적대감을 부추기고 키웠던 무명은 종구가 도대체 왜 자기한테 이런 일이 일어났느냐고 묻는 질문에 다음과 같이 답한다.

> 네 딸의 애비가 죄를 지어서. 네 딸의 애비가 남을 의심하고 죽이려고 하고 결국엔 죽여 버렸어.

우선 이 말은 우리가 앞에서 세워 본 가설, 즉 무명이 과거에 억울하게 죽은 희생양일 것이라는 가설의 설득력을 높여 준다. 무명은 자신도 과거에 그렇게 부당하게 사람들의 핍박을 받았고, 죽임을 당했다. 무명은 그런 원한을 간직하고 있는 것이다. 따라서 무명은 외지인도 자신처럼 무고하다는 사실을 알고 있다. 그런데 왜 무명은 외지인을 죽이도록 유도했을까?

희생양 메커니즘을 인지하지 못할 때, 우리는 신화의 서사에 갇히게 된다. 이 영화에서의 경우, 관객은 무명이 지역의 수호신이기에 자신의 영역을 침범해 들어오는 악한 영의 세력을 막으려 했다고 볼 것이다. 그렇다면 무명은 수호신으로서 이 지역을 평화롭게 지키고 관리할 수 있을까? 그렇지 않다. 희생양 메커니즘은 반복이 특징이다. 무고한 희생양에 대한 집단박해와 살해로 일시적인 평화와 질서가 찾아온다 할지라도 무질서와 위기는 다시 찾아온다. 그럴 때 다시 한 번 희생양 메커니즘이 작동된다. 그 수많은 희생양이 다 신격화된 신으로서 자기 이야기를 지니는 것이다. 그래서 신화에 수많은 신이 등장하고, 원시적 사회의 종교일수록 다신교적 특성을 띠게 된다.

만일 무명이 선한 존재라면 희생양 메커니즘을 끝장내야 한다. 그 외지인이 무고하다는 사실을 알려 주고 사람들의 광기와 폭력을 막아야 한다. 그런데 무명은 그러한 역할을 전혀 하지 않는다. 오히려 다시 한 번 희생양 메커니즘을 가동시킨다. 실컷 종구에게 외지인이 귀신이라고 해놓고, 그래서 그 귀신이 씨를 말릴 거라고 경고했으면서, 정작 그 외지인을 죽이자 남을 의심하고 죽이려 했다고 비난한다. 이처럼 폭력을 부추기고 방조하고 나서는 도리어 그 폭력을 부당하다고 비난하는 전략. 죄를 짓도록 유도하고 유혹하고, 정작 죄를 지으면 그것을 비난하는 행태. 성경에서는 이런 행위를 하는 영적 존재를 사탄이라고 칭한다. 즉, 이 영화에서 무명은 사탄의 행동을 하고 있는 것이다.

일반적으로 무당이 접신했다고 일컫는 '혼'(魂)으로서의 귀신은 죽은 사람이 그 자신의 신체를 떠난 의식(意識)이 아니다. 그것은 죽은 사람의 외양을 하는 사탄의 졸개로서의 귀신이다. 살인사건을 막지도 못하고 안타까워하기만 하는 이 연약한 여인의 모습에서 감독은 '신'의 모습을 찾으려 했지만 감독이 그린 '신'으로서의 무명은 사실 사탄에 가깝다. 실제로 무고하게 죽은 희생양이 일종의 수호신으로 신격화되면, 그 수호신은 귀신으로서 사탄적 시스템, 즉 희생양 메커니즘을 존속시키는 기능을 한다. 이교(異教)가 공통적으로 적그리스도의 성격을 띠는 것은 그 때문이다. 그런 면에서 신격화된 희생양들은 어쩌면 좀비 바이러스와 비슷하다. 좀비가 사람을 물어 버리면, 물린 사람이 또 하나의 좀비가 되어 버리는 것과 마찬가지다.

일광은 어떤가? 신화적 독법으로 이 영화를 보면, 일광이 종구로 하여금 외지인을 증오하고 죽이도록 유도하는 것은 외지인을 악마로 부활시키기 위함이다. 실제로 외지인이 죽었을 때, 일광은 묘한 미소를 지으며 "이놈이 미끼를 아예 삼켜 버렸네"라고 말한다. 미끼를 삼켰다는 것은 걸려들었다는 것이다. 하지만 이런 해석은 신화적 사고에 의한 해석이다. 신화를 해체하는 방식으로 해석하면 일광 역시 단순히 외지인을 악마로 부활시키기 위함이 아니라 '희생양 메커니즘'을 가동시키려는 것이다. 앞 장에서 소개한 〈티아나의 아폴로니우스의 생애〉 이야기를 기억해 보자. 전염병을 치유하기 위해 아폴로니우스는 사람들에게 넝마를 걸친 거지에게 돌을 들어 던지라고 명한다. 이 영화에서는 일광이 바로 아폴로니우스 역할을 맡고 있는 것이다. 그는 문제를 해결해 주리라 기대되는 사람으로, 그의 말은 종구의 가족에게 권위를 지닌다. 영화에서 〈곡성〉이라는 공간은 제정일치인 원시적 공동체의 모습이고, 여기서 일광은 제사장이자 지도자 역할을 하고 있다. 이렇게 보면 무명과 일광은 겉으로는 적대적으로 대립하는 것 같지만 사실 공존하고 있다. 하나의 목적을 위해. 그것은 결국 적그리스도적 질서, 무고한 희생양 하나를 죽임으로써 전체의 질서를 수립하고자 하는 전체주의를 지속시키는 것이다.

<곡성>, 한국 교회를 비추는 일그러진 거울

이 영화가 보통의 크리스천들에게는 다소 거부감과 혐오감을 주었을 수 있다. 시작 장면에서 누가복음 말씀이 나오고, 말미에 악마로 부활한 외지인이 그 누가복음 말씀을 예수님을 따라서 똑같이 이야기한다. 이 얼마나 기괴하고 신성모독적인 것인가? 하지만 이런 모습은 한국 교회를 비추는 거울상이 아닐까? 《언더그라운드》에서 하루키는 옴진리교 교단의 캠페인을 처음 봤을 때의 감정을 떠올리며 다음과 같은 이야기를 한다.

> 우리가 무언가를 생리적으로 싫어하고 극도로 혐오할 때, 그것은 사실 자기이미지의 부정적 투영인 경우가 적지 않다. (중략) 내가 말하고 싶은 것은 '우리가 애써 의식적으로 배제해야만 하는 것이

혹시 거기 포함되어 있는 것은 아닐까'라는 것이다. (중략) '이쪽'=일반시민의 논리와 시스템과, '저쪽'=옴진리교의 논리와 시스템은 서로를 비추는 일종의 거울상을 공유하고 있는 것은 아닐까.[7)]

그리고 앞에서도 언급했던 것처럼, 이 불쾌한 감정을 그냥 한쪽으로 치워 두지 않고 더 깊이 고민한 하루키는 다음과 같이 말했다.

즉 옴진리교라는 '존재'를 순수하게 타인의 일로, 이해할 수 없는 기형적인 것으로 보고, 건너편에서 망원경으로 바라보기만 해서는 우리는 아무것도 얻을 수 없다는 것이다. 설령 그렇게 생각하는 것 자체가 약간의 불쾌감을 동반한다 해도 자기 자신이라는 시스템 속에, 또는 자신이 속한 시스템 속에 어느 정도 포함되어 있을지도 모른다고 생각하며 그 '존재'를 검증하는 것이 중요하지 않을까. 우리의 '이쪽' 영역에 묻혀 있는 그 열쇠를 발견하지 못하면 모든 것은 끝없이 '건너편'에 귀속될 것이며, 거기에 내재되어 있을 의미는 육안으로 식별할 수 없을 정도로 극소화돼 버리지 않을까?[8)]

실제로 오늘날 한국 교회에는 '무속적(巫俗的, shamanistic) 사고와 감정'이 만연해 있다. 1부에서 우리는 이성을 지나치게 신뢰하고 과학적이며 합리적인 사고가 모든 것을 설명할 수 있다는 러셀 식의 무신론의 한계를 비트겐슈타인과 괴델의 논의를 통해 살펴보았다. 한편, 오늘날 한국 교회는 반대의 극단으로 달려가는 경향이 있다. 합리적이고 과학적인 사고 자체가 멈춘 것이다. 그래서 모든 문제를 '사탄과 마귀의 방해 또는 영적인 공격'으로 환원시켜 버린다. 그래서 '영적 전쟁'과 '대적기도'가 일상화된다. 물론 나는 신비한 영적 체험의 중요성을 부정하지 않는다. 성숙한 신앙인 가운데는 기도하면서 하나님의 음성을 보통 사람들보다 더 구체적으로 듣고, 예언의 은사가 있으며, 사회적으로도 존경받는 사람들도 있다. 그리고 이러한 영적 체험은 매우 중요하다. 하지만 이에 대한 민감하고 섬세한 분별력이 없으면 신앙은 무속화(巫俗化)된다. 표면적으로는 영적인 신비체험과 무당의 접신이 비슷해 보이기 때문이다.

따라서 하나님의 사랑과 공의를 주목적으로 하는 본질적인 신앙의 내용이 망각되거나 방기되면 열정적인 신앙의 형식은 무속의 형식을 띠게 되고 본질은 오염되기 마련이다. 이런 유사무속적인 공기가 교회 안에 가득하게 될 때 어떤 일이 일어나겠는가? 교회는 〈곡성〉을 방불케 하는 전체주의적 공동체가 되고 만다. 교회 내에서 합리적인 문제제기를 하는 사람들을 '교만한 사람'이나 '악한 영에 홀린 사람'이라고 여기는 분위기가 신자들의 모방욕망과 험담을 통해 강화된다. 교회마다 정도의 차이가 있을 뿐, 이런 현상은 거의 모든 교회에 존재한다. 따라서 요즘 소위 '가나안' 신자, 즉 교회에 '안 나가'는 크리스천이 늘어나는 근본 원인이 바로 여기에 있다. 가나안 신자들은 교회 안의 희생양들이었던 것이다. 그런 교회가 많아질 때 그 안에서 퍼지는 전염병과도 같은 소문과 공포증도 확산된다. 동성애, 이슬람, 종북, 진화론 등등 한도 끝도 없이 꼬리에 꼬리를 물고 오해와 혐오가 소용돌이를 일으키게 된다.

열린 결말에서 우리가 선택할 기독교적인 해석과 수용은?

그럼 이제 마지막 질문이 있다. 〈곡성〉은 기독교 영화인가? 많은 크리스천이 이 영화의 기괴하고 무서운 분위기 때문에 영적으로 건강하지 않은 영화라고 말한다. 특히, 마지막에서 악마로 부활한 외지인이 누가복음 말씀을 인용하는 것을 보면 적그리스도 영화가 아닌가 하는 의심이 들게 하기도 한다. 일부 크리스천들은 무속의 테마로 전개되지만 주제의식이 기독교적이기 때문에 반기독교적인 영화가 아니라 오히려 기독교 영화라는 의견을 제시하기도 한다. 어느 쪽이 맞는 것일까? 감독은 어느 쪽으로도 쉽게 결론내리기 어렵게 결말을 열어 놓았고, 영화 줄거리에서도 상반된 해석과 평가가 가능하게 해놓았다. 따라서 이 영화는 어느 쪽이 맞다고 결론내리기 어려운 구조다. 결국 영화를 이해하고 수용하는 각자의 방식과 결론이 있을 뿐이다. 내가 보기에 감독 역시 그것을 일부러 의도하고 있다. 그런 면에서 나홍진 감독은 기독교에 대한 조롱과 풍자, 희화화가 유행하는 오늘날 나름대로 대단히 공정한 입장을 취하며, 깊이 있는 영적인 질문을 던지고 있다.

따라서 우리는 내용과 상황 전개에 함몰되어 현혹되지 말고 〈곡성〉을 다시 한 번 냉정하게 돌아보아야 한다. 즉, 영화의 매트릭스에서 빠져나와야 한다. 이 영화를 보고 외지인인 그 일본인은 악마고, 일광은 그 악마와 같은 편이며, 무명은 선한 존재로, 종구가 가족을 살리려면 무명의 말을 믿어야 했다고 생각한다면 반기독교적인 방식으로 이 영화를 수용한 것이다. 의심하는 종구에게 그냥 무턱대고 믿으라는 무명의 모습은 우리가 아는 예수가 아니다.

반면, "외지인이 정말로 악마였을까?"라고 의심하고 반문하며 그가 무고한 희생양일 가능성을 생각할 수 있다면 이 영화를 기독교적인 방식으로 수용한 것이다. 그렇게 수용할 때, 우리는 깨닫게 된다. 사안을 명확하게 판단하지 않고 소문만으로, 어떤 사람들의 의견의 대세를 모방하면서 그 모방의 소용돌이에 가담하는 것이 얼마나 무서운 것인지를. 우리도 본능적인 모방욕망에 의해 그러한 소용돌이와 광기에 휩싸일 수 있는 연약한 존재라는 것을. 아이러니하지만 악마로 부활한 외지인이 실은 악마가 아니라고 판단하는, 그런 역설적인 수용이 기독교적인 수용인 것이다.

나아가 우리는 등장인물들의 사고방식과 우리 사고방식의 유사점을 확인하는 데까지 나아가야 한다. 〈곡성〉은 한국 교회 내에서 어떻게 헛소문이 확산되고 그에 대한 혐오감정이 강화되는지, 전투적이고 근본주의적인 신앙이 어떻게 힘을 얻게 되었는지 이해할 수 있는 메커니즘을 드러낸다. 많은 개혁적인 지식인들이 교회 안의 반공 근본주의를 역사와 권력 그리고 이데올로기의 관점에서 바라본다. 하지만 바이러스가 확산되려면 눅눅한 습기가 있어야 한다. 이 눅눅한 습기를 주목해야 교회의 갱신과 개혁의 길이 보인다. 지라르의 '모방욕망' 이론과 〈곡성〉에 대한 기독교적 통찰과 수용은 바로 그 길의 길잡이가 될 수 있을 것이다.

3부

복음주의와 진보의 접점을 찾아서

프롤로그

오늘날 상식적인 일반시민의 입장에서 볼 때 정치와 사회의 영역에서 기독교, 특히 한국 교회는 친미반공(親美反共) 이데올로기를 수호하는 수구적인 집단으로 자리매김되어 있다. 지식과 문화·예술 영역에서도 한국 교회는 세련되지 못하고 구시대적 담론에 집착하는 시대착오적인 집단이기도 하다. 게다가 한국 교회 내에는 돈이나 성(性)과 관련된 스캔들을 비롯해 불투명한 의사결정구조와 목회자 세습 문제 등 많은 문제가 누적되어 있다. 이로 인해 교회 안의 회의적이고 양심적인 크리스천들은 교회를 향한 사회적 비판을 수긍하고 자신이 한국 교회의 일원임을 부끄러워하는 한편, 믿지 않는 자들과 함께 골칫덩어리 교회에 대한 비판의 목소리를 높인다. 이 과정에서 보수 개신교를 공공의 적으로 삼는 하나의 프레임이 형성된다.

문제는 이러한 프레임이 강한 모방효과를 낳는다는 점이다. 프레임에 대한 모방의 상승효과가 나타나면 지나침과 왜곡이 발생한다. 사람들은 자신의 프레임을 강화시키는 뉴스와 정보만을 선택적으로 수용하는 경향을 띠게 되고, 일부의 모습이 전체를 대표하는 상황이 벌어진다. 심지어 교회의 갖가지 선행조차 뒤틀린 맥락 안에 재배치되면서 위선(僞善)이나 자화자찬의 행위로 비치게 된다. 결국 보수 개신교를 공공의 적으로 삼는 프레임 속에서 선택된 정보들은 궁극적으로 반(反)기독교 내러티브로 구성되는데, 문제는 그 내러티브의 근거 또한 종종 성경에서 도출된다는 것이다. 즉 '보수 개신교'를 넘어 오늘날 제도종교로서의 개신교는 진정한 기독교가 아니며, 그들은 예수의 가르침을 배반하고 있다는 주장이 이러한 내러티브의 궁극적 결론인 것이다. 물론 이것은 나름의 논리와 근거가 있기에 쉽게 반박하기도 어렵다. 하지만 앞에서도 언급했듯이, 내러티브는 거친 편집과 생략 과정을 거치기 마련이다. 그 과정에서 희생되는 것들이 반드시 존재하기 마련이고, 따라서 그것은 중대한 무언가를 결여하기 쉽다.

앞에서 우리는 르네 지라르의 희생양 이론을 여러 측면에서 자세히 살펴보았는데, '희생양'을 단순하게 이해하는 것을 경계해야 한다. 1973년 지라르가 《폭력과 성스러움》을 쓰고 난 후 많은 평론가가 지라르가 "신화에서 있지도 않은 것(희생양)을 신화에 덧보태고 있다"[1]고 비판했다. 그리고 텍스트에 존재하는 "희생양을 분명히 지칭하는 낱말, 행, 구절을 보여 달라"[2]고 요구했다. 아닌 게 아니라 우리는 단군 신화나 고주몽 신화의 텍스트에서 좀처럼 희생양을 찾기 어렵다. 그런데 무슨 희생양 타령인가? 그렇다면 지라르가 신화에 대해 말하는 것이 결국 틀린 것이 아닌가?

이런 물음에 지라르는 "희생양은 하나의 테마(theme)가 아니라 '구조화하는'(structurant) 메커니즘"[3]이라고 설명한다. 다시 말해, 희생양의 텍스트에 대해 논할 때는 언제나 그것이 텍스트 '의' 희생양(감추어진 구조원칙)인지 아니면 텍스트 '속'의 희생양(잘 드러나 보이는 상징이나 테마로서의 희생양)인지를 우선 따져야 하며, 전자, 즉 감추어진 구조원칙(텍스트가 진짜로 희생시키고 있는 것)이 있을 때 이것을 박해자의 기록이라고 봐야 한다고 했다.[4] 예컨대, 복음서에서 예수는 '희생양'이라는 사실이 분명하게 드러난다. 하지만 이것은 박해자의 기록이 아니다. '희생양'을 그대로 보여 주기 때문이다. 박해자의 기록에는 '희생양'이 감춰질 수밖에 없다. 박해자의 죄를 은폐해야 하기 때문이다. 그런데 거기에는 박해와 폭력의 흔적이 존재하기 마련이다. 지라르는 바로 그 흔적으로부터 시작하는 것이다.

짧게 설명하기에는 다소 어려운 내용이지만, 여기서 말하려는 핵심은 이것이다. '보수 개신교'를 향한 강력한 반대 프레임이 형성될 때의 희생양은 '보수 개신교' 그 자체가 아니다. 현대 사회는 과거에 비해 법질서가 잘 정립되어 있기 때문에 과거와 같은 희생양 메커니즘이 거칠게 드러나기 어렵다. 앞의 〈지라르의 니체 읽기〉에서 다루었듯이, '희생양에 대한 근심' 그 자체가 지고의 가치가 됐기 때문이다. 따라서 '희생양'인 것처럼 눈에 드러나 보이는 대상은 희생양이 아닐 확률이 높다. 예컨대, 탄핵된 박근혜 전 대통령은 희생양이 아니다. 마찬가지로 보수 개신교와 신도들이 곧바로 집단적 광기와 폭력의 희생양이 되지는 않는다. 그렇다면 이 반기독교 내러티브가 희생시키고 있는 것은 무엇일까? 그것은 바로 복음의 진리다. 물론 그 내러티브는 복음의 전부를 부정하지는 않는다. 복음의 중요한 부분들을 부정한다.

나는 여기서 일점일획도 무오하다는 성서의 문자주의를 말하는 것이 아니다. 24시간 6일 창조를 주장하는 창조과학 따위를 옹호하려는 것도 아니다. 단순히 어떤 사실성(factfulness)으로서의 진리가 아니라, 기독교가 핵심으로 삼는 교리 혹은 도덕적 가치관으로서의 진리(truth)를 말하는 것이다. 즉, 복음의 중요한 부분이 교묘하게 희생된 채 사람들에게 받아들여지기 쉬운 형태로 왜곡되고 선택적으로 수용된다는 것이다. 가장 대표적인 예를 들면, '종교다원주의' 담론과 '동성애 담론'이다. 복음이 말하는 '예수 구원의 유일성'은 기독교가 사회적으로 가장 많이 공격받는 부분이다. '동성애 금기'에 관한 내용도 그렇다.

그런데 진리는 결코 단순하지 않다. 결론이 단순해 보인다고 해서 그것이 도출되는 과정이 단순한 것은 아니다. 마치 수학과 비슷하다. 어려운 함수 문제나 방정식을 풀고 나면 답이 0 또는 1인 경우가 많다. 하지만 그 답이 도출되기까지 복잡한 공식, 인수분해, 통분과 약분 등의 과정을 거치게 된다. 십자가 고난, 속죄, 부활과 영생 같은 진리 혹은 그 밖에 기독교가 강조하는 여러 가지 도덕적인 내용 역시 마찬가지다. 이러한 진리들은 겉보기에 단순한 것 같지만 그 단순한 결론에 이르는 하나님의 뜻과 섭리, 그 이면의 논리는 매우 복잡하다.

우리는 그 복잡성을 받아들여야 하고, 그것을 풀어나가는 노력을 해야 한다. 안타깝게도 신학적 깊이가 얕고, 논리적 층위의 언어를 등한히 해온 한국의 보수 개신교는 바로 이 점을 놓쳤다. 그러다 보니 그들의 논의에 깊이가 없고, 무턱대고 '믿음'만 강조하는 것처럼 보이는 것이다. 그렇다고 성경의 불편한 부분들을 쉽게 들어내는 수술을 할 수도 없다. 현대적 관점에서 볼 때 수용하기 어려운 부분이 있다 하더라도 그것이 담고 있는 중요한 의미를 간과해서는 안 된다. 그걸 간과하고 우리의 상식에 맞는 진리로 복음을 변형시킬 때, 기독교는 그저 진보적 사회운동 이상도 이하도 아니게 되며, 그 과정에서 우리는 중대한 무언가를 상실하게 된다. 나는 이러한 문제의식 아래 3부를 썼다.

문제의식 자체는 나름 크고 진지하지만, 본문에서는 그 일부만 다루었다. 본격적인 학문적 분석은 전문적인 신학자들의 영역일 것이므로 여기서는 그 문제의식의 일면을 평신도로서 읽고 느낀 그대로 서술해 보았다. 특히, 한국 현대사와 사회적 상황 속에서 "복음주의와 진보가 만나는 부분과 그 이면에 존재할 수밖에 없는 긴장"을 균형 있게 서술하고, 한국 교회가 어떤 부분에서 변화해야 하는지 나름의 생각을 기술하려 했다. 동시에 진보 진영도 한국 교회를 좀더 균형 있게 바라보고, 교집합의 영역에서는 한국 교회와 보다 적극적인 협력을 모색할 필요가 있음을 제안하였다.

그리하여 3부는 다음 3개 장으로 구성된다. 첫 번째 장에서는 대표적인 복음주의자였던 하용조 목사와 대표적인 좌파 지식인인 김규항을 교차적으로 살펴보면서 두 사람의 생각에 공통되는 부분을 찾아보려고 한다. 이것은 복음주의자와 진보지식인의 접점을 찾는 작업이면서, 상호 간의 오해를 푸는 단초가 될 수 있을 것이다. 그리고 두 번째 장에서 미국의 복음주의 운동가 짐 월리스(Jim Wallis)와 도덕심리학자 조너선 하이트(Jonathan Haidt)의 논의를 통해 진정한 복음주의가 갖지 못했던 제4의 정치적 선택지를 제시해 볼 것이다. 특별히 이 장에서는 기존 기독교 교리가 아니라, 도덕심리학에 근거하여 현재의 동성애 담론의 한계를 지적하고 기독교적 관점의 올바름을 논증하려 했다. 그리고 마지막 장에서는 오늘날 보수적 한국 교회를 지배하는 정서가 반공도 기복주의도 아닌 '비정치적 경건주의'임을 짚고 그 문제점을 언급할 것이다. 그리고 그것을 넘어 교회가 사회적 신뢰를 회복하기 위한 첫 단계로서 본디 '회개'의 종교로서 과거의 과오를 공개적으로 참회하고 시민사회와 진보진영에 대한 진심 어린 사과를 하는 것부터 시작해야 한다는 것을 주장하려 했다.

본문을 시작하기 전에 '복음주의'에 대한 개념적 정의가 필요한 것 같다. 이재근 아세아연합신대 교수는《세계 복음주의 지형도》에서 '데이비드 베빙턴의 사각형'으로 가장 널리 수용되는 복음주의를 정의했다.[5] 베빙턴(David. W. Bebbington)은 복음주의의 특징을 회심주의, 성경주의, 십자가 중심주의, 행동주의의 네 가지로 정의했다. 회심주의는 '진정한 회개와 구원의 확신'을 강조하고, 성경주의는 '성경이 신앙과 행위의 유일한 법칙이고 이 안에 모든 영적 진리가 들어 있는 유일한 규범이 된다는 생각'이다. 십자가 중심주의는 '회심의 근거가 되는 예수 그리스도의 십자가 죽음과 부활'을 강조하는 것이고, 행동주의는 '수용한 복음을 다른 이들과 나누는 것'을 뜻하는데, 그것은 전도와 선교를 비롯해 사회정의를 추구하는 참여적인 운동을 포괄한다. 이 네 가지 요소가 오늘날 가장 널리 수용되는 정의인데, 나 역시 이것을 복음주의의 기본적 정의로 활용하였음을 일러둔다.

하용조와 김규항의 교차 읽기

: 복음주의자와 좌파의 교집합,
진성성과 정체성을 중심으로

'복음주의 4인방'으로 알려진 분들이 있다. 고(故) 옥한흠, 고(故) 하용조, 홍정길, 이동원 이 네 사람이다. 이분들 중에 옥한흠 목사는 그가 시작한 '제자훈련'이 지난 한 세대 신앙운동의 패러다임으로 기능하기도 했기에 오늘날 개신교인들에게 가장 큰 영향을 미치고 있는 듯하다.

한편, 옥 목사에 비해 상대적으로 덜 평가받지만 그에 못지않게 개신교 전반에 영향을 미친 사람이 하용조 목사다. 하 목사는 현대문화와 소통하는 복음의 운동을 끊임없이 모색하며 새로운 상상력을 펼쳐, 복음주의와 진보의 접점을 찾는 데 있어 기억할 만한 분이다. 물론 그 역시 설교 중에 때로 진보진영과 운동권을 비판하기도 했지만 그 비판은 결코 기득권에 집착하는 보수의 편을 들기 위한 것은 아니었다. 반면 하용조 목사를 존경하는 기독교인들은 복음과 선교에 대한 그의 열정만 보는 경향이 있는데, 나는 그의 다른 면까지 아울러 봐야 그의 선교적 열정을 더 큰 틀에서 이해할 수 있으리라고 본다. 또한 이를 통해 하용조 목사와 복음주의 일반에 대한 진보진영의 오해와 반감을 풀 수 있을 것이다. 기독교인들이 진보진영을 '이데올로기'적 선입견으로 바라보는 경향이 있듯, 진보진영은 '복음주의'를 '친미반공'의 근본주의와 엄밀히 구분하지 않고 똑같은 것으로 오해하는 경향이 있다. 그러므로 지난 한 세대 복음주의를 대표하는 인물 중 하나였던 하용조 목사를 조금 다른 관점에서 바라보는 것은 나름 의미가 있을 것이다.

동시에 여기서는 'B급 좌파' 김규항을 이야기하고자 한다.

김규항은 〈한겨레21〉 800호(2010. 3. 4)가 조사한 한국의 여론주도층 52명의 정치성향 설문조사에서 가장 왼쪽에 위치한 좌파 지식인이었다. 한국 사회에서 가장 왼쪽에 있지만 그는 전투적인 마르크스주의자가 아니다. 오히려 스스로 '예수로 시작해 마르크스로 보완했다'고 하는 '예수쟁이'다. 그렇다고 그를 자유주의 신학이나 민중신학을 내세우는 좌파로 보고 지나치는 것은 성급한 일이다. 누구보다도 그는 '영성 없는 혁명'의 위험성을 누누이 강조하며, 세상을 변화시키겠다고 운동하는 이들 스스로 자신의 내면을 돌아보는 일을 게을리하지 않아야 한다고 역설한다. '구조적인 악'만 볼 것이 아니라 그것과 공명하는 '개인의 내면의 죄악'을 함께 보아야 한다는 것인데, 이런 시각은 '복음주의'와 일치한다. 그런 면에서 그는 (복음주의자는 아니지만) 진보적 신학과 복음주의 영성을 자기 안에서 유효하게 통합하는 지식인이라고 할 수 있다. 그는 〈고래가 그랬어〉라는 어린이 잡지를 발행하는데, 영향력 있는 좌파 칼럼니스트가 어린이 잡지에 공을 들인다는 것 자체가 진보 운동권의 전통에 비추어 볼 때 익숙하지 않은 점이다. 그런 면에서, 좌파를 무신론자나 자유주의 신학에 경도된 사람들 혹은 과격한 운동가들로 생각하는 기독교인들의 오해를 풀고, 복음주의와 진보의 접점을 찾는 데 B급 좌파 김규항 역시 의미 있는 인물이다.

대표적 복음주의자 하용조와 대표적인 좌파 김규항. 언뜻 보면 전혀 매치되지 않는 두 사람이다. 이들은 서로 만난 적도 없고, 서로에게 관심이 없었을 수도 있다. 그렇지만 두 사람을 교차적으로 바라보면 복음주의와 진보의 의미 있는 접점을 찾아볼 수 있지 않을까? 두 사람에게 공통된 것은 '예수'다. 언뜻 보면 두 사람은 전혀 다른 입장인 것 같으나, 깊이 들여다보면 교집합의 영역을 발견할 수 있다.

하용조, 비저너리라는 별명

하용조 목사는 1946년 평안남도 진남포에서 태어났다. 한국전쟁이 발발하고 그의 가족은 전라남도 목포로 피난 왔다고 한다. 부모님은 독실한 기독교 신자였는데, 부친은 목포에서 사업을 하면서 그 지역 고아들을 거두어 양육했다. 그는 목포에서 중학교를 졸업한 후 서울에서 고등학교에 진학했다. 그리고 대학 시절 친구 홍정길(남서울은혜교회 원로목사)의 손에 이끌려 CCC(한국대학생선교회)의 여름수련회에 참석했고, 거기서 성령체험을 했다고 한다.

10대의 하용조는 청계천의 헌책방을 자주 들르던 문학소년이었다고 한다. 인상 깊었던 것은 그가 고교시절부터 〈사상계〉의 애독자였다는 점이다. 〈사상계〉는 1953년 장준하 선생이 발행한 지식인들의 월간지로, 비판적 지식인 및 운동권 학생들의 필독서이기도 했다. 고등학교 시절부터 이 잡지의 애독자였다는 것은 그가 민주화와 사회정의의 문제에 일찍부터 예민했음을 반증한다. 게다가 함석헌, 김교신의 신앙과 사상을 일찍부터 접하고 탐독했다는 것 또한 간과할 수 없는 부분이다.

그리고 대학 시절, CCC 집회에서 성령을 체험한 후 CCC 지도자인 김준곤 목사를 영적인 멘토로 따르게 된다. 민족복음화에 대한 김준곤 목사의 열정에 매료된 하용조 목사는 길거리, 버스, 학교와 병원 등 장소를 가리지 않고 밤낮 전도하러 다니는 열혈 복음청년이 되었다. 그러던 어느 날 그는 폐병으로 입원했고, 전도를 하지 못해 낙심하고 있었다. 결국 병실에서 그는 더욱 깊이 말씀을 묵상하며 기도했고, 목사로 부르는 예수의 음성을 들었다.

홍정길 목사의 회고에 따르면 본래 하 목사는 목회자의 길을 피하려 했다. 그가 존경하는 멘토였던 김준곤 목사는 CCC 소속 학생들이 목사가 되는 것을 반대했던 모양이다. 제도권 교회에 들어가면 학생들이 지닌 복음의 야성이 사라질까 우려한 것은 아니었을까? 결과적으로 김준곤 목사의 뜻을 거슬러 목회자가 된 것은 하나님의 뜻이었고 잘된 일이었다. 이후 하 목사는 전도사 시절부터 가수 윤복희, 코미디언 곽규석, 구봉서와 함께 성경공부모임을 시작했고, 연예인교회를 개척했다. 진보논객으로 알려진 팟캐스트 '나꼼수'의 김용민도 하 목사의 정치적 성향과 발언에 아쉬움을 나타냈지만, 하용조 목사의 일화를 다음과 같은 칼럼을 통해 소개하며 존경심을 드러내기도 했다.

장로인 코미디언 구봉서 선생의 간증 중 일부다. "방송사로 한 전도사(하용조 목사)가 오더라고. 그러더니 예수 믿으라며 성경공부 하자고 해. 신앙을 안 갖는다고 나를 원망하던 돌아가신 어머니 생각이 나서 내가 그랬지. '이것 봐, 내가 예수 믿다가 대표로 망한 사람이야. 어서 가!' 이랬는데 군말 않고 가더라고. 그런데 다음 날 또 오는 거야. 그래서 보냈지. 다음 날 또 오는 거야. 그래서 다시 보냈지. 또 오고 또 가고. 오기도 잘 오고, 가기도 잘 가고. 며칠 동안 이러기에 마지막에는 내가 막 화를 냈어. '여 봐, 내가 욕을 한 200가지 알고 있는데 된 놈으로 고른 10개 들어볼 테야?' 그러니까 그때 또 가더라고. 그러고는 두 번 다시 안 와. 나중에는 보고 싶기까지 하더라고."

하용조 전도사는 실종된 게 아니었다. 사업하다가 망한 동료 코미디언 고(故) 곽규석 선생(훗날 목사가 됨) 내외와 구봉서 선생 부인을 상대로 복음을 전했다. 그리고 구봉서 장로 자택 안방에서 성경공부를 시작했다. 이를 모르고 일찍 귀가한 구봉서 장로, 황당한 표정을 짓고는 '다 나가'라고 했다. 그러나 도리어 본인이 부인에 의해 방 밖으로 쫓겨났다. 때는 겨울. 오일쇼크가 겹치면서 안방 빼놓고 보일러를 다 끈 터였다. 마루였으나 너무 추웠다. 큰 다리 부상으로 발 시린 것을 참지 못하는 구봉서 선생, 결국 안방으로 들어가 성경공부 조를 등지고 누웠다. 잠시 뒤, 하용조 전도사가 메뚜기와 석청을 먹던 불우한 세례 요한 이야기로 열을 올리자 "고단백 로열제리를 자셨구만. 뭐가 불쌍해?"라며 딴죽을 놓았다.

그러나 말씀은 한 올 한 올 구봉서 선생의 마음에 전달됐다. 마침내 예수를 구주로 영접했다. 전도에 나섰다. 성경공부 참여 연예인은 크게 늘었다. 한번은 남성과 잠자리를 갖지 않은 여인 마리아가 아기를 잉태한 부분에 대해 동료 연예인이 의아했던 모양이다. 그래서 하용조 전도사에게 물었다. 그러나 답은 구봉서 선생이 했다. "야 인마, 남편 요셉이 아내 마리아를 믿는다는데 네가 왜 시비야?" 라고. 이런 낭만 속에 1976년, '마가의 다락방'이 아닌 '구가의 안방'에서 연예인교회가 태동했다. 국내 최초 연예인 선교의 열매를 체험한 하용조 목사, 훗날에 개척해 교인 수 7만의 온누리교회로 성장시켰다. 다른 것보다 구봉서 선생의 생짜에도 불구하고 얼굴색 하나 안 바꾼 하용조 목사의 인내가 빛난다. 애써 찾아갔을 때에 박대를 받은 것도 굴욕인데, 다음 날 또 찾아가 선의를 나타낸다는 것은 말처럼 쉽지 않기 때문이다. 이 점은 죽었다 깨어나도 고인을 닮기 힘든 부분이다.[1)]

그런데 연예인교회를 목회하던 중 심각한 병을 얻었고, 하 목사는 쉬어야만 했다. 그래서 그는 영국으로 유학길을 떠났다. 그곳에서 존 스토트(John Stott, 1921~2011), 데니스 레인(Denis J. V. Lane), 짐 그래함(Jim Graham) 같은 복음주의 신학자와 목회자들의 이론과 설교, 새로운 예배를 접하고 돌아왔다. 그리고 오랜 기간 기도하고 하나님의 응답을 받은 후, 1985년 12가정과 함께 온누리교회를 창립했다. 이후 그는 문자 그대로 쉼 없이 달렸다. 1,000명이 넘는 해외선교사 파견, '아버지학교' 운동, 출판과 문서선교를 위한 '두란노서원' 설립과 〈빛과 소금〉이라는 크리스천 잡지 창간, 〈생명의 삶〉 창간과 QT 운동, 24시간 다국어 위성

방송채널 'CGNTV' 개국, 일본 '러브소나타' 전도집회 등등. 그의 쉼 없는 도전과 열매들 사이에는 그의 초인적인 헌신이 있다.

무엇보다 그는 끊임없이 병을 앓았다. 간암 수술만 7~8번, 일주일에도 수차례 투석을 해야 했고, 폐병과 간경화 등으로 수없이 병원을 오가야 했다. 그러나 하 목사는 자신의 병으로 인해 겸손할 수 있었다며 그것 또한 하나님의 은혜였다고 말한다. 아픈 몸에도 불구하고 그는 정말 하나님이 주신 힘으로 이와 같은 많은 사역을 지치지 않고 감당해 냈다.

그는 대상을 가리지 않고 전도하는 사람이었다. 연예인 전도의 경험을 통해 세련된 문화와 예술에 대한 이해의 폭을 넓히고 그 요소를 활용하면서 보다 다양한 사람에게 친숙하게 복음을 전할 수 있는 계기를 마련하기도 했다. 그는 어떤 일을 할 때 그 일의 '가능성'보다는 그것이 '하나님의 뜻인가'만을 생각했던 목회자였고, 사람들은 그런 그에게 '비저너리'(Visionary)라는 별명을 붙였다. 그 별명대로 그는 일생 하나님이 주신 복음화의 비전으로 산 사람이다.

의외의 지점: 2005년 1월, 강원용 목사가 온누리교회 강단에 서다

하용조 목사에 대해 뜻밖의 생각을 갖게 된 계기가 있었다. 2005년 1월 새해 첫 주일 예배였다. 이날 온누리교회는 특별히 원로목사들을 초청해 설교를 듣는 시간을 가졌다. 이날 방지일 목사, 김준곤 목사 등 한국 교회의 존경받는 원로목사들이 주일예배 강단에 섰는데, 여해(如海) 강원용 목사도 그중 한 명이었다. 하용조 목사는 학생시절 경동교회에 몰래 가서 강 목사님의 설교를 자주 들었다며, 오늘 자리에 모시게 돼서 참으로 기쁘고 영광이라고 했다. 놀라운 일이었다. 강원용 목사가 누군가? 그는 복음주의 진영의 목회자가 아니다. 만주 용정에서 시인 윤동주, 늦봄 문익환 목사와 함께 수학했고 일제 치하에 민족계몽운동을 비롯한 독립운동에 헌신한 인물이다. 해방정국에서 여운형과 김규식의 좌우합작을 도왔으며, 교파 간 연합인 에큐메니컬(Ecumenical) 운동의 중심인물이었고, 박정희 집권 당시 반유신·반독재운동의 정신적 구심점이기도 했다. 한국 사회의 민주화를 위해 힘쓴 정신적 지도자로, 노동운동을 비롯한 민주화운동의 중심인물들을 제자로 배출하기도 했으며, 김수환 추기경 못지않게 존경 받은 인물이다.

그러한 진보적 교단의 강원용 목사가 온누리교회 강단에서 설교한 일은 하용조 목사를 다시 보게 했다. 때로 그의 정치적 발언이 내 생각과 다르고, 보수적으로 보일지라도 그것이 결코 기득권 지키기에 급급한 수구의 편을 들거나, 당파적 이해관계를 위해 복음을 끌어오는 것이 아니었다는 것을 새삼 확인하게 되었다. 어떤 정치적인 문제에 관한 견해가 나와 다르더라도 인격과 진정성이 느껴졌기에 그 견해와 관점을 이해하려고 노력하게 되었다. 이런 생각은 하용조 목사가 〈창세기〉를 강해하는 어느 설교에서 더욱 확실히 느낄 수 있었다.

하용조 목사는 1998~1999년경 창세기 강해설교를 했다. 기억에 남는 설교가 있는데, 아브라함과 롯에 관한 창세기 14장 본문을 다룬 것이었다. 소돔 땅에 거주하는 롯이 그 일대 부족국가들의 전쟁 가운데 사로잡혀 갔는데, 아브라함이 자기 사병을 이끌고 가서 조카 롯을 구하는 내용이었다. 성경을 보면 롯은 아브라함에게 애증이 교차하는 존재였다. 아브라함은 조카 롯을 사랑하고 귀하게 여겼지만, 롯은 그런 삼촌의 마음은 아랑곳하지 않고 보기에 좋은 땅 소돔과 고모라를 찾아 아브라함을 미련 없이 떠나 버린 것이다. 그렇지만 롯이 위기에 처하자 아브라함은 롯에 대한 복잡한 감정은 일단 접어 두고, 자기 목숨을 걸고 쫓아가서 롯과 그 가족을 구해 낸다.

하용조 목사는 놀랍게도 그 본문의 설교를 마무리하며 당시 김대중 정부의 햇볕정책과 연결지었다. 롯이 마음에 드는 구석이 없지만 아브라함이 그를 찾아가서 구한 것처럼 우리도 북한을 그렇게 생각해야 한다는 것이었다. 그러면서 햇볕정책을 넘어 태양정책이 필요하다고 역설했다. 물론 북한을 도와줘도 실망하는 일은 계속 일어날 거라고 했다. 잠수정을 내려 보내고, 미사일을 쏘고, 실컷 식량과 물자를 지원해 줘도 군인들 먹이고 자기들 군사력 확장에 돈을 쓰는 것을 보면 미울 수밖에 없다고도 했다. 그렇지만 보상이 없고 이익이 없어도 계속 도와주어야 한다고 했다. 인도적 지원은 조건이 없어야 하며, 결코 중단해서는 안 된다고 했다. 북한을 폭력으로 이기면 상처밖에 남지 않는다며, 북한은 조건 없이 사랑을 받아야 한다고 역설했다.

그런 메시지를 전하면서 하용조 목사는 "나는 지금 정치적인 이야기를 하는 것이 아닙니다"라고 강조했다. 하 목사가 그렇게 설교할 당시 야당과 보수 언론은 김대중 정부의 햇볕정책에 대한 공격에 열을 올리고 있었다. 그런 가운데 하용조 목사는 중산층이 다수를 차지하는 온누리교회의 보수적인 성도들 앞에서 용기 있게 소신을 밝힌 것이다. 여기에는 하용조 목사의 가장 친한 벗인 홍정길 목사의 영향도 있었을 것이다. 홍정길 목사는 남북나눔운동을 비롯한 북한돕기운동, 복음에 입각한 통일운동을 활발히 전개하고 있었다. 하용조 목사는 홍정길, 이동원 목사와는 필요할 때 서로를 향해 직설적이고 솔직하게 비판하는 친구 관계라고 말한 바 있다. 정치적인 부분에서도 그들은 서로 많은 대화를 했을 것이다.

한편, 개신교인이면서 진보적인 역사학자로 잘 알려진 이만열 숙명여대 교수의 회고에도 하용조 목사가 등장한다. 이만열 교수가 1980년대 초 신군부에 의해 해직되었을 때 미국으로의 연구유학길을 하용조 목사와 그 동서인 최순영 장로(신동아그룹 대표)가 도와주었다는 것이다. 정권에 의해 불온인물로 낙인 찍혀 도움을 주기가 쉽지 않았을 텐데 그 모든 걸 도와준 것에 감사하는 내용이었다.

이런 이야기들로 미루어 보면 하용조 목사의 정치성향을 단순히 '보수'라고 결론짓는 것은 성급할 수 있다. 물론 하 목사 역시 2005년 사학법 개정안에 대해 교계의 다른 목회자들과 마찬가지로 반대의 목소리를 높였고, 노무현 정부에 비판적이었으며, 간접적으로 이명박을 지지하는 발언을 하기도 했다. 그렇지만 여전히 내가 느끼는 것은 선교에 대한 하 목사의 열정과 복음에 입각한 진정성이다. 정치적 견해와 시각은 나와 다를 때가 많았지만, 그가 당파적 차원에서 보수진영을 지지한 것은 아니었다는 사실을 염두에 둘 필요가 있다. 이제 김규항을 살펴보자.

B급 좌파 김규항

> 20세기 현실 사회주의의 실패는 그 예일 것이다. 현실 사회주의 국가들은 자본주의를 극복한 사회체제를 만드는 데는 일단 성공했지만 그 사회의 개인들이 자본주의적 욕망과 속성을 극복하는 데는 성공하지 못했다. 물론 사회주의 정부는 개인들에게 남은 자본주의적 욕망과 속성을 철저히 통제하고 도려내려 노력했지만, 그런 욕망과 속성을 실제로 계량하고 관리할 방법은 없었다. 법과 규율이 개인의 외적 행동을 통제하고 관리할 수는 있지만 개인의 내적 변화를 만들어 낼 수는 없다. 강력한 법과 규율이 만들어 낸 건 행동과 내면의 분리였다. 개인의 변화는 오로지 자발적으로만 이루어질 수 있는데, 그 점을 도외시한 통제와 관리는 오히려 그 자발성을 도려낼 뿐이었다. 예수가 바라는 변화, 예수가 생각하는 혁명은 그런 게 아니다. 예수는 한 사람의 변화가 우주의 변화인, 우주

의 변화가 한 사람의 변화인 그런 변화와 그런 혁명을 바란다. 그래서 예수는 한없이 답답해하면서도 제자들을 감정적으로 선동하지 않고 담담하게 자신이 가야 할 길에 대해 거듭 강조하며, 제자들이 스스로 깨닫고 변화하길 기다린다.

-김규항, 《예수전》에서

위에서 인용한 《예수전》은 김규항의 마가복음 강해집이다. 그는 사회주의 국가의 실패 원인을 독재정치와 같은 표면적인 요소에 두지 않는다. 그는 그것을 영적인 내면의 문제로 본다. 즉, 개인의 내적 변화가 없는 통제와 관리의 한계를 짚어 낸 것이다. 그래서 그는 예수가 생각하는 혁명이란 '한 사람의 변화가 우주의 변화이고 우주의 변화가 한 사람의 변화와 같은 것'이라고 말한다. 이런 말을 하는 김규항은 대체 누구인가?

김규항은 1962년생으로, 1980년대 초 한신대를 다녔다. 김규항은 그 학교가 어떤 곳인지 모르고 입학했는데, 한신대는 문익환, 문동환, 안병무 등 통일과 반독재 민주화에 앞장섰던 신학자와 목회자들이 교수로 재직하던 학교였다. 그는 어릴 때 직업군인인 부친을 따라 이사를 자주 했다. 나그네의 체험을 많이 해 본 김규항은 여러 가지 사회적 모순에 민감한 의식을 지닌 10대를 보냈다고 한다. 그런 와중에 한신대학교에 입학했고, 그곳은 김규항에게 일종의 '해방구' 같은 곳이었다. 1998년 그는 〈씨네21〉의 "유토피아, 디스토피아"에 칼럼을 쓰기 시작했고, 그 칼럼은 독자들의 주목을 끌었다. 'B급 좌파'라는 별명은 스스로 만든 것인데, 그때부터 그는 사람들에게 'B급 좌파'로 불리게 되었다. 2000년에는 홍세화, 진중권과 함께 진보적 비평잡지 〈아웃사이더〉를 만들어 편집주간으로 활동하기도 했다. 그는 진중권과 많은 논쟁을 한 인물로도 유명하다.

서두에서도 언급했듯이, 김규항은 현재 한국에 알려진 지식인들 중에 가장 왼쪽에 위치한 사람으로 평가받는 사람이다. 놀랍게도 좌파들 중에서도 왼쪽에 위치한 그에게 가장 큰 영향을 준 인물은 마르크스가 아니라 예수였다. 그는 자신의 견해와 사상에 관한 질문에 입버릇처럼 "예수로 시작해 마르크스로 보완했다"고 답한다. 그리고 마르크스주의자를 비롯한 오늘날 많은 좌파 운동가들도 예수의 지점에 이르지 못했다고 말한다. 그렇다고 그가 자유주의 신학을 주장하거나 역사적 인간으로서의 예수만을 강조하는 것도 아니다. 그도 예수의 부활을 문학적 비유나 상징이 아니라 역사 속에 일어난 사실로 믿는다.

따라서 김규항을 복음과는 관련이 없고 '사회혁명가 예수'만을 말하는 사람이라고 단정하는 것은 성급한 일이다. 오히려 김규항의 예수 읽기는 웬만한 복음주의자들보다 매우 진지하고 엄숙하며 더욱 영적이다. 어쩌면 그는 복음주의자들보다 더 진지하게 개인적 영성을 강조한다. 그는 진정한 영성은 심리적 평온을 넘어 결국 공동체적인 것으로 귀결된다고 본다. 따라서 복음에 대한 그의 이런 깊은 이해는 마르크스에 입각한 것이라기보다는 마르크스를 넘어서는 것이다. 게다가 그의 글에는 경건함을 드리우는 분위기가 있다. 좌우를 막론하고 '막말'과 '비아냥', '조롱'이 심각한 시대, 김규항의 글은 내용에 대한 동의 여부와 상관없이 읽는 이의 내면을 성찰하게 한다. 더욱 본질적이고 급진적인 대안을 상상하게 하는 힘이 있다. 따라서 어떤 면에서 김규항을 다시 바라보고 읽어야 하는지, 새롭게 바라볼 부분은 어떤 것인지 한번 살펴보자.

김규항의 사회주의

김규항은 '가능한 변화'보다 '바르고 이상적인 것'에 집중하는 사람이다. 즉, '이상적인 것'에 집중해야 '가능한 변화'의 공간이 커진다고 생각한다. 게다가 김규항은 '사회주의'를 주장하고, '계급'이라는 단어를 사용하는 데 주저하지 않는다. 그래서 사람들은 종종 그를 답답하게 여기기도 한다. 시대의 변화를 읽지 못하고 20세기적 사고에 머물러 있다는 것이다. 그러나 김규항은 쉽게 양보하지 않는다. 가능성에만 집중하다 보면 원래 도달하려 했던 목표와 멀어질 수 있기 때문에, 사람들의 이해를 받지 못하고 더러 외롭더라도 자신이 딛고 서 있어야 할 자리가 왼쪽 가장자리라고 생각하는 것이다. 김규항 블로그의 다음과 같은 글은 그런 그의 경향을 보여 준다.

사민주의 역사를 조금이라도 공부한 사람이라면 아는 이야기지만 사민주의는 급진적인 사회주의 운동과 자본주의 체제의 타협으로 만들어진 체제다. 사회가 성숙하고 자본가들이 계몽되고 선해져서 사민주의가 만들어진 게 아니라, 사회주의 세력의 성장에 위협을 느낀 자본이 자본주의 체제를 지키기 위한 타협물로(자본주의 판이 깨지는 것보다는 이문을 줄여서라도 유지하려는) 선택한 게 사민주의 체제인 것이다. 물론 서유럽이나 북유럽 사회처럼 사민주의가 구현된 지 이미 오래인 사회들은 사민주의 사회의 운영 원리들이 '시민의 상식'으로 되어 있어서 강력한 사회주의 세력이 없어도 사민주의 체제가 유지될 여지가 있다. 그러나 한국처럼 사민주의 근처에도 가본 적이 없는 사회가 사민주의를 일부라도 구현하려면 사회주의 세력이 형성되어야 한다. 사민주의자들이 사회에서 가장 급진적인 세력으로 여겨지는 한 사민주의는 절대 구현될 수 없다. 한국에서 자유주의 세력이 집권한 것도 그들보다 급진적인 세력, 즉 사민주의 세력이 수면 위로 오르기 시작하면서임을 생각하면 쉽게 이해할 수 있을 것이다.[2)]

그렇다면 김규항이 말하는 사회주의는 무엇일까? 김규항은 정치적인 이념을 크게 보수주의, 자유주의, 사민주의, 사회주의의 네 가지 유형으로 나눈다. 그가 2010년 6월 24일 자신의 블로그에 올린 다음 글을 보자.

한국은 자본주의 사회입니다. 자본주의 체제와 관련하여 대략 네 가지 사회적 태도가 있습니다. 보수주의(자본주의 체제를 신봉하는 태도, 한나라당), 자유주의(자본주의 체제를 지지하되 시민의 상식은 유지하려는 태도, 민주당 참여당), 사민주의(자본주의를 반대하되 체제 안에서 개선하려는 태도, 민노당 진보신당), 사회주의(자본주의를 반대하며 체제 자체를 변혁시키려는 태도, 아직 운동 조직의 상태).

자본주의 체제를 지지하는 보수주의와 자유주의를 우파, 반대하는 사민주의와 사회주의를 좌파라 합니다. 보수주의와 자유주의 사이에 '이명박 반대' 전선이 있고, 자유주의와 사민주의 사이에 '신자유주의(자본주의의 현재 상태) 반대' 전선이 있습니다. 자유주의 세력은 반이명박 싸움은 하되 신자유주의 반대 싸움은 하지 않고, 사민주의 세력은 신자유주의와의 싸움을 주된 싸움으로 하면서 반이명박 싸움도 하는 것이지요.

2017년의 상황에 대입하면 보수주의는 〈자유한국당〉과 〈바른정당〉, 자유주의는 〈더불어민주당〉과 〈국민의당〉이며, 사민주의는 〈정의당〉이고, 사회주의는 아직도 운동조직의 상태에 있다. 그러니까 사회주의를 빼고 나머지 세 정치이념은 자본주의 체제를 긍정하는 것이며, 사회주의만이 유일하게 체제 자체를 변혁하려는 정치이념이다. 그렇지만 김규항이 생각하는 사회주의의 비전이 무엇인지는 명확하지 않다. 그것이 현실적인 사회시스템으로 고안 가능한 것인지 의심스럽기까지 하다.

그렇기에 진중권을 비롯한 많은 좌파지식인들이 김규항을 비판한다. 비판의 포인트는 다음과 같이 크게 세 가지로 정리할 수 있다. 첫째, 낡은 이념적 잣대로 다른 사람을 규정하는 김규항의 태도는 오만하다. 둘째, 실제로 김규항이 진보적 가치의 실현을 위해 어떤 구체적이고 현실적인 운동을 하고 있는지 의문이다. 셋째, 김규항이 말하는 사회주의가 어떤 모습인지 도무지 알 수 없다. 혁명을 하자는 것인지 사회주의 정당의 집권을 추구하자는 것인지 모르겠다는 것이다. 그렇다면 김규항은 도대체 뭘 하자는 것인가?

레닌주의 운동이 아닌 갈릴리 예수의 운동

사실 김규항의 논의는 사회과학의 패러다임으로만 봐서는 안 된다. 물론 김규항 자신은 지면에서 논쟁을 벌일 때 종종 사회과학의 언어를 동원한다. 아니, 상대적으로 그는 여전히 낡은 사회과학 이론에 매몰되어 있는 것처럼 보일 정도로 이념과 정체성을 이야기한다. 그렇지만 그는 자신의 생각을 표현하기 위한 수단으로 그런 개념과 언어를 사용할 뿐, 사실 그의 생각은 사회과학의 패러다임 바깥에 있다. 그가 생각하는 혁명운동은 레닌주의적인 운동이 아니라 갈릴리의 예수의 운동이기 때문이다. 그는 이렇게 말한다.

> 예수는 갈릴리 시골마을에서만 주로 사역했다. 이 예수의 독특한 활동방식은 사회운동의 성장에 대한 우리의 생각에 깨우침을 준

다. 운동의 외형적 성장은 두 가지 위험을 수반한다. 하나는 외형적 성장과 운동의 정체성 훼손이 비례하는 경향이다. 또 하나는 운동의 외형적 성장은 기존 사회체제에 포섭되어 가는 과정이기도 하다. 예수는 운동의 외형적 성장엔 아무런 관심이 없다. 오직 하나님 나라에만 관심이 있다. 갈릴리 시골마을로만 돈 것은 무엇보다 고통받는 인민들이 그곳에 많이 살았기 때문이다.[3)]

예수가 자신의 사역의 효율성과 효과성을 '성과주의'의 측면에서 생각했다면 유대의 변두리인 갈릴리에서 활동하지 않았을 것이다. 곧장 예루살렘에 들어갔을 것이고, 바리새인과 사두개인, 율법학자들을 제압할 방법을 찾았을 것이다. 아니, 어쩌면 사두개인과 율법학자들을 제압하기 위해 바리새인과 연대했을지도 모른다. 그리고 더 많은 제자를 모아 하나의 세력을 형성했을 것이다. 그런데 예수는 그렇게 하지 않았다. 오늘날 좌파의 시각으로 본다면 예수의 운동은 아주 비현실적이고 효과가 없는 운동이었을 것이다. 그렇지만 김규항은 복음서를 면밀히 읽고, 현실 사회주의의 실패를 보면서 '운동'의 성격에 대해 깊이 고민한 것 같다. 운동의 외형적 성장보다 더 중요한 것은 분명한 정체성이라고 보는 것이다. 본질과 정체성을 훼손하면서 운동의 외형적 성장을 꾀하면 처음 운동이 지향했던 본질적인 목적 자체를 잃을 수 있기 때문이다. 따라서 김규항은 비록 더디더라도 본질을 잃어버리지 말고, 각자 자기 영역에서 할 수 있는 것을 하는 게 중요하다고 생각하는 것이다.

그런데, 현실정치에서 운동의 외형적 성장에 관심을 갖지 않는다는 게 있을 수 있는 일인가? 정치란 결국 권력의 문제다. 권력을 획득해야 뜻을 펼 수 있는 것이다. 대의제 민주주의 원리가 작동하는 사회에서 선거로 승리하는 것은 무엇보다 중요한 일이다. 예수는 현실을 초월한 하나님 나라를 전했으므로, 당장 외형적 성장에는 관심을 두지 않았을 수 있다. 그러나 김규항은 어쨌든 표면적으로 현실정치의 무대에서 진보정당의 패배에 관해 꾸짖고 있는 것 아닌가? 이를 어떻게 봐야 할까?

사실 하나님 나라 운동을 초월적이고 영적인 것으로만 보는 시각 자체가 잘못된 것이다. 구약에서는 장차 의로 다스릴 왕이 도래할 것이라며 메시아의 탄생을 예언했다. 유대인들은 이를 다윗왕국의 영광을 재현할 정치적인 군주의 도래로 생각했다. 물론 이는 오해였다. 그런데 이번엔 반대방향에서 또 하나의 오해가 생겨났다. 신약에서 메시아로 임한 예수가 하나님의 나라를 말할 때, 그것을 눈에 보이지 않는 영적인 차원에서만 생각하는 것이다. 그리고 재림 이후 도래할 천국만을 상상하는 것이다. 그렇다면 왜 예수는 주기도문에서 하늘의 뜻이 땅에서 이루어지게 해달라고 기도하라고 가르쳤을까?

신약은 구약의 예언자적 비판을 포괄하고 그것을 넘어선다. 예수는 외적 환경의 제도적 정치를 넘어 개인의 내면에까지 하나님의 통치가 임하게 하는 진정한 왕인 것이다. 왕이나 지도자는 물론 중요하다. 지도자 한 사람이 바로 서면 그 공동체는 희망이 있다. 하지만 그것으로 충분할까? 구약의 열왕기를 보면 아무리 군주가 바로 서 있더라도 백성들의 우상숭배는 끊이지 않았다. 제도와 시스템만으로는 진정한 변화를 이끌어 낼 수 없다. 내면의 변화가 반드시 필요한 것이다. 그런데 그 내면의 변화는 내적 평온만을 의미하지 않는다. 그것은 필연적으로 외부 환경을 하나님의 공의에 맞게 변혁시키는 에너지로 작용한다. 다시 말해 복음서는 사회제도의 불의에 대한 예언자적 비판을 포함하고, 그것을 넘어 더 근본적인 부분까지 파고들어 가는 것이다.

김규항이 현실정치의 무대에서 외형적 성장보다 운동의 본질과 정체성에 더 집중하라고 하는 것은, 그것이 당장엔 느리고 비현실적으로 보이더라도 오히려 더 나은 사회를 앞당기는 진정한 힘이 될 수 있다고 믿기 때문이다(즉, '우공이산愚公移山'을 말한다). 따라서 그는 초현실적인 이야기를 하는 것이 아니라 현실적 조건만을 바라보는 우리 지각의 한계를 열어 보려는 것이다. 그런 면에서 김규항은 정말 특별한 좌파이긴 하다. 그는 세력을 규합하여 구심점을 강화하고 진보정당의 집권을 위해 노력하는 것보다 진보적 가치의 확산을 위한 저변을 넓히고 생태계를 만드는 것이 필요하다고 생각하는 것 같다. 또한 자유주의와의 선거연합을 반대하는 것이 아니라, 선거연합을 하더라도 진보정당의 지배적 정체성을 훼손하며 나아가는 것은 안 된다고 보는 것이다.

물론 김규항이 진보정당 당원으로서 정치적 활동을 펴는 것은 아니다. 이에 대해 많은 진보 지식인은 "도대체 김규항 넌 뭘 했는데?"라고 묻는다. 그렇지만 다시 김규항의 사고체계를 이해하면 그 이유는 쉽게 알 수 있다. 김규항은 그런 직접적 정치활동엔 뜻이 없다. 진보든 자유주의든 그들 각자가 속한 영역에서 열심히 하면 되는 것이다. 다만 그것이 어떤 활동이든 대중성 확보를 위해 정치공학적 계산을 하면서 정체성을 훼손하지 말자는 것. 오히려 우리가 진보적 가치에 충실할 때, 타협하지 않는 진정성을 보일 때 진보를 지지하는 사람들이 하나 둘 늘어나리라고 생각하는 듯하다. 김규항이 종종 '혁명은 안단테'라고 말하는 것도 그런 뜻일 것이다. 따라서 지식인 김규항이 다른 것도 아닌 〈고래가 그랬어〉라는 어린이 잡지 발행에 그토록 공을 들이는 것은 이상한 일이 아니다.

혁명과 영성의 균형

김규항은 이제 영성에 관해 말하기 위해 《예수전》에서 마가복음 7장에 있는 예수와 바리새인들의 논쟁을 언급한다. 바리새인들이 예수의 제자가 손을 씻지 않고서 떡을 먹는 것을 보고 비판하자, 예수는 '무엇이든지 밖에서 사람에게로 들어가는 것은 능히 사람을 더럽게 하지 못하되 사람 안에서 나오는 것이 사람을 더럽게 하는 것이다'라고 말했다. 이에 대해 김규항은 다음과 같이 의미를 풀어낸다.

사람에게서 나오는 것이 사람을 더럽힌다. 사람은 어떤 불의하고

> 모순으로 가득한 사회체제에서 살아갈 때 그 체제를 완전히 거부하지 않는 한 자기도 모르게 그 체제에 감염된다. 그 사회체제에 얼마간 불만이 있거나 비판적인 사람도 예외는 아니다. (중략) 그래서 권위주의 체제나 자본의 체제와 싸울 때 그게 전부라고 생각하면 설사 그 싸움이 승리를 거둔다 해도 결국 내 안에 숨어 있는 권위주의 체제와 자본의 체제가 되살아나기 때문에 세상은 다시 원래대로 돌아오는 것이다. 역사 속에서 대개의 혁명이 그렇다. 세상을 바꾸려면 내 밖의 적과 싸우는 동시에 내 안의 적과도 싸워야 한다. 내 밖의 적과 싸우는 일을 혁명이라 하고 내 안의 적과 싸우는 일을 영성이라 할 때, 역사 속에서 혁명과 영성의 편향은 번갈아 가며 나타난다. 20세기에 '영성 없는 혁명'에 빠져들었던 수많은 투사들은 제 영성의 빈곤에 대한 반성과 성찰의 결과로 정반대의 편향에, '혁명 없는 영성'에 빠져들어 있다. 그러나 진정한 혁명가는 영성가이지 않을 수 없고 진정한 영성가는 혁명가이지 않을 수 없다. 기도든 명상이든, 하루에 30분도 나를 되돌아보는 시간을 갖지 않는 혁명가가 만들 새로운 세상은 위험하며, 혁명을 도외시하는 영성가가 얻을 수 있는 건 제 심리적 평온뿐이다.[4)]

우리는 예수가 '사람에게서 나오는 것'을 언급할 때, 그것을 그저 개인의 죄악에서 나오는 것이라고 이해한다. 김규항은 이 이해를 사회적 차원으로 넓히고 있다. 즉, 사람은 누구나 불의하고 악한 사회체제에 살고 있기 때문에 어느 정도 감염되어 있을 수밖에 없다는 것이다. 따라서 예수는 바리새인들이 자신들은 깨끗하고 도덕적이라고 생각하는 것이 착각과 오만이라는 것을 지적하고자 했다. 그러므로 예수는 다른 사람들의 잘못을 지적하기 전에 자신의 내면을, 자신의 눈의 들보를 보라고 하는 것이다. 이것을 김규항은 '영성'이라고 한다. 김규항이 보기에 오늘날의 진보진영은 바리새인들처럼 위선적이고 거칠다. 그래서 김규항은 '내면의 영성'을 강조하는 것이다. 김규항은 지승호와의 인터뷰에서 진보와 좌파진영 사람들에 관해 다음과 같이 말했다.

> 그런데 그런 사람들도 가까이서 들여다보면 마음속엔 지옥이 존재해요. 노선이 다르거나 경쟁관계에 있는 동지들을 미워하는 마음들이 존재합니다. 사실 정파 싸움에는 정치적 의견의 갈등도 있지만 그런 인간적인 갈등이 더 주요하게 작동해요. 그들이 세상을 뒤집고 권력을 잡은 다음에는 어떻게 되겠어요? 그러니 기도하고 또 기도해야 합니다. 영성 없는 혁명가들이 이룰 세상은 위험할 수밖에 없어요. 하루에 30분도 기도하지 않는 사람들, 하루에 30분도 자기를 되돌아보지 않는 사람들이 성난 얼굴로 만드는 세상을 상상해 보세요. 생각만 해도 아찔하지 않나요?[5)]

이런 문제의식의 연장선상에서 최근 김규항 역시, 강준만과 마찬가지로 '진보의 소통방식'에도 문제를 제기한다. 2015년 강준만 교수는《싸가지 없는 진보》라는 책을 출간했다. 그 책을 통해 강준만은 진보진영의 소통방식을 문제 삼았다. 상대편을 사악한 세력으로 규정해 놓고 조롱과 풍자를 통해 상대편의 분노를 유발하는 무례함을 통해 지지자들을 열광케 하는 방식이 오히려 진보의 무덤을 만들고 있다는 것이 주된 논지다. 그런 지적은 진보진영에 대한 대중의 반감을 직시한 것이다. 김규항도 이미 그런 문제를 고민하고 있었던 것 같다. 하지만 그의 고민은 좀 더 근본적이다. 2015년 8월 25일자 〈경향신문〉에 실린 그의 칼럼 일부를 보자.

> 진보는 체제의 일부다. 진보가 열망하는 건 체제 안에서의 헤게모니, 즉 정권이지 체제 변화는 아니다. 진보가 열중하는 건 대기업, 공공 부문 정규직 노동자의 삶이지 '정규/비정규'라는 노동계급 분리 지배 체제의 혁파는 아니다. 진보의 유일한 정치 활동은 모든 문제를 보수 탓으로, 박근혜 패거리 탓으로 돌리며 인민을 기만하는 것이다. '진보 논객' '진보 교수' '진보 언론인'들이 그 선두에 서고, 걸핏하면 '빵에 갔던 이야기'를 들먹이는 전국 도처의 진보 아저씨들이 뒤를 받친다. 강준만은 '싸가지'를 말했지만 순수한 사기극일 뿐이다.
>
> 꽤 많은 인민들은 진즉 사기극을 알아챘다. 박근혜가 좋아서가 아니라 진보가 미워서 박근혜를 지지하는 사람들이 늘어만 간다. 보수나 진보나 결국 저희 좋으려고 하는 건 똑같은데 진보는 정의와 윤리를 독점한 양 설레발을 치니 빈정 상하지 않을 도리가 없다. 그런 분노가 뒤틀려 튀어나온 게 바로 '일베'다. 일베는 보수에 현혹된 청년들이 아니라 진보에 반발해 오른쪽으로 치닫게 된 청년들이다.

그런데도 진보는 박근혜를 지지하는 인민들을 우매하다 욕하고 일베를 '벌레들'이라 경멸을 퍼부으니, 인민의 반발도 더욱 늘어만 간다. 하는 짓으로 보면 이미 바닥을 쳤을 박근혜 지지율이 그렇지 않은 것도 그런 흐름과 관련되어 있다. 그런 아수라 속에서 1%의 왕국은 더욱더 공고해진다. 진보는 늘 수구를 욕하지만, 현실에 미치는 실제 영향으로 말하자면 수구보다 더 수구가 된 지 오래다.[6)]

김규항은 진보의 영향력이 수구보다 더 수구가 된 지 오래라고 말한다. 김규항이 봤을 때, 현재 진보정치세력은 체제 변화를 꿈꾸기는커녕 체제 안에서의 권력획득만을 목표로 한다. 따라서 진보의 유일한 정치 활동은 모든 문제를 보수 탓으로, 박근혜 탓으로 돌리는 것이다. 예컨대, 김규항은 2017년 1월 13일, 자신의 블로그에 이런 글을 올리기도 했다.

> 이명박 시절엔 이명박만 욕하면 진보가 되었는데 박근혜 시절엔 박근혜만 욕하면 좌익도 되고 저항 세력도 된다. 사상의 하향평준화는 오늘 진보의 가장 큰 재앙이다. 분노가 쉬워질 때 우리는 어김없이 몰락한다.[7)]

즉, 진보의 '싸가지' 문제는 분노가 드러나는 하나의 양상일 뿐이다. 김규항은 자본주의의 근본적인 문제를 '박근혜'나 '이명박'이라는 개인으로 환원하여 분노를 쏟아 내는 것이 일종의 허수아비 공격이라고 보는 셈이다. 그 분노는 정당하지만 그렇게 특정 인물에 대한 분노에 모든 에너지를 쏟아서는 안 된다는 것이다. 그것은 한 인물, 즉 대통령만 바꾸면 될 거라는 환상을 불러일으킨다. 여기서 "분노가 쉬워질 때 우리는 어김없이 몰락한다"는 김규항의 말은 의미심장하다. 그것은 지라르의 희생양 메커니즘을 연상케 한다. 물론 박근혜가 무고한 희생양은 아니다. 그에 대한 파면과 처벌은 매우 정당하다. 그런데 박근혜라는 한 인물에 모든 분노를 투사한 다음, 그를 처벌하고 대통령이 바뀌면 문제가 근본적으로 해결된다는 착각을 하기 쉽다. 하지만 그것은 일시적인 카타르시스에 불과하다. 체제 자체가 문제를 안고 있기 때문에 언제든 그 분노는 다시 올라오게 마련이다. 이것은 일종의 희생양 메커니즘의 변종이다. 이를 '허수아비 메커니즘'이라고 해야 할까?

다시 말하지만 박근혜는 그 분노가 제대로 폭발할 수 있도록 뇌관을 제공했을 뿐이다. 그것은 비선에 의존한 '국정농단 스캔들'과 '세월호 사태'였다. 하지만 그것만으로 분노가 폭발하지는 않는다. 빈곤과 실업, 청년 문제 등 온갖 사회적 불안요소가 뇌관만 건드리면 폭발할 수 있는 화약으로 사회 저변에 가득 차 있었다. 국정농단을 심판하고, 세월호 사태의 진실을 밝히는 것은 진보와 보수를 떠나 정의와 도덕의 관점에서 당연히 해결해야 하는 문제였다. 그렇지만 더 근본적으로 '맘몬'이 왕노릇 하는 한국 자본주의의 문제는 그렇게 간단하지 않다. 따라서 근본적인 타깃으로 향하지 못하고 표면에 피상적으로 머무는 분노는 사람에 대한 증오로 쉽게 치환되어 버리고, 그것을 통해 사람들의 내면도 황폐해진다.

미디어는 사람들의 그런 심리를 반영하기도 하고 부채질하기도 한다. 물론 미디어가 스캔들과 부도덕을 폭로하는 것은 매우 중요하다. 이번 탄핵국면에서 미디어는 충분히 그 역할을 감당했다. 그렇지만 대선 보도는 어떠한가? 차분히 정책을 검증하는 방송이 많은가? 아니면 가십이 될 만한 선거판의 상황 중계가 많은가? 후보들의 말실수는 지속적으로 확대되어 보도되고, 그로 인해 후보들은 갈등하고 지지자들도 갈등한다. 선거공학적 분석은 난무하지만, 심도 있는 정책분석과 검증은 잘 이루어지지 않는다. 따라서 선거판은 프로야구의 플레이오프처럼 과열되고, 지지자 간의 갈등도 극대화되지만 그렇게 뜨거운 정치적 관심에 비해 정작 우리의 일상적 현실이 정치에 의해 뭔가 개선되고 있다는 느낌은 별로 받지 못한다. 그것은 결국 감정적인 희비가 교차하는 뉴스에 사람들이 열광하기 때문이지만, 더 근본적으로는 성찰의 '영성'이 빈약하기 때문이기도 하다.

김규항의 말대로 이들이 '영성'에 주의를 기울이면 어떻게 될까? 영성이란 것은 단순한 신앙적 행위가 아니다. 그것은 우선 개인 내면의 성찰이다. 진보가 차분히 자신을 성찰한다면, 자기 콘텐츠와 프로젝트를 검토할 것이다. 그것이 체제 변혁을 위한 경로선상에서 맞는 정책인지, 본질적 정체성을 잘 간직하고 있는지 부단히 돌아볼 수 있을 것이다. 그런 '영성'은 '내면의 평온'이나 '부드러운 성품과 언어'에 그치지 않는다. 그것이야말로 근본적인 변혁을 가능하게 하는 원동력이 된다. '영성'은 눈에 보이는 것 너머를 보게 하기 때문이다. 그것은 현실 논리에 갇히게 하는 것이 아니라, 현실 논리를 넘어서게 한다. '가능성'이 아니라 '옳음'을 추구하고, 불가능해 보이더라도 도전하게 만든다. 다시 말해 영성이야말로 혁명의 진정한 원동력이 될 수 있는 것이다.

하나님 나라 운동은 정치적 변혁을 수반할 수밖에 없다

예수에게 정치적 변혁은 굳이 강조할 이유조차 없는, 혹은 생략하려 해도 생략할 도리가 없는 너무나도 당연한 것이었다. 예수는 가난하고 약한 사람들, 죄인 취급 받는 사람들, 여성, 아이들이 사람대접 받는 세상을 구름 위에, 혹은 관념 속이나 저승에 지으려 한 게 아니다. 바로 우리가 살고 있는 현실 안에서, 그 현실을 변화시킴으로써 만들려고 했다. 그 변화는 원하든 원치 않든 기존 지배질서와의 정치적 갈등과 불화를 수반할 수밖에 없다. 여자가 남자와 대등하게 사람 노릇하는 세상을 만드는 데 가부장 권력이 가만있을 리가 없고, 사람 취급 못 받는 사람들이 인권을 확보하고 버젓이 똑같이 행동하는데 그들을 억압하고 착취해서 유지되는 기득권세력이 그걸 용납할 리 없다. 예수의 정치성은 예수가 의도했든 안 했든 필연적이었다. 예수의 변혁, 즉 하느님 나라 건설은 당연히 정치적인 변혁을 수반한다. 그것을 궁극의 목표로 하지 않을 뿐.[8)]

여기서 김규항의 운동론과 예수 읽기는 다음과 같이 정리할 수 있다. 첫째, 김규항의 사회주의 운동은 레닌적인 혁명운동이 아닌 갈릴리 예수의 공생애 활동을 모델로 한다. 여기서 그는 운동의 외형적 성장을 통한 정권획득이 아닌 운동의 본래 목적과 정체성을 유지함으로써 체제에 포섭되지 않고 끊임없이 체제 변혁을 추구하는 것이다. 따라서 김규항은 정권획득이나 혁명정부 수립 같은 것을 추구하지 않는다. 그것이 불필요하다는 것이 아니다. 그것은 매우 중요한 운동이지만 그 자체에 매몰되는 것을 경계하는 것이다. 김규항은 갈릴리에서 예수가 추구했던 것처럼 '한 사람의 변화가 우주의 변화이자 우주의 변화가 한 사람의 변화인' 것과 같은, 그런 혁명을 추구한다.

그렇기에 둘째, 김규항은 영성과 혁명의 균형을 강조한다. 하루에 30분도 기도하지 않는 혁명가들이 이루는 세상은 위험하다고 하고, 끊임없는 내적 성찰을 지속해야 한다고 강조한다. 영성 없는 혁명이 이룰 세상은 위험하고, 혁명 없는 영성이 얻을 것은 심리적 평온뿐이라는 것이 그의 견해다. 좌파 중에서 내면의 성찰을 강조하는 지식인은 김규항이 거의 유일하다. '진보의 싸가지' 문제가 중요한 화두로 떠오르는 가운데 김규항이 강조하는 '혁명과 영성의 균형'은 적실성을 갖는 논의라 할 수 있다. 이를 통해 김규항은 사회변혁운동과 영성운동의 공존과 조화와 협력이 필요하다고 보는 것이다.

하용조와 김규항의 접점: (1) 진정성

오늘날과 같은 불신사회, 냉소사회에서 '진정성'은 신뢰를 위한 전제조건이다. 나는 하용조와 김규항, 이 두 사람을 공통으로 묶는 것은 '진정성'이라고 본다. 그리고 그 진정성은 결국 '예수 복음의 본질'에서 나오는 것이다. 나는 앞에서 여러 근거를 들어 하용조 목사를 정치적 보수로 결론짓는 것이 성급한 일임을 밝혔다. 하 목사뿐만 아니라 옥한흠, 홍정길, 이동원 목사 모두 마찬가지다. 우리는 어떤 사안에서 보수진영의 주장을 지지할 수 있다. 그러나 복음주의 신앙이 반공근본주의에 이용되어선 안 된다. 복음은 곧 원수까지 사랑하라는 예수의 명령을 따르는 것을 포함한다. 진보와 좌파를 일컬어 '종북', '빨갱이' 운운하는 것은 복음의 본질과 맞지 않다. 이는 신앙과 상관없는 반공근본주의라는 이데올로기일 뿐, 복음주의가 아니다. 복음주의는 한국의 진보와 좌파를 넘어 북한까지도 끌어안을 수 있어야 한다.

앞에서 잠시 살펴봤듯이, 하용조 목사는 북한을 대할 때 필요한 우리의 자세를 롯에 대한 아브라함의 사랑에서 찾았다. 창세기 해당 본문 설교에서 하용조 목사는 김대중 정부의 햇볕정책에 찬성하면서 북한이 비록 우리의 기대에 어긋나는 행동을 하더라도 조건 없이 계속 지원해야 한다고 역설했다. 이는 하 목사의 개인적 견해를 넘어 복음주의 개신교의 올바른 견해라고 봐도 좋다. 복음주의의 이러한 면이 진보진영에 잘 알려져 있지 않은 것은 안타까운 일이다.

진보진영도 마찬가지다. 가장 왼쪽에 있다고 평가받는 김규항이 누구보다 급진적인 주장을 하면서도 '내면의 영성'을 강조하는 좌파라는 사실이 복음주의 크리스천들에게 잘 알려져 있지 않다. 그래도 고무적인 일은 김규항의 마가복음 강해서인《예수전》이 진보진영보다 복음주의권에서 잔잔한 반향을 일으켰다는 것이다.[9] 김규항은 예수가 바라는 변화와 혁명은 외부적 강압이 아닌 자발적인 변화, 한 사람의 변화가 우주의 변화인, 그런 혁명이라고 강조한다. 김규항은 물론 사회주의자를 자처하고 자본주의 체제 자체를 근본적으로 바꿔야 한다고 생각한다. 그런데 그 방법으로 폭력혁명을 주장하는 것은 아니다. 김규항의 사회주의는 하나의 이상적인 푯대로 존재한다. 그리고 그 푯대는 현실정치가 지향해야 할 바를 제시할 뿐이다. 그렇다고 추상적인 언어로 현실정치를 외면하는 것은 아니다. 다만 김규항은 체제변화와 더불어 개인의 변화가 필요하다고 생각한다. 즉, 개개인의 삶의 양식의 변화, 가치관의 변화가 사회와 공명하는 체제변혁을 이야기하는 것이다. 예컨대, "나 때문에 또한 복음 때문에 집이나 형제나 자매나 어머니나 아버지나 자녀나 토지를 버리는 사람치고 백 배로 되받지 못할 사람은 아무도 없습니다. 지금 현세에서는 박해도 당하지만 집과 형제와 자매와 어머니들과 자녀와 토지를 받고 내세에서는 영생을 받을 것입니다"라는 마가복음 10장 29절 본문을 김규항은 다음과 같이 말한다.

> 현세와 내세는 반드시 시점으로 선후가 갈리는 게 아니다. 현세에 내세가 있고 또 내세에 현세가 있다. 우리는 철저한 현세의 삶의 조건 속에서 이미 내세를 살고 있는 사람들을 볼 수 있다. 거의 모든 사람들이 남보다 많이 가지기 위해 애쓰고 또 그렇게 되었을 때 행복하고 자랑스러워하지만, 어떤 사람들은 다른 사람보다 많이 가진 걸 오히려 민망해하고 불편해하며 자발적 가난을 실천하며 살아간다. 두 부류의 사람들은 같은 세상에 살고 있는 것 같지만 실은 전혀 다른 세상에 살고 있다. 땅의 기준에 매인 사람에게 자기 재산을 다 나누어 주는 일은 슬프고 고통스러운 일이다. 그러나 하늘의 기준을 받아들인 사람에겐 같은 일이 '백 배의' 기쁨과 환희가 된다.[10)]

김규항이 생각하는 자본주의 체제 변혁은 정치 시스템으로서의 사회주의 재현이 아닌 하나님 나라의 도래를 의미한다. 그것은 먼저 개개인이 하늘의 기준을 받아들이는 일에서 시작되어야 하는 것이다. 이런 그의 생각은 복음주의와 크게 다르지 않다. 오히려 김규항은 복음주의의 본질적 역동성을 강화한다. 기존 복음주의는 하나님의 나라를 영혼구원과 내세의 관점에서만 접근하며 정치에 대한 무관심과 현실도피를 부추기는 경향이 있었다. 김규항은 이를 폐기하는 게 아니라 강화하는 논리와 상상력을 제공한다. 즉, 김규항은 복음에 반하는 사회주의가 아니라 복음을 더욱 확장시키는 사회주의를 주장하는 것이다.

하용조와 김규항의 접점 (2) 정체성

앞에서 말한 첫 번째 접점인 '진정성'은 상대진영 혹은 반대편에게 호소력을 갖는 것이다. 상대진영의 동의(agreement)가 아니라 공감(empathy)을 이끌어 내는 것이다. 비록 내 의견에 동의하지 않더라도 내가 그런 의견을 제시하는 취지가 내 사적인 욕망과 이해관계에서 비롯된 것이 아님을 상대가 인정해 주는 것이다. 이럴 땐 적어도 상대를 신뢰하고 믿을 수 있게 된다. 이어서 두 번째 접점으로 '정체성'이 있다. 정체성은 본질을 의미한다. 상대진영과 상관없이 내가 지켜야 할 본질에 관한 이야기다. 하용조와 김규항 두 사람 다 정체성을 중시한다. 핵심과 본질이 아닌 부분에서는 유연하지만, 본질적 정체성에 관해서는 절대 타협하지 않는다.

앞에서 살펴보았듯이, 김규항은 갈릴리 예수의 운동을 통해 운동에서 중요한 것은 외형적 성장이 아니라는 것을 역설했다. 외형적 성장을 꾀하면 꾀할수록 정체성을 잃어버리기 쉽고, 기존 사회체제에 포섭되어 버린다는 것이다. 즉, 김규항은 알고 있다. 진보정당이 대중적 지지도와 인기를 추구하면 오히려 진보의 차별성을 잃어버리기에 매력이 더욱 사라져 버린다는 것을. 그는 물론 선거에서 우파정당과의 연합을 반대하지 않는다. 하지만 연합하더라도 진보정당이 지녀야 할 정체성마저 양보하고 타협하면 안 된다는 것이다. 물리적 혼합은 가능하더라도 화학적

화합은 경계해야 한다는 것이 그의 생각이다. 김규항은 순진하고 이상적이게도 진보정당이 자신의 정체성을 잘 보존할 때 오히려 지지도를 높일 수 있다고 생각한다. 진보정당은 진보다워야 한다는 것이다.

하용조 목사도 비슷하다. 그는 대형교회인 온누리교회를 이끌어 왔지만, 늘 강조하는 것은 '대형교회'를 할 생각도 없었고 하고 싶은 적도 없었다는 것이다. 그저 영국에서 새로운 복음주의 교회와 신학을 접하고 기도하는 가운데 사도행전의 교회와 같은 '바로 그 교회'를 만들겠다는 생각에만 집중했다. 제도와 조직, 교파와 상관없이 하나님이 원하시는 '바로 그 교회', 정말 교회다운 교회를 세우겠다는 일념인 것이다. 그는 거듭 강조한다. 건물은 중요하지 않다고. 수십 번 무너져도 상관없다고 말한다. 그리고 우리끼리의 왕국을 만들면 안 된다고 이야기한다. 성도들에게 계속 흩어지라고 강조한다. 7년 이상 된 교인들은 떠나라고 한다. 암 수술을 여러 차례 받고 투병하면서도 물러서는 법이 없었다.

하용조 목사는 강단 위에서 눈물을 보일 때가 많았고, 선교사들을 생각하면서도 많이 울었다. 그리고 교인들에게 자기를 그만 놓아 달라고 수차례 요청하기도 했다. 다시 말해 그는 대형교회의 목회자로 있는 것을 불편하게 생각했고, 기회만 되면 선교지에 나가고 싶어 했다. 또한 기득권에 집착하지 않았다. 그는 반복적으로 설교했다. 예수 믿으면서 손해를 보지 않았다면, 예수를 진정 믿고 있는지 의심해야 한다고. 진정 하나님의 사람은 자신에게 주어진 삶의 안정적인 토대(security) 같은 것에 미련이 없다고 했다. 오직 하나님의 나라와 하나님의 의만을 생각한다는 것이다.

결론적으로 하용조와 김규항, 두 사람 다 예수님을 깊이 묵상했고, 자신의 정체성에 충실하고자 했다. 모두 외형적 성장에는 관심이 없었다. 그것보다 더 중요한 것은 쉽게 길들여지지 않는 정체성이라 생각했고, 그럴 때 현실에 영향을 받는 것이 아니라 현실을 변혁할 수 있다고 믿었다. 김규항은 "좌파는 원래 비현실적"이라고 말할 정도다. 두 사람을 보면서 예수는 복음주의와 진보, 양쪽에 비전을 제시하는 분임을 알 수 있다. 그리고 복음주의와 진보가 꿈꾸는 이상적인 세상, 하나님 나라는 사실 크게 다르지 않은 것을 알게 된다. 그렇다면 하용조와 김규항의 종합은 가능할까?

새로운 상상: 복음주의와 진보의 연대

〈빛과 소금〉 2004년 11월호에는 하용조 목사와 박원순 서울시장의 대담이 실렸다. 주로 질문자는 하용조 목사였고, 답변자는 박원순 서울시장으로 당시 변호사였다. 거기 실린 흥미로운 대목을 발췌해 본다.

하용조 저희는 목회자로서 사회 개혁이나 시민운동에 대해 기도합니다. 그래서 박 변호사님과 같은 분들을 보면 부럽습니다. 행동할 수 있으니 얼마나 좋을까 하는 생각을 하게 됩니다.

박원순 저는 반대입니다. 목사님들은 정말 사람들의 근원에서부터 마음을 바꾸는 일을 하시잖아요. 용어가 적절한지 모르겠지만, 목사님들이야말로 진정한 혁명가라고 생각하거든요. 제도나 그런 것들은 외형 즉 피부에 해당하는 것이고, 사람들의 내부 즉 의식과 정신과 영혼을 바꾸는 것은 목사님들이 하시는 거잖아요.

(중략)

하용조 예수님의 핵심 사상 중 하나가 나눔입니다. 예수님께서 세상에 온 것 자체가 인류의 죄를 구속하시기 위한 것입니다. 십자가에서 자기희생과 포기 그리고 기득권의 포기가 시작되기 때문입니다. 그러나 최근 한국 교회가 외형 만들기에 치중하면서 많이 변질되고 그에 따른 반성도 곳곳에서 일고 있습니다. 초기 한국 교회를 보면 학교, 병원, 신문 등을 만들면서 어떡하든 우리 사회가 개화되고 변화되어 독립 운동까지 연결되었거든요. 그런 의미에서 교회가 기부 운동에 앞장서야 하지 않을까 생각합니다.

박원순 목사님의 생각이 탁월하다고 생각합니다. 지금 우리 사회는 패러다임의 변화에 있다고 봅니다. 과거에 정부가 공적 영역을 독점하고 있었는데, 그게 너무 과잉되다 보면 관료주의의 폐해가 생기고 예산 낭비와 부정이 생깁니다. 그것을 선진국에선 민간에게 위탁하거나 할애하는 경우가 많아요. 최근 우리나라도 교도소 민영화를 추진하고 있잖습니까. 교도소는 보안성이 강한데도 민간에게 맡기거든요. 오히려 정부가 교도소를 운영하는 것보다 종교 단체가 운영하는 게 훨씬 효과가 있고 교화를 더 잘 할 수 있을 것이라고 생각합니다.

위의 대담에서 내 눈에 들어온 부분이 있었다. 하용조 목사가 '사회 개혁'이나 '시민운동'을 위해 기도하지만 현장에서 행동하는 운동가들이 부럽다고 했고, 박원순 변호사가 '목사님들이 오히려 진정한 혁명가이며 사람들의 의식과 영혼을 바꾸는 역할을 한다'고 답하는 부분이다. 진정한 혁명을 위해서는 영성, 즉 개인 내면의 의식과 영혼의 변화가 필요하다고 역설하는 김규항의 의견과 일치한다. 한편, 자신이 누릴 복과 이익을 위해 기도하는 것이 아니라 타인을 위해 기도하는 것, 공의를 위해 기도한다는 것은 그것 자체로 진정성을 느끼게 한다. 비록 불신자라 하더라도 말이다. 이 이야기를 보면서 이런 생각이 들었다. 한국 교회가 진보진영을 위해 기도한다면 얼마나 좋을까? 진보진영은 기독교 신앙을 이런 측면에서 긍정하고 있는가? 진보진영은 교회에 기도를 요청할 마음이 있는가? 아니, 진보진영 스스로 기도하는가?

선거철이 되면 자유한국당과 더불어민주당, 두 과점정당의 후보자들은 일요일에 대형교회를 찾아다닌다. 한 표라도 더 얻기 위해서다. 그런 모습을 보면서 진보진영은 혀를 끌끌 찰 것이다. 하지만 진보진영이 오히려 그런 노력을 해야 하는 것은 아닐까? 갈수록 보수화되는 한국 교회를 찾아가서 자신들의 정책이 얼마나 하나님의 뜻에 맞는 것인지 어필해야 하지 않을까? 그리고 기도를 부탁해 보는 건 어떨까? 무조건 교회 비난에 앞장서고 교회가 하는 좋은 일마저도 그 숨은 의도를 곡해하려 하기보단 한국 사회에서 교회가 지닌 현실적인 힘을 인정하고, 그 힘을 바람직하게 활용하려는 쪽으로 생각을 바꾸어 보는 건 어떠냐 하는 말이다. 그를 통해 지지세력을 넓히며 당당하게 교회 안에서 보수와 경쟁하는 것이다. 안토니오 그람시는 '소수가 혁명적인 생각을 하는 것보다 다수가 조금 생각을 바꾸는 것이 더 혁명적'이라고 했다. 이 말을 한국 교회를 대상으로 실천적으로 적용해 보자는 것이다.

한편, 진보진영을 향해 한국 교회가 가져야 할 자세를 생각해 보자. 온누리교회는 2007년 일본 선교를 위해 문화전도집회 '러브소나타'를 개최했다. 오키나와에서 삿포로에 이르기까지 일본 열도의 주요 도시를 돌면서 문화 공연을 포함한 전도집회를 연 것이다. 그런데 놀랍게도 하용조 목사가 일본에 가서 전한 첫 메시지는 '미안합니다'였다. 일본으로부터 사과를 받아야 하는 우리가 왜 사과하는가? 일제강점기 우리가 일본으로부터 당한 고난과 박해에 대해 일본은 여전히 제대로 사과하지 않고 있지 않은가? 지금도 매주 수요일이면 위안부 할머니들은 일본의 사과와 배상을 요구하는 '수요집회'를 연다. 게다가 일본 우익은 침략과 만행을 부인하고 독도를 자기네 땅이라고 주장한다. 그런 그들에게 우리가 사과하다니 뭐가 잘못된 것 아닌가?

그런데 하용조 목사는 그동안 우리가 피해자를 자처하며

일본에 대한 채권자 의식을 지니고 있었던 것을 사과했다. 줄곧 일본을 미워한 것에 대해서도 사과했다. 사실 정치적으로, 역사적으로 볼 때 우리가 일본에 채권자 의식 또는 피해자 의식을 갖는 것은 당연하다. 일본이 사과해야 우리가 용서할 것 아닌가? 그런데 하 목사는 '원수를 사랑하라'는 예수의 말씀을 일본을 향해 그대로 실천했다. 집회 장소에 모인 일본인들은 그 같은 사랑과 사과의 메시지에 하나같이 충격을 받은 표정이었다. 집회에 참석한 일본인들은 인터뷰에서 눈물을 흘리며 '한국인들에게 우리가 죄송하다'고 사과했고, 하용조 목사의 그런 메시지에 너무 감사하고 감동을 받았다고 했다.

상대방의 사과가 없는데 우리가 먼저 용서할 때, 상대방의 행동이 없는데 우리가 먼저 태도를 바꿀 때 상대는 감동한다. 우리가 일본을 향해 유화적 태도를 취할 때 일본의 우익과 강경파는 입지를 잃게 된다. 사실 오늘날 일본 국민의 대다수는 과거의 전쟁에 직접적인 책임이 없다. 그들 역시 천황과 군부에 휘둘려 전쟁에서 목숨을 잃어야 했던 피해자들이다. 그런 일본의 일반 국민은 일본 정부로부터 사과와 정당한 보상을 받지 못한 것에 더해서 이웃나라인 한국과 중국인들의 미움까지 받아야 하는 처지다. 그런 그들의 난처한 상황을 이해하며 일본인들에게 다가갈 때, 그들은 마음을 열고 예수의 사랑을 느낄 수 있을 것이다. 침략자 일본을 향해 그런 사과를 먼저 할 수 있다면, 그것을 통해 그들의 마음을 열 수 있었다면 한국 교회도 동일한 사과를 진보진영을 향해 먼저 할 수 있는 것 아닐까? 게다가 진보진영은 정말로 사과를 받을 자격이 있지 않은가?

진보진영은 독재에 맞서 싸우고 소외된 자들, 착취당하는 노동자들의 편에서 권력에 맞서 의롭게 투쟁했다. 따라서 진보진영은 정말 합당한 존경을 받아야 하는 사람들이다. 동시에 사과도 받아야 한다. 과거에 박해했던 독재권력뿐만 아니라 그들을 오해하고 방관했던 국민으로부터, 함께 싸워 주지 않은 기독교인들로부터 사과를 받아야 할 사람들인 것이다. 그런데 오늘날 한국 교회는 유난히 그들에게 인색하다. 우리가 누리는 민주주의는 그들에게 상당한 빚을 졌는데도 말이다. 물론 기독교는 민주화를 위해 기도하고 함께 투쟁하기도 했지만 상당수의 기독교인들과 한국 교회의 지도자들은 반공에 충실하여 독재정부에 협조한 경험도 있다. 교회는 그런 과오에 대해 진심으로 사과해야 하는 것이다.

그리하여 진보가 복음주의 교회를 찾아가고, 복음주의가 진보진영에 진심으로 사과하면서 화해의 손길을 내밀 때 복음주의와 진보는 연대할 수 있다. 물론 복음주의와 진보진영 사이에는 양립할 수 없는 근본적인 차이점도 있다. 특히, 성윤리와 문화적인 이슈에 관해서는 대립하는 부분이 있다. 그러나 양쪽 모두 빈곤 문제를 포함한 다양한 정책적 이슈에서 함께할 수 있지 않은가? 진보가 복음주의의 진정성을 이해하고 존중하는 한편, 복음주의가 선교뿐 아니라 진보정치와 하나님의 의에 맞는 정책이슈를 두고 중보기도에 집중할 수 있지 않을까? 그렇게 함께 하나님의 나라와 하나님의 의를 만들어 가는 모습을 상상하는 것은 불가능한 일일까?

복음주의와 진보, 조화 이면의 긴장
: 동성애를 중심으로

> 모든 보수주의 정치인과 복음주의 크리스천, 낙태 반대 가톨릭교도, 전통적인 유대교인, 레이건을 지지하며 당했던 민주당원, 이외의 모든 사람이 다시 부시 대통령을 뽑아야 한다.[1)]
>
> –제리 폴웰(Jerry Lamon Falwell), 2004년 7월 16일 〈뉴욕타임스〉

> 귀에 거슬리는 목소리들이 대다수 크리스천을 대변하지도 않으면서 기독교의 대표라고 주장하고 있다.[2)]
>
> –짐 월리스(Jim Wallis), 《하나님의 정치》

선거 때마다 나는 주로 진보정당에 투표해 왔다. 특히, 총선에서 정당명부식 비례대표제가 도입된 이후로 정당에 투표할 때는 이념 좌표에서 가장 왼쪽에 있다고 여겨지는 당을 찍었다. 이 정당들이 내 정치성향이나 정치적 의사를 제대로 대표해서 그런 건 아니다. 이들이 한국의 정치적 현실에서 성경의 예언자적 전통을 그나마 구현하고 있는 정당이라고 생각했기 때문이다. 하지만 내면의 작은 갈등 또한 있었다. 정치·경제적 이슈와 관련해서 나는 진보정당의 정책을 적극 지지했지만, 동성애를 비롯한 성문화 등의 이슈에서 내 생각과 갈등하는 면이 있었기 때문이다. 이와 관련해서 내 생각을 잠시 언급해야겠다.

진보정당은 동성애자를 비롯한 성적 소수자의 인권을 존중해야 한다고 말한다. 백번 옳은 말씀이다. 그런데 거기서 더 나아가 동성 간의 사랑도 이성 간의 사랑과 마찬가지로 지극히 정상적이고, 이들의 결혼도 법으로 인정하고 지지해야 하며, 성교육도 그렇게 이루어져야 한다고 주장한다. 게다가 진보진영은 전통적인 가족 형태를 옹호하는 것을 '가부장제 이데올로기'라는 이름으로 비판하는 경우가 많다. 이들의 비판에 일리가 없는 것은 아니지만, 그렇다고 전통적인 가족을 폄하하고 동성애를 정상적인 것으로 권장하는 것에는 동의할 수 없었다. 그런데 내가 즐겨 읽는 〈한겨레〉, 〈경향신문〉, 〈오마이뉴스〉 등의 진보 매체들은 동성애 합법화를 반대하는 사람들은 '보수 기독교인'밖에 없다면서 동성애 찬반 입장을 '기독교 대 비기독교' 구도로 설정하고 보수 기독교의 편협함, 관용 없음을 비난하는 논조의 보도를 계속하고 있었다. 이들은 진정한 예수의 제자라면 다른 사람들을 받아들일 줄 아는 포용이 있어야 한다고 주장했다.

나는 뭔가 잘못돼 가고 있음을 느꼈고, 지금 설정된 프레임이 매우 답답하게 느껴졌다. 물론 동성애가 전통적인 가족을 해체하고, 나라 망하게 하는 원인이라면서 극렬한 반대집회를 하는 보수 개신교인들 또한 답답하기는 마찬가지다. 나 역시 성경에 근거하여 동성애 성관계를 죄로 보지만, 동성애 문제 하나 때문에 기득권자와 재벌의 이익을 대변하는 보수정당을 지지할 수는 없었다. 정치·경제적 이슈가 성적인 이슈에 비해 훨씬 중요하고, 사회에 미치는 영향도 크다고 생각했기 때문에 진보정당을 우선 지지하고 봐야 했던 것이다. 그리고 진보정당의 입장도 빈민과 소외계층이 성 소수자보다 더 중요한 우선순위이다. 생존과 생계 문제가 훨씬 시급하기 때문이다.

그래도 답답함은 남는다. 사실 일부 진보적인 크리스천 역시 대체로 동성애는 이성애와 마찬가지로 정상적인 사랑이며, 동성결혼을 지지해야 한다고 주장한다. 그리고 교회가 동성애자들에 대한 혐오에 빠져 있다며, 교회가 교회답지 못하다는 주장을 반복한다. 내가 보기에 이들은 진보진영이 설정한 프레임을 그대로 수용하면서 자신들이 기독교 내에서 의롭고 상식적인 소수라고 생각하는 듯했다. 성경에 입각하여 미디어의 프레임을 비판적으로 성찰하기보다는 미디어의 프레임을 그대로 수용하여 성경을 아전인수격으로 해석하는 경향도 다분했다. 보수 기독교인들이 답답한 것은 물론이고, 일부 진보적 기독교인들 또한 진보적 의제를 선별적으로 수용하기보다 패키지를 한꺼번에 무비판적으로 수용하는 듯해서 안타까웠다. 사안별 성격에 따라 다르게 생각할 수 있는데 말이다. 정치·경제적으로는 진보적인 주장을 펴면서 전통적인 가족 가치와 성문제에서 보수적인 입장을 이해하고 대변하는 정당은 존재할 수 없는 것일까? 이렇게 뭔가 답답한 가운데 만난 사람이 있으니, 그가 바로《하나님의 정치》의 저자 짐 월리스다.

짐 월리스, 10년 전에 일어난 미국의 새로운 바람

《하나님의 정치》에 대한 호기심으로 책을 폈을 때, 놀랍게도 홍세화 선생의 다음과 같은 추천사가 있었다.

《하나님의 정치》, 책 제목이 의미심장하다. '하나님의 사랑'이나 '하나님의 은혜'라는 말은 자주 들었다. 그러나 '하나님의 정치'라는 말은 생소하다. '하나님의 정치'가 '신정정치'(神政政治)를 뜻하는 것은 아니다. 책에서 저자는 거듭 강조한다. "하나님은 개인적이지만 사적이지는 않다." 크리스천은 하나님과 개인적으로 만난다. 그러나 그것이 사적인 만남은 아니다. 여기서 《하나님의 정치》의 요체가 드러난다. 바로 '공익'개념이다. 이 개념으로 크리스천이 아닌 나 같은 사람도 저자와 공명할 수 있다. (중략) 한국에서도 이 책이 많이 읽히길 바란다. 미국 사회보다 오히려 한국 사회에서 《하나님의 정치》의 울림이 더욱 요구된다고 보여지기 때문이다. 으스름 저녁마다 여기저기서 빛을 발하는 교회의 네온사인 십자가들이 하나님과의 사적 만남의 증거가 아니라 공적인 만남, 다시 말해 이웃 사랑의 증거가 되도록 '바람을 바꾸는' 데 기여하리라고 믿기 때문이다.[3)]

한국의 대표적인 진보 지식인인 홍세화 선생이 공명할 수 있다면, 복음주의와 진보의 접점을 찾는 게 불가능한 일만은 아닐 거라는 확신이 들었다. 그렇다면 짐 월리스가 《하나님의 정치》를 통해 말하는 내용은 무엇일까? 우선 짐 월리스는 누구이며 어떤 활동을 해왔는지 살펴보자.

짐 월리스는 1948년생으로 학생시절 반전(反戰) 운동과 흑인 공민권(公民權) 운동에 참여했다. 그는 보수적인 복음주의 신앙의 가정에서 자랐으나 공적 영역과 유리된 신앙에 갑갑함을 느겼다고 한다. 그는 보수적인 학풍의 트리니티 신학교에서 몇몇 동료 신학생들과 사회 정의를 추구하는 모임을 결성하고 진보적인 운동을 했으나, 학교에서 문제적 인물로 찍혀 스스로 학교를 그만두었다. 이후 〈소저너스〉(Sojourners)라는 잡지를 발간하고 공동체를 설립·운영해 오면서, 정의와 평화를 추구하는 진보적 크리스천들의 목소리를 대변하게 되었다.

그가 이와 같은 운동을 하게 된 직접적인 계기는 10대 시절 자기가 속한 교회의 한 장로와 나눈 대화였다고 한다. 그 장로는 월리스에게 "기독교는 인종 차별과 아무런 상관이 없네. 그건 정치 이슈야. 우리의 믿음은 개인적이지"라고 말했는데, 월리스는 이런 반응에 크게 실망하여 그런 게 기독교 신앙이라면 아무 소용이 없을 거라고 생각하고 교회를 떠났다. 그리고 이후 수년간 반전 운동과 흑인 공민권 운동을 전개하였고, 〈소저너스〉라는 잡지를 발행하면서 기독교 신앙으로 돌아왔다. 그는 이 과정에서 하나의 신앙적 교훈을 얻었는데, 그것은 "하나님은 개인적(individual)이지만 사적(private)이지는 않다는 것"이었다.

짐 월리스는 이 생각을 좀더 명료하게 발전시켰다. 그는 우선 정치적 논쟁이 되는 이슈를 크게 정책적 이슈와 문화적 이슈로 구분한다. 정책적 이슈는 빈곤, 환경, 교육, 미국의 외교와 국방, 전쟁 수행 등의 이슈들이고, 문화적 이슈는 낙태, 안락사, 동성결혼 등의 이슈들이다. 짐 월리스가 볼 때, 정책적 이슈에서 민주당을 지지하고 싶은 미국의 그리스도인들은 낙태와 동성결혼에 관한 보수적인 생각 때문에 어쩔 수 없이 공화당을 지지한다. 반면, 공화당은 문화적 이슈에서 기독교의 전통적인 입장을 지지하는 모양새를 취하여 크리스천의 표를 얻으면서도 한편으로는 부자 감세(減稅)를 추진하고, 이라크 전쟁을 수행하며, 환경문제를 외면하고, 석유재벌의 이권을 보장하기 위해 전혀 성경적이지 않은 정책을 펴고 있다. 한마디로 정책적으로 진보적이면서 성문화에서는 기독교 전통의 보수적인 견해를 대변하는 적절한 정치적 선택지가 없었던 것이다. 짐 월리스가 볼 때, '하나님이 부시 편이고 크리스천들은 부시에게 투표해야 한다'는 제리 폴웰과 같은 근본주의자들의 주장은 크게 잘못된 것이며 그들이 기독교의 대표라고 주장하는 것을 방관해서는 안 되는 일이었다.

한편, 문화적 이슈에서 진보진영이 지나치게 공세적인 입장을 취하기 때문에 정책적 이슈에서 민주당을 지지하고 싶은 유권자들은 어쩔 수 없이 공화당에 표를 던지고 있다. 이를 두고 월리스는 "종교 우파와 정치 우파는 섹스와 문화 이슈에만 초점을 맞추고 정의와 관련된 더 중요한 문제들은 무시하고 있다. 반면 세속주의 좌파는 신앙의 정치적 의미를 아예 인정하지 않는 듯하다. 달리 말해 좌파는 영성을 사회 변화와는 무관한 문제로 오해하고 있다"면서 "오늘날 우리가 싸울 상대는 종교 근본주의자와 세속 근본주의자다"라고 말한다.

짐 월리스는 이렇게 종교 근본주의, 세속 근본주의와 동시에 충돌하며 제3의 입장을 내세운다. 문화적 이슈에서는 성경에 입각해 전통적이고 보수적인 입장을 견지하되, 정책적 이슈에서는 동일한 성경에 입각해 더욱 과격한 진보가 되는 것이다. 그리고 그것이 진정 복음에 맞는 입장임을 역설한다. 이처럼 짐 월리스는《하나님의 정치》를 통해 자신의 견해와 대안을 상세하게 풀어냈다. 무엇보다 그는 정교한 신학적 이론에 근거해 의견을 개진하기보다 성경에 근거한 기본상식에 충실한 입장을 보여주었다. 즉, 이미 미국의 평범한 크리스천들이 답답하게 느끼고 있던 문제를 조리 있게 잘 정리한 것이다. 결국 그의 의견에 미국 크리스천들이 크게 공감했고, 이 책은 출간 즉시 베스트셀러 상위권에 진입했다. 책에서 눈에 띄는 내용들을 정리하면 다음과 같다.

종교근본주의와 세속근본주의 모두와 싸워야 한다

첫째, 그는 복음주의 교회와 신앙인이 사회적 정의실현에 앞장섰던 전통과 사례들을 잘 이끌어 낸다. 예컨대, 19세기 미국의 복음주의 크리스천들은 노예제도 폐지, 여성 참정권 운동에 앞장섰다. 또 1990년대 뉴질랜드에서는 교회가 노동당을 지지하여 의료·주택·복지정책들을 회복시켰다. 월리스는 세계 최빈국들의 부채를 탕감해 주는 영국의 '희년 2000' 운동 역시 교회가 이끄는 운동이었다면서 고든 브라운 전 영국 총리가 이렇게 말했다고 한다. "윌버포스의 노예제도 폐지 운동 이후 영국에서 가장 중요한 사회운동은 '희년 2000'이었습니다. 교회가 이끄는 운동이 아니었다면 우리 정부는 최빈국들의 채무를 탕감하지 않았을 겁니다."[4] 월리스는 이런 사례를 들며 미국에서도 이와 같은 운동이 일어날 필요가 있음을 강조한다.

둘째, 그는 빈곤 문제에 특히 관심을 갖는다. 그는 성경에서 가난 문제와 관련된 부분을 다 오려 냈는데, 그렇게 한 결과 너덜너덜해진 누더기 성경이 되었다면서 빈곤 문제는 좌파의 문제가 아니라 종교적인 이슈라고 역설한다. 따라서 예산안을 평가할 때 경제적 관점을 넘어 종교적이고 도덕적인 관점으로 평가해야 한다고 강조한다. 정부가 석유 이권보다 빈곤 아동 문제에 더 관심을 가져야 진정한 기독교 가치를 지향하는 정부라는 것이다. 이라크 전쟁, 빈국의 부채 탕감 문제, 공정 무역, 노동과 환경 문제에 관하여 짐 월리스는 어떤 정책이 성경적으로 옳고 바른 대안인지 제시하는 노력을 기울인다. 공화당을 지지하는 전통적인 종교 우파가 섹스 문제에만 주의를 기울이는 모습과는 전적으로 다르다.

셋째, 짐 월리스는 공화당을 지지하는 종교우파의 문제만이 아니라 종교를 아예 고려하지 않는 세속주의 좌파의 문제점도 지적한다. 월리스는 이를 '세속근본주의'라고 말한다. 그가 볼 때, 빈곤과 폭력의 핵심 원인 중 하나가 가족붕괴다. 그런데 좌파 지식인들이 가부장제나 부르주아지를 들먹이며 전통적인 가족 패턴을 비난하고 매도하면 그 피해가 고스란히 가난한 사람들에게 돌아간다는 것이다. 이뿐만이 아니다. 세속 근본주의자들이 종교적 신념을 드러내는 정치인들을 모조리 공격하는 바람에 미국 크리스천들이 근본주의 우파로 변화되었다는 것이다. 월리스는 이렇게 말한다. "어디를 가나, 특히 선거철이면 민주당에 투표하고 싶어도 '낙태 찬성'이라는 매우 이데올로기적이고 경직된 입장 때문에 그럴 수 없다고 푸념하는 온건하고 진보적인 크리스천을 많이 만날 수 있다. 이 넘을 수 없는 산만 아니었다면 그들은 분명 민주당에 표를 던졌을 것이다."[5)]

넷째, 특히 동성애와 관련한 짐 월리스의 관점은 주목할 만하다. 좌파는 가족 붕괴가 빈곤과 폭력의 주원인이 될 수 있다는 점을 도외시했다. 그런데, 종교 우파는 가족 붕괴의 책임을 동성애자에게 돌리며 비열한 성전(聖戰)으로 바꾸었다는 것이다. 짐 월리스가 볼 때 둘 다 틀렸다. 빈곤과 폭력의 악순환을 끊기 위해서라도 건강한 가정을 되살려야 한다. 동시에 동성 커플도 시민결합(civil union)의 차원에서 법적으로 보호할 필요가 있다. 그렇다고 동성애를 우려하거나 반대하는 교회를 비난해서는 안 되며, 세속근본주의자들은 그러한 종교적 신념을 존중해 줄 필요가 있다.

더욱 중요한 것은 동성결혼 문제보다 심각한 윤리적 이슈들이 존재한다는 것이다. 그는 듀크 신학대학원 리처드 헤이스(Richard Hays) 교수의 칼럼을 인용한다. "성 문제에 관한 싸움을 잠시 접고, 하나님이 우리 시대의 가장 심각한 도덕적 위기인 이 폭력의 공범자인 교회에 무어라고 말씀하시는지 들어 보자. 미국이 이라크 국민들에게 가한 파괴행위에 대해 교회의 금식과 참회 기도를 촉구하자. 우리 연합 감리교회는 이라크 전쟁의 끔찍한 폭력에 관해서는 아무 말도 하지 않으면서 성 문제에 관해서는 하도 떠들어 탈진했다."[6)]

위와 같이 기독교 신앙으로부터 정치에 대한 바른 방향을 잘 도출한 짐 월리스의《하나님의 정치》는 여러모로 반가운 책이다. 복음주의 신앙과 정치의 관계에 대해 사람들이 이미 느끼고 있는 문제를 잘 정리한 것에 공감하기도 했지만, 내게 반가웠던 것은 그것만이 아니었다. 그가 세속근본주의의 문제를 짚으며 한편으로는 기성 교회와 신앙인들을 변호한 점이다. 한국 사회를 돌아보면 교회에 대한 비판은 과잉이다. 진보적 스탠스를 취하며 교회의 앵똘레랑스(불관용)를 비판하는 것은 일상화되어 있는데, 교회에 대한 긍정과 공감은 지나치게 결여되어 있기 때문이다.

윌리스의 말대로 세속근본주의의 공격은 건전한 신앙인들조차 종교우파로 만들기도 한다. 물론 한국 사회에서 복음주의 교회와 근본주의 교회가 난립하고 뒤섞여 있기 때문에 옥석을 가리기 힘들고 때로 무의미하게 느껴질 수도 있다. 하지만 동성결혼을 반대하고 가족의 가치와 성적 순결을 중시한다는 이유로 마치 시대에 뒤떨어지고 다양성을 인정하지 않는 몰지각한 보수로 매도하는 데는 지나친 점이 있다. 그러다 보니 개인윤리에서 보수적인 가치를 중시하지만 진보정치를 지지하는 신앙인들은 목소리를 내지 않게 되었다. 이 와중에 근본주의 우파 신앙인들은 자신들이 마치 기독교 전체를 대표하는 것처럼 행세하며 과격한 언어로 진보진영을 사탄이나 악마로 매도하는 상황이 전개되는 것이다.

현재와 같은 상황은 복음주의 진영과 진보 진영 모두에게 손해다. 공통점과 교집합보다는 서로 다른 점만 부각하여 상대를 적대시할 때 이득을 얻는 건 누구겠는가? 양쪽의 근본주의일 뿐이다. 특히, 정치권은 대중을 더 잘 이해할 필요가 있다. 사람들은 기계적인 중립 차원에서 중도를 지지하는 게 아니다. 유권자의 의식(意識)과 정치적 의사가 보수와 진보를 패키지로 지지하거나 반대한다고 생각하면 곤란하다. 마치 음원 사이트에서 듣고 싶은 트랙만 골라 듣듯, 대중은 보수의 정책과 진보의 정책을 선택적으로 수용하고 지지하며, 상대적으로 지지하는 정책과 그 성향이 맞는 곳에 투표할 뿐이다.

예를 들어, 정부와 공기업의 구조개혁 문제도 그런 것들 중 하나다. 일반 유권자는 진보진영의 주장처럼 공기업 민영화에 찬성하지 않는 편이다. 진보진영이 주장하는 대로 공공서비스가 사기업의 영역으로 넘어가면, 이윤극대화와 효율성의 논리에 따라 서비스의 가격이 치솟고, 기업이 갖가지 비용을 줄이기 위해 정말 중요한 문제를 무시할 수 있기 때문이다. 이를테면 철도회사가 민영화된 후, '안전' 문제를 경제적 이익 측면에서만 따지게 되면 사고 위험이 높아질 수 있다. 현재 많은 공기업은 아직 민영화 이전임에도, 이미 이윤과 효율성 논리의 포로가 된 상황이다. 반면 사람들은 정부가 공공기관이나 공기업 직원의 복리후생을 축소하거나 공기업 노조와 싸우며 개혁하는 것에는 환호한다. 공공기관이나 공기업 노조의 요구가 그렇게 비합리적인 것도 아닌데, 사람들은 이들이 고용 안정과 여러 가지 복지 등 국민의 세금으로 지나친 특혜를 누리고 있다고 생각한다. 공무원 노조에 대해 여전히 국민의 시선이 싸늘한 것도 그 때문이다. 따라서 우파 정부가 공기업이나 공공기관에 대한 감독을 강화하고 일반 사기업 형식의 개혁을 감행할 때 유권자인 일반 국민은 환호하는 경향이 있다.

이처럼 유권자 개인은 어떤 문제에 대해서는 자신의 성향과 반대되는 쪽을 지지할 수 있다. 즉, 동성결혼에 찬성하면서 노동과 복지 문제에 무관심한 강남 부자가 있을 수 있고, 동성결혼에 반대하는 동시에 노동 문제와 복지에 적극적인 진보정당의 당원도 있을 수 있는 것이다. 짐 월리스는 현재 미국에 존재하는 세 가지 정치적 입장에 네 번째 정치적 입장을 추가하면서 다음과 같이 말하는데, 이는 우리나라의 상황에도 시사하는 바가 있다.

> 현재 미국에는 크게 세 가지 정치적 선택사항이 존재한다. 첫 번째는 문화와 도덕에서 경제와 환경, 대외 정책까지 모든 면에서 보수주의자가 되는 것이다. 두 번째는 가족·성·문화·경제·환경·대외 정책 등 모든 면에서 자유주의자가 되는 것이다. 세 번째는 문화적·도덕적 이슈에서는 자유주의이며 정치적·경제적 이슈에서는 보수주의인 자유론자가 되는 것이다. "나를 그냥 내버려두고 내

돈을 쓰지 마라"는 태도가 미국인들 사이에 급속히 퍼지고 있다. 나는 예언자적 종교 전통을 따르는 '네 번째 선택 사항'도 존재한다고 믿는다. 가족 가치·성적 순결·개인적 책임에 대해서는 전통적 혹은 보수적인 반면 빈곤과 인종 차별 같은 이슈에 대해서는 과격하기까지 한 진보주의자가 되는 것이다. 이들은 이 땅과 자원을 잘 돌보는 선한 청지기 정신을 주장하고 성 평등을 지지한다. 그리고 민족주의자들과 달리 세상 전체의 이익과 평화, 갈등 해소로 이어지는 대외 정책을 지지한다. 이들은 결혼, 자녀 양육, 개인적 윤리 같은 쟁점에 대해서는 매우 보수적이지만 동성애자를 비롯한 어떤 소수 집단에 대해서도 가혹한 보수주의적 태도를 취하지 않는다.[7]

일단, 정책적 이슈에서 진보적 입장에 서면서 성문화를 비롯한 도덕적 이슈에서 전통적 보수주의자의 입장에 서는 정치적 입장이 있을 수 있다는 것까지는 알겠다. 하지만 정말 '동성애' 문제는 간단하지 않다. 동성애가 뭔가 심상치 않다는 것을 알지만 그렇다고 마냥 반대하는 것이 성경적으로 정말 옳은 것인지, 이것이 시민사회의 양식에 맞는 것인지 혼란스러운 것이 사실이다. 그렇다면, 판에 박힌 진부한 논쟁이 아닌 새로운 차원에서 동성애를 생각해 볼 수는 없을까? 우선 현행법으로도 동성애를 법적으로 처벌하지는 못한다. 따라서 이 장에서는 동성애를 도덕 차원에서 자세히 살펴보고, 그 외의 다른 이슈들을 다음 장에서 살펴보자.

동성애를 둘러싼 개신교의 '초점편향'과 논쟁의 풍경

우선 구약의 레위기와 신약의 로마서에서는 '동성애'를 죄라고 말한다. 이를 두고 '남자 동성애자들의 삽입 성교'만을 금한 것이라는 해석도 있고, 도덕이라기보다 그 당시의 사회적 규약(規約, protocol)이었다는 견해도 있긴 하지만, 성경이 '동성애'를 죄라고 한다는 것은 오늘날 지배적 견해다. 따라서 다수 기독교인은 동성애를 죄악시하며, 동성애자를 혐오하게 되었다. 이로 인해 타인의 성적 취향을 존중하지 않는 개신교의 앵똘레랑스(불관용) 문제가 도마에 올랐고, 많은 사람이 개신교를 공격했다. 개신교 내에서도 동성애를 두고 죄냐 아니냐와 관련해 신학적 논쟁이 있었다.

해마다 6월에는 동성애자들의 문화축제인 길거리 퀴어축제가 열리는데, 많은 개신교인은 서울시가 서울광장을 퀴어축제 장소로 허용하는 것을 두고 박원순 시장을 공격했다. 박원순 시장만이 아니다. 미국의 지미 카터 전(前) 대통령 역시 '동성애'를 인정하고 지지하지만 '낙태'는 동의할 수 없었다고 고백했는데, 이 발언만으로도 그는 엄청난 비난을 받았다. 카터는 대통령 재직 시에도 주일학교 교사로 봉사했고, 퇴임 후에도 손수 망치를 들고 해비타트 집 짓기 운동을 했던 존경받는 미국의 전임대통령이자 독실한 기독교인이다. 하지만 카터가 동성애를 인정하는 발언을 한 것만으로 일부 개신교인들은 그에게 엄청난 비난을 퍼부었다. 개신교 내에서 동성애에 대한 일종의 '초점편향' 현상이 발생한 것이다.

강준만 교수가 정리한 내용에 따르면 "초점편향(focusing illusion)이란 어떤 사건에 대해 다른 요소들은 무시한 채 세부적인 특정 사항에 너무 초점을 맞출 때 일어나는 편향"을 말한다.[8) 행복의 조건으로 소득을 과대평가하거나 투자자가 시장에 대한 한 가지 보고서나 언론 보도에 사로잡혀 의사결정을 내리는 행위 등이 대표적인 초점편향 현상이다.[9) 그런데 개신교 내에서 동성애 문제가 너무 심각하게 다뤄진 나머지, 동성애를 반대하기만 하면 다른 정책은 어떻게 돼도 상관없다는 정치적인 '초점편향' 현상이 일어났다. 예컨대, 보수 개신교 내에서는 우간다의 무세베니(Y. K. Museveni, 1944~) 대통령의 동성애 금지 정책을 환호했다. 무세베니는 미국의 원조를 받지 않더라도 동성애를 인정할 수 없다고 선언한 것이다. 그러나 무세베니는 1986년 이래 장기 집권하면서 정치적 반대세력을 학살한 독재자였다. 그렇다면 개신교는 동성애를 극도로 혐오하는 북한과 이슬람 근본주의 국가마저도 인정할 것인가?

다른 목소리도 물론 있었다. 예컨대, 진보적 복음주의 커뮤니티인 '청어람 ARMC'의 양희송 대표는 일단 개신교인들이 먼저 동성애자들의 말을 들을 필요가 있다고 말한다. 실제로 개신교 내에서도 동성애는 죄가 아니며, 동성애자들을 인정하고 받아주어야 한다고 주장하는 목사나 신학자들도 있다. 이런 분들의 의견을 곧바로 이단시하지 말고, 그들이 왜 그런 주장을 하는

지 우선 차분히 경청할 필요는 있다. 다만 이건 분명해 보인다. 윌리스가 표현한 대로 동성애와 관련된 논쟁의 장을 개신교 근본주의와 세속 근본주의가 장악하고 있다는 것이다. 그리고 안타깝게도 〈한겨레〉, 〈경향신문〉, 〈오마이뉴스〉 등의 진보매체들은 세속근본주의 편에 서서 동성결혼 합법화에 반대하는 개신교인들에 대해 "다양성을 존중하지 않고, 소수자에 대한 혐오로 가득 찬 사람들"이라고 비난하고 있다. 또한 개신교 근본주의자들은 '동성애와 동성결혼 합법화'의 문제를 오로지 '항문섹스'의 차원으로 몰고 가 정죄하기 바빴고, 동성애 문제를 다양한 종교와 가치관이 공존하는 시민사회 차원에서 이해하려는 노력이 부족했다.

이 상황에서 제3의 의견들은 별로 주목받지 못했다. 일부 신학자나 목회자들은 '동성애'가 죄인 것은 맞지만 '동성애'만을 거의 유일하게 심각한 죄로 몰아가는 것은 문제라고 말했다.[10] 이미 성경에서는 '결혼관계'를 넘어선 모든 성관계를 '죄'로 보는데, 동성애 문제가 다른 죄의 문제를 가볍게 희석시키고 있다는 것이다. 동성애를 인정하는 비기독교인 중에도 차분한 의견을 제시하는 사람들이 적지 않았다. 예컨대, 동성애와 동성결혼 모두 지지하지만, 퀴어축제 퍼레이드에서 참가자들이 옷을 벗고 바지를 내리는 행위들이 시민들에게 적잖은 혐오감을 유발하는 것이 사실이라는 것이다. 그런 모습들이 동성애에 대한 혐오감을 부추겨 동성애자들 스스로를 불리하게 만드는 것이므로 자제해야 된다는 것이었다.

한편, 어떤 신학자들은 자신들 역시 동성애와 동성결혼 합법화 문제에 모두 반대하지만, 세월호 희생자 문제를 비롯해 사회의 여러 불합리한 다른 문제들에 아무런 목소리도 내지 않던 기독교인들이 갑자기 동성애 반대를 위해 일치단결하며 모이는 모습에 함께하기 어렵다고 말한다. 높은뜻 연합선교회 김동호 목사, 분당우리교회 이찬수 목사 등 일부 복음주의 목사들은 '동성애'를 반대하면서도 동성애를 반대하는 '개신교 근본주의의 방식'은 비판했다. 이런 목회자들의 비판을 받은 근본주의자들은 역으로 이들을 향해 세속과 비겁하게 타협하고 있다며 다시 비판을 가했다. 이제는 '예수의 부활'이 아니라 '동성애'에 대한 입장이 진정한 그리스도인인지 아닌지를 가늠하는 리트머스 시험지처럼 되어 버린 것이다.

동성애 찬반론의 근거들

그렇다면 동성애 찬반론의 주요 근거들은 어떤 것일까? 동성애를 반대하는 사람들은 대부분 보수적 기독교인들로 간주된다. 그리고 이들은 우선 ① 성경이 동성애를 죄라고 분명히 말하고 있고, ② 가정파괴의 주범이며, ③ AIDS 감염의 주요 경로로서 ④ 건강한 사회의 토대를 허물어뜨릴 거라고 말한다. ⑤ 또한 동성애는 선천적이지 않고 후천적이며, ⑥ 따라서 동성애는 치유해야 할 질병이라고 주장한다. 마지막으로 ⑦ 동성애자들이 서로 오래 지속적인 헌신을 하는 커플은 매우 드물고, ⑧ 서로를 성적인 대상으로만 대하기 때문에 인간을 수단으로 취급한다고 말한다.

반면, 동성애를 긍정하는 사람들은 ① 예수는 동성애에 대해 특별히 언급한 것이 없고 오히려 예수의 성품상 동성애자들을 긍정했을 것이며, ② 성경에서 동성애를 금하는 것은 유대교적 율법으로서 도덕적 명령이라기보다 하나의 사회적 규약(protocol)이라고 말한다. 그리고 ③ 동성애가 AIDS 감염의 주요 경로라는 과학적 근거는 없으며, ④ 그것이 주요 경로라 하더라도 개인의 성적 취향을 제재할 수 있는 이유가 될 수 없다고 한다. ⑤ 또한 성적 취향이 선천적으로 동성애인 경우도 많고, ⑥ 굳이 강제로 성적 취향을 바꾸는 것은 치유가 아니라 폭력이라고 한다. 또한 ⑦ 서로 지속적으로 헌신하지 못하는 이성애 커플도 많으며 그것 자체가 동성애를 반대할 이유는 되지 못한다고 주장한다.

그런데 이 같은 논쟁은 왠지 평행선을 달리는 것처럼 느껴진다. 보수적 기독교인들은 성경이 동성애를 죄라고 했으니 죄라는 식의 논리를 펴는데, 그것은 비기독교인들은 물론 기독교인들에게도 그다지 설득력이 없다. 논리와 이성을 중시하는 현대인, 특히 비기독교인에게 성경은 도덕적 판단의 최종심급이 되지 않기 때문이다. 그리스도인 중에도 성경이 '죄'라고 선언했다는 것만으로 동성애는 죄라고 결론 내리는 것을 비합리적이라고 생각하는 사람들이 많다. 또 성경은 동성애가 왜 가증한 것인지 설명하지도 않는다. 이에 대해 많은 신학자는 그것이 자연의 질서에 어긋나며, 생육하고 번성하라는 하나님의 명령을 위반하고 있기 때문에 죄라고 하는데, 그런 논리라면 결혼하지 않는 가톨릭 사제들 역시 생육하고 번성하라는 하나님의 명령을 어기는 것이 된다. 결혼해서 아이를 낳지 않거나, 아이를 갖지 못하는 사람들 역시 하나님께 영광을 돌리지 못하고 있다는 결론에 이른다. 따라서 동성애가 왜 죄인지 그럴듯하게 설명하려는 모든 시도는 사실상 크게 설득력을 갖지 못한다.

혹시 다른 방법이 있을까? 결론부터 말하면 동성애가 왜 죄인지 합리적으로 논증할 수 있는 마땅한 방법은 사실 딱히 없다. AIDS 문제가 있지만, 이것이 정확히 규명된 것인지에 대해서는 논란의 여지가 있고, 특정한 질병에 걸린다고 해서 그것이 죄라고 할 근거가 되는 것도 아니기 때문이다. 만일 질병에 걸리는 모든 행위가 죄가 된다면, 흡연과 음주는 물론이거니와 말라리아와 에볼라 바이러스가 창궐하는 아프리카의 오지에 가서 선교하는 행위도 죄가 될 것이다. 따라서 동성애를 둘러싼 현재까지의 논쟁에서 보수적 기독교인들이 반대편을 설득할 포인트를 찾기 어렵다.

그렇다면 좀더 근본적으로 '도덕' 자체로 들어가 보는 것은 어떨까? 동성애가 죄인가 아닌가 하는 논쟁의 기원을 따져 보면 다음과 같은 질문에 이르기 때문이다. 즉, 도덕은 하나님이 우리 마음판에 새겨 준 선천적인 것일까? 아니면 인간이 이성에 입각해 만들어 낸 후천적인 원칙인 것일까? 이제 이 문제에 대해 훌륭한 가이드가 될 도덕심리학자 조너선 하이트(Jonathan Haidt, 1963~)를 만날 차례다.

피해와 공평성 원칙 너머의 도덕

다음 몇 가지 사례에 대한 자신의 느낌을 점검해 보자.

(1) 여기 한 남자가 있다. 그는 일주일에 한 번 마트에 가서 생닭을 산다. 그런데 닭을 요리하기에 앞서 그는 닭에 대고 성행위를 한다. 그러고 난 후 그것을 요리해서 먹는다.

(2) 남매간인 줄리와 마크는 함께 프랑스를 여행하는 중이다. 둘은 모두 대학생이다. 그러던 어느 날 이들은 바닷가의 한 오두막집에서 둘이서만 밤을 보내게 되었다. 둘은 이참에 잠자리를 함께해 보면 신기하기도 하고 재미있을 거라고 결정을 내린다. 최소한 서로에게 새로운 경험은 될 것이다. 줄리는 이미 피임약을 복용한 상태지만, 만일의 사태에 대비해 마크도 콘돔을 사용한다. 두 사람은 모두 즐겁게 잠자리를 갖지만, 다시는 그러지 않기로 한다. 그리고 그날 밤 일은 둘만 아는 특별한 비밀로 지키기로 한다. 이제 둘은 서로가 훨씬 가깝게 느껴진다.

(3) 서로 친하고 아이가 없는 두 부부가 있다. 이 두 부부는 한 달에 두 번 정기적으로 여행을 떠난다. 그리고 스와핑(swapping), 일명 부부교환섹스를 즐긴다. 남편들은 정관수술을 통해 아이를 낳을 수 없도록 몸을 만들어 놓았다. 그래도 만일을 위해 남편들은 콘돔을 사용하고, 각 부인들은 피임약을 복용한다. 그리고 네 사람은 정기적인 이 행사를 철통같은 비밀로 지킨다. 그리고 서로 파트너를 바꾸어 가며 섹스를 정기적으로 즐긴다. 이후 각 부부의 잠자리도 더욱 좋아졌고, 부부관계도 더 풍성해지는 것을 느꼈다.

(4) 2022년 로봇공학과 인공지능의 발달에 따라 섹스로봇 주문제작이 가능해졌다. 이 섹스로봇은 인간과 완전히 똑같은 모습이며, 구매자가 원하는 형태의 얼굴과 몸매를 컴퓨터에 입력하면 3D 프린팅으로 찍어 낼 수 있다. 뉴저지에서 주말부부로 살고 있는 마이크는 배우자 캐서린의 동의하에 자신이 좋아하는 할리우드 여배우 몇몇과 똑같은 얼굴과 외모를 지닌 섹스로봇 여러 대를 주문했고, 배우자가 없는 평일에는 취향에 따라 골라서 이 섹스로봇과 성관계를 하고 있다. 마이크의 건강해진 모습을 본 캐서린도 남성 섹스로봇 여러 대를 주문했다.

위 (1)과 (2)의 이야기는 조너선 하이트가 쓴 《바른 마음》(The Righteous Mind)에서 발췌한 내용이다. (3)과 (4)는 내가 설정해 본 상황이다. 위 네 가지 이야기에서 중요하게 기억해야 할 사실이 있다. 피해자는 아무도 없다는 것이다. 위 네 가지 이야기에 대한 당신의 느낌은 어떠한가? 그리고 저런 행동들은 과연 도덕적으로 잘못되었는가?

조너선 하이트는 뉴욕대 스턴 경영대학원 교수로, 앞에서 언급한《바른 마음》이라는 책의 저자이다. 이 책의 부제는 "나의 옳음과 그들의 옳음은 왜 다른가"이다. 부제를 통해 알 수 있듯이 하이트는 이 책에서 도덕성의 여러 감정적 기반을 갖가지 심리학적 실험과 실증적인 연구를 통해 밝혀 내면서, 기존 도덕에 관한 논의의 한계를 뛰어넘었다는 평가를 받고 있다. 그는 특히, 진보와 보수의 도덕적인 뿌리와 그 감정적 기반을 연구하여 양쪽이 서로를 좀더 잘 이해할 수 있는 계기를 마련하기도 했다. 바로 이러한 점 때문에 이 책은 우리나라에서 주로 진보와 보수의 상호이해와 소통에 유용한 책 정도로만 여겨졌는데, 이 책의 진정한 가치는 사실 따로 있다. 진보와 보수의 상호이해와 소통을 돕는 심리학적인 제언은 하이트 연구의 곁가지일 뿐, 저자가 근본적인 문제의식을 갖고 섬세하고 끈질기게 파고든 문제는 바로 '도덕은 과연 이성적 추론의 대상인가' 하는 것이다.

하이트는 도덕을 '피해와 공평성의 원칙'으로 환원시키고, 인간이 이성적 추론을 통해 도덕적 판단을 내린다는 합리주의자[11]들의 설명에 수긍하지 않았다. 그는 오히려 인간이 도덕적으로 직관적인 판단을 먼저 내리고, 그 판단을 정당화하기 위해 논리와 이성을 동원한다고 생각했다. 이는 일찍이 영국의 철학자 흄(David Hume, 1711~1776)의 견해였다. 그래서 하이트는 버지니아, 펜실베이니아 대학교 학생 등 11개 집단을 대상으로 자신이 세운 가설을 검증하기 위한 인터뷰와 실험을 했다. 그 결과는 어땠을까?

하이트는 위의 (1), (2) 같은 몇 가지 예화를 '무해한 금기 위반'이라고 이름 붙였다. 그리고 우선 자신이 속한 버지니아 대학교를 비롯해 펜실베이니아 대학교 학생 등 여러 집단을 대상으로 위와 같은 질문을 던지고 반응을 살폈다. 예컨대, 줄리와 마크가 섹스를 해도 좋다고 답한 피험자는 전체의 20퍼센트에 불과했다. 즉, 80퍼센트는 그것이 잘못이라고 한 것이다. 그게 왜 잘못되었느냐고 재차 질문하면, 잘못해서 임신했을 때 태어난 아이가 기형일 수 있다고 하기도 했고, 둘이 철저하게 피임을 했다고 반박하면 또 다른 이유를 들고 희생자를 찾아 그것이 잘못이라는 것을 보여 주려고 했다. 물론 실험자는 피험자들이 동원하는 이유를 계속 논리적으로 반박해 갔다. 그러면 결국 피험자들은 딱히 어떤 이유는 대지 못했는데, 대다수는 당혹스러워하면서도 그게 잘못이라는 생각을 굽히지 않았다. 어쨌든 공통적으로 이들은 막연히 어떤 희생자가 있을 거라는 합리적인 설명을 하려고 노력했다.

이를 비롯한 여러 조사·연구 결과를 토대로 하이트는 인간의 이성에 의한 도덕적 추론이란 사후정당화에 불과하며, 인간은 직관과 감정을 토대로 도덕적 판단을 내린다고 결론지었다. 실제로 이는 뇌과학적 연구로도 밝혀졌는데, 조슈아 그린(Joshua Greene)이라는 학자는 도덕적 판단을 내리는 순간 뇌에서 실제로 어떤 일이 벌어지는지 연구하여 다음과 같은 결론을 얻었다.

> 어떤 일들은 그냥 해서는 안 되고, 어떤 일들은 그냥 반드시 해야만 한다. 이 사실을 우리는 강력한 느낌을 통해, 그것의 분명하고 확신에 찬 어조를 통해 안다. 그러나 이 느낌을 조리 있게 설명할 방법은 없기에, 우리는 창의성이 유난히 뛰어난 몇몇 철학자의 힘을 빌려 이성에 (바름을) 호소할 수 있는 이야기를 만들어 내는 것이다.[12]

결국 도덕에 대한 여러 가지 추론이란 것들은 대부분 사후(事後) 정당화(正當化, justification) 작업이라는 이야기다. 그런데 어쨌든 이런 실험은 대학생들을 대상으로 한 것이었다. 하이트는 좀더 광범위한 집단을 대상으로 도덕심리를 연구할 필요가 있다고 생각했다. 그래서 그는 펜실베이니아 대학교에서 몇 블록 떨어진 곳에 있는 노동자 계층에게 앞에서 제시한 (1), (2)를 포함하여 '무해한 금기위반'의 몇 가지 이야기를 제시하고 그에 대한 도덕적인 판단을 물어보았다. 그들은 질문을 듣고 어이없다는 표정으로 웃어넘겼다. 당연히 '잘못'이라는 것이다.

그 같은 대답은 사실 하이트도 예상한 것이었다. 그런데 그것이 왜 도덕적으로 잘못이냐는 이유를 묻자 펜실베이니아 대학생들과는 전혀 다른 반응이 나왔다. 그 사람들은 아무 대답도 하지 않고, 질문자를 그냥 빤히 쳐다본 것이다. 그 눈빛은 마치 이렇게 말하는 것처럼 느껴졌다고 한다. '지금 그게 왜 잘못인지 몰라서 묻는 겁니까? 그런 것을 내가 굳이 설명해야 합니까? 그런 이유를 묻는 당신은 도대체 어느 별에서 온 사람입니까?' 하이트는 이 경험을 통해 근본적인 충격을 받았다. 그리고 그는 새로운 사실을 깨닫게 된다. 도덕적 판단의 이유를 묻고 답하는 자신들이 일반적이고 평범한 사람들이 아니라 별난(weird) 사람들이었다는 것이었다.

WEIRD한 사람들의 인식과 그 한계

하이트는 어느 문화심리학자들의 공동연구를 인용하면서 하나의 계층집단으로서 'WEIRD'를 설명한다. WEIRD 집단은 서구의(Western) 고학력에(Educated) 산업화되고(Industrialized) 부유하고(Rich) 민주적인(Democratic) 사람들을 일컫는 용어다. 문제는 기존의 많은 심리학 실험이 이들을 대상으로 이루어졌는데, 이 WEIRD권의 사람들은 사실 일반적이지 못하며 대표성도 가장 적다고 한다. 그런데 기존 도덕심리학 실험들이 대부분 이런 사람들을 표본으로 한 실험이었던 것이다.

특히, 하이트는 세상 사람들이 대부분 관계와 맥락을 따지면서 전체적인 사고를 하는데 반해, WEIRD권 사람들은 좀더 분석적으로 사고하는 경향이 있다고 한다. 즉, WEIRD권 사람들일수록 이 세상이 관계보다는 별개의 사물로 가득 차 있다고 보는 것이다. 이들은 사회를 독립된 개개인의 총합으로 보기 때문에 도덕 역시 개개인의 권리 보호와 관련된 '피해'와 '공평성' 원칙 중심으로만 사고하고 판단하는 경향이 있다. 동서양의 어휘를 비교할 때, 그 차이를 더 잘 알 수 있다. 예컨대, '개인'이란 단어는 'individual', 즉 더 이상 나누어질 수 없는 존재라는 뜻이 있다. 그런데 우리에게는 본래 '개인'이란 단어가 없었다. 이것은 메이지시대 일본에서 영어의 'individual'을 번역하면서 한자로 조합해 낸 말이다. 동양에서는 사람을 말할 때 '개인' 대신 '사람 인(人)' 자 뒤에 '사이 간(間)'이란 자를 붙여 '인간'(人間)이라는 말을 사용해 왔다. 즉, 동양인들은 인간이란 기본적으로 독립된 개별적 존재라기보다는 다른 사람들과 어울려 살아가는 관계적 존재라고 본 것이다.

따라서 관계보다 독립된 개인을 중시하는 사람들이 모여 사회를 이룬다고 보는 근대 서구인들은 자연스럽게 인권, 자유, 정의와 같은 도덕 개념을 중시하고 자율성의 윤리를 지배적인 원칙으로 삼게 마련이다. 이 독립된 개인의 자율성의 윤리는 선한 동기보다 결과를 중시하는 영국의 벤담(Jeremy Bentham, 1748~1832), 밀(John Stuart Mill, 1806~1873) 같은 공리주의자들은 물론 결과보다 동기를 중시하는 칸트(Immanuel Kant , 1724~1804)와 같은 도덕적 의무론자들도 공유하는 기본적인 원칙이다.

하이트는 이런 연구를 통해 도덕성을 더 복합적으로 정의한다. 즉, '피해'와 '공평성'의 원칙과 같은 어떤 당위나 규범으로 제시하지 않는 것이다. 그보다는 도덕을 기능적 관점에서 다음과 같이 서술적으로 정의한다.

> 도덕적 체계란 가치, 미덕, 규범, 관습, 정체성, 제도, 첨단 기술 등이 진화한 심리기제와 서로 맞물려 있는 것을 말한다. 이 둘은 도덕적 체계로서 함께 작용하여 개인의 이기심을 억제하거나 규제하며, 나아가 협동적인 사회가 만들어질 수 있게 한다.[13)]

위와 같이 정의하면서 하이트는 자신의 정의를 규범적 차원에서 쓰는 데는 무리가 있다고 말한다. 자칫 이를 규범적으로 받아들이면 파시스트 사회나 공산주의 사회가 높은 점수를 받을 수 있기 때문이라는 것이다. 그래서 그는 도덕을 ① 배려/피해, ② 자유/압제, ③ 공평성/부정, ④ 충성심/배신, ⑤ 권위/전복, ⑥ 고귀함/추함 등 6가지 가치기반으로 구성된 일종의 매트릭스라고 본다. 이렇게 보아야 각 사회의 문화적 다양성과 도덕적 판단의 상이함을 이해할 수 있고, 한 가지 기준으로 모든 것을 재단하고 폄하하는 우를 범하지 않게 된다는 것이다.

하이트가 이렇게 6가지 기반을 상세하게 설명하는 것은 도덕이 WEIRD권 사람들에게 익숙한 ① 배려/피해 ② 자유/압제 ③공평성/부정 기반만 있는 것이 아니라 ④ 충성심/배신, ⑤ 권위/전복 ⑥ 고귀함/추함 기반도 포함되는 보다 복합적인 개념이라는 것을 설명하기 위함이다. 그리고 하이트는 설문조사와 실험 등을 통해 WEIRD권의 진보주의자들은 앞의 3가지 도덕적 기반에는 매우 민감하지만 뒤의 3가지 기반에 대한 이해가 매우 희박하고 둔감하다는 점을 강조한다. 예컨대, 진보주의자들은 '충성'과 '권위'의 덕목을 강조하면 그것에서 독재와 전체주의 이데올로기를 발견한다. 또 생명과 성(性) 문제에 대한 도덕적 기반으로서 '고귀함/추함' 기반을 강조하면 진보주의자들은 여기서 성차별적 음모를 감지한다. 즉, 진보주의자들은 기성질서에 도전하고 회의하는 자세를 기본으로 하기 때문에 아무리 존중할 가치가 있는 전통적인 도덕이라 해도 그것을 좋은 것으로만 받아들이지 못하는 것이다.

그렇다면 보수주의자들은 어땠을까? 그들 역시 진보주의자들처럼 편향된 시각에서 ④, ⑤, ⑥의 기반에는 민감하고 ①, ②, ③의 기반에는 둔감했을까? 하이트가 2011년에 132,000명을 대상으로 조사한 결과에 따르면 진보주의자들의 예상과 달리 보수주의자들은 여섯 가지 기반 모두에 민감한 모습을 보였다. 보수주의자들이라고 해서 배려의 윤리를 무시하고 자유와 공평성의 원칙을 버린 것이 아니었다. 물론 진보주의자들에 비해서야 덜 민감하긴 했지만, 진보주의자들이 보수의 도덕적 가치를 거의 무시하는 것과 대조적으로 보수주의자들은 진보의 도덕적 가치를 중요하게 생각했다. 이를 통해, 하이트는 보수와 진보 중에서 도덕의 여섯 가지 기반을 잘 이해하면서 공감능력이 발달한 사람들은 진보주의자들보다는 오히려 보수주의자들이라고 결론을 내린다.

위와 같은 결론을 내린 것을 보면 하이트가 보수주의자인 것처럼 느껴질 수 있지만, 사실 그는 진보진영에 속한 지식인이

자 무신론자다. 그가 도덕심리를 연구한 여러 이유 중 하나가 공화당에 번번이 지는 민주당을 자신의 학문적 연구를 통해 효과적으로 도울 방법을 찾고자 했기 때문이다. 이 연구를 통해 하이트의 정치적 입장이 바뀐 것은 아니지만, 최소한 하이트는 이제 낙태와 동성애를 반대하는 팻 로버트슨(Pat Robertson)이나 제리 폴웰(Jerry L. Falwell) 같은 미국의 근본주의 목사들, 또는 국가에 대한 충성과 애국심을 강조하는 남부의 백인 보수주의자들을 이해할 수 있게 되었다고 말한다. 그리고 정통 좌파가 주장하는 것처럼 농민과 노동자, 가난한 서민들이 보수적인 정당에 투표하는 것은 그들이 보수 미디어에 세뇌된 결과가 아니라, 유권자들이 경제적 이해를 넘어 도덕적 이해에 따라 투표하기 때문이라고 결론 내린다.

동성애, 논증으로 해결할 수 있는 도덕적 문제가 아니다

지금까지 도덕의 문제가 단지 이성적인 추론에 의해 결론 내릴 수 없는 문제라는 것을 하이트의 논의를 통해 확인했다. 모든 도덕이 선험적이라고 할 수는 없지만, 선험적인 도덕도 분명 존재하는 것이다. 일찍이 이런 문제에 대해 철학자 비트겐슈타인은 뛰어난 통찰을 보여 주었다. 비트겐슈타인은 '양심은 신의 소리이다'라고 했다. 심지어 빈 서클의 슐리크(Moritz Schlick,

1882~1936)는 '그것이 선하기 때문에 신은 선을 원한다'라는 신학적 윤리학을 전개했는데, 비트겐슈타인은 '선은 신이 원하는 것이기 때문에 선하다'는 입장을 취했다. 비트겐슈타인은 "이 입장은 선의 본질은 사실(fact)과는 아무런 관계도 없으며, 그러므로 어떤 명제로도 설명될 수 없다는 것을 분명하게 지적한다. 만약 내가 생각하는 것을 정확하게 표현하는 명제가 있다면 그것은 '신이 명령하는 것, 그것이 선하다'라는 명제이다"라고 말한다.[14] 즉, 비트겐슈타인은 도덕이 합리적 논증의 영역을 넘어선다는 것을 분명히 했던 것이다.

그렇다면 동성애 문제야말로 이와 같은 선험적 도덕의 문제인 것은 아닐까? 즉, 동성애를 '피해/공평성'의 원칙으로 환원되는 도덕적 이슈로만 볼 수 없는 것은 아닐까? 사실 그것을 주장하기 위해 나는 혐오감을 유발하는 '무해한 금기 위반'의 이야기들을 제시했고, 하이트의 논의를 길게 설명했다.

그래도 석연치 않을 독자들을 위해 혐오감을 주는 몇 가지 사례를 더 들어 논의를 진전시켜 보겠다. 수간(獸姦)과 같은 것들은 어떤가? 동성애를 옹호하는 사람들도 수간이나 소아성애가 도덕적으로 잘못되었다고 생각한다. 특히 아동과 성관계를 가지면 법에 의해 처벌될 수 있다. 따라서 동성애를 죄라고 말하는 사람들이 자주 사용하는 논리가 이것이다. 동성애를 정상적인 성과 사랑의 관계라고 인정하면, 언젠가 수간이나 소아성애도 허용될 것이라는 논리다. 이에 대해 동성애를 옹호하는 쪽에서는 "흔하지 않다는 것 말고 동성애와 수간, 소아성애의 공통점이 무엇이냐"고 묻는다. 그리고 그들은 수간이 짐승에 대한 비윤리적 동물학대이고, 소아성애 역시 성적으로 성숙하지 않은 아동에 대한 성적인 학대라고 말한다. 얼핏 들으면 설득력이 있는 논리다. 하지만 하이트의 연구를 통해 우리가 알게 된 것은 이것이 전형적인 WEIRD의 사고방식이라는 것이다. 즉, '피해자'나 '희생자'를 찾는 도덕적 추론에 불과하다는 것. 수간이 도덕적 죄인 것은 그것이 동물학대이기 때문이라는 논리인데, 가령 이런 상황을 설정해 보자. 주인과 애완동물 사이에 깊은 정서적 유대가 생겼는데, 외로운 주인은 이 반려동물과 성관계를 갖고 싶다. 아마 시간이 흐르면 사람의 뇌 나아가 동물의 뇌까지도 쉽게 스캔할 수 있는 장치가 나올 것이다. 여기서 동물의 뇌 영역에서 쾌락과 행복한 감정이 활성화되는 것으로 나타난다면? 그때는 수간금지 조항이 반려동물의 정당한 성적 쾌락을 억압하는 것이 될 수 있다. 동물이 피해를 받지 않을 권리를 넘어 동물의 행복추구권이 중요하게 된다면? 그때는 무엇을 근거로 주인과 동물의 성행위가 도덕적이지 않다고 할 수 있는가? 양자가 모두 즐기는 관계로 나타났다면 말이다.

앞에서 내가 무해한 금기 (3)의 사례, 즉 임신 위험이 전혀 없고, 모든 구성원이 합의한 부부교환섹스를 이야기한 이유가 여기에 있다. 거기 어디에 피해자가 있는가? 모두가 만족하고 있는 관계이고, 사랑의 관계인데 말이다. 하긴 이런 것을 긍정하는 논리가 점차 생겨나고 있다. 일부다처, 다부다처제 방식의 새로운 가족형태, 일명 폴리아모리(Polyamory)가 새로운 사랑으로 생겨나고 있는 것이다. 이런 것들이 정말 문제가 없는가?

더 나아가 (4)의 사례를 보자. 로봇공학과 인공지능이 발달하면서 이제 섹스로봇이 등장할 가능성이 높아지고 있다. 인간보다 더 인간적이면서도 전혀 임신의 위험이 없는 기계와의 섹스는 어떤가? 이것에 대해 어떤 윤리적인 입장을 내놓아야 하는가? 돈 많은 부자 남성이 자기가 좋아하는 할리우드 여배우를 복제한 것과 같은 섹스용 로봇을 다량 보유하고 자기 기분에 따라 상대 로봇을 바꿔 가며 섹스를 즐긴다면? 법적인 문제를 논하기 전에 이런 문제들을 도덕적으로 어떻게 바라보아야 할까? 혐오스러운 상황에 대한 상상을 늘어놓는 것은 참으로 편치 않다. 이에 대한 결론은 스스로 생각해 보기 바란다. 중요한 건, 위와 같이 논리로 풀기 어려운 복잡한 문제는 동성애뿐 아니라 낙태, 줄기세포 배아복제 등 다양한 도덕적 이슈에 적용될 수 있다는 점이다. 누구에게도 피해가 없고 모두에게 이익이 된다 하더라도 우리의 의식 깊은 곳에서는 '넘어서는 안 될 선'을 불안하게 감지한다.

내 논의에 비판적인 사람들은 이렇게 비판할 것이다. 동성애적 성적 취향이 선천적인 사람들은 어떻게 해야 하는가? 동성애를 반대하는 기독교인들은 동성애 성향이 후천적이라고 하고, 동성애를 인정하는 사람들은 선천적이라고 한다. 그런데, 여기서 선천성 여부가 정말 핵심적인 문제일까? 동성애적 성향은 선천적인 사람도, 후천적인 사람도 있을 수 있다. 선천적인 사람은 없는 것처럼 말하는 기독교인들이 있는데, 그건 그렇게 쉽게 단정할 수 없다. 오히려 우리는 이렇게 물어야 한다. 선천적이면 죄가 아닌가? 선천적이라면 그것은 면책되는가? 또한 동성애적 성향 자체가 죄인가? 아니면 그 성향대로 동성애적 성행위를 하는 것이 죄인가?

나는 이렇게 생각한다. 동성애적 성향 자체를 죄악시하는 것은 경계해야 한다. 20세기의 영성가 헨리 나우엔(Henri J. M. Nouwen, 1932~1996)처럼 동성애적 성향이 있지만 그것을 절제하면서 신앙으로 승화시키는 사람들도 있기 때문이다. 따라서 동성애자들이 이성애자가 되면 좋겠지만, 그렇게 되지 못한다 해도 어쩔 수 없는 것이다. 모든 사람은 죄에 대한 일정한 성향이 있고, 그것을 절제하며 산다. 성향 자체를 죄악시할 수는 없다. 그 성향을 절제하지 않고 외부로 여과 없이 표출하여 행위로 나타내는 것, 그것에 대해서만 논해야 한다. 이것은 기독교가 동성애에 대해 말할 때 특히 유념해야 하는 사항이다.

한편, 아이러니한 것이 있다. 오늘날 성문화가 갈수록 문란해지는 것 같지만, 시민사회의 의식수준이 높아짐에 따라 아주 가벼운 성적인 농담이나 스킨십도 성희롱 혹은 성폭력에 해당하는 행위로 간주되기 시작했다는 것이다. 직장 상사가 부하 여직원에게 직접적인 성적인 언어가 아니라 "예쁘다"는 말 한마디만 했다 하더라도 그 발언에 당사자가 불쾌감을 느꼈다면, 그것은 성희롱에 해당한다. 심지어 오늘날에는 말 한마디 없이 시선만 잘못 두어도 당사자가 불쾌감을 느낀다면 성희롱이 될 수 있다. 성행위의 범위는 계속 확장되고 문란해지고 있는 것에 반해, 성폭력과 성희롱에 대한 심리적 역치(閾値)는 매우 낮아지고 민감해진 것이다. 오늘날 이런 의식이 일반화되고 있다는 것은 매우 의미심장하다.

그런데 여기서 중요한 것은 성희롱과 성폭력을 가늠하는 기준이 당사자 자신에게 있다는 것이다. 이것 역시 '피해/공평성'의 원칙에 근거하지만 더 근본적인 문제는 왜 어떤 행위 자체가 당사자에게 혐오감과 수치심을 불러일으키는가 하는 것이다. 유독 성과 관련해서 혐오감이나 수치심을 강하게 느끼게 되는 이유는 무엇일까? 이는 성(性)의 문제가 생각보다 단순하지 않다는 것을 말하는 게 아닐까? 기독교만이 아니라 유교와 불교 문화에서도 성에 관해선 늘 금욕과 순결의 윤리가 연결되어 존재했다. 동서양을 막론하고 왕이나 황제의 주변에서 일하는 남자들은 거세당해야 했다. 따라서 다니엘 헬미니악(Daniel A. Helminiak) 같은 일부 신학자들이 주장하듯, 성경이 동성애를 금하는 것은 그것이 단순히 유대 문화의 사회적 규약(protocol)이라서가 아니다. 그것은 성이 그만큼 생명의 문제와 직결되어 있고, 그 안에 언어로 표현하기 힘든 고귀하고 신성한 무언가가 존재하기 때문에 사람들은 성문제가 중요한 도덕의 문제라고 생각했을 가능성이 높다. 따라서 동성애는 단순히 '이성애와 다른 무엇'이 아니라 포괄적인 생명과 성윤리 안에서 생각해야 하는 주제다.

어쨌든 지금까지의 모든 내용은 "도덕적으로 동성애를 어떻게 바라보아야 하는가?"라는 문제에 답한 것이었다. 실제 동성애가 도덕적으로 잘못됐다 하더라도 그것을 법으로 막을 수는 없을 것이다. 불륜과 간통, 혼전 성관계를 법으로 금지할 수 없는 것과 같은 이치다. 그렇다면 아직 남은 문제가 있다. 기독교에서 논란이 되어 온 '차별금지법'과 '동성결혼 합법화' 문제이다. 이에 대해서는 발의된 법안 전문(全文) 외에는 아직 구체적인 내용이 밝혀지지 않았기 때문에 여기서 자세하게 논의하지는 않겠다. 다만 원론적인 수준에서 짧게 이야기하면 다음과 같다.

먼저, 기독교인은 시민사회 차원에서 법을 바라보는 정치(精緻)한 관점을 지녀야 한다. '차별금지법'과 '동성결혼 합법화'가 동성애자의 자율적인 선택권과 기본적인 인권을 보호하는 것이라면 시민사회 차원에서는 반대할 명분이 없다. 그런데 그 법이 기독교가 성적인 도덕에 대해 기독교 윤리에 입각해 말할 권리, 즉 기독교가 성경적 가르침에 근거해 '동성애'가 도덕적으로 율법적으로 죄라고 하는 것조차 법적으로 제재하고 권리를 박탈하는 것이라면 그 부분에 대해서는 적극적으로 기독교적 입장을 개진하고 변호해야 할 것이다.

그러나 현재의 차별금지법으로는 그럴 가능성이 별로 없는 것 같다. 마치 교회가 술·담배 자제를 권하고, 그것이 자기 몸에 짓는 죄라고 한다 해서 술·담배 판매가 법으로 금지되지도 않고, 흡연자와 음주자의 고발에 의해 기독교인이 법적으로 처벌되지 않는 것과 유사하다. 그렇지만 아직 확실치 않고, 계속 우려와 논란이 거듭되고 있는 만큼 이 사안에 관심을 가질 필요가 있다. 다만 극우 기독교인들의 선동에 휘둘려 단순하게 '차별금지법' 자체를 악하게 생각하는 것만큼은 피해야 한다.

제4의 선택지가 필요하다

짐 월리스와 마찬가지로 조너선 하이트 역시 미국에는 크게 3개의 정치적 선택지가 존재한다고 이야기한다. 이는 보수주의, 자유주의, 진보주의를 일컫는다. 보수주의는 정치·경제적 이슈에서 시작해 성과 생명에 관련한 문화적 이슈에 이르기까지 전부 보수적인 정책을 지지하는 것을 말한다. 이는 미국 공화당의 당론이다. 진보주의는 반대로 모든 이슈에 진보적인 정책을 지지하는 것을 말한다. 이들은 부자에게 세금을 더 거두어야 하고, 사회적 약자를 위한 복지를 더욱 확대해야 한다고 주장한다. 또한 여성의 행복추구권을 억압하는 낙태금지를 철폐해야 하고, 동성애자들의 성적 취향을 존중하고 그들을 지지해야 한다고 말한다. 자연스럽게 동성결혼 합법화도 지지한다. 따라서 이들은 민주당의 주요 지지기반이기도 하다. 이미 2015년 미국에서는 연방헌법에 의해 동성결혼이 합법화되었다. 이들의 중간에 있는 자유주의자들은 어떨까?

하이트는 자유주의자들은 도덕의 여섯 가지 기반 중에서 ② 자유/압제 기반, ③ 공평성/부정 기반에 특히 민감하다고 한다. 자유주의자들은 진보주의자들이 가장 민감하게 생각하는

① 배려/피해 기반에 대해서는 보수주의자들에 비해서도 더욱 둔감하다. 즉 배려/피해 기반의 민감도를 순서로 따지면 "진보주의자 〉 보수주의자 〉 자유주의자"의 순서다. 또한 보수주의자들의 도덕적 기반이라 불리는 ④ 충성심/배신 기반, ⑤ 권위/전복 기반, ⑥ 고귀함/추함 기반에 대해서는 자유주의자들 역시 진보주의자들과 똑같이 매우 둔감하다. 동성애, 마약, 낙태 등 그 어떤 것도 자유주의자들은 상관하지 않는다. 그냥 자기 하고 싶은 대로 하게 내버려 두라는 것이 이들의 주장이다. 다만 진보주의자들과 달리 자유주의자들에게 가장 중요한 건 말 그대로 그들 개인의 자유이다.

또한 자유주의자들이 생각하는 공평성은 공정성(fairness)이다. 뭘 해도 좋으니 내 재산을 뺏어가지 말라는 것. 즉, 세금을 올리지 말 것이며, 내 돈을 빼앗아 게으른 사람들에게 나눠 주지 말라는 것이다. 자신의 능력과 노력에 따라 부가 분배되게 하는 것이 최선이다. 무임승차(free ride)는 절대 용납할 수 없다. 따라서 이들 자유주의자들은 정치·경제적 이슈에서는 보수주의자들과 같은 입장이고, 문화적 이슈에서는 진보주의자들과 같은 입장이다. 그런데 이들에게 더욱 중요한 이슈는 자신들 개인의 소유권과 재산권이므로 이들은 문화적 이슈보다는 경제적 이슈에 훨씬 민감하다. 따라서 이들은 공화당에 투표한다.

그런데 윌리스가 제안한 것처럼 제4의 선택지가 존재한다면 어떨까? 정책적 이슈에서는 진보적이면서도 문화적 이슈에서는 보수적인 가치를 지향하는 선택지 말이다. 사실 이것이 진정한 복음주의가 지향할 선택지이다. 그리고 그런 선택지는 우리나라에서 더욱 절실하다. 제4의 선택지는 그런 면에서 자유주의자와 완전히 대칭되는 선택지라고 할 수 있다. 빈곤과 실업, 위기에 처한 노동, 환경 그리고 한반도 평화 문제는 정책적 이슈에 속한다. 이런 문제들은 복음주의와 진보가 서로 연대할 수 있고, 연대해야만 한다. 물론 정치·경제적인 문제를 풀어 가는 해법은 조금씩 다를 수 있다. 그렇지만 그런 세부적인 차이로 인해 진보와 보수 간의 갈등이 큰 것은 아니다. 보수와 진보의 대립은 동일한 문제를 풀기 위한 '해법의 차이'에서 오는 갈등보다는 '어떤 문제가 더 중요한가?' 하는 인식의 차이로 인한 갈등이 더 크다. 게다가 전쟁 경험과 반공주의에 민감한 한국 사회의 특성을 이용하여, 빈곤과 노동의 문제를 풀어 갈 때 보수진영은 줄곧 이데올로기의 프레임을 들이대는 경우가 많다.

한편, 복음주의는 '나눔'이나 '자선'이라는 말은 좋아하지만 '분배'와 '정의'라는 말은 좋아하지 않는 듯하다. 반면 진보진영은 '분배'와 '정의'를 지나치게 강조하고 '나눔'이나 '자선'을 가진 자들의 위선적 행태로 보는 선입견도 강하다. 그러나 '나눔과 자선'은 '분배정의'와 병행되어야 하는 것이다. 어느 하나만 강조될 수 없는 일이다. '가난한 자들에 대한 예수님의 관심'은 마르크스의 관심을 훨씬 능가한다. 기독교는 공산주의가 분배정의를 실천하는 방식에 동의하지 않는 것일 뿐, 본래 기독교는 공산주의의 목표를 포함하고 그것을 훨씬 능가한다. 사도행전적인 공동체와 사회를 만들어 가는 것은 하나님의 나라와 의를 구하는 일이다.

다만 가진 자가 자발적으로 자신의 것을 내놓는 박애와 사랑의 원칙에 근거한 방식을 추구한다는 점이 다를 뿐이다.

동시에 진보진영 역시 모든 문제를 정치적으로 해결하려는 욕구, 입법과 행정에 의해 해결하려는 강박을 어느 정도 벗어날 수 있어야 한다. 정부가 모든 문제를 해결할 수 없다. 물론 국가 재정을 통한 정책적 해결은 지속적으로 추구해야 한다. 그러면서도 동시에 다른 사회적 자원을 활용할 줄 아는 지혜가 필요하다. 전국에서 가장 활성화된 비영리조직이자 비정부조직은 어떤 것인가? 바로 교회다. 교회에는 재정이 있다. 그리고 독실한 신앙에 근거한 자발성이 있고, 자원봉사자들도 있다. 인정할 건 인정해야 한다.

오늘날 정부의 복지정책이 미치지 못하는 영역에서 종교단체, 특히 개신교 교회가 감당하는 역할은 작지 않다. 고아원, 복지관과 같은 시설은 물론이고, 노숙자에게 밥을 주고, 빈곤한 사람들에게 연탄을 주고, 독거노인, 소년소녀 가장 등에게 필요한 것을 건네는 기부 역시 교회 혹은 기독교계 NGO들이 감당하고 있다. 정책적 입법 노력을 무시하는 것이 아니다. 그것도 추진되어야 한다. 하지만 정의당, 녹색당 같은 정당들이 갖고 있는 아이디어나 지식, 자료들을 교회와 공유하고 문제를 함께 해결해 가는 노력을 해보는 것은 어떨까? 행정에는 관료제의 단점이 뒤따르게 마련이다. 여기에는 늘 서류와 직원, 공정한 집행 여부를 가릴 수 있는 감시체계가 필요하지 않은가? 교회조직 역시 그런 것이 없는 것은 아니지만 행정보다 훨씬 효율적이고 속도도 빠를 것이다. 환경과 평화 문제도 마찬가지다. 복음주의는 반핵운동에 앞장서고 있는가? 북한 핵무기만 반대하지 말고 국내 핵발전소의 취약성에도 눈을 뜨고 그런 반핵운동에 연대해야 할 것이다. 생태 문제도 그렇다. 아직까지 나는 복음주의가 반핵운동이나 생태운동에 연대하고 있다는 이야기는 별로 들어본 적이 없다.

앞 장 마지막 부분에서 이야기한 것처럼 진보진영과 복음주의는 서로의 진정성을 이해하고 공감해야 한다. 진보진영은 복음주의에 대한 잘못된 선입견을 거두고 거친 비방을 중단해야 한다. 그리고 오히려 복음서에 입각한 진보적 가치의 진정성을 보여 주고 복음주의 개신교인들의 지지를 이끌어 내 가능한 정책들을 실현해 가야 한다. 동시에 복음주의는 진보진영의 진정성을 이해하는 한편, 그들을 지원해 주고 기도해 주어야 한다. 그럼으로써 복음이 개인의 구원뿐 아니라 사회를 구원하는 데도 기여할 수 있다는 것을 입증하고, 이를 통해 비기독교인들의 존경과 신뢰를 얻을 수 있어야 한다. 그럴 때 복음의 통로도 더욱 확장될 수 있을 것이다.

하지만 복음주의자들과 진보진영이 갈등할 수밖에 없는 문제가 있다. 일단 앞에서 나는 그 대표적인 이슈가 동성애 문제라고 봤고, 그것을 도덕적으로 어떻게 바라봐야 하는지 길게 논의했다. 하지만 진보진영이 한국 교회와 복음주의를 신뢰하지 않는 이유가 단지 동성애 때문일까? 그렇지 않다. 사실 진보진영을 넘어 한국 사회 전체가 교회를 더 이상 신뢰하지 않는다. 아니,

오히려 해악을 끼치는 집단으로 바라보고 있다. 이 문제를 교회가 성경대로 모범을 보이지 않았기 때문이라는 피상적이고 원론적인 수준에서만 이야기해서는 안 된다. 이제 이 문제를 다뤄야 한다.

복음화 이후의 복음주의

: 비정치적 경건주의를 넘어서

2015년 11월 19일 KBS 1TV 교양프로그램 〈명견만리〉에 특별한 인물이 강연자로 나섰다. 피터 언더우드(Peter Underwood, 한국이름 원한석)로, 그는 구한말 선교사로 복음을 전하고 연세대학교를 설립하여 교육에 힘쓴 호러스 언더우드(Horace Grant Underwood, 1859~1916)의 증손자다. 4대째 서울 토박이임을 강조하며 한국에 대한 애정과 사랑을 표현한 피터 언더우드의 강연 주제는 뜻밖에도 "퍼스트 무버(First Mover): 재벌시대를 넘어서"였다. 그는 현재 투자회사 IRC 컨설팅의 선임파트너로서 외국계 자본의 한국 투자를 유치하는 일을 하고 있는데, 최근 한국 경제의 미래를 위한 제언을 담은《퍼스트 무버》(First Mover)라는 책을 펴내기도 했다.

피터 언더우드가 〈명견만리〉에서 강연한 요지를 요약하면 다음과 같다. 한국의 빠른 산업화와 경제성장은 선진 산업국가들을 빠르게 모방하고 추격하는 패스트 팔로어(Fast Follower) 전략을 추진한 결과이고, 이를 주도한 집단이 재벌이다. 하지만 이제는 재벌 중심의 경제가 오히려 한국 경제의 잠재력을 저해하는 요소가 되고 있다. 특히 2세를 넘어 3세, 4세까지 재벌의 세습경영이 이어지면서 창업주가 다수의 자녀, 손자들에게까지 사업을 하나씩 넘겨주고 만들어 주다 보니 결국은 재벌이 중소기업의 영역인 외식업이나 택배업은 물론 골목상권의 소매업까지 진출하기에 이른 것이다. 게다가 재벌은 벤처창업의 생태계마저 파괴하고 있다. 그리하여 그는 결론적으로 한국 경제의 앞날을 위해 재벌 중심의 경제구조를 하루 속히 개혁할 필요가 있음을 역설했다.

서두에 이 강연 내용을 서술한 데는 이유가 있다. 다시 언급하지만, 강연자 피터 언더우드는 구한말 개신교 선교사 언더우드의 증손이다. 그런데 그가 '교회'나 '선교'를 말한 것이 아니라, 한국의 재벌 중심 경제구조의 문제점을 지적한 것이다. 개인적으로 이 사실이 참 반가웠다. 지금까지 교회에서 재벌을 비판하는 목소리를 들어 본 적이 있었나? 거의 없었다. 교회의 설교란 대부분 개인의 내면적인 문제 위주로 다루어졌고, 사회의 공적인 이슈에 교회가 목소리를 낸 것은 주로 '종북', '동성애', '이슬람', '대중문화'에 대한 비판이었다. 그리하여 세상에서 그리스도인답게 사는 것은 우선 술·담배를 하지 않는 것, 학교·직장·교회·가정에서 관계가 어려운 사람도 예수님의 명령을 따라 사랑하는 것, 그리고 주어진 작은 일에도 성실하게 임하는 것 등으로 갈무리된다. 교회에서 그토록 강조하는 회개도 주로 개인이 일상생활에서 겪는 죄, 타인과의 관계 혹은 자신의 감정을 조절하지 못하는 문제, 중독 문제 같은 것들에 집중된다.

그렇다고 역사와 시대 속에서의 반성과 회개를 요구하는 언어가 아예 없는 것은 아니다. 하지만 다소 추상적이다. 한국 교회 스스로 회개해야 한다고 목소리를 높이는 것은 반가운 일이지만 무엇이 한국 교회의 죄와 과오(過誤)인지, 역사와 현실의 구체적인 국면과 상황 속에서 짚어 내지 않기 때문이다. 따라서 "교회가 주님의 가르침을 따르지 못했다", "나라를 위해 기도하지 못했다", "돈을 우상으로 섬겼다"와 같은 막연한 구호만 난무하게 된다. 한국 교회의 회개의 언어가 추상적이고 공허한 차원에 머물고 있는 이때, 대표적인 선교사의 후손이 누구의 눈치도 보지 않고 "재벌 중심 경제구조"에 대해 매우 각론적으로 솔직하고 과감하게 지적하고 제언하는 모습이 더욱 신선했던 것이다.

한국 교회는 아직 이 수준에 이르지 못했다. 필요한 비판과 문제제기를 불온(不穩)하게 보는 편이다. 다시 말해, 잘못된 사회구조를 비판하고 개혁을 말하는 것 자체를 하나님의 공의를 위한 '예언자적 비판'으로 생각하기보다는, 선악과를 먹은 본질상 죄인인 인간들이 자기 의에 함몰되어 함부로 남을 판단하는 교만한 행위로 간주해 온 것이다. 특히, 영향력 있는 목회자들이 강단 설교를 통해 이와 같은 생각을 꾸준히 이야기해 왔기에 한국 교회 성도의 내면에는 필요 이상의 자기검열 기제가 생겨났고, 정의에 대한 상식적이고 윤리적인 분별과 판단은 곧잘 중지되었다. 그렇더라도 백번 양보해서 이러한 '비판 자제'의 권고가 진보와 보수 양쪽을 향해 균형 있게 전달되었다면 어느 정도 이해할 수 있다. 문제는 이러한 비판이 주로 '진보'를 향했다는 것이다. 정부와 재벌을 정당하게 비판하는 진보진영을 향해서는 '교만한 행위'라고 하면서 세월호 희생자 유가족이나 그들과 함께하는 거리의 시민들을 향해 '종북'이라고 음해하는 사람들을 향해서는 그렇게 하는 것이 크나큰 범죄라는 신앙의 권고가 너무나 드물었다는 것이다. 최소한 "비판 자제"의 권고가 진정성 있게 들리려면 그것이 균형감각을 잃어서는 안 되었다. 하지만 자의든 타의든 강단 설교는 결국 이데올로기적으로 편향되어 전달되는 경우가 많았다. 그리하여 '옳고 그름'에 대한 분별 자체는 폐기되고 '교만한 종북세력'이 대통령을 몰아내기 위해 촛불집회를 주도한다는 음모론이 슬그머니 정당성을 획득한다. 그런데 이런 식의 여론몰이로 정권을 유지해 온 또 하나의 집단이 있다. 바로 '북한'이다.

정당한 비판으로 출발했다가도 자기혐오와 부정으로 되돌아오는 회개

북한식 사회주의는 여러모로 보수적인 한국 교회와 닮아 있다. 그리스도인들이 '회개'를 강조하듯이 공산주의자들 역시 '자아비판'을 중시한다. 북한식 전체주의 사회에서 당과 지도자는 오류가 없다. 따라서 당에 대한 어떤 건설적인 비판도 해당(害黨) 행위로 간주된다. 또한 그러한 비판을 하는 사람들은 종종 반동 혹은 미제(美帝; 미국 제국주의) 간첩으로 몰려 처벌된다. 그리고 이러한 해당행위를 한 사람은 반드시 공개적으로 자아비판을 해야 한다. 자아비판을 한다고 해서 꼭 사면되는 것도 아니다. 때로는 처형이 확정되었을 때조차, 그 처형의 정당성을 당원과 인민들에게 선전하기 위해서라도 처형당하는 죄인은 먼저 공개적으로 자아비판을 해야 한다.

모두가 평등한 세상을 만들겠다는 혁명과 해방의 이데올로기가 혁명 주체를 절대화하는 체제로 경직되어 나타나는 현상이 전체주의인데, 전체주의의 가장 큰 특징 중 하나가 비판을 절대 용납하지 못한다는 점이다. 전체주의는 또한 무질서를 참지 못한다. 그것이 정의롭지 못하더라도 지도자를 중심으로 일사불란한 단결 체제를 유지하는 것이 전체주의 사회에서는 매우 중요하다. 그런데 오늘날 한국 교회도 비슷하다. 첫째, 한국 교회의 대다수 목회자는 '비판' 자체를 불온시하고 경계하며, 복음서를 인용하면서 성도들에게 끊임없이 남의 눈의 티를 보지 말고 스스로의 들보부터 돌아보라고 한다. 둘째, 이들은 정의를 위한 과정상의 무질서를 참지 못한다. 국가안보와 사회 안전을 위해서는 권력이 악하더라도 그 아래에서 질서가 유지되는 것이 낫다고 생각하는 편이다.

물론 하나님 앞에서의 경건한 회개를 강조하는 것이 잘못된 것은 아니다. 그런데 기독교인들은 비판받아야 할 대상을 향한 정당한 비판조차 제대로 못하고 그 비판의 화살을 오히려 자기에게 돌린다. 소위 '들보' 논리다. 마태복음 7장에서 예수는 '남의 눈의 티를 보기 전에 자기 눈의 들보를 먼저 빼야 한다'고 가르쳤는데, 이 가르침 자체는 물론 숭고하고 위대하다. 다른 사람과의 관계에서 타인의 부족한 점과 허물을 보며 비난하는 사람에게 자신의 부족한 점을 돌아보게 한다는 점에서 정말 큰 가르침이다. 문제는 이 가르침을 개인의 실생활과 공적인 이슈에 적용할 때 어떻게 해야 하느냐 하는 것이다.

본래 인간은 본능적으로 다른 사람의 잘못을 잘 인식하게 되어 있다. 오늘날 많은 학자가 인간의 언어가 '험담' 혹은 '뒷담화'에 의해 발달되었다고 할 정도다. 예수는 이러한 인간의 본질적인 능력 자체를 불신하고 명백하게 인식할 수 있는 타인의 잘못조차 부정하라고 말씀하는 것이 아니다. 오히려 그와 똑같은 잘못을 나도 저지를 수 있다는 점을 잊지 말라는 것이며, 그를 정죄하고 비난만 하지 말고 그런 죄에 대해 안타까워하고 함께 아파하라는 뜻이다. 그럴 때, 다른 사람의 잘못을 이해하고 용서할 수 있을 테니까. 그런데 한국 교회 안에서는 이러한 메시지가 그냥 단순히 '남 비판하지 말고 나 자신부터 돌아보자'는 뜻으로 이해되고, 나아가 정당한 비판을 하는 사람이 오히려 정죄당하는 분위기로 흐른다.

상황이 이렇다 보니, 교회 내에서 개인적으로 선량한 그리스도인들은 성경의 예언서에 입각한 하나님의 정의에 대해 섬세한 의식을 지니기도 어렵고, 그런 의식이 있다고 해도 그것을 교회 안에서는 표현하고 나누기가 힘들다. 게다가 '들보 논리'의 강력한 중력 때문에, 대통령과 부패한 관료들을 향한 비판은 "그런 너 자신은 얼마나 의로운가?"라는 식의 핀트가 어긋난 자기성찰의 질문으로 돌아오는 것이다. 여기에 자주 악용되는 것이 로마서 13장이다. 또, 재벌 중심의 경제구조, 정의롭지 못한 사회를 향한 정당한 비판과 분노 역시, '분노는 죄악'이라는 진부한 클리셰(cliche) 앞에서 무너진다. 그리고 공적인 장에서 의로운 비판에 앞장서는 지식인과 시민들에게는 '자기 의(義)에 도취한 교만한 사람들'이라는 이미지가 덧씌워진다. 그러다 보니, 공적인 문제에 대한 기독교적 담론은 적어도 교회 내에서는 제대로 존재하기 어렵다. 이렇게 매주일 수백만의 사람이 교회에 모여 드리는 예배와 나누는 이야기들이 결국 서로서로에게 안전한 '내면적 영성'의 문제에만 집중되어 있는 것은 정말 바람직한 것일까?

이런 문제들의 근본적인 원인을 따지면 '근본주의적 신학'이나 '보수적인 〈한기총〉'의 문제, 반공 이데올로기, 기복주의와 목회자 중심의 성직주의, 양적 부흥의 이데올로기, 권력과의 유착 문제 등등 다양한 것들이 있을 것이다. 이미 많은 비판적 지식인이 이와 같은 분석과 비판을 해오고 있다. 하지만 나는 이 글을 쓰는 내내 매우 조심스럽다. 사실 오늘날 지식인들의 '한국 교회를 향한 비판'은 너무 진부해지고 있다. 이들은 부패한 대형교회들을 한국 교회의 전형(典型)으로 간주하고, 그 전형을 우스꽝스럽게 왜곡한 캐리커처를 향해 헛된 공격을 해대고 있다. 그러한 비판과 공격이 일리가 없는 것은 아니지만, 그와 같은 비판은 개신교인들의 반감만 일으킬 뿐, 차분하게 이들을 설득할 수 없다. 교회를 헐뜯기 좋아하는 사람들을 열광시키는 데 그칠 따름이다.

나는 보수 개신교의 선의만큼은 인정하려고 한다. 그런 선의에도 불구하고 교회가 계속 조롱과 환멸을 불러일으키는 현상의 원인이 있다. 바로 '비정치적 경건주의'이다. 물론 이것 역시 비판적 지식인들에 의해 제기되고 있는 문제이긴 하지만, 나는 이것이 무엇보다 가장 근본적이고 핵심적인 문제라고 본다. 이 문제를 살펴보자.

교회 내의 언로를 장악한 비정치적 경건주의

앞에서 예언자적 비판의식이 상실된 한국 교회의 문제와 그 원인을 나름대로 분석해 보았다. 하지만 사실 '한국 교회'는 당구공처럼 하나의 동질적인 집단이 아니다. 서로 다른 목소리를 내는 다양한 교회가 있고, 그 안에 다양한 사람이 존재한다. 교회 내에 있다고 모두가 보수적인 목회자의 정치설교에 세뇌된 사람들도 아니다. 게다가 오늘날 한국 교회의 성도들은 목회자의 설교가 마음에 들지 않으면 교회를 바꾸거나 아예 떠나 버리기도 한다. 즉, 한국 교회의 다수 크리스천 역시 상식적인 시민의식을 지닌 사람들이라는 것이다. 개개인에 따라 보수적인 혹은 진보적인 성향을 띨 수는 있겠지만 시민의 상식에서 크게 벗어나지 않는 사람들이 대다수다.

하지만 밖에서 보면 이상하게도 교회는 답답한 사람들만 잔뜩 모여 있는 것처럼 비친다. 그것은 종교적 언어를 강하게 구사하는 비정치적인 경건주의자들이 교회 내의 언로(言路)를 장악하고 있으며, 이들이 열정적인 신앙을 지닌 사람들로 교회를 대표하고 있기 때문이다. 그리고 이 문제는 예배, 목회자, 소그룹 모임 등을 통해 두드러지게 나타난다. 하나씩 살펴보자.

1) 예배(Worship)

먼저 예배다. 여기서 예배란 단순히 주일의 공예배를 말하는 것이 아니다. 그보다는 특별히 뜨거운 찬양과 집단적인 통성 기도가 있는 집회 형식의 예배를 말한다(단, 광화문 앞에서 태극기와 성조기를 흔들며 국가를 위해 기도하는, 예배를 빙자한 수구우익의 시위는 제외한다). 우선 나는 이런 '경배와 찬양' 형식의 워십(worship)을 부정적으로 보지 않는다. 사실 비판적인 기독교인들은 이런 형태의 예배에 거부감이 있는 편인데, '뜨거운 회개와 기복적인 기도만 있는 감정과잉의 예배'라는 것이 이들의 생각이다. 이런 비판은 물론 일리가 있다.

하지만 내가 문제 삼으려는 것은 이러한 예배의 형식이 아니다. 그보다는 회중이 예배의 본질적인 의미를 포괄적으로 이해하지 못하고 일종의 제사(ritual)적인 차원에서만 이해한다는 점이다. 물론 강단의 목회자는 '삶의 예배'를 강조하기는 하지만, 제사(祭祀)나 의식(儀式)으로서의 예배가 두드러지게 강조되는 편이다. 그래서 뜨거운 찬양이 있는 워십 형태의 예배에는 보통 "예배 자리를 떠나서는 안 된다"거나 "하나님은 전심으로 예배하는 자를 찾으신다", "하나님은 영이시니 신령과 진정으로 예배해야 한다" 같은 종교적인 언어들이 강조된다.

문제는 이런 언어들이 구체적인 현실에 닻을 내리지 못하고 추상적인 영성의 차원에 머문다는 것이다. 실제로 위와 같은 말들은 찬양 사역자들이 찬양을 인도할 때 종종 쓰는 멘트나 찬양의 가사에도 고스란히 녹아 있다. 그래서 소위 CCM에는 하나님의 전지전능하심을 찬양하거나, 어려운 현실 가운데에도 믿음으로 나아가는 사람을 격려하는 노랫말이 가장 많다. 그렇지만 구체적인 상황 속에서 예언자적 전통과 하나님의 공의를 강조하는 찬양은 생각보다 적다.

따라서 이런 형식의 예배는 결국 개인으로 하여금 광야 같은 현실을 믿음으로 용기 있게 돌파하게 하는 데는 큰 도움이 되지만, 뒤틀린 정치적 현실 가운데 진정한 하나님의 나라가 실현되는 것에 대해서는 의미 있는 믿음과 상상력을 제공하지 못하고 있다. 예배가 가져오는 에너지를 제대로 바르게 사용하지 못하는 문제를 낳는 것이다. 혹자는 이렇게 생각할 것이다. 워십 예배라는 것 자체가 본래 그럴 수밖에 없는 것이라고. 하지만 그것은 큰 오해다. 앞에서 소개한 복음주의 개혁운동가 짐 월리스는 《회심》에서 자신이 속한 단체인 '소저너스'(Sojourners)에서도 예배는 매우 중요하다며 다음과 같이 말한다.

> 소저너스에서 예배는 생활과 사역의 중요한 부분이 되었다. 함께 기도하는 시간과 스태프 예배에서 우리는 다시 활기를 얻고 새롭게 되며 비전이 다시 불타오르고, 우리가 누구이고 무엇과 관련이 있는 자인지를 다시금 기억한다. 소저너스의 역사를 어느 정도 아는 사람들은 예배를 굉장히 강조하는 것을 보고 자주 놀란다. 그들은 우리가 예배의 갱신이 아니라 복음의 정치적 의미에만 관심을 쏟는다고 추측했다. (중략) 나는 오늘날 수많은 교회를 계속 혼란에 빠뜨리고 무력하게 만드는 함정의 희생자였다. 복음을 영적인 것으로 여기는 자들과 복음을 무엇보다도 정치적인 것으로 여기는 자들로 교회를 양분하는 함정에 빠져 있었다. 예배와 목회적

삶에 관심을 갖거나, 복음의 사회적 명령에 관심을 쏟거나 둘 중 하나라는 입장이었다. 이러한 분열은 교회를 반쪽으로 찢어 놓았고, 양편에 있는 모든 사람을 피폐하게 만들었다. 우리의 기본적 전제는 복음이 동일한 직물로 짜인 한 벌의 옷으로 되어 있다는 것이어야 한다. 교회 역사의 초창기부터 예배와 정치 사이에는 언제나 완전한 관계가 있었다. 예배와 정치는 모두 동일한 질문을 제기한다. 우리가 누구를 최고로 사랑할 것인가? 우리의 안전은 결국 어디에 뿌리를 두는가? 누구에게 혹은 무엇에게 충성을 바칠 것인가?[1)]

진보정당 혹은 시민단체나 노조 역시 민주열사들을 추모하는 의식을 통해, 또 집회에서 〈임을 위한 행진곡〉이나 〈아침이슬〉을 한목소리로 부르면서, 그들은 마음을 하나로 모으고 그들의 이상을 위한 정치적 행동을 용기 있게 추진해 갈 수 있는 힘을 얻기도 한다. 의식(儀式, ritual)의 힘이라는 것이 그렇다. 뜨거운 찬양과 함성을 내지르는 통성기도가 있는 역동적인 예배는 분명 신앙인 개인으로 하여금 담대하게 자신의 믿음을 실천할 수 있는 추진력을 만들어 낸다. 짐 월리스가 속한 '소저너스'가 그렇다면, 교회도 마찬가지다. 하지만 그 에너지가 구약의 예언서가 강조하는 정의로운 하나님 나라를 상상하는 데까지 나아가지 못하고, 교회의 양적인 부흥과 개인의 고난극복, 선교적 사명을 환기시키는 데만 머문다는 것은 실로 안타까운 일이다.

한걸음 더 나아가 CCM 워십 찬양에 대해 이야기해 보자. 2015년 3월 27일자 〈뉴스앤조이〉에는 대전에서 목회하는 전남식 목사가 CCM 찬양의 아쉬운 점에 대해 쓴 의미 있는 글이 실렸다.[2)] 그 글에서 글쓴이는 잘 알려진 워십 밴드의 앨범을 소개하는 글에서 기대와 실망이 교차하는 것을 다음과 같이 썼는데, 맥락 전체를 이해하기 위해 다소 길지만 인용해 본다.

> 평소 음악을 자주 듣는 사람으로서, 요즘 즐겨 듣는 음악들을 살펴보았다. 클래식이나 대중가요, 재즈가 대부분이고, 교회 관련 음악은 CCM보다는 신앙고백적인 찬송이 더 정감이 간다. 나이를 먹어 간다는 증거인가? CCM이란 음악 장르가 언제 출현했는지 검색해 보니 1960~70년대 미국에서 인기를 얻기 시작한 후 전 세계로 확산되었다고 한다. 한국에서 CCM이 활성화한 지 20년도 더 된 것 같다. 하지만 솔직히 CCM이란 말이 마뜩잖다. CCM은 'Contemporary Christian Music'의 약자로, 동시대를 노래하는 기독교 음악이라는 뜻이 아니던가. 그런데 도무지 현시대의 아픔이나 모순, 그 속에서 일하시는 하나님의 역사를 담아내지 못하고 있다고 판단하기 때문이다.
>
> 얼마 전 한국의 대표적 문화 사역 단체에서 새 앨범을 출시하였다. 그런데 그 앨범 소개글이 페이스북에서 이슈가 되었다.
>
> "2014년 4월, 이 나라에 잊을 수 없는 사건인 '세월호' 사건이 터졌다. … '우리가 이 시간 속에서 이 상황을 마주하며 과연 무엇을 말하고 노래할 수 있을까' 하는 고민을 하다가 시대적인 상황을 보며 '교회'를 주제로 하여 오랫동안 앨범을 기획하며 준비하기도 했다.

'이 시대에 교회의 역할이 무엇인가, 이렇게 해야 하지 않을까?'라는 메시지를 전하기 위해 공부하고 토론하며 이상적인 메시지를 만들어 내고 있었다."

'아, 드디어 이들이 세월호를 비롯한, 이 땅에서 살아가는 자들의 아픔을 노래로 표현한 것인가?'라는 기대감을 가지고 앨범 소개글을 찬찬히 읽어 내려갔다. 그러나 그러한 기대감은 물거품처럼 사라져 버렸다.

"그러나 어느 순간, 멤버들에게 동일하게 주시는 마음이 있어서 1년 가까이 준비해 온 과정을 고스란히 접을 수밖에 없었다. 상처받고 연약한 이들과 함께하며 믿음의 행동으로 정의를 실현하려는 모습, 시대를 품고 그에 맞게 변화하려는 치열한 실천이 가장 먼저 하나의 교회이며 가족 공동체인 ○○○(단체 이름) 안에 진실하게 존재하고 있는지에 대해 물어 오시는 것 같았기 때문이다. (그리하여) ○○○의 정체성에서부터 다시 한 번 점검해 보며 우리가 할 수 있는 고백들을 담아내자는 결론에 이르게 되었다."

결론은 그들이 시대의 아픔을 담아내는 노래를 하려고 했는데 그러한 시도를 "고스란히 접"고 자신들이 속한 공동체, 혹은 내면에 집중하는 노래를 부르기로 했다는 말이다. '그러면 그렇지'라는 생각과 함께 자조 섞인 웃음이 나도 모르게 픽 나오고 말았다.

위 칼럼을 쓴 전남식 목사가 언급한 찬양그룹은 현재 우리나라에서 가장 영향력 있고 유명한 '마커스'(Markers)이다. 이 칼럼에서 전 목사는 홍해를 건넌 후 모세와 미리암이 불렀던 찬양의 "내가 주님을 찬송하리라. 바로의 병거와 그 군대를 바다에 던지시니, 빼어난 장교들이 홍해에 잠겼다"(출애굽기 15장)는 노랫말을 예로 들면서, 찬양은 때로 이러한 분명한 메시지 같은 게 필요하다고 강조했다. 그런데 전남식 목사의 '자조 섞인 쓴 웃음'은 다소 지나친 감이 있다. 마커스가 시대의 아픔을 담아내고자 하는 의식으로 기도하며 곡을 쓰려다가 멤버들 모두에게 동일한 마음이 들어서 자신들부터 돌아보기 시작했다는 내용을 그렇게까지 곡해할 필요는 없다. 실제 앨범 소개글을 읽어 보고, 곡과 노랫말을 들어 보면 마커스는 나름대로 최선을 다해 주님 앞에 진실한 고백을 하고 있음을 알 수 있다.

하지만 전남식 목사의 문제의식은 충분히 공감할 만하다. 위와 같은 문제의식을 단순히 유명한 워십 밴드 하나를 비판하는 것으로 이해할 게 아니다. 오늘날 CCM 찬양의 노랫말 주제가 천편일률적이고, 시대의 아픔과 고민을 구체적으로 담기보다는 그런 모든 아픔을 추상적인 영성의 영역으로만 승화시키는 것은 아닌지, 유의미한 문제제기로 생각해 볼 필요가 있다. 대중음악 가수들은 이런 부분들을 놓치지 않기 때문이다. 예컨대 가수 이승환의 세월호 희생자 추모 노래인 〈가만히 있으라〉의 노랫말을 보자.

그날 아침 하늘은 기울었을 테고 친구들은 하나둘 울었으리라
보고픈 엄마 아빠 불렀을 테고 어른들은 나직히 소리쳤었다
가만 가만 가만히 거기 있으라
가만 가만 가만히 거기 있으라

잊혀질 수 없으니 그리움도 어렵다
마음에도 못 있고 하늘에도 못 있다
가만 가만 가만히 거기 있으라
가만 가만 가만히 거기 있으라
잊으라고만 묻으라고만 그냥 가만히 있으라고만

세월호 집회 현장에서 이승환의 〈가만히 있으라〉가 울려 퍼지면, 사람들은 유족의 아픔에 쉽게 공감하고 어린 나이에 희생된 아이들을 추모하는 데 자연스럽게 마음을 모으게 된다. 노랫말이 분명한 공감을 불러일으키기 때문이다. 하지만 촛불집회 현장에서 부를 만한 CCM이 있을까? CCM 가수이기도 한 '청년외침'의 이정기 목사는 세월호 집회를 자주 참석하면서 마땅히 부를 노래가 없다는 것을 알고, 대중가요를 부르거나 자신이 곡을 만들어 부르기도 했다고 한다.[3] 예수를 믿는 사람으로서 어려움 당한 이웃의 곁에서 함께하려는데, 그때 부를 마땅한 찬양곡이 없었다는 것이다. 다시 말해, CCM 찬양곡이 개인의 영성과 신앙에는 효과적이지만 그 곡은 어디까지나 비정치적인 경건주의에 그치고 있는 것이다. 하지만 예수의 이름은 때로 시위 현장

에서 불릴 때도 있다. 김지하의 희곡 〈금관의 예수〉에 나오는 노래로 김민기가 곡을 붙인 것인데, 가사가 다음과 같다.

얼어붙은 저 하늘 얼어붙은 저 벌판
태양도 빛을 잃어 아 캄캄한 저 가난의 거리
어디에서 왔나 얼굴 여윈 사람들
무얼 찾아 헤메이나 저 눈 저 메마른 손길

오 주여 이제는 여기에 오 주여 이제는 여기에
오 주여 이제는 여기에 우리와 함께하소서

고향도 없다네 지쳐 몸 눕힐 무덤도 없이
겨울 한복판 버림받았네 버림받았네

아 거리여 외로운 거리여
거절당한 손길들의 아 캄캄한 저 곤욕의 거리
어디에 있을까 천국은 어디에
죽음 저편 푸른 숲에 아 거기에 있을까
오 주여 이제는 여기에 오 주여 이제는 여기에
오 주여 이제는 여기에 우리와 함께하소서

이 노래는 헐벗고 소외된 이웃과 함께하는 예수님을 기대하고 기도하는 노래다. 이런 노랫말에는 힘이 있다. 그래서 80년대

민주화 시위 당시 시위대는 "주여 이제는 여기에"라는 플래카드를 들고 행진하기도 했다. 다시 말하지만, 마커스가 이와 같은 노래를 만들지 않는다고 탓하는 것은 아니다. 세월호의 아픔 앞에서 메시지를 고민하는 시도를 하려 했다는 것 자체는 칭찬받아 마땅한 일이며, 마커스라는 그룹이 그렇게 보수적이지 않다는 것도 잘 알고 있다. 하지만 마커스의 앨범 소개에서 드러나듯이, 한국 교회를 실질적으로 지배하는 정서는 반공도 근본주의 신학도 아니다. 바로 비정치적인 경건주의다. 이 비정치적 경건주의가 과잉된 '들보논리'와 합쳐질 때 이런 현상이 나타난다. 세월호 참사에 대한 안타까운 마음, 교회와 사회를 향해 어떤 메시지가 있는 찬양을 만들려는 마음조차 곧 "내가 그런 말할 자격이 있나?" 하는 자기성찰적 질문의 벽에 막히게 하는 힘, 그것이 한국 교회를 지배하는 비정치적 경건주의의 힘인 것이다. 따라서 방송인 김제동이나 가수 이승환이 소셜테이너로 불리며 사회문제를 두고 적극적인 발언을 하고 정부를 비판할 때, 그리스도인들은 그들의 발언에 심정적으로 동의하다가도 결국 이렇게 생각하는 것으로 회귀한다.

'저건 너무 과격해. 그런 비판을 할 자격이 있는 의인은 아무도 없어. 오직 하나님만이 하실 수 있어.'

한국 교회의 다수 신도는 반공주의자도 기복주의자도 아니다. 사실 이들이 울부짖는 기도는 복을 달라는 기도라기보다 자기가 처한 고난의 상황을 벗어나게 해달라는 탄원의 기도다. 하지만 결국 이런 각 개인적 신앙의 총합은 '비정치적 경건주의'라는 특징을 드러내고, 그것은 궁극적으로 잘못된 기존 사회 질서에 순응하는 것으로 귀결되고 만다. 이것을 더욱 강화하는 통로가 있는데, 바로 영성으로 존경받는 목회자들이다.

2) 목회자(pastors)

조용기, 김홍도, 길자연, 전병욱, 오정현…. 횡령과 세습, 표절과 성추행으로 구설수에 오르거나 사법처리된 목사들이다. 이들은 한국 교회의 명예를 실추시켰으면서도 여전히 나름의 영향력이 있다. 하지만 이들에 대해서는 크게 염려할 필요가 없다. 이들이 여전히 종교적 권력이 있을지는 모르지만 교계에서 더 이상 예전처럼 존경받지 못하며 영향력도 없기 때문이다. 게다가 비정치적 경건주의에 관해 말할 때, 이들은 특별히 해당사항이 없다. 이들은 노골적으로 정치적이기 때문이다. 오히려 현재 우리나라에서 존경받고 있는 목회자들을 다뤄야 한다. 많은 분이 이에 해당하는데, 특별히 대표적인 인물을 꼽자면 선한목자교회 유기성 목사라고 할 수 있다. 유 목사는 2016년 11월, 박근혜-최순실 게이트의 정국에서 '24시간 주님을 바라보자'며 영성을 강조하다 네티즌들의 비판을 받았다. 많은 네티즌은 "이런 시국에서는 24시간 주님만 바라보는 개인적인 영성이 아닌 행동하는 영성이 필요하다"고 주장했다. 그런데 유기성 목사는 정치적인 목사도 아니고, 대통령을 옹호하는 사람도 아니다. 오히려 유 목사 역시 박근혜 전 대통령의 비선실세에 의존한 국정농단사태가 드러났을 때, 페이스북에서 그에 대해 개탄하는 발언을 하기도 했다. 하지만 유 목사는 그런 개탄의 결론으로 이럴 때일수록 더욱 '예수님을 바라봐야 한다'고 말한 것이다. 10월 27일 유기성 목사는 페이스북에 다음과 같은 글을 썼다. 해당 부분을 인용해 본다.

> 마음을 열고 살아야 합니다.
>
> 대통령의 이면의 삶이 공개된 후, 엄청난 충격을 받았습니다. 분노가 일어나는 것도 그렇지만 나라가 심히 걱정되었습니다. 그러면서도 유구무언일 수밖에 없는 것은 목사들의 이면의 삶이 드러났을 때, 그보다 더한 일이 한두 건이 아니었기 때문입니다. 기도하면서 분명히 깨달아지는 것은 정말 마음을 열고 살아야 한다는 것입니다. 영성일기를 쓰는 것은 자신의 마음에 예수님을 왕으로 모셔 드리는 결단의 표시입니다.[4)]

이에 대해 크리스천 네티즌 다수는 '이런 시국에도 영성일기 타령이냐?'면서 연이어 비판 댓글을 달았고, 일부 기독교 지식인과 목회자들도 유기성 목사의 발언이 지금의 정치적 상황과는 맞지 않는다고 비판했다. 유기성 목사는 이런 비판들에 대해 페이스북을 통해 나름의 입장을 밝혔는데, 꾸준히 올라오는 유기성 목사의 생각의 핵심은 결국 다음과 같은 말들에 집약되어 있다.

> "(24시간 주님을 바라보자는 것이) 정말 지나친가? 아니, 부족하다."
>
> "분노보다 애통하는 마음으로 기도해야 한다."

"분노의 영이 나라를 뒤덮고 있다."

"죄짓는 것도 위험하지만 분노를 품고 있는 것도 위험하다."

"세상을 향해 의로움을 외친다고 해서 그 사람이 의로운 것은 아니다."

"어려울 때일수록 주님만 바라봐야 한다. 더욱더 기도해야 한다."

나는 유기성 목사의 발언의 진정성을 신뢰한다. 유기성 목사는 보수적인 정치목사가 아니다. 아니, 오히려 때로는 보수적인 신앙인들의 뭇매를 맞기도 했다. 예컨대, 유 목사는 2013년 10월 31일 자신의 페이스북에 WCC 총회의 한국 개최 논란과 관련해서 자신의 입장을 밝혔다가 보수적인 신앙인들의 집중적인 비난을 받기도 했다.[5] 이 글에서 유 목사는 자신도 보수적인 신학의 입장이지만 WCC를 존중한다며 당시 자신의 생각을 꽤 논리적으로 전개하였다. 이는 매우 중요한 근거이므로 실제로 유 목사의 글에서 중요한 부분을 중심으로 발췌해 본다.

> 저는 신학적으로 분명히 보수적인 입장입니다. 그러나 진보적 신학을 가진 이들을 배도자, 배교자, 신사참배자 등으로 정죄하는 것에는 반대합니다. 언젠가는 주님 앞에서 양과 염소로 갈라지는 일이 있겠지만 그것이 보수신학이냐 진보신학이냐로 갈라진다고 믿지는 않습니다. 그들이 맺는 열매를 통하여 구분될 것입니다.
>
> WCC 총회를 반대하는 이들 중에도 도저히 함께할 수 없는 이들이 있음을 봅니다. WCC 총회를 반대하는 것 하나만 가지고 다 같

은 부류라고 하면 틀림없이 화를 낼 것입니다. 말이 안 되기 때문입니다. 그러므로 WCC 총회에 참가했다고 다 같은 사람들이라고 매도하는 것은 크게 잘못하는 것입니다.

(중략)

그러나 저는 진보적인 신학적 견해를 가진 이들도 너무나 성실하고 진실되고 주님을 사랑하는 사람들임을 보았습니다. 그들은 제 친구들이기도 합니다. 주님을 향한 그들의 사랑과 열정을 인정하며 존경하기도 합니다. 진보적 신앙을 가진 이들이 성경적인 진리를 고수하거나 외적인 경건에 대하여 강조하는 면에는 약하기도 하지만 약자와 고난당하는 자, 소외된 자들에 대한 관심과 교회의 책임을 대단히 중요하게 여깁니다. 하나님의 정의를 구현하는 일을 위하여는 고난당하는 것을 감수하는 용기가 있었습니다. 이 일은 성령의 역사가 아니면 결코 있을 수 없는 것이었습니다.

보수 정통 신앙을 가진 이들이 성경적 진리를 고수하고 경건에 힘쓰고 전도에 열심을 내는 것은 매우 귀한 일입니다. 그러나 사회 정의에 무관심하거나, 기복적인 신앙에 빠지거나, 탐욕적으로 교회 성장을 추구하거나 끊임없이 분열을 일삼는 것은 마음 아픈 일이었습니다.

이처럼 유 목사는 기본적으로 진보적인 신앙인들을 존중하는 자세를 견지하고 있고, 보수적 복음주의 신앙인들에게 부족한 점이 무엇인지 정직하게 인정하기도 한다. 그런데 그는 대통령 탄핵이라는 시국에서 촛불시민의 평화적 저항을 우려스러운 눈길로 바라보았고, 본래의 '비정치적 경건주의' 성향을 드러냈다. 앞에서도 언급했지만, 정당한 비판이 '들보논리'의 중력에 의해 자기부정과 회개로 돌아온 것이다. 공적인 장에서 정당하게 비판하고 행동하는 것은 그것대로 행하면서 자신도 늘 그런 죄의 유혹에 빠질 수 있다는 사실을 직시하고 겸허하게 주님 앞에 나아가면 된다. 그렇게 병행할 문제를 유기성 목사는 본의 아니게 '이것 아니면 저것'의 양자택일 문제로 치환해 버린 셈이다. 물론 원론적으로는 유기성 목사 역시 광장의 촛불집회에 참여하는 것이 필요하다고 하기는 했다. 그렇지만 그는 자기 페이스북 댓글이나 소셜미디어에 돌아다니는 네티즌의 과격한 언어들을 심각하게 생각한 것 같다.

하지만 역으로 생각해 볼 수도 있다. 우리 사회의 촛불시민들은 미국이나 프랑스처럼 실질적으로 폭동을 일으키지는 않는다. 댓글에서나마 광장에서 절제된 감정들을 과격한 언어로 배설하며 카타르시스를 느낄 뿐이다. 물론 바람직한 것은 아니다. 성숙하지 못한 문화인 것은 맞다. 그렇지만 인터넷 댓글이 분노의 열기를 그나마 안전하게 배출하는 밸브 역할을 하고 있다는 점도 균형 있게 바라보며 한편으로는 이해할 수 있지 않을까? 그런데 유 목사는 이 점을 생각보다 심각하게 받아들였다. 페이스북에 쓰는 영성일기를 통해 '아멘'의 댓글에 익숙한 목회자로서 이런 과격한 비판들이 다소 당황스러웠을 것이다. 하지만 유기성 목사는 정치적인 문제에 대해 논리적인 언어로 소통하는 것에 익숙하지 않은 듯했다. 언어게임의 층위가 다를 때는 다른 언어를 구사해야 하는데도 유 목사는 자신의 비판에 답하는 글에서 그런 언어능력의 부족함을 드러냈고, 이것이 논란을 확산시켰다.

첫째, 유기성 목사는 비판에 답하는 글을 논리적으로 전개하지 않고, 정서에 호소하려는 경향이 강했다. 그냥 설교에서 어떤 예화를 제시하듯이, 개인적인 에피소드나 책에서 읽은 스토리를 끌고 온 다음 그것에 대한 자신의 감상이나 소회를 묵상의 결과로 제시하면서 감정에만 호소하려고 한 것이다. 이렇게 되면, 비판한 사람 입장에서는 기대하고 있는 반론이나 명확한 비판을 받지 못하고, 그냥 애매한 동문서답식의 설교만 듣는 모양새가 된다. 즉, 유 목사는 합리적 논쟁의 영역에서조차도 설교의 언어와 소통방식을 사용하고 있었던 것이다.

둘째, 유 목사는 개인적으로 들은 주님의 음성을 근거로 줄곧 자신을 변호했다. 유 목사는 하루 종일 주님 앞에 머무르며 '정말 지나친가?' 하고 물었고, 주님은 '지나치지 않다'는 마음을 주셨다면서 자신의 입장을 정당화했다. 물론 그것은 진실이었을 것이며, 그렇게 솔직한 자신의 심경 고백이 잘못된 것은 아니다. 하지만 이것은 반칙이다. 먼저 그 과정에서 상대방은 마치 기도하지도 않고 주님의 음성을 듣지도 않는 사람으로 간주하는 결과를 낳는다. 이를 통해 은연중에 자신이 하나님의 뜻을 더 잘 분별하는 영적인 권위자임을 내세우게 됨에 따라 상대방에게는 설교조로 말할 수밖에 없게 된다. 하지만 반론을 할 때는 객관적으로 인정할 수 있는 논리적인 근거를 제시해야 한다. 즉, 기도하면서 하나님이 개인적으로 주신 깨달음이 있다면 그것을 직접 언급하기보다 그 내용을 정당화할 수 있는 성경적이고 신학적인 근거를 들어야 하는 것이다.

결정적으로 유 목사의 그러한 우려는 '정당한 분노'에 대한 과민반응일 뿐이었다. 유기성 목사를 비롯해 많은 비정치적 경건주의 목회자는 "분노의 영이 우리 사회를 뒤덮고 있다"면서 우려를 표한다. 그렇지만 모든 분노를 똑같이 취급하는 것에 유의해야 한다. 사적인 분노가 있고, 공적인 분노가 있다. 잘못된 분노도 있지만 의로운 분노도 있다. 하나님도 분노하시는 분 아닌가? 물론 의로운 분노라 할지라도 그것이 방향을 잃고 폭력과 무질서만 낳는다면 문제일 것이다. 하지만 촛불시위가 그러한 분노는 아니지 않은가?

민주주의라는 것은 정당한 분노를 법의 질서 아래 정당하게 표출할 수 있도록 보장하는 체제다. 그래서 주권자인 국민은 투표를 통해 정당을 심판하기도 하고, 언론과 출판과 집회와 결사를 통해 정부와 기업을 비판하기도 한다. 광장에서 민의가 표출되지 않는 나라, 시위가 없는 나라는 민주주의 국가가 아니다. 당장 그렇게도 싫어하는 북한을 보라. 북한에는 저항과 분노의 집회가 존재하지 않는다. 게다가 100만 명이 넘는 사람이 모인 광장에서의 촛불시위는 세계가 극찬을 보낼 정도로 평화적인 시위였다. 이런 시민불복종의 전통은 1960년대 미국의 마틴 루터 킹(M. L. King Jr) 목사가 주도한 흑인공민권 운동에서도 발견할 수 있다. 이러한 비폭력 저항운동은 그야말로 성경적이지 않은가? 물론 유기성 목사는 자신이 촛불집회 자체를 비판하는 것은 아니라고 할 것이다. 그 이면에 있는 분노의 영이 위험하다는 것을 말하려 했다고 할 것이다. 그런데 뭔가 답답하다. 추워서 장작에 불을 피웠더니, 왜 나무를 태우느냐고 나무라는 듯한 느낌이랄까?

나는 유기성 목사에 대한 네티즌들의 비판에 전적으로 동의하지는 않는다. 그의 발언이 오해된 측면도 분명히 있다. 그리고 앞에서도 언급했듯이 유 목사는 진보적인 신앙인들을 옹호하기도 했던, 정치적으로 균형 있는 의식을 지닌 편에 속하는 건강한 목회자다. 하지만 비판에 답하고 반론을 제시하는 과정에서 적절한 방식으로 논쟁하지 않았고, 비정치적 경건주의 성향의 문제점을 여실히 드러냈다. '비정치적 경건주의'는 한국 교회 대부분의 성도에게 내재한 일종의 DNA다. 이것은 좌파와 우파, 진보와 보수처럼 특정 집단을 구분하는 개념이 아니다. 그것은 어떤 의견이기 이전에 무의식적 심리현상이다.

이 심리는 복음을 현실 상황에 적용하며 치열하게 실천하려는 고민을 가로막는 경향이 있다. 그리고 공공의 이슈에 대해 바른 신앙적 가치관을 정립할 틈을 주지 않으며, 신앙을 개인의 일상과 내면의 영역으로 유폐시키고, 하나님의 나라를 이루기 위해 실천적으로 애쓰는 사람들을 '자기 의와 분노에 사로잡힌 사람들'로 폄하하기 쉽다. 심리현상으로서의 비정치적 경건주의가 어떤 의견과 행동의 정당성보다 그 이면의 심리를 묻기 때문이다.

한국 교회가 보수적인 것은 그들이 과거의 새누리당, 현재의 자유한국당을 공개적으로 지지해서도 아니고, 정치적으로 보수적이어서도 아니다. 핀트가 어긋난 경건주의 심리가, 정당한 저항에 대해 '증오가 가득하고 사랑이 없다'고 지적하기 때문이다. 숨 막히지 않는가? 문제는 이러한 생각이 강단에서 설교를 통해 성도들에게 전달되고 수만 명의 팔로어를 통해 유통되면서 한국 교회의 지배적인 정서를 형성한다는 것이다. 이런 현상을 두고 짐 월리스는 이렇게 말한다.

> 설교에서 하나님 나라를 등한시함으로써 우리는 복음의 통합적이고 핵심적인 정수를 잃어버렸다. 그 비참한 결과가 바로 새 질서가 예고 없이 도래하는 때에 옛 질서와 아무런 거리낌 없이 친숙하게 잘 지내는 '구원받은' 개인들이다. 회심의 사회적 의미가 상실되고, 사유화된 복음은 현상유지를 지지한다.[6]

이러한 지배적 정서를 확산시키는 세 번째 통로가 있으니, 그것은 바로 교회의 '소그룹 나눔'이다.

3) 소그룹 나눔(sharing)

셀모임 혹은 구역예배, 순모임 등으로 지칭되곤 하는 교회의 소그룹 모임은 오늘날 한국 기독교인들에게 성경공부와 함께 일상의 경험을 신앙에 기초해 나누고 대화하는 주된 소통의 장(場)이다. 소그룹 모임의 형태는 교회별로 다르겠지만 대략 이렇게 진행된다. 먼저 그 모임의 주제에 해당하는 성경 본문 혹은 묵상과 나눔을 위한 질문이 주어진다. 모임에 참여한 사람들은 소그룹 리더의 진행하에 본문을 읽고 묵상하며 느낀 점, 깨달은 점을 나눈다. 이 모임을 통해 소그룹 참여자들은 신앙 안에서 지지와 위로와 격려를 주고받는다.

이런 소그룹 모임은 예배와 목회자의 설교보다 더욱 신앙을 견고하게 해주는 구실을 한다. 교회 내 소그룹 모임을 정치적으로 상상해 보자. 어느 진보정당이 저런 소그룹을 운영할 수 있겠는가? 평당원들이 소그룹 모임을 통해 삶을 나누고, 학습할 이론서나 인문학 서적의 텍스트를 강독하고 그것에 대한 느낌과 의견을 주고받는, 그런 시간을 가질 수 있는 정당이 있다면 그 정당은 진정 강력한 정당으로 거듭날 것이다. 역사적으로 사회주의 운동을 하는 정당들은 그런 식의 당 운영을 시도하기도 했지만 결국 실패했다. 정치적 이념만으로 시민의 자발적 참여를 이끌어 내는 것은 쉽지 않기 때문이다. 그것이 이념과 정치의 한계다.

그런 면에서 하나님 나라의 점조직이라 할 수 있는 교회는 신도 내면의 숭고한 열정을—그것도 자발적으로—끌어 낼 수 있다는 점에서 세상 나라보다 본질적으로 강할 수밖에 없다. 하지만 한국 교회는 이 강력한 에너지와 잠재력을 곧잘 허비하고 만다. 소그룹 모임 역시 비정치적 경건주의를 확산시키는 통로가 되기 때문이다. 각 개인이 지닌 진실한 신앙을 일상의 도덕과 윤리, 개인적인 고난 극복에 적용하는 데 주로 관심을 둘 뿐, 하나님의 정의에 대해서는 함께 고민하지 않는 편이다.

내 개인적인 경험을 짧게 소개해 본다. 나는 규모가 제법 큰 교회 청년대학부의 '정치외교협의체'라는 그룹에 속해 있었다. 이 그룹은 몇 개의 소그룹으로 구성되었다. '정치외교'라는 이름에 끌려 그 그룹에 가입하게 되었는데, 소그룹 모임은 내 생각과 달랐다.

이곳에는 법과 행정, 정치와 외교, 경제 등 사회과학을 전공한 사람들이 모여 있을 뿐, 모여서 나누는 것은 그냥 성경 본문을 묵상한 내용과 일상적인 삶이었다. 나는 정치와 국제관계의 이슈를 두고 성경에 비추어 올바른 것이 무엇인지를 나누고, 신문을 펴들고 기도해야 할 주제를 놓고 함께 기도하는 모임을 기대했다. 그런데 이런 기도는 거의 전무했다. 물론 그 안의 개개인들이 정치적으로 각성되지 않았거나 사회적 의식이 없었던 것은 아니다. 공식적인 소그룹 모임이 아닌 사적인 나눔을 통해서는 얼마든지 자신의 정치적인 견해를 나누고 이야기할 수 있었다. 그렇지만 그것은 어디까지나 몇몇 친한 사람들끼리의 대화였고, 공식적인 소그룹 모임에서 다루어서는 안 되는 것이었다. 모임의 방침이 그러했기 때문이다.

오늘날 교회의 소그룹 모임도 이와 크게 다르지 않을 것이다. 특히 요즘은 '신천지'나 '구원파' 같은 이단의 득세 때문에, 교회가 공식적으로 정한 소그룹을 벗어나 개인들이 따로 모여 성경을 공부하는 것 자체를 위험하게 보고 경계하는 편이다. 물론 최근에는 깨어 있는 일부 교회를 중심으로 인문학과 성경공부를 접목하는 시도를 한다고 한다. 그러나 그것은 소수에 지나지 않으며 절대다수는 성경공부, 그것도 성구 묵상 중심의 성경공부만 반복할 뿐이다. 따라서 어떤 공적인 이슈에 대해 생각이나 견해를 표명하고 그것을 건강하게 토론하면서 신앙 안에서 성경적으로 바른 견해를 정교화하는 데 소그룹 나눔은 아무런 도움을 주지 못한다. 오히려 그런 의견을 내놓았다가는 '모난 사람'이거나 '자기 의가 강한 사람'으로 오해받기 십상이다.

결국 하나님 나라에 대한 구체적인 상상과 비전이 없는 예배, 내면의 영성만 강조하는 목회자의 설교, 그리고 성경 본문 묵상을 사적인 일상과 상한 감정을 치유하는 데 소모하는 소그룹 모임, 이 세 가지는 신앙인의 비정치적 경건주의를 강화한다. 사회와 소통할 수 없는 닫힌 언어게임의 공동체를 만들어 그들만의 종교적인 언어만 상승효과를 일으키는데, 가라타니 고진이 언급한 것처럼 이러한 커뮤니티 안에는 대화(communication)가 아니라 독백(monologue)과 '아멘'만 존재하게 된다. 그 결과 비정치적 경건주의가 도달하는 사회적 지점은 불의한 사회구조가 지속되는 가운데 자선과 구제를 통해 이웃 사랑하기를 힘쓰는 정도에 그치고 마는 것이다. 그런데 역사적으로 크리스천들이 본래 이토록 비정치적이었고, 사회개혁에 관심이 없었을까?

복음주의의 근본주의화: 1830년대 2차 대각성 운동에서 1917년 러시아 혁명까지

기독교인 열 명을 붙잡고 영국 역사에서 유명한 정치인 한 명을 물어보라. 누구라고 대답할까? 윈스턴 처칠(Winston Chuchill, 1874~1965)일 것 같지만, 아니다. 윌리엄 윌버포스(William Wilberforce, 1759~1833)다. 5~6명 이상은 그렇게 말할 것이다. 보통 사람에게는 생소한 이름인 윌리엄 윌버포스가 왜 그토록 기독교인들에게 유명한 것일까? 그는 18세기 영국의 '영적 대각성 운동'이 일어났을 때 신실한 영국성공회 신도였고, 정치인으로서는 자신의 신앙과 양심에 입각해 평생 영국에서 노예제도 폐지운동을 전개한 인물이다. 그는 1833년 7월 노예제도 폐지 법안이 통과되었다는 소식을 듣고 3일 후 숨을 거두었다. 그의 인생은 하나님으로부터 받은 소명을 좇아 평생을 살아간 모범적인 인물로 자주 회자된다. 그런데 역사학자 폴 벤느(Paul Veyne)는 오랜 친구였던 미셸 푸코를 추모하고 그의 철학을 논하는 책《푸코, 사유와 인간》에서 다음과 같이 말한다.

> 우리 각자는 사람들이 자기 시대를 생각하는 것처럼만 생각할 수 있다. 아리스토텔레스, 아우구스티누스, 그리고 보쉬에까지도 노예제에 대한 비난에는 이를 수 없었다. 몇 세기 뒤에 그것은 자명한 사실처럼 나타난다.[7]

즉, 각 시대마다 동시대인들은 이렇게 짐짓 투명한 어항 같은 담론 속에 갇혀 있다는 것이다. 그러나 사람들은 이 어항이 어떤 것인지는 물론, 그 어항이 있다는 사실조차 인식하지 못한다. 지배적 담론은 시대에 따라 변화하는데, 매 시대에 그것들은 진실한 것으로 받아들여진다. 따라서 아우구스티누스는 물론 사도바울도 노예제 자체를 근본적으로 문제 삼는 시각에는 이르지 못했다. 게다가 영국을 비롯한 유럽에서 노예무역은 각국 경제에 아주 중요한 기반이었다.

따라서 노예무역에 반대한다는 것은 단순히 인권 문제로 끝나지 않고, 경제적 기득권자들은 물론이거니와 영국 국민 전체를 상대로 싸움을 하는 것과 같았다. 하지만 윌버포스는 대담하게도 그 노예제를 문제 삼았다. 그리고 오랜 기간의 운동을 통해 1807년 결국 노예무역을 폐지시켰고, 1833년에는 노예제도 자체를 폐지하는 데 기여했다. 위키백과는 '노예제 폐지 운동'을 흥미롭게도 다음과 같이 설명한다.

> 노예제도 반대 투쟁은 근대 복음주의 기독교인들이 교도소 재소자들의 인권 향상, 주일학교 운동, 아동 노동 반대 등과 더불어 실천하던 기독교사상에 따른 사회개혁 중 하나였다.[8)]

윌버포스가 오늘날 한국에 있었다면 그는 어떤 신앙적인 행동을 취했을까? 답은 명확하다. 그는 틀림없이 자신의 신앙에 입각해 최저임금 문제, 비정규직 차별 문제, 불합리한 임금 격차 문제와 재벌이 독식하고 있는 한국의 자본주의 문제를 해결하기 위해 전력을 다했을 것이다. 또한 특정 개인이 국가 공조직을 사유화하여 자기 이익만 추구하는 것을 결코 좌시하지 않았을 것이고, 내면의 영성에만 천착하며 사회구조의 불의를 지적하지 않는 한국 교회에 날선 호통을 쳤을 것이 분명하다. 그런데 이런 개혁적·저항적 전통이 있는 복음주의 기독교가 어쩌다 이렇게 보수화되었을까?

《세계 복음주의 지형도》를 쓴 이재근 교수는 그 원인으로 크게 두 가지를 꼽는다. 하나는 19세기 중반 이후 개혁과 정의를 중시하는 사회복음이 주로 계몽사상의 영향을 받은 자유주의 신학자들에 의해 추진되었다는 것이다. 대표적인 신학자로 월터 라우셴부쉬(Walter Rauschenbusch, 1861~1918)가 있는데, 이들은 기독교의 초월성을 부정하고 구원을 휴머니즘적인 차원에서 이해했다. 둘째로 이 사회복음이 확장되던 시기에는 공산주의가 확산되었고, 1917년 러시아 혁명 후 레닌의 공산당이 기독교를 인민의 적으로 보고 완전히 제거하는 운동이 일어났다. 따라서 구조적인 악을 바로잡고 개혁을 주장하는 목소리들은 곧 신학적 자유주의 또는 공산주의와 연관이 있는 것으로 여겨졌다. 특별히 미국을 중심으로 이러한 추세가 오랫동안 지속되어 왔던 것이다.[9]

그러한 경향은 한국에도 그대로 이어졌다. 특히 분단과 전쟁을 경험한 한국 교회의 지도자들은 기독교를 말살하는 최악의 체제인 공산주의를 막으려면 군부 독재에 협조하고, 민주화보다는 복음화를 우선적으로 추진하는 전략이 중요하다고 보았다. 이것이 보수주의와 비정치적 경건주의를 막론하고 아직도 반공의 추억에 붙들려 있는 한국의 현실인 것이다. 그렇다면 궁금해진다. 미국의 복음주의가 근본주의로 퇴행하던 시기 조선에 막 전해졌던 기독교는 어떤 모습이었을까?

3·1운동을 전후한 시대적 상황에서 교회의 대응

1919년 3월 1일의 거국적인 만세운동을 주도한 세력은 바로 조선의 기독교인들이다. 3·1운동의 민족대표 33인 중 거의 절반에 해당하는 16인의 민족대표가 개신교인이었다는 사실은 잘 알려져 있다. 당시 조선 인구는 1,600만 명 정도였고, 전체 기독교인은 약 20만 명 정도로, 총인구 대비 약 1.3퍼센트에 불과했다. 박은식의《한국독립운동지혈사》에 따르면 1919년 3월과 4월 사이에 일어난 독립만세 시위 횟수는 1,214회였고, 그중에서 기독교인들이 주동한 시위는 약 25퍼센트였다.[10)]

에든버러 대학교의 브라이언 스탠리(Brian Stanley) 박사는 "기독교와 민족주의는 양립하기 어려운데, 한국은 예외였다"고 말한다.[11)] 스탠리 박사에 따르면 한일합방 후, 한국 개신교인들은 이집트의 속박 가운데 있던 이스라엘과 일본에 억압받는 한국을 상징적으로 동일시했다. 구한말 이래 3·1운동 당시까지만 해도 사실 한국 기독교는 진보·보수의 명확한 구분이 없었으며, 성경의 가르침대로 행동하는 기독교인들의 존재 그 자체가 당시에는 개혁과 진보의 상징이었다.

그런데 3·1운동에 대한 미국 선교사들의 반응은 어땠을까? 우리나라가 일본에 의해 강제로 병합되기 전까지 미국 선교사들이 한국 사회와 교회에 미친 긍정적인 영향은 인정해야 할 것이다. 하지만 미국 선교사들은 복음으로 제국의 논리를 근원적으로 해체하는 데까지는 나아가지 못했다. 다수 선교사는 일본이 조선을 병합했을 때, 포교의 자유와 조선 내 교세 확장을 위해 미국과 일본의 동맹을 지지했고, 일본의 조선 지배를 당연하게 여기며 조선총독부에 협조했다. 반면 우리 신앙의 선배들은 구약의 출애굽기와 예언서들을 읽으며 노예와 포로 상태의 히브리인들과 자신들을 동일시했고, 그 안에서 해방의 약속을 믿었으며, 하나님의 뜻에 반하는 일본 제국주의와 식민통치에 저항하는 계기를 발견했다.

그렇지만 미국 선교사들은 조선의 기독교인들에게 모든 권세는 하나님으로부터 났다는 로마서 13장을 근거로 일본의 지배에 순응할 것을 요구했다. 나중에 3·1운동에 대한 일본의 잔인하고 강경한 진압을 목격하고 문제의 심각성을 깨달은 일부 선교사는 미국 선교본부에 대책을 요청했지만, 결과적으로 미국 선교본부 역시 일본 정부에 일정한 유감을 표명하는 선에서 끝났다. 오히려 3·1운동 이후에도 미국 선교본부는 일본 당국의 감정을 거스르지 않으려 노력했고, 조선의 성도들에게도 복음이 요구하는 핵심가치로서의 하나님의 공의는 외면하고 개인 내면의 윤리에 복음의 능력을 제한하려 했던 것이다.

앞에서도 이야기했지만 1919년은 러시아에서 혁명이 일어난 직후이고, 강대국들은 물론 기독교의 복음주의 진영에서도 사회개혁을 강조하는 신앙운동에 부정적이던 시기였다. 또한 미국은 선교사를 파송하는 기독교 국가이면서 필리핀이라는 식민지를 지닌 제국주의 국가 중 하나이기도 했기 때문에, 그러한 제국의 질서를 복음에 입각해 근본적으로 문제 삼는 수준까지 나아가지는 못한 것이다.

롤랑 조페(Roland Joffe) 감독의 영화 〈미션〉을 보면 가브리엘 신부(제레미 아이언스)를 도와 과라니족을 선교하는 멘도자(로버트 드 니로)가 과라니족 선교공동체를 침공하고 그들의 터전을 빼앗으려는 포르투갈의 군대에 맞서 원주민들과 함께 칼을 들고 저항하는 것을 볼 수 있다. 이처럼 우리의 억울함과 아픔에 공감하며 함께 저항한 훌륭한 선교사들이 없었던 것은 아니다. 감리교 선교사이자 언론인 호머 헐버트(Homer Hulbert, 1863~1949), 〈대한매일신보〉의 크리스천 언론인 어니스트 베델(Ernest Bethel, 1872~1909)은 일본의 식민정책에 반대하고 항일운동을 도운 사람들이다.

그렇지만 다수의 미국 선교사는 한국인들의 민족적 고난에 깊이 공감하지 못했다. 그러다가 1930년대 들어 신사참배 문제가 불거지자 더는 타협할 수 없다고 판단한 다수의 선교사가 일본에 항의를 표했다가 강제로 추방되기도 했지만, 미션스쿨과 교회의 존속을 위해 신사참배에 타협한 선교사도 많았다. 이처럼 단순히 교회 존속과 교세 확장을 위해 하나님의 뜻에 부합되지 않는 것을 용인하고 타협해도 되는 것일까? 아니, 더 근원적으로 교회의 교세 확장은 곧 복음화일까? 바로 이 지점에서 한국 교회의 존경을 받았던 두 원로목사, 한경직과 김준곤을 살펴볼 필요가 있다.

한경직 목사와 영락교회 청년부 자진 해산 사건

1971년 영락교회 대학생회는 '한국 교회와 사회정의'라는 주제로 영락기도원에서 일주일간 수련회를 열었다. 그런데 수련회 후, 초유의 사건이 일어났다. 영락교회 학생들이 "영락교우들에게"라는 선언문을 쓰고 자진해서 학생회를 해산시킨 것이다. 오늘날에도 교회 내에서 청년들의 이런 강단과 패기를 찾아보기가 쉽지 않다는 것을 생각해 볼 때, 이 일은 보통 사건이 아니었다. 이 선언문은 당시 서울대 법대 재학생이었고, 후에 서울대 법대 교수가 된 최종고(1947~)를 중심으로 한 대학생들이 쓴 것이다. 그 선언문은 영락교회가 한국 사회의 정의를 위해 어떤 기여를 했는지 반성할 것과, 한경직 목사의 정치적 발언의 경위를 밝힐 것을 요구하는 내용을 담고 있었다.

대학생회의 공식적 항의가 있던 1971년은 대통령 선거가 있던 해였고, 2년 전인 1969년 박정희 대통령의 3선 개헌안이 날치기로 통과된 이후였다. 개헌 논의가 있던 1969년, 당시 야당과 학생 그리고 국민 다수가 3선개헌에 반대하고 있었다. 그런데 한경직 목사는 이에 대해 특별히 반대를 표명하지는 않았다. 게다가 7대 대통령 선거가 있던 1971년에는 박정희 대통령과 정부여당을 라디오 방송 등을 통해 공개적으로 지지하는 발언을 하기도 했다. 민주화와 사회정의에 매우 민감한 대학생들이 한경직 목사의 이 같은 행동에 불만스러워한 것은 당연한 일이었다. 하지만 이러한 비판 앞에서 한경직 목사가 노선을 바꾸는 일은 없었다. 이듬해인 1972년, 한경직 목사는 유신헌법 반대 서명에 동참할 것을 요구받기도 했지만 거절했다. 그리고 그때 일을 나중에 이렇게 회상했다.

> 내가 제일 원하는 것이 민족 복음화입니다. 그때 나는 군인 전도에 열심이었을 때인데, 서명운동(유신헌법 반대 서명)에 내가 이름을 써 놓으면 어느 사단장이 날 오라 할 것입니까? 그러니 전도해야 할 목사가 제일 되는 사명을 버리고까지 정치운동이나 사회운동에까지 가담해서는 안 된다는 신앙양심 탓이었습니다. 그래서 많은 오해도 받고 미국 집회에서도 반대를 만났습니다. 그러나 지금도 그런 신념은 옳다고 믿고 있습니다.[12)]

참 씁쓸한 대목이다. 신사참배를 했던 목사들도 이와 같은 변명을 했기 때문이다. 교회와 신도들을 지키기 위해서는 어쩔 수 없는 선택이었으며, 일부 목사는 오히려 항거하다 투옥된 목사들보다 자신들의 마음고생이 더욱 심했다는 변명을 늘어놓기까지 했다. 당장 눈앞의 불의와 악에 눈감고 신자 수만 늘리는 것이 복음화란 말인가? 그런데 한경직 목사의 잘못된 선택은 이후에도 이어진다. 1980년 8월 6일, 12·12 쿠데타와 5·18 광주시민 학살로 정권을 잡은 신군부와 전두환 장군을 축복하는 조찬기도회가 롯데호텔 에메랄드룸에서 열렸다. 한경직 목사는 이날 참석한 23명의 목회자 중 한 사람으로 자신의 이름을 올렸다. 이 조찬기도회는 당일 KBS, MBC의 생중계를 포함해 세 차례나 방송되었고, 일간신문의 1면을 장식했다. 이 중에는 CCC의 창립자 김준곤 목사도 있었다.

반면, 놀랍게도 한국의 복음주의자들이 존경하는 언더우드 선교사의 4대손인 호러스 호튼 언더우드(한국명 원한광) 박사는 5·18 광주 민주항쟁을 해외에 알렸다가 전두환 정권에 의해 강제 추방을 당하기도 했다. 그는 서두에서 소개한 피터 언더우드(원한석)의 친형이기도 하다. 우리에게 복음을 전해 준 선교사들과 그들의 후손이 정의를 외면하면서 복음을 가르친 것은 아니었던 것이다.

순수한 복음주의자의 진정성과 한계: 김준곤 목사의 경우

한경직 목사와 함께 누구보다도 강한 민족복음화의 열정을 보여 준 목회자가 있다면 김준곤 목사일 것이다. 앞에서도 소개했듯, 이분들은 민주화나 정의의 실현보다 복음화가 더 중요하다고 믿던 분들이다. 오늘날 한국 교회의 성장과 부흥을 생각하면 이들의 노고를 폄하할 수는 없다. 최소한 이들의 진정성은 인정할 수 있다. 예컨대, 김준곤 목사는 독재자 박정희나 전두환이 예수를 믿고 복음에 입각한 사랑의 정치를 하기를 바랐던 것 같다. 한국전쟁 당시 그는 공산당에게 아내와 자식을 잃었지만, 원수를 사랑하라는 예수님의 명령을 따라 그들을 용서했고, 그들이 사형당하는 것을 반대하여 목숨을 살려 주도록 탄원하기까지 했다. 1990년대 중반에도 다른 보수적 목회자들과 달리 김준곤 목사는 북한에 대한 인도적 지원을 적극적으로 주장했다.

게다가 김준곤 목사의 제자들 중에는 홍정길, 하용조 같은 복음주의자 목회자만 있지 않았다. 또 다른 제자들 가운데는 민주화운동의 주축이 되었던 김근태 전 보건복지부 장관과 한명숙 전 총리 그리고 그의 남편 박성준 성공회대 교수도 있었다. 이들 역시 김준곤 목사의 설교를 듣고 그 가르침에 영향을 받았다. 노무현 전 대통령은 대통령선거 3일 전, 김준곤 목사를 찾아가 기도를 받고, 예수를 믿겠다고 다짐하기도 했다. 그리고 김준곤 목사는 그해 대선에서 노무현 후보를 지지하기도 했다. 김준곤 목사는 2008년 6월 25일, 시청 앞 구국기도회에서 김대중·노무현 10년 정권을 좌파정권으로 규정했고, 쇠고기 수입 반대 촛불집회의 원인을 좌파정부 때문이라고 주장하기도 했지만,[13] 노무현 대통령 서거 당시 그의 죽음을 애도하고 유가족을 위로하는 칼럼을 쓰기도 했다.[14]

김준곤 목사가 보여 준 이러한 다양한 정치적 입장을 그의 기회주의적 변덕으로 볼 수는 없다. 오히려 복음화에 대한 순수한 열정이 그같이 다양한 입장을 만들었다고 봐야 할 것이다. 이를 잘 알게 해주는 내용을 소개한다. 김준곤 목사의 제자 중 한 사람인 홍정길 목사는 최근 〈뉴스앤조이〉에 박근혜 대통령에게 하야를 권하는 공개서한을 보냈는데, 그 안에는 이런 대목이 있었다.

> 유신 때 저는 김준곤 목사님이 박정희 대통령과 가까운 것을 보고 한번은 너무 가슴이 아픈 나머지 목사님께 대들었던 기억이 있습니다.
> "목사님, 지금 학생들이 감옥에 가고 피투성이가 되어서 고통받고 있습니다. 어떻게 학생들을 핍박하는 대통령을 가까이하십니까? 이러다가 학생 전도 단체인 CCC의 전도 길이 막힐지도 모릅니다."
> 그러자 김 목사님은 조용히 이렇게 말했습니다.
> "그분이 여러 가지 상황으로 매우 어려울 때 먼저 나를 불러 마음 속 이야기 좀 나누자고 요청했네. 나는 목회자로서 한 영혼을 향한

배려 때문에 찾아가겠다고 했네."

순수한 복음주의자 김준곤 목사의 내면의 갈등과 그 진정성을 다소간 이해할 수 있게 해주는 내용이기는 하다. 하지만 이해하고 공감한다고 해서 면책(免責)이 되는가?

이해할 수 있다. 그러나…

한경직과 김준곤, 두 분 모두 진실한 주님의 종이었고 복음화에 철저하게 매진했던 분들로 존경받아 마땅하다. 하지만 그렇다고 이분들의 과오가 없어지는 것은 아니다. 기독교가 진정 회개의 종교라면 두 분의 과오에 대해 공개적으로 참회할 줄 알아야 한다. 그리고 이들의 과오를 지적하고 교회를 비난하는 사람들의 목소리를 겸허하게 경청할 수 있어야 한다. 그런데 유감스럽게도 한국 교회의 주류를 이루는 비정치적 경건주의 목회자들과 신도들, 그리고 주요 교단은 이를 잘 인정하지 못한다. 오히려 이런 부분을 지적하는 목소리들을 곡해하고 부당한 비난으로 받아들이는 것이다. 곡해의 양상은 대략 다음과 같다.

"이분들이 얼마나 겸손하고 청빈한 분들인지 아는가?"

"얼마나 겸손하게 종의 자세로 성도들을 섬겼는지 아는가?"

"어쨌든 정치권력은 하나님이 기름 부어 세우신 권세이고, 그분들은 시위에 앞장서 저항하기보다 오히려 이들을 위해 기도하고 이들이 예수를 믿고 선한 정치를 하게끔 노력하신 분들이다."

"불의에 저항하고 분노하며 정의를 부르짖는 사람들은 자기 안의 들보는 보지 못하고, 자기 의에 사로잡힌 사람들이다."

이런 생각에 기본적으로 깔려 있는 정서는 억울하다는 것이다. 다시 말해, 세상 사람들이 교회가 하는 선하고 의로운 일은 제대로 보지 않고 하나님의 사람들을 공연히 음해하고 적대한다고 보는 정서가 강하다. 그리고 그 뿌리에 '종북 좌파'가 있다고 보기도 한다. 반공이라는 대의를 위해 독재에 협력한 것은 사소한 과오쯤으로 보거나 아예 정당한 것이라고 강변한다. 반공과 복음화가 민주화보다 훨씬 중요하다는 것이다. 게다가 이들은 어차피 성경에도 예수님으로 인해 세상이 핍박한다고 했으니(마태복음 5:11), 자기들도 그런 핍박을 받는다고 생각하기까지 한다.

사실 복음화와 민주화를 양자택일 문제로 본다면 이는 크게 잘못된 프레임이다. 우리는 민주화와 산업화를 상충하는 것으로 보는 프레임에 이미 익숙하다. 이 프레임은 산업화를 위해서는 민주화를 유보할 수밖에 없다는 잘못된 논리를 만들어 내는데, 사람들은 무비판적으로 이 프레임을 수용하고 말았다. 하지만 이는 결론적으로 잘못된 생각이며 매우 위험하기까지 한 사고방식이다.

복음화와 민주화를 상충하는 것으로 보는 것은 이보다 더욱 위험하다. 이 프레임을 수용한다면 복음화를 위해서는 민주화를 유보해도 좋다는 논리가 성립되기 때문이다. 생각의 프레임은 이렇게 중요하다. 여기서 복음화와 민주화의 관계를 신학적으로 논할 생각은 없다. 그냥 상식선에서 생각하자. 이 둘을 상충관계로 본다면 그는 반민주주의자다.

우리는 교회를 폐쇄된 종교언어의 게토(ghetto)로 만들어서는 안 된다. 기독교인은 기본적으로 덕을 갖춘 민주시민이어야 한다. 한경직 목사든 김준곤 목사든 그분들의 행동에 어떤 사연과 이유가 있든 그것이 그분들의 행동을 정당화해 주지는 못한다. 간단하다. 과오를 인정해야 한다. 기독교는 회개의 종교가 아니던가? 막연하고 추상적인 언어로 회개하는 것보다 더 중요한 것은 그런 과오에 대해 교회 공동체가 인정하고 학습하고 기억하면서 더 나은 복음화의 방향을 모색하는 것이다. 일제강점기의 친일과 신사참배 문제를 넘어, 한국 현대사의 독재시대에 불의한 정권에 맞서기보다 그들에게 협조한 죄도 공식적으로 인정하고 사과한다면 기독교와 한국 교회에 대한 사회적 시선은 바뀔 것이다. 비난 일색의 목소리가 아니라 인정과 존경의 목소리도 함께 묻어 나올 것이다.

역사의식과 공명하는 진정한 회개를 위하여

1940년대 신사참배의 광풍은 우리는 물론 일본 교회에도 시련이었다. 조선과 마찬가지로 일본 교회의 다수가 일본 정부의 회유와 협박에 굴복하고 신사참배를 단행하였다. 하지만 앞의 2부에서 일본 크리스천들에 관해 잠시 이야기했듯이, 성결교를 중심으로 한 소수의 일본 교회와 양심적인 크리스천들은 신사참배를 거부하고 전쟁에 반대하다 박해를 받았다. 심지어 오다 나라지(織田楢次, 한국 이름 전영복) 같은 일본인 목사는 평양 숭실전문학교 대강당에서 신사참배를 반대하는 설교를 5일간이나 계속했다가 일본 경찰에 체포되어 고문과 투옥을 겪기도 했다.

전쟁이 끝나고 교단 차원에서 신사참배의 죄를 공개적으로 참회한 것 역시 일본이 우리나라보다 훨씬 빨랐다. 〈일본기독교단〉은 1967년 부활절에 '제2차 세계대전에서 일본기독교단의 책임에 대한 고백'을 발표한다. 일본 정부는 여지껏 자신들의 전쟁범죄에 대해 제대로 인정하지도 사과하지도 않을뿐더러 어떠한 배상도 하고 있지 않지만, 일본 교회는 확연히 다르다. 지금도 꿋꿋이 일본의 평화헌법 9조를 수호하고, 기미가요 제창을 반대하며 일본의 우경화에 반대하는 중심세력은 일본의 교회다.

세계 선교를 위해 세계 모든 국가의 기도정보를 담은 《Operation World》에서는 일본의 영적인 상황을 소개하면서 "기독교인은 소수이지만, 일본 교회는 존경받고 있다"고 기록하고 있다. 일본의 개신교 인구는 전체 인구의 0.4퍼센트이며 그중에서 교회에 제대로 출석하는 교인은 기껏해야 30만 명을 넘지 못하는 상황이다. 그럼에도 2010년 현재 헌신된 일본인 크리스천 300명은 세계 34개국에서 선교사로 섬기고 있다고 한다. 30명 이상의 교회가 드물고 제대로 된 선교단체 하나 없는 일본이지만 소수의 믿는 자가 그토록 헌신되어 있는 것이다. 무엇보다 눈여겨볼 것은 일본 교회가 분명한 역사의식을 지니고 있다는 것이다.

우리는 어떠한가? 신사참배에 대한 교단 차원의 공식적인 회개는 그나마 진보적 교단이라는 '한국기독교장로회'에서 2007년에야 처음으로 이루어졌다. 2007년, 그해는 평양 대부흥 100년을 맞는 해로서 이러저러한 상징적인 행사가 많이 열렸기에 이때가 되어서야 비로소 회개하게 된 것이다. 이는 일본에 비해 무려 40년이나 늦은 것이다. 신사참배라는 명확한 우상숭배의 죄조차 교단 차원에서 제대로 회개하는 데 해방 후 60년의 시간이 걸렸다면, 군사독재에 적극 협조했던 것을 제대로 죄로 인식하는 데는 얼마나 시간이 걸릴 것인가?

우리 사회는 해방 직후 친일 부역자에 대한 심판 하나 제대로 해내지 못했다. 비록 사회가 그렇게 왜곡되어 있더라도, 회개와 용서의 종교인 기독교만이라도 신사참배 등 민족 앞에 저지른 죄악들에 대해 솔직하게 고백하며 나아갔다면 얼마나 좋았을까? 하지만 그때도 '들보논리'는 강력했던 것 같다. 해방 직후 신사참배를 결의했던 목회자들은 "누가 누구의 죄를 나무랄 수 있는가?" 하는 물타기 작전을 폈고, 교단은 신사참배 회개 문제로 갈등과 분열을 겪어야 했다.

그런데 성경에는 믿음의 영웅이라 불리는 인물들의 아름다운 이야기만 기록되어 있지 않다. 그들의 치부도 낱낱이 기록되어 있다. 다윗의 간음과 부하 살해 사건을 우리는 잘 알고 있지 않은가? 성경 저자들은 믿음의 용사들이라 해서 그들의 좋은 점만 기록하지는 않았던 것이다. 물론 이들은 용서받았다. 하지만 이들은 자신들이 저지른 잘못에 응분의 대가를 치러야 했다. 성경을 보아도 이럴진대, 한국 교회에 만연한 비정치적 경건주의는 '용서의 은혜와 품어 주는 사랑'을 시비를 가리지 않고 그냥 덮고 묻어 버리는 데 적용하는 경향이 있었다.

이제 우리는 통일을 앞두고 있다. 통일 후 우리가 반드시 해결해야 할 문제 중 하나가 북한 권력층에 대한 단죄와 함께 과거사를 청산하는 것이다. 북한 주민에 대한 폭압적인 통치와 잔혹한 억압에 대해, 그 과정에서 희생된 억울한 사람들의 명예를 위해 이들의 죄를 분명히 물어야 할 것이다. 그렇다면 우리는 어떻게 북한의 과거사를 단죄해야 하는가? 나는 이 문제에 관한 해법이 바로 기독교가 지닌 사랑의 복음에 있다고 생각하며, 이것을 잘 보여 준 사례가 남아프리카공화국에 있다고 본다.

넬슨 만델라가 대통령으로 당선되고 난 후, 남아공은 그동안 지배계층이었던 백인 관료들의 죄를 단죄할 수 있는 기회가 왔다. 이 위원회 이름이 '진실과 화해 위원회'다. 이 위원회의 특징은 가해자들이 진실을 낱낱이 고백하고 자신의 죄를 시인하되, 그 죄를 사면해 주는 것이다. 이 위원회의 위원장은 남아공 성공회 주교이자 노벨상 수상자 데스몬드 투투(Desmond Mpilo Tutu, 1931~)였다. 2년에 걸친 청문회와 2만 명이 넘는 증인들의 진술을 토대로 결국 3,500페이지의 보고서가 만들어졌다. 이 해법에 한계가 없었던 것은 아니지만, 남아공의 '진실과 화해 위원회'의 활동은 과거사 청산의 한 모범으로 자리 잡았다.

우리는 물론 용서해야 한다. 하지만 그 용서는 역사의식과 공명해야 한다. 그리고 그것은 진실 규명을 촉구하는 것이어야 한다. 특히, 공공 영역에서 진실은 규명되지 않고 가해자가 자신의 죄를 인정하지 않는 가운데 용서만 외치는 것은 불공정하다. 이것을 먼저 실행하고 주도할 주체가 누구인가? 바로 기독교다. 요즘 일부 건강한 교회는 지역과 이념과 세대 갈등으로 얼룩진 정치에 대한 책임을 통감하고, 우리 곁의 탈북자와 난민, 이주민 등을 환대하지 못한 것을 회개하고 있다. 교회의 부패에 대해서도 회개하고 있다. 북한 동포에 대한 어떤 연민도 느끼지 못하고, 통일을 굳이 바라지 않는 사람이 점점 늘고 있는 때에, 통일을 통한 유라시아 선교의 비전을 바라보는 교회가 이를 위해 힘써 기도하는 것은 정말 바람직하고 고무적인 일이다. 하지만 감정적인 구호와 눈물의 통성기도 정도로 끝나는 면이 있다. 현대사의 과오에 대한 구체적인 참회는 부족한 편이다.

독일 사회는 나치의 유대인 학살에 대해 참회하기 위해 상세한 자료 조사와 함께 보고서를 만들고, 기념관을 건립하고 과거의 잘못에 대해 후손들에게 지속적으로 교육하고 있다. 한국 교회의 회개 역시 이 정도 수준으로 나아가야 한다. 대한민국 시민사회보다 앞서서 교회가 과거의 잘못과 과오를 상세하게 고백해야 한다. 그리고 시민사회와 진보진영, 국민들을 향해 진실한 사과를 해야 한다. 신사참배의 죄, 독재에 협력한 죄, 시민사회의 진보진영을 부당하게 오해하고 중상한 죄, 노동자의 아픔에 함께하지 못한 죄, 사회개혁의 주체가 되기보다 개혁의 대상으로 전락한 죄 등등에 대해서 말이다. 한국 교회가 이것을 제대로 해낸다면, 그래서 추상적인 구호만 난무하고 눈물만 흘리는 통성기도가 아니라 우리의 구체적인 과오에 대해 집요하고 끈질기게 추적하고 기록함으로써 하나의 보고서를 만들어 내는 수준까지 이른다면 한국 사회는 교회를 다시 볼 것이고, 교회는 사회적 신뢰와 존경을 회복할 수 있을 것이다. 그리고 이것은 한국 지배권력의 친일과 과거 정권의 범죄를 청산하는 데, 그리고 통일 후 북한의 과거사를 청산하는 데까지 의미 있는 영향력과 상상력을 제공할 것이다.

이를 위해서는 먼저 우리의 예배가 바뀌어야 한다. 목회자들은 더욱 공부해야 하고 종교적인 언어를 넘어설 수 있어야 한다. 그리고 소그룹 나눔은 탈정치적 개인영성에서 벗어나야 하며, 말씀묵상의 적용은 구체적이고 전방위적이어야 한다. 궁극적으로 복음화 이후의 복음주의는 정의롭고 사랑이 넘치는 하나님 나라의 추구를 통해 시민사회가 지향할 방향과 상상력을 기독교가 앞서가며 제시해야 한다. 물론 그 시작은 현실과 사회에 대한 문제의식을 추상적이고 개인적인 영성의 영역으로 퇴거시키는 습관에서 벗어나는 일일 것이다. 즉, 비정치적 경건주의를 넘어서는 일에서 시작해야 한다.

맺음말

르네 지라르의 《나는 사탄이 번개처럼 떨어지는 것을 본다》를 우연히 읽게 된 건 지금 생각하면 하나님의 섭리였다. 본문에 언급했지만, 그 책을 처음 읽을 때의 흥분은 지금도 생생하다. 깊은 밤 뜨거운 커피를 마시며 책을 읽어 내려갔고, 그렇게 새벽을 맞으며 책을 덮었다. 그때 쓴 일기를 지금은 찾을 수 없지만, 볼펜으로 써내려가던 노트 위의 글씨는 뇌리에 깊이 박혀 있다. "아, 이런 학문적인 방법으로도 기독교의 진리를 발견할 수 있구나. 꼭 믿음이나 신앙에서 출발하지 않더라도, 신학적인 전제를 깔지 않고 학문적 문헌 연구만으로도 이런 일이 가능하구나."

그 후, 인문학 관련 서적을 읽을 때는 인물 색인(index)을 살펴보면서 지라르가 책에 언급되어 있는지 확인하는 습관이 생겼다. 문학평론가나 철학자들이 그의 이론을 어떻게 인용하고 언급하는지 궁금했던 것이다. 그런데 생각보다 많이 인용되지는 않고 있었다. 나중에 알게 된 일인데, 지라르의 텍스트 독해가 대단히 설득력이 있고 매력적이지만 기독교를 긍정하는 논의로 인해 학자들에게 은근히 외면받고 있었던 것이다. 그래도 그리스 신화·비극과 관련된 책이나 다른 문학평론 분야에서는 역시 〈삼각형의 욕망〉의 탁월한 분석을 활용하지 않을 수 없었던 모양인지, 루카치와 벤야민처럼 그의 이론도 자주 등장하고 있었다. 반면 10년이 지나도록 교회는 물론 신학자들조차 지라르를 생소한 인물로 여기고 있었다. 그런 상황이 답답하고 안타까웠다.

그러다가 블로그에서만 가끔 접하던 신학자 정일권 박사님이 지라르와 관련해서 몇 권의 책을 낸 것을 알게 되었다. 반가운 마음에 책을 구입해 읽었는데, 서구 신학자와 철학자들의 이론을 종횡무진하며 풍부한 글을 쓰긴 했지만 평범한 독자들에게는 난해할 것이 분명했다. 그러면서 그냥 내가 한번 써볼까 하는 생각을 하게 되었다. 학자는 아니지만, 학자가 아니기에 좀 색다른 글을 쓸 수도 있지 않을까? 엄밀한 형식의 논문이 아니라 책이라는 형태라면 가능하지 않을까? 이런 생각에서 이 책을 쓰게 되었고, 지라르의《나는 사탄이 번개처럼 떨어지는 것을 본다》의 점층적 서사를 핵심으로 재구성하는 데 착수한 것이다.

그리고 무라카미 하루키가 있다. 새벽 4시에 일어나 클래식이나 재즈를 들으며 4시간 정도 글을 쓰고, 매일 10킬로미터씩 달리기를 하면서 자기관리를 하는 하루키. 처음에는 그가 그냥 멋지다고만 생각했다. 하지만 그의 에세이든 소설이든, 하루키에게서 어떤 깊은 진실성과 예민한 감각 같은 것을 느끼게 되었다. 일본의 철학자 우치다 타츠루는《하루키씨를 조심하세요》에서 내 생각과 비슷한 내용을 말한다.

그는 평론가가 아니라 팬이자 숭배자의 입장에서 하루키를 논했다고 한다. 그러면서 편애에 입각한 작가론도 충분한 비평성을 담을 수 있다고 말한다. 그의 이런 말이 반가웠다. 하루키는 인기 작가이지만 일본과 한국의 평론가들은 그의 작품을 별로 인정하지 않는 분위기이기 때문이다. 하지만 우치다는 그의 작품에서 뭔가가 자신 안으로 쑥 들어오는 느낌을 받았다고 했다. 나도 그랬다. 하루키의 소설은 내 안에 쑥 들어오는 느낌이 있었다. 묘하게 긴장을 낮춰 주었고, 그냥 내가 담담히 하는 일을 밀고 나갈 수 있게 용기를 주었다.

그렇게 하루키의 글을 좋아했기에 그의 소설들을 여러 번 읽게 되면서 비평가들과는 다른 나만의 생각과 느낌을 갖게 된 듯하다. 특히, 소설《1Q84》는 지라르의 희생양 이론과 공명하면서 큰 울림을 주었고, 하루키가 일본 사회와 관련해 기독교를 한층 더 진지하게 생각하고 있다는 것을 직감하게 했다. 그리하여 하루키는 이 책을 쓰는 데 또 다른 중요한 계기가 되었다.

두 계기가 도달한 결론은 '단순화된 논리에 의해 희생되는 진리', 이것이었다. 지라르와 하루키 두 사람으로부터 찾은 공통의 문제의식 말이다. 그렇지만 이런 문제의식을 말한 지식인과 학자가 어디 한둘이던가? 포스트모더니즘의 철학자들은 대부분 '논리와 환원주의 방법론'만을 휘두르는 식의 과학철학에 상당히 비판적이다. 요즘 목회자들은 마치 포스트모더니즘 그 자체가 기독교의 적(敵)인 것처럼 생각하는데, 그게 전부는 아니다. 다른 시각에서 보자면, 포스트모더니즘의 방법론 자체가 계몽주의가 문을 닫았던 종교적 인식과 신앙의 언어를 오히려 긍정하고 복권하는 측면도 있다. 그런 많은 지식인 중에 유난히 지라르와 하루키가 끌렸던 것은 그들이 그 문제의식을 '서사'의 틀에서 보여 주면서 다른 지식인들이 회피하려는 '기독교'를 직면하고 진지하게 사유했다는 데 있었다. 비트겐슈타인과 괴델 또한 논리 철학과 수학의 영역에서 형식언어와 논리적 증명의 불완전성을 사유하는 동시에 '신'을 경건하고도 진지하게 생각했다. 그리하여 이 책의 1부는 러셀과 대결하는 비트겐슈타인과 괴델을, 2부는 니체 철학 및 그의 철학을 계승하는 포스트모더니즘과 대결하는 지라르를 중심축으로 삼은 것이다.

나아가 3부에서는 한국 교회의 문제를 화두로 삼았다. 3부 3장의 '복음화 이후의 복음주의'라는 제목은 최장집 교수가 형식적 민주화 이후 진전되지 않는 민주주의의 문제를 다룬 '민주화 이후의 민주주의'를 패러디한 것이다. 사실 한국 교회에 대한 비판은 한국 정치에 대한 비판만큼이나 흔하고 익숙한 주제지만 비판이 무성하면 무성할수록 듣는 쪽에선 내성이 생기는 게 아닐까? '복음의 본질로 돌아가자'는 뻔한 구호나 '감정적인 회개'의 퍼포먼스만 난무하는 것은 아닐까? 더 깊고 진지한 숙고가 필요한데, 한국 교회는 그저 '교회가 썩었다'거나 '목회자가 모든 문제'라는 식으로 쉽게 결론내리고 그것을 신속하게 '회개처리(?)'하는 것은 아닐까? 또한 교회에 비난의 포화를 퍼붓는 데 집중하는 사람들은 기독교의 진리와 도덕에 대해서는 관심조차 두지 않는 듯하다. 이런 현상 또한 '희생되는 진리'의 정치적 양상이다. 한국이 어느 정도 복음화된 것은 사실이고, 복음주의 신앙은 한국 정치의 현실과 만날 수밖에 없다. 이런 문제의식 하에 나는 복음주의와 진보의 접점을 고민하였고, 한국 교회의 '비정치적 경건주의'가 나타나는 구체적인 양상과 '동성애' 이슈를 둘러싼 오해와 갈등을 풀어보려 했다. 복음주의와 진보가 넓은 교집합의 영역을 제쳐두고 차이에만 집중하여 갈등하는 것은 우리 사회의 발전에 도움이 되지 않는다. 그러므로 양자가 서로 전향적인 차원에서 협력해 갈 필요가 있다고 제안했다.

2015년 6월, 책을 쓰기 시작했을 때 나는 공공기관을 퇴사한 백수 신분이었다. 글을 쓰고 투고한다고 해서 책이 출간된다는 보장은 없었다. 그런데 이상하게도 차분한 확신 같은 게 있었다. 내 안의 진정성, 하나님은 그것을 분명히 아실 거라고. 그리고 이 진정성을 알아보는 출판사도 있을 거라고. 그냥 그렇게 믿었다. "일단 해보자. 정 안 되면 다시 일자리를 찾아보지 뭐. 어떻게든 되겠지." 하루키 소설 속 주인공들처럼 그렇게 담담한 마음으로 썼다. 다행히 하나님의 은혜로 이렇게 세상에 책을 내놓게 되었다. 지금은 단 하나를 놓고 간절히 기도한다. 이 책의 행간에서 성령님의 호흡이 느껴지게 해달라고. 이 책은 간증이나 은혜를 이야기하는 신앙서적은 아니다. 그렇지만 당신이 이 책을 덮었을 때 이 책의 행간에서 진리의 속삭임을 들을 수 있기를, 그 속에 호흡하는 성령님을 느낄 수 있기를, 잔잔한 감동이 있기를, 복음을 다시 보기를, 그리고 무언가 쑥 들어오는 느낌이 있기를, 오늘도 기도한다.

주(註)

1부

버트런드 러셀의 연약한 무신론

1) 이 글에서 러셀의 생애에 관한 내용은 독시아디스와 파파디미트리우가 쓴《로지코믹스》(랜덤하우스코리아, 2011)와 박병철의《버트런드 러셀의 삶과 철학》(서광사, 2006)을 주로 참조하여 재구성하였다.
2) 레이 몽크, 남기창 옮김,《비트겐슈타인 평전》, 필로소픽, 2012, p.127-128.
3) 같은 책, p.126.
4) 같은 책, p.128.
5) 데이비드 에드먼즈·존 에어디노, 김태환 역,《비트겐슈타인은 왜》, p.65-66, 웅진닷컴, 2001.
6) 〈Lessons from Bertrand Russel-by way of his daughter〉, http://www.apologetics-review.com/2012/02/18/lessons-from-bertrand-russell-by-way-of-his-daughter/
7) 김용규,《서양문명을 읽는 코드, 신》, 휴머니스트, 2010, p.437.
8) 같은 책, p.437에서 재인용.
9) 같은 책, p.438.
10) 같은 책에서 재인용,
11)《비트겐슈타인 평전》, p.591,
12) 버트런드 러셀, 송은경 옮김,《나는 왜 기독교인이 아닌가》, 사회평론, 2005, p.150.
13) 가라타니 고진, 이신철 옮김,《트랜스크리틱》, 도서출판b, 2013, p.109.
14) 케이스 데블린, 전대호 옮김,《수학의 언어》, 해나무, 2003, p.186.
15)《나는 왜 기독교인이 아닌가》, 사회평론, p.256-257.
16) 펠레 유어그라우, 곽영직·오채환 옮김,《괴델과 아인슈타인》, 지호, 2005, p.28.
17) 테리 이글턴, 김주헌 옮김,《신을 옹호하다》, 모멘토, 2010, p.16.
18) 어느 블로거의 글, 〈기독교 까라, 제발 잘 좀 까라〉, http://smallhuman.egloos.com/m/2976976

러셀을 압도했던 비트겐슈타인의 철학과 신앙과 삶

1) 무라카미 하루키, 이영미 옮김,《약속된 장소에서》, 문학동네, 2010, p.295.
2) 김홍중,《마음의 사회학》, 문학동네, 2009, p.451.

3) 레이 몽크, 남기창 옮김, 《비트겐슈타인 평전》, 필로소픽, 2012, p.88.

4) 같은 책, p.88-89.

5) 쿠르트 괴델의 지도교수였다.

6) 같은 책, p.782.

7) 비트겐슈타인, 진중권 옮김, 《청갈색책》, 〈옮긴이 해제〉의 설명, 그린비, 2006, p.343,

8) 《비트겐슈타인 평전》, p.305.

9) 같은 책, p.189.

10) 같은 책, p.189.

11) 같은 책, p.677.

12) 같은 책, p.784.

13) 화용론(話用論)적 접근법은 어떤 언어가 지니는 의미를 그 언어가 발화되고 수행되는 맥락, 화자와 청자의 관계를 고려하는 방법을 말한다. 똑같은 말이라도 때와 장소에 따라, 대화를 나누는 사람에 따라 의미가 달라지는 것을 인식하고 텍스트와 컨텍스트를 함께 고려하는 방법이다.

14) 위키백과, '윤치호', https://ko.wikipedia.org/wiki/%EC%9C%A4%EC%B9%98%ED%98%B8

15) 함석헌, 《뜻으로 본 한국역사》, 한길사, 2003, p.465.

16) 같은 책, p.477-478.

17) 강신주, 《철학적 시읽기의 즐거움》, 동녘, 2010, p.208. 가라타니 고진의 논의를 여기서 재인용.

괴델의 불완정성정리와 그 신학적 함의

1) 무라카미 하루키, 양억관 옮김, 《언더그라운드》, 문학동네, 2010, p.721.

2) 모리스 클라인, 심재관 옮김, 《수학의 확실성》, (주)사이언스북스, 2007, p.533-539의 내용을 참고.

3) 1부 첫 장의 설명 참고.

4) 푸앵카레(Jules-Henri Poincaré, 1854~1912), 브라우베르(L. E. J. Brouwer, 1881~1966)가 중심인물이다. 직관주의는 '논리'보다 '직관'을 중시한다는 선입견을 줄 수 있는데, 결코 그렇지 않다. 직관주의는 오히려 인간이 경험할 수 없는 '무한'에 대해 훨씬 보수적이고 조심스러운 입장이다. 따라서 무한의 영역에 '배중률'(排中律, law of excluded middle)을 적용하는 것이 불가능하다고 본다. 배중률이란 명제는 참과 거짓 둘 중 하나이며, 둘 중 하나는 반드시 성립한다는 법칙을 말한다. 따라서 직관주의는 유한한 인간의 '직관'의 한계를 수용하고, 유한한 구조만을 수학적 구조로 받아들이자고 주장하는 것이다.

이런 입장에 따르면 칸토어의 '초한수'(超限數), '실무한'(實無限) 같은 개념을 수학에서 무리하게 사용하면 안 된다. 힐베르트를 비롯한 형식주의자들은 이 입장에 단호히 반대했다. 괴델도 직관주의자는 아니다. 괴델은 수학적 플라톤주의라고 불리는 실재론자다.

5) 로빈 로버트슨, 이광자 옮김, 《융의 원형》, 집문당, 2012, p.235.

6) 같은 책, p.239.

7) 같은 책, p.239.

8) 레베카 골드슈타인, 고중숙 옮김, 《불완전성》, 승산, 2007, p.235.

9) 펠레 유어그라우, 곽영직·오채환 옮김, 《괴델과 아인슈타인》, 지호, 2005, p.102.

10) 골드바흐의 추측(Goldbach's conjecture)은 오래전부터 알려진 정수론의 미해결 문제로, 2보다 큰 모든 짝수는 두 개의 소수(Prime number)의 합으로 표시할 수 있다는 것이다. 이때 하나의 소수를 두 번 사용하는 것은 허용한다.(위키백과)

11) 집합론에서, 칸토어의 연속체 가설(連續體假說, continuum hypothesis, 약자 CH)은 실수의 모든 부분집합은 가산 집합이거나 아니면 실수와 크기가 같다는 명제이다.(위키백과)

12) 레베카 골드슈타인, 《불완전성》, p.237, 괴델은 칸토어의 연속체가설이 거짓일 거라고 생각했다. 그렇지만 괴델은 그 가설이 현재의 집합론을 토대로 해서는 거짓임을 증명할 수 없다는 '연속체가설의 결정불가능성'을 증명했다. 흥미로운 것은 괴델 스스로 그 가설이 거짓이라고 믿었지만, 그 가설이 거짓임을 증명할 수 없다는 것을 증명했다는 것이다. 또 다른 수학자 폴 코헨(Paul Joseph Cohen, 1934~2007)은 현재의 집합론을 토대로 연속체가설이 참임을 증명할 수 없다는 것을 증명했다. 이로써 괴델과 코헨 두 사람은 '연속체가설이 참인지 거짓인지 증명할 수 없다'는 결정불가능성을 함께 증명한 셈이다.

13) 《괴델과 아인슈타인》, p.27.

14) 같은 책, p.211.

15) 같은 책, p.27.

16) 같은 책, p.175.

17) 같은 책, p.215.

18) 결정가능성이란 '어떤 명제가 증명가능인가?' 하는 물음에 증명 가능 여부를 판단할 수 있는 것을 말한다. 튜링은 그것을 판단할 수 있는 알고리듬이 존재하지 않는다는 것을 증명해 냈다. 그리고 증명 과정에서 튜링은 괴델 수 대응기법을 응용하였다.

19) 박정일, 《튜링&괴델》, 김영사, 2010, p.114-117. 보편튜링기계는 개별튜링기계의 프로그램을 데이터로 읽고 튜링기계의 연산을 수행하는 기계를 말한다. 개별 프로그램을 데이터로 번역하여 그 데이터를 연산하는 프로그램이라는 착상은 괴델 수 대응기법에서 응용한 것이다. 괴델도 증명 가능성에 관한 명제를 하나의 자연수로 번역하여 수학적 증명을 전개했으며, 그 증명의 결과 초수학적 결론을 얻을 수 있었다.

20) 《불완전성》, p.219.

21) 같은 책, p.221.

22) 같은 책, p.45.

23) 같은 책, p.28.

24) 《괴델과 아인슈타인》, p.184.

25) 하루키의 최근작 《1Q84》는 옴진리교 사건을 모티브로 한 소설인데, 여주인공 '아오마메'는 실정법을 무시하고 자신이 믿는 대의를 위해 악의 집단인 신흥종교의 교주를 살해한다. 하지만 거기서 명백한 악으로 그려지는 신흥종교의 교주는 사실상 극악한 인물이 아니었다. 그렇다고 '악의 평범성'의 상징인 '아이히만'과 같은 인물로 그려지는 것은 아니다. 이 소설에서 선악의 대립구도를 바라보는 관점을 하루키는 독특하게 역전시키며 독자로 하여금 생각하게 하는 면이 있다. 자세한 평론은 김홍중, 《마음의 사회학》(문학동네)을 참조.

26) 현우식, 《과학으로 기독교 새로 보기》, 연세대학교 출판부, 2006, p.125.

2부

르네 지라르-희생양 이론과 십자가 복음

1) 바티모, 지젝, 하버마스 등의 학자들이 최근 지라르의 이론에 관심을 갖고 인용하고 있는 추세다. 정일권, 《우상의 황혼과 그리스도》, 새물결플러스, 2014, p.17, 66.

2) 르네 지라르, 김진식 옮김, 《나는 사탄이 번개처럼 떨어지는 것을 본다》 옮긴이 주, 문학과지성사, 2004, p.31.

3) 위의 책, p.32.

4) 위의 책, p.19.

5) 르네 지라르 저, 마이클 하딘 편집, 이영훈 옮김, 《지라르의 성서 읽기》, 대장간, 2017, p.86.

6) 르네 지라르, 김진식 옮김, 《문화의 기원》, 기파랑, 2006, p.69.

7) 《나는 사탄이 번개처럼 떨어지는 것을 본다》, p.9.

8) 《우상의 황혼과 그리스도》, p.211-212.

9) 《나는 사탄이 번개처럼 떨어지는 것을 본다》, p.69-70, 여기서는 이야기 전문을 그대로 수록하고 지라르의 설명을 요약하여 인용.

10) 《문화의 기원》, p.84.

11) 같은 책, p.84.

12) 《나는 사탄이 번개처럼 떨어지는 것을 본다》, p.240.

13) 같은 책, p.169.

14) 같은 책, p.52.

15) 같은 책, p.52-53.

16) 경제학에는 '주기적 공황'이라는 개념이 있다. 경제가 성장하면 이윤율이 저하하는데, 이를 이윤율의 경향적 저하라고 한다. 이와 함께 공급과잉이 일어나면서 기업들은 물건을 팔지 못해 결국 도산에 이르고, 대량해고가 발생하여 공황이 찾아온다. 그런데 역설적으로 이 과정을 통해 자본주의는 위험한 요소들을 제거하여 재도약의 발판을 마련하게 된다.

17) 같은 책, p.235.

18) 같은 책, p.237.

19) 르네 지라르, 김진식 옮김, 《그를 통해 스캔들이 왔다》, 문학과지성사, 2007, p.83.

20) 같은 책, p.84.

21) 개역개정성경, 마태복음 25장 34-46절.

22) 《문화의 기원》, p.60.

지라르의 니체 읽기, 적그리스도는 그리스도를 모방하면서 능가하려 한다

1) 르네 지라르, 김진식 옮김, 《나는 사탄이 번개처럼 떨어지는 것을 본다》, 문학과 지성사, 2004, p.223, 225.

2) 같은 책, p.203.

3) 같은 책, p.206.

4) 르네 지라르, 김진식 옮김, 《문화의 기원》, 기파랑, 2006. p.281.

5) 같은 책, p.282.

6) 같은 책, p.252.

7) 게오르그 루카치, 한기상 등 옮김, 《이성의 파괴》 2권, 심설당, 1997, p.398.

8) 지라르의 희생양 메커니즘은 다수의 희생양을 만드는데, 이것은 다신교의 기원이다. 그런데 게오르그 루카치 역시 지라르와 비슷한 관점을 보여 준다. 루카치는 "니체의 기독교와 십자가에 매달린 예수에 반대하는 사상의 적은 모든 신으로부터 해방된 세계나 무신론이 아니며, 최소한 이것을 포함하여 우리가 나중에 상세하게 살펴볼 것처럼 새로운 신인 디오니소스이다"라고 말한다. 같은 책, 《이성의 파괴》 2권, p.393.

9) 프리드리히 니체, 안성찬 홍사현 옮김, 《즐거운 학문, 메시나에서의 전원시, 유고》-니체전집 12, 책세상, 2005, p.199-200.

10) 칼 야스퍼스, 이진오 옮김, 《니체와 기독교》, 철학과 현실사, 2006, p.17.

11) 고명섭, 《니체극장》, p.125 내용을 재정리.

12) 르네 지라르, 김진식 옮김, 앞의 책, p.215-216.

13) 칼 야스퍼스, 《니체와 기독교》, p.217.

14) 같은 책, p.217.

15) 프리드리히 니체, 박찬국 옮김, 《안티크리스트》.

16) 고명섭, 《광기와 천재》, 인물과사상사, 2007. p.59,

17) 앞 장 p.138 참조

18) 《나는 사탄이 번개처럼 떨어지는 것을 본다》, p.215.

19) 같은 책, p.215.

20) 고명섭, 《광기와 천재》, 인물과사상사, 2007, p.59.

21) 르네 지라르, 김진식 옮김, 《희생양》, 민음사, 1998, p.35.

22) 같은 책, p.58.

23) 고명섭, 《니체극장》, 김영사, 2012, p.611.

24) 같은 책, p.60.

25) 추태화, 《권력과 신앙 - 히틀러정권과 기독교》, 씨코북스, 2012, p.25.

26) 같은 책, p.56-57 내용 일부 발췌 요약.

27) 고명섭, 《니체극장》, p.232.

28) 같은 책, p.9-11.

29) 장정일, 〈무신론자에게 더 끔찍한 선언, 신은 죽었다〉, 시사IN 345호, 2014. 4. 24. http://www.sisainlive.com/news/articleView.html?idxno=20094

30) 같은 책, p.222.

31) 같은 책, p.224.

32) 같은 책, p.226-237.

33) 슬라보예 지젝, 김정아 옮김, 《죽은 신을 위하여》, 길, 2007, p.61.

34) 같은 책, p.93.

35) 같은 책, p.94.

36) 같은 책, p.95.

37) 《나는 사탄이 번개처럼 떨어지는 것을 본다》, p.226.

38) 《니체와 기독교》, p.40.

39) 가라타니 고진, 이신철 옮김, 《트랜스크리틱》, 도서출판b, 2013, p.21-25. 가라타니는 '트랜스크리틱'이란 무엇인가에서 '시차'(視差)에 관해 다음과 같이 설명한다. "일반적으로 칸트는 합리주의와 경험주의 '사이'에 있고, 초월론적 비판을 행한 사람이라고 간주된다. 그러나《시령자의 꿈》과 같은 기묘하게 자학적인 에세이를 보면, 칸트가 단지 '사이'에서 생각했다는 따위의 말은 할 수 없다. 그도 교조적인 합리주의에 경험주의로 대항하고, 교조적인 경험주의에 합리주의적으로 맞서는 것을 반복하고 있다. 그와 같은 이동에 칸트의

'비판'이 존재한다. '초월론적 비판'은 무언가 안정된 제3의 입장이 아니다. 그것은 횡단적(transversal)이거나 전위적(轉位的, transpostional)인 이동 없이 있을 수 없다. 그래서 나는 칸트와 마르크스의 초월론적(transcendental)인 동시에 전위적인 비판을 '트랜스크리틱'이라 부르기로 했던 것이다.

지라르의 관점으로 읽은 무라카미 하루키의 《1Q84》 그리고 기독교

1) 무라카미 하루키, 양윤옥 옮김, 《1Q84》 1권, 문학동네, 2009, p.408.
2) 그 센세이션이란 것을 나는 직접 경험했다. 2009년에 베를린을 여행하고 있었다. 베를린 중심가에 내가 묵었던 민박집 서가에도 하루키의 독일어 번역본이 꽂혀 있었다. 《해변의 카프카》였다. 민박집 주인은 하루키를 매우 좋아한다며 독일에서도 그의 인기가 상당하다고 했다.
3) 히사이 쓰바키, 구와 마사토 공저, 윤성원 옮김, 《하루키를 읽는 법》, 문학사상사, 2006, p.176.
4) 같은 책, p.181, 218.
5) 같은 책, p.189.
6) 김홍중, 《마음의 사회학》, 문학동네, 2009, p.437.
7) 무라카미 하루키, 양억관 옮김, 《언더그라운드》, 문학동네, 2010, '지표 없는 악몽', p.701-704, 717-718. 이 책 703쪽에서 하루키는 이렇게 말한다. "하나의 가설이 있다. 그것은 옴진리교라는 '존재'가 실은 나에게 결코 남의 일이 아니었기 때문이 아닐까 하는 것이다. 그 '존재'는 우리가 예상하지 않았던 스타일로, 우리 자신의 뒤틀린 모습을 취함으로써 우리 목에 날카로운 가능성의 나이프를 들이밀었던 것은 아닐까? 우리는 하레 크리슈나나 다른 신종교를 처음부터 '관계없는 것'으로 (우리의 논리적 사고시스템이 개입되기 전에) 처리해 버린다. 그러나 옴진리교에 대해서는 왠지 그렇게 할 수 없었다. 우리는 그 존재(차림새나 춤이나 노래)를 애써 논리적 사고 시스템에서 의식적으로 배제해야 했다. 그 때문에 우리는 그들의 모습을 보고 심란해했던 것이다."
8) 무라카미 하루키 연구회, 임희선 옮김, 《무라카미 하루키, 1Q84를 말하다》, 미래지식, 2009, p.221.
9) 《1Q84》 1권, p.501.
10) 르네 지라르, 김진식 옮김, 《문화의 기원》, 기파랑, 2006, p.94.
11) 르네 지라르, 김진식 옮김, 《나는 사탄이 번개처럼 떨어지는 것을 본다》, 문학과지성사, 2004, p.236.
12) 《1Q84》 1권, p.159.
13) 같은 책, p.160.

14) 같은 책, p.326-327.

15) 《마음의 사회학》, p.444-445.

16) 같은 책, p.445.

17) 《언더그라운드》, p.721-722.

18) 《마음의 사회학》, p.431.

19) 같은 책에서 재인용, p.438.

20) 《1Q84》 3권, p.119.

21) 《언더그라운드》, p.701.

22) 《1Q84》 3권, p.329-330.

23) 《하루키를 읽는 법》, p.196에서 재인용.

24) 《1Q84》 3권, p.680.

25) 가라타니 고진, 조영일 옮김, 《역사와 반복》, p.220, 도서출판b, 2008, 가라타니는 이 책 3부 제목을 '불교와 파시즘'으로 했다. 가라타니는 이 장에서 교토학파 철학자 니시다 기타로(西田幾太郎)에 관해 논하면서, 불교가 어떻게 파시즘에 동원되었는지, 어떻게 천황제 파시즘을 정당화하는 근거로 이용되었는지 설명한다.

26) 다테노 아키라 편저, 오정환·이정환 옮김, 《그때 그 일본인들》, 한길사, 2006, p.491-496.

〔보론〕 지라르에 비춰 본 영화 〈곡성〉, 한국 교회를 비추는 일그러진 거울상

1) 이 글은 영화에 깔려 있는 세세한 코드를 풀고 해석하는 것을 목표로 하지 않으며, 지라르의 이론을 통해 영화를 큰 틀에서 분석하고 기독교적인 의미를 찾는 것이 목적이다. 영화에 대한 상세한 비평은 웹의 검색들을 참조.

2) 이 책 133쪽 참조.

3) 김현, 김현문학전집 10권-《폭력의 구조/시칠리아의 암소》, 문학과지성사, 1992, p.80.

4) 포커스뉴스, 조명현 기자, [인터뷰] 나홍진 감독의 '곡성' 가이드, 2016-5-21,http://www.focus.kr/view.php?key=2016052100012048199

5) CBS노컷뉴스, 유원정 기자, 〈나홍진 감독이 직접 답한 '곡성' 12가지 미스터리〉, 2016-5-19,http://www.nocutnews.co.kr/news/4594591

6) 르네 지라르, 김진식 옮김, 《희생양》, 민음사, 1998, p.77.

7) 무라카미 하루키, 양억관 옮김, 《언더그라운드》, 문학동네, 2010, p.703.

8) 같은 책, p.701.

3부

프롤로그

1) 르네 지라르, 김진식 옮김, 《희생양》, 민음사, p.196.
2) 같은 책, p.197.
3) 같은 책, p.194.
4) 같은 책, p.196.
5) 이재근, 《세계 복음주의 지형도》, p.27-29, 복있는사람, 2015.

하용조와 김규항의 교차 읽기 -복음주의와 좌파의 교집합, 진정성과 전체성을 중심으로

1) 〈복음과 상황〉 2011-8-24, 김용민의 MB뉴스데스크, "하용조 목사의 명(明)과 암(暗)", http://www.goscon.co.kr/news/quickViewArticleView.html?idxno=27959
2) http://gyuhang.net/2042, '이상한 나라의 진중권 04'.
3) 김규항, 《예수전》, 돌베개, 2009, p.61-82.
4) 위의 책, p.121.
5) 지승호·김규항, 《가장 왼쪽에서 가장 아래쪽까지》, 알마, 2010. p.158.
6) 「김규항의 혁명은 안단테로」, "배트맨의 집사", 〈경향신문〉, 2015. 8. 25.
7) 김규항, 〈분노가 쉬워질 때〉, 2017.1.13 http://gyuhang.net/3305
8) 김규항, "예수의 정치성에 관한 개소리들", 김규항 블로그 '규항넷', 2014.9.4, http://gyu-hang.net/2985, ,
9) 《예수전》, p.25.
10) 같은 책, p.165.

복음주의와 진보, 조화 이면의 긴장-동성애를 중심으로

1) 짐 월리스 지음, 정성묵 옮김, 《하나님의 정치》, 청림출판, 2008, p.25.
2) 같은 책, p.31.
3) 같은 책, p.6-7.
4) 같은 책, p.351.

5) 같은 책, p.380.

6) 같은 책, p.429.

7) 같은 책, p.115.

8) 강준만의 시사이론, 〈월간 인물과 사상〉 2015년 1월호, 인물과사상사, p.55-56.

9) 같은 책, p.55.

10) 대표적으로 이민규 한국성서신학대 교수나 권연경 숭실대 교수 등이 이런 입장에 속한다.

11) 조너선 하이트가 여기서 사용하는 '합리주의자'라는 말은, 인간이 이성적 추론을 통해 도덕적 판단을 내린다고 주장하는 사람들로서 이성적 추론에 앞서 감정적 직관이 우선한다고 보는 '직관주의자'에 대비되는 사람들을 일컫는다.

12) 같은 책, p.139.

13) 조너선 하이트, 왕수민 옮김, 《바른 마음》, 웅진지식하우스, 2014, p.480.

14) 레이 몽크, 남기창 옮김, 《비트겐슈타인 평전》, 필로소픽, 2012, p.436.

복음화 이후의 복음주의-비정치적 경건주의를 넘어서

1) 짐 월리스, 정모세 옮김, 《회심》, IVP, 2008, p.207-208.

2) "CCM, 시대의 아픔 모르는 교회의 노래", 전남식, 〈뉴스앤조이〉, 2015-3-27, http://www.newsnjoy.or.kr/news/articleView.html?idxno=198759

3) "시위 현장에서 노래하는 CCM 가수", 〈뉴스앤조이〉, 이용필 기자, 2016-5-29, http://www.newsnjoy.or.kr/news/articleView.html?idxno=203704

4) 유기성 목사 페이스북에서 발췌, https://www.facebook.com/pastor.yoo/posts/890706724399622

5) 유기성 목사 페이스북에서 발췌, https://www.facebook.com/pastor.yoo/posts/377026282434338

6) 짐 월리스, 《회심》, p.67.

7) 폴 벤느, 이상길 옮김, 《푸코, 사유와 인간》, 산책자, 2009.

8) 위키백과, "노예제 폐지운동", https://ko.wikipedia.org/wiki/%EB%85%B8%EC%98%88%EC%A0%9C_%ED%8F%90%EC%A7%80%EC%9A%B4%EB%8F%99

9) 이재근, 《세계 복음주의 지형도》, 복있는사람, 2015, p.175.

10) 양현혜, 《근대 한일 관계사 속의 기독교》, 이화여자대학교출판부, 2009, p.107.

11) 이수민 기자, "브라이언 스탠리-기독교와 민족주의, 양립 어려운데 한국 예외였다?", 〈기독일보〉 2015년 10월 21일,

12) 양현혜, 같은 책, p.441.

13) 박세훈 기자, 〈좌파 망령 김준곤 "좌파 막기 위해 100만이 기도할 때"〉, 당당뉴스, 2008년 6월 27일, http://www.dangdangnews.com/news/articleView.html?idxno=7555

14) 김준곤, "김준곤 목사가 본 노무현 전 대통령의 신앙", 아멘넷, 2009년 6월 3일, http://usaamen.net/news/board.php?board=p2013&page=6&category=1&sort=wdate&command=body&no=452

참고문헌

가라타니 고진, 이신철 옮김, 《트랜스크리틱》, 도서출판b, 2013
가라타니 고진, 조영일 역, 《역사와 반복》, 도서출판b, 2008
가라타니 고진, 송태욱 역, 《일본정신의 기원》, 이매진, 2003
강신주, 《철학적 시읽기의 즐거움》, 동녘, 2010
게오르그 루카치, 한기상 등 옮김, 《이성의 파괴》 2권, 심설당, 1997
고명섭, 《니체극장》, 김영사, 2012
고명섭, 《광기와 천재》, 인물과사상사, 2007
고모리 요이치, 김춘미 역, 《무라카미 하루키론 - 〈해변의 카프카〉를 정독하다》, 고려대학교출판부, 2007
기윤실 부설 기독교윤리연구소, 《동성애에 대한 기독교적 답변》, 예영커뮤니케이션, 2011
김규항, 《예수전》, 돌베개, 2009
김규항·지승호, 《가장 왼쪽에서 가장 아래쪽까지》, 알마, 2010
김용규, 《서양문명을 읽는 코드, 신》, 휴머니스트, 2010
김용준, 《과학과 종교 사이에서》, 돌베개, 2005
김진석, 《니체는 왜 민주주의에 반대했는가》, 개마고원, 2009
김진식, 《르네 지라르에 의지한 경제논리 비판》, UUP(울산대학교출판부), 2005
김현, 〈김현문학전집〉 10권 《폭력의 구조/시칠리아의 암소》, 문학과지성사, 1992
김홍중, 《마음의 사회학》, 문학동네, 2009
다니엘 헬미니악, 김강일 옮김, 《성서가 말하는 동성애》, 해울, 2003
다테노 아키라 편저, 오정환·이정화 옮김, 《그 때 그 일본인들》, 한길사, 2006
더글러스 호프스태터, 박여성 옮김, 《괴델, 에셔, 바흐》 상권, 까치글방, 1997
데이비드 에드먼즈, 존 에어디노, 김태환 옮김, 《비트겐슈타인은 왜》, 웅진닷컴, 2001
레베카 골드슈타인, 고중숙 옮김, 《불완전성》, 승산, 2007
레이 몽크, 남기창 옮김, 《비트겐슈타인 평전》, 필로소픽, 2012
로빈 로버트슨, 이광자 옮김, 《융의 원형》, 집문당, 2012
로저 펜로즈, 노태복 옮김, 《마음의 그림자》, 승산, 2014
루트비히 비트겐슈타인, 진중권 옮김, 《청갈색 책》, 그린비, 2006
루트비히 비트겐슈타인, 이승종 옮김, 《철학적 탐구》, 아카넷, 2016
루트비히 비트겐슈타인, 이영철 옮김, 《논리철학논고》, 책세상, 2006
르네 지라르, 김진식 옮김, 《나는 사탄이 번개처럼 떨어지는 것을 본다》, 문학과지성사, 2004
르네 지라르, 김진식 옮김, 《그를 통해 스캔들이 왔다》, 문학과지성사, 2007
르네 지라르, 김진식 옮김, 《문화의 기원》, 기파랑, 2006
르네 지라르, 김진식 옮김, 《희생양》, 민음사, 2007
르네 지라르, 김진식·박무호 옮김, 《폭력과 성스러움》, 민음사, 2000
르네 지라르, 김치수·송의경 옮김, 《낭만적 거짓과 소설적 진실》, 한길사, 2001

르네 지라르, 마이클 하딘 편집, 이영훈 옮김, 《지라르와 성서읽기》, 대장간, 2017
리처드 도킨스, 이한음 옮김, 《만들어진 신》, 김영사, 2006
마시모 피글리우치, 노태복 옮김, 《이것은 과학이 아니다》, 부키, 2012
모리스 클라인, 심재관 옮김, 《수학의 확실성》, 사이언스북스, 2007
무라카미 하루키, 이영미 옮김, 《언더그라운드 2 - 약속된 장소에서》, 문학동네, 2010
무라카미 하루키, 양억관 옮김, 《언더그라운드》, 문학동네, 2010
무라카미 하루키, 양윤옥 옮김, 《1Q84》 1~3권, 문학동네, 2009
무라카미 하루키, 양윤옥 옮김, 《직업으로서의 소설가》, 현대문학, 2016
무라카미 하루키, 윤성원 옮김, 《태엽감는 새》 1~4권, 문학사상, 2002
무라카미 하루키 연구회 지음, 임희선 옮김, 《무라카미 하루키, 1Q84를 말하다》, 미래지식, 2009
문학사상사자료연구실, 《하루키 문학수첩》, 문학사상, 1999
미치오 카쿠, 박병철 옮김, 《마음의 미래》, 김영사, 2015
박병철, 《버트런드 러셀의 삶과 철학》, 서광사, 2006
박정일, 《튜링&괴델》, 김영사, 2010
박찬국, 《니체를 읽는다 - 막스 셸러에서 들뢰즈까지》, 아카넷, 2015
박홍규, 《반민주적인 너무나 반민주적인》, 필맥, 2008
버트런드 러셀, 송은경 옮김, 《나는 왜 기독교인이 아닌가》, 사회평론, 2005
버트런드 러셀, 김이선 옮김, 《종교와 과학》, 동녘, 2011
슬라보예 지젝, 《죽은 신을 위하여》, 길, 2007
시바타 쇼지, 권연수 역, 《무라카미 하루키 & 나쓰메 소세키 다시 읽기》, 늘봄출판사, 2013
신재식·김윤성·장대익, 《종교전쟁》, 사이언스북스, 2009
아포스톨로스 독시아디스, 크리스토스 H. 파파디미트리우 공저, 전대호 옮김, 《로지코믹스》, 랜덤하우스코리아, 2011
알리스터 맥그래스, 김태완 옮김, 《도킨스의 신》, SFC, 2007
알리스터 맥그래스, 박세혁 옮김, 《과학신학》, IVP, 2011
앤터니 플루, 홍종락 옮김, 《존재하는 신》, 청림출판, 2011
앨런 재닉, 스티븐 툴민 공저, 석기용 옮김, 《비트겐슈타인과 세기말 빈》, 필로소픽, 2013
양현혜, 《근대 한일관계사 속의 기독교》, 이화여자대학교출판부, 2009
양희송, 《다시 프로테스탄트》, 복있는사람, 2012
양희송, 《가나안 성도, 교회 밖 신앙》, 포이에마, 2014
에드워드 윌슨, 최재천·장대익 옮김, 《통섭》, 사이언스북스, 2005
우종학, 《무신론 기자, 크리스천 과학자에게 따지다》, IVP, 2014
우치다 타츠루, 김경원 옮김, 《하루키씨를 조심하세요》, 바다출판사, 2016
울리히 벡, 홍찬숙 옮김, 《자기만의 신》, 길, 2013

위르겐 하버마스, 장춘익 옮김, 《의사소통행위이론》 1권, 나남, 2006
이고르 보그다노프, 그리슈카 보그다노프 공저, 허보미 옮김, 《과학자들이 알고 싶어 하는 신의 생각》, 푸르메, 2013
이승종, 《비트겐슈타인이 살아있다면》, 문학과지성사, 2002
이재근, 《세계복음주의 지형도》, 복있는사람, 2015
정일권, 《우상의 황혼과 그리스도》, 새물결플러스, 2014
정일권, 《십자가의 인류학》, 대장간, 2015
정동호 외, 《오늘 왜 우리는 니체를 읽는가》, 책세상, 2006
조너선 하이트, 왕수민 옮김, 《바른 마음》, 웅진지식하우스, 2014
조지 오웰, 김병익 옮김, 《1984》, 문예출판사, 1999
존 스토트, 양혜원 옮김, 《존 스토트의 동성애 논쟁》, 홍성사, 2006
존 폴킹혼, 《쿼크, 카오스, 그리고 기독교》, SFC, 2009
짐 월리스, 정성묵 옮김, 《하나님의 정치》, 청림출판, 2008
짐 월리스, 정모세 옮김, 《회심》, IVP, 2008
추태화, 《권력과 신앙 - 히틀러정권과 기독교》, 씨코북스, 2012
칼 야스퍼스, 이진오 옮김, 《니체와 기독교》, 철학과현실사, 2006
케이스 데블린, 전대호 옮김, 《수학의 언어》, 해나무, 2003
크리스티앙 들라캉파뉴, 조현진·유서연 역, 《20세기 서양철학의 흐름》, 이제이북스, 2006
테리 이글턴, 김주헌 옮김, 《신을 옹호하다》, 모멘토, 2010
펠레 유어그라우, 곽영직·오채환 옮김, 《괴델과 아인슈타인》, 지호, 2005
폴 벤느, 이상길 옮김, 《푸코, 사유와 인간》, 산책자, 2009
프리드리히 니체, 박찬국 옮김, 《안티크리스트》, 아카넷, 2013
프리드리히 니체, 안성찬·홍사현 옮김, 니체전집 12권《즐거운 학문/메시나에서의 전원시/유고》, 책세상, 2005
하용조, 《사도행전적 교회를 꿈꾼다》, 두란노, 2010
함석헌, 《뜻으로 본 한국역사》, 한길사, 2003
현우식, 《과학으로 기독교 새로 보기》, 연세대학교출판부, 2006
현우식, 《과학자들은 종교를 어떻게 생각할까 - 아인슈타인에서 괴델까지》, 동연출판사, 2014
히사이 쓰바키·구와 마사토 공저, 윤성원 옮김, 《하루키를 읽는 법》, 문학사상사, 2006
〈월간 인물과 사상〉 2015년 1월호, 인물과사상사

희생되는 진리

르네 지라르와 무라카미 하루키, 기독교를 옹호하다

Christian Truths Sacrificed by Distorted Logic

2017. 7. 11. 초판 1쇄 인쇄
2017. 7. 18. 초판 1쇄 발행

지은이 오지훈
펴낸이 정애주
국효숙 김기민 김의연 김준표 김진원 박세정
송승호 오민택 오형탁 윤진숙 이한별 임승철
임진아 정성혜 차길환 최선경 한미영 허은
펴낸곳 주식회사 홍성사
등록번호 제1-499호 1977. 8. 1.
주소 (04084) 서울시 마포구 양화진4길 3
전화 02) 333-5161
팩스 02) 333-5165
홈페이지 www.hsbooks.com
이메일 hsbooks@hsbooks.com
페이스북 facebook.com/hongsungsa
양화진책방 02) 333-5163

• 잘못된 책은 바꿔 드립니다.
• 책값은 뒤표지에 있습니다.
• 이 도서의 국립중앙도서관 출판예정도서목록(CIP)은 서지정보유통지원시스템 홈페이지(http://seoji.nl.go.kr)와 국가자료공동목록시스템(http://www.nl.go.kr/kolisnet)에서 이용하실 수 있습니다.(CIP제어번호: CIP2017015810)

ISBN 978-89-365-1242-2 (03100)